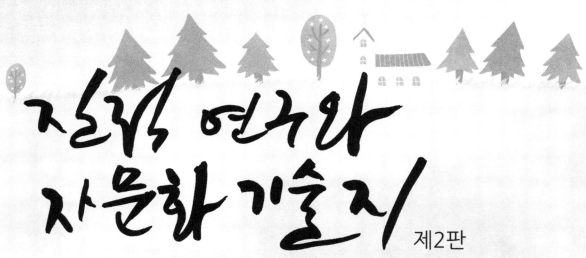

질적 연구와
자문화기술지 제2판

Autoethnography & Qualitative Research

질적 연구와
자문화기술지

제2판

Autoethnography & Qualitative Research

이동성 지음

아카데미프레스

서 문

질적 연구방법론은 사회과학 연구에서 최근 반세기 동안 비약적인 발전을 이루었다. 양적 연구방법론에 대한 대항마로서 첫발을 내디딘 질적 연구는 바야흐로 사회과학 연구를 위한 대안적인 방법론으로서 그 자리를 점유해 오고 있다. 하지만 질적 연구방법론은 양적 연구방법론과 비교해 볼 때, 체계적인 연구방법과 연구절차를 구비하고 있지 않다. 더군다나 질적 연구방법론 내에는 다양한 형태의 세부적인 연구방법들이 존재하기 때문에, 초심자 사회과학자들이 질적 연구방법론에 대한 포괄적인 개념적 지도를 그리기가 쉽지 않다. 이러한 질적 연구방법론의 다양성과 모호성 때문에 다수의 사회과학자들은 질적 연구방법론의 방법적 엄밀성에 대하여 의심의 눈초리를 보내고 있다.

위와 같은 맥락에서, 전통적인 문화기술지(classic ethnography)는 질적 연구에서의 방법적 불완전성과 모호성을 완화하는 데 중요한 역할을 하였다. 왜냐하면, 전통적인 문화기술지는 엄밀한 사회과학자의 입장에서 특정한 타자들이나 집단의 문화를 내부자의 입장에서 기술하고, 분석하며, 해석할 수 있는 이론적 및 방법론적 얼개를 제공하였기 때문이다. 따라서 일반인들이 질적 연구방법론을 문화기술지로 동일시할 정도로, 문화기술지는 근거이론과 아울러 압도적인 방법적 지위를 차지하고 있다. 그러나 비교적 최근(1970년대 이후부터 현재까지)에는 이러한 전통적인 문화기술지에 대한 새로운 변화의 바람이 불기 시작하였다.

포스트모던 철학을 지지하는 사회과학자들은 전통적인 문화기술지가 연구자의 특권적인 지위를 강조함으로써 연구의 과정과 결과에 대한 저자의 자기반성과 자기성찰을 담아내는 데 한계가 있다고 보았다. 특히, '자문화기술지'로 불리는 질적 연구방법론은 엄밀한 사회과학자로서의 '가면'을 벗어던지고, 질적 연구자의 반영성(reflexivity)을 강조하고 있다. 전통적 문화기술지의 아종 또는 변종으로도 볼 수 있는 자문화기술지는 학문과 문학 장르의 이종혼교적인 결합을 시도하고 있다. 따라서 특정한 집단의 내부나 소수자들은 개인적인 이야기를 통해 집단의 문화를 이야기할 수 있게 되었다. 또한, 연구자는 자기성찰적인 목소리를 텍스트에 표현할 수 있게 되었으며, 자전적인 삶에 대한 이야기를 거시적인 사회문화적 맥락과 조건에 연결시킬 수 있게 되었다.

전통적인 문화기술지에 뿌리를 두고 있는 자문화기술지는 오늘날 40여 개의 다양한 이름으로 불리고 있다. 또한, 자문화기술지는 텍스트뿐만 아니라 행위, 영화, 사진, 그림, 동영상, 시, 소설, 산문, 자서전 등의 문학 및 예술장르와의 결합을 시도함으로써 방법론적 난해함과 모호함을 표출하고 있다. 나의 관점에서 볼 때, 자문화기술지의 이와 같은 방법론적 변이성과 모호함은 그것의 장점과 강점을 희석시킬 수도 있다.

질적 연구방법론자로서의 나는 최근 10년(2010~2019년) 사이에 여러 편의 자문화기술지를 서술하였다. 학문적으로 미천하기 그지없는 내가 이와 같은 학술적 성과를 거둘 수 있었던 이유는 바로 자문화기술지의 방법적 위력과 강점 덕분이었다. 질적 연구자로서의 나는 자문화기술지를 알게 되면서 인위적으로 면담을 하거나 참여관찰을 하지 않아도 되었다. 내 삶의 모든 이력과 기억의 파편들은 질적 연구를 위한 텍스트로 변환되었다. 나의 개인적 기억과 이야기 속에는 타자들과의 미시적인 상호작용뿐만 아니라, 사회문화적 · 경제적 · 정치적 · 역사적 맥락과 조건이 함께 스며들어 있었기 때문이다.

자문화기술지는 이론과 실천의 괴리를 한데 모았으며, 분열된 삶을 성찰하고 치료할 수 있는 연구방법론이었다. 또한, 자문화기술지는 내러티브를 강조함으로써 학문적 초심자들이나 일반 독자들이 부담감 없이 텍스트에 접근할 수 있는 가독성과 현장 친화성을 선사하였다. 자문화기술지를 읽은 독자들은 이토록 쉽게 읽히는 글이 논문이 될 수 있는지를 반문한다. 외국의 경우와 달리, 사회과학 연구 결과가 베스트셀러가 된 적이 없는 우리나라의 현실을 고려해 볼 때, 자문화기술지의 방법론적 가능성은 무궁무진하다. 또한, 자문화기술지의 방법론적 장점은 실험적 글쓰기와 참여적인 연구를 통하여 저자와 연구 참여자들, 그리고 독자들이 지적 및 감성적으로 대화하고 공명하면서 자신들의 실천을 성찰하고 개선할 수 있는 촉매역할을 할 수 있다는 점이다.

위와 같은 자문화기술지의 방법론적 강점과 장점을 공유하고 확산하기 위하여 이 책을 집필하게 되었다. 우선, 자문화기술지에 대한 방법론적 이해를 도모하기 위하여 다섯 가지 주제를 선정하였다. 제1부(1~3장)에서는 자문화기술지에 대한 이론적 관점을 제시하고, 세부적인 연구방법과 글쓰기 전략을 소개할 것이다. 제2부(4~6장)에서는 자문화기술자(autoethnographer)의 정체성과 역할을 중심으로 자문화기술지의 적용 사례를 제시할 것이다. 제3부(7~10장)에서는 자문화기술자의 교수경험을 중심으로 자문화기술지의 적용 사례를 예시하고자 한다. 제4부(11~12장)에서는 삶의 일상성과 교육의 편재성을 주제로 하여 자문화기술지 연구 사례를 제시할 것이다. 끝으로, 제5부(13장)에서는 국내 자문화기술지의 연구동향과 과제를 검토함으로써 자문화기술지의 평가와 전망을 살펴볼 것이다.

이러한 다섯 가지 탐구 주제에 따른 각 장의 출처 및 개요를 밝히면 다음과 같다. 제1부의 1장은 김영천·이동성(2011)의 글("자문화기술지의 이론적 관점과 방법론적 특성에 대한 고찰", 〈열린교육연구〉, 19(4), 1-27)을 통하여 자문화기술지의 이론적 관점과 외국의 연구 사례를 제시할 것이다. 2장에서는 자문화기술지의 세부적인 연구방법과 절차를 상세하게 소개할 것이다. 독자들은 2장을 통하여 자문화기술지의 주제선정, 자료수집 및 관리, 자료의 분석 및 해석이라는 실제적인 연구방법과 절차를 학습할 수 있을 것이다. 그리고 3장에서는 이동성(2019)의 글("자문화기술지의 방법적 이슈와 글쓰기 전략", 〈질적탐구〉, 5(1), 1-28)을 통해 자문화기술지의 방법적 이슈와 글쓰기 전략을 살펴볼 것이다.

제2부 4장의 출처는 이동성(2011a)의 자문화기술지("한 교사 연구자의 변환적인 역할과 관점에 대한 자문화기술지", 〈교육인류학연구〉, 14(2), 61-90)이다. 5장의 출처는 이동성(2011d)의 자문화기술지("한 교사교육자의 교수경험에 대한 자문화기술지", 〈교육인류학연구〉, 14(3), 31-67)이며, 6장의 출처는 이동성(2016)의 자문화기술지("한 교육대학원 교사교육자의 교수적 갈등과 딜레마에 대한 자문화기술지", 〈질적탐구〉, 2(1), 1-31)이다. 독자들은 제2부의 4장, 5장, 6장을 통하여 한 자문화기술자의 정체성과 역할이 한 편의 글을 통하여 어떠한 방식으로 재현될 수 있는지를 알 수 있을 것이다.

제3부는 저자의 직접적인 교수경험을 중심으로 자문화기술지의 적용 사례를 살펴볼 것이다. 7장의 출처는 이동성(2011c)의 글("초등 교과교육연구회 참여경험에 대한 자문화기술지", 〈초등교육연구〉, 24(3), 1-26)이며, 8장의 출처는 이동성(2011b)의 글("자문화기술지를 통한 초등학교 운동부 지도 경험 분석", 〈초등교육

연구〉, 24(2), 341-363)이다. 9장의 출처는 이동성(2010)의 자문화기술지("초등학교 기초학습 부진학생 지도 경험에 대한 자문화기술지", 〈교육인류학연구〉, 13(3), 141-168)이며, 10장의 출처는 이동성(2011e)의 글("초등학교 체육 전담교사의 교수경험에 대한 자문화기술지", 〈초등교육연구〉, 24(4), 45-70)이다.

제4부에서는 삶의 일상성과 교육의 편재성을 중심으로 자문화기술지의 적용 사례를 제시할 것이다. 11장의 출처는 이동성(2017)의 글("한 아버지의 사교육 경험에 대한 자문화기술지", 〈초등교육연구〉, 28(2), 81-98)이며, 12장의 출처는 이동성(2018)의 자문화기술지("텃밭 가꾸기의 교육학적 의미와 가치에 대한 자문화기술지", 〈초등교육연구〉, 29(2), 61-78)이다. 제4부의 11장과 12장은 자문화기술지가 일상적인 삶을 문학적으로 표현할 수 있는 도구임과 동시에, 반성과 성찰을 유도하는 촉매제가 될 수 있음을 보여 줄 것이다.

제5부는 비교적 최근에 출판된 자문화기술지를 체계적으로 분석함으로써 국내 자문화기술지의 방법적 타당성과 엄밀성을 비평할 것이다. 제5부 13장의 출처는 이동성(2016)의 글("국내 자문화기술지의 연구동향 분석", 〈초등교육연구〉, 27(2), 85-105)이다. 13장은 국내 자문화기술지의 현주소를 파악함으로써 방법론적 충실도가 높은 자문화기술지를 생성하는 데 기여할 수 있을 것이다.

『질적 연구와 자문화기술지』 제2판이 나오기까지 8년이라는 시간이 흘러갔다. 세월의 흐름만큼이나, 국내 자문화기술지는 양적 및 질적 성장을 거듭하였다. 자문화기술지의 방법론적 공유와 확산을 간절하게 바랐던 나의 입장에서 기쁘기가 그지없다. 그러나 질적 연구방법론자로서의 나는 우리나라의 자문화기술지가 방법적으로 좀 더 정교해지기를 기대한다. 따라서 이 책이 미래 자문화기술자들에게 방법론적 나침반이 되기를 소망한다. 끝으로, 오랫동안 제2판을 기다려 준 아카데미프레스 관계자분들께 마음 깊은 감사의 말씀을 드린다.

2020. 7. 10.
저자 이동성 씀

차 례

제2부
자문화기술지 적용 사례 I:
자문화기술자의 정체성과 역할

제3부
자문화기술지 적용 사례 II:
자문화기술자의 교수경험

제4부
자문화기술지 적용 사례 III:
삶의 일상성과 교육의 편재성

제5부
자문화기술지:
평가와 전망

제1부
자문화기술지의 이론과 방법

제1부에서는 새로운 질적 연구방법론으로 급부상하고 있는 자문화기술지의 이론적 관점과 방법론적 특징을 개괄한 다음에 자문화기술지의 구체적인 연구방법과 절차를 안내할 것이다. 그리고 자문화기술지의 몇 가지 방법적 이슈에 따른 글쓰기 전략을 논의할 것이다. 이러한 작업은 아직까지 자문화기술지에 생경한 국내 연구자들이 자문화기술지에 대한 이론적 및 방법론적 지도를 그리는 데 유용할 것이다.

1장에서는 자문화기술지의 이론적 관점과 외국의 자문화기술지 적용 사례들을 소개함으로써 자문화기술지의 이론적 및 방법론적 가능성을 살펴볼 것이다. 그 내용을 개략적으로 정리하면 다음과 같다. 첫째, 포스트모던 철학에 기초한 자문화기술지는 자서전과 문화기술지의 결합을 통해서 사회문화적인 자아를 탐구하였다. 둘째, 자문화기술지는 인식론과 존재론적 측면에서 유아론적(唯我論的) 자아보다는 문화적·사회적·경제적·정치적·역사적인 저자의 위치성과 상황성을 강조하였다. 그리고 자문화기술지는 평가준거와 타당도라는 수사학적 측면에서 방법적인 엄밀성을 나타내었다. 셋째, 외국의 자문화기술지 연구는 교사의 발달과 교사문화를 내부자의 관점에서 조명하고, 학생들의 학습문화를 심층적으로 조명하였으며, 교수법 개발과 교육과정의 재개념화 측면에서 이론적 및 방법론적 기여를 하였다.

2장에서는 1장에서 개략적으로 살펴본 자문화기술지의 이론적 배경에 기초하여 방법론적 특징에 대한 이야기를 확장하였다. 저자는 자문화기술지 관련 외국 문헌의 검토와 실제적인 자문화기술지 작업 경험에 기초하여 자문화기술지의 구체적인 연구방법과 절차를 독자들에게 안내할 것이다. 특히, 2장에서는 주제선정,

자료의 수집 및 관리, 자료의 분석과 해석을 중심으로 자문화기술지의 방법론적 특성을 살펴보았다. 그 내용을 간략하게 소개하면 다음과 같다.

　　첫째, 자문화기술지의 연구 주제는 연구자의 미시적인 상호작용과 기억에서 거시적인 이슈와 담론에 이르기까지 방대하다. 결국 특정한 연구 주제에 자문화기술지를 적용하는 것이 아니라, 다양한 연구 주제를 탐구하는 과정에서 연구자이자 주요 연구대상인 자아가 어느 정도 관련되고 개입되는지가 자문화기술지를 채택하는 준거가 될 수 있다. 둘째, 자문화기술지는 연구자의 개인적인 기억자료와 자기성찰 자료, 그리고 자기면담 자료로 대표되는 개인 내부 자료를 강조한다는 측면에서 여타 질적 연구방법론들과 차별성을 나타낸다. 그러나 자문화기술자는 개인 내부 자료에 대한 신빙성과 신뢰성을 얻기 위하여 개인 간 자료로 볼 수 있는 인터뷰 전사본, 필드노트(field note)와 반성적 저널, 문화적 인공물, 문헌자료 등을 추가로 활용할 수 있다. 셋째, 질적 자료에 대한 정교한 코딩과 범주화는 자문화기술자의 해석과 글쓰기 작업을 촉진할 수 있는 구조를 제공한다. 이러한 이유에서 저자는 초보 자문화기술자들을 위한 여러 가지 자료 분석 및 해석 방법을 제시하였다. 우선, 코딩과 체계화/범주화 그리고 분석적 메모 쓰기로 대표되는 방법적인 절차들의 개념을 살펴본 후에, 코딩 방법을 선택하는 준거들을 살펴보았다. 그리고 자문화기술지에서의 자료 분석을 위한 기초적 방법과 정의적 방법, 종단적인 코딩 방법을 소개하였다.

　　3장에서는 자문화기술지 논문 지도 경험에서 비롯된 방법적 이슈와 그에 따른 글쓰기 전략을 제시하였다. 첫째, 자문화기술자의 상황성과 위치성, 의식과 반영성, 그리고 윤리적 이슈에 대한 글쓰기 전략으로서 저자의 제한적인 상황과 위

치를 드러내는 '연약한 저술'을 강조하였다. 둘째, 원자료의 출처와 신빙성, 질적 자료 분석, 분석과 감성의 혼재라는 방법적 이슈에 대응하기 위해 냉철한 분석과 감성을 함께 서술하는 글쓰기 전략을 제시하였다. 셋째, 개인적 이야기와 사회문화적 맥락 및 조건의 연결을 위해 개인적 이야기에서 공유된 의미를 도출하는 글쓰기를 강조하였다. 넷째, 연구 설계의 평가준거 충족도, 타당도 평가준거, 자문화기술지의 세부 유형과 재현방식, APA 논문 작성 논리 및 지침에 대응하는 자문화기술지 쓰기 전략을 제안하였다.

제1장

자문화기술지의 이론과 방법

I. 왜 자문화기술지인가?

오늘날의 학교는 전례가 없는 사회경제적·종교적·인종적 복잡성에서 비롯된 다양한 교육적 요구에 직면하고 있다. 따라서 교육의 계획, 디자인, 실행, 평가에서 발생한 어려움을 진단하고 처방하기 위해서 거시적 차원의 구조 개혁을 단행하고 있다(Eisner, 2004). 그러나 학교의 구조 개혁을 위한 거시적인 담론은 제도 개혁이나 정책 개발에 주목함으로써 학교라는 구조 속에 살고 있는 구성원들의 주체적 역할을 소홀히 하고 있다(Eisner, 2004). 이러한 이유에서 질적 연구와 탈실증주의 패러다임을 지향하는 교육연구자들은 학교현장에서 살아가고 있는 구성원들의 삶과 경험을 심층적으로 묘사하고 이해할 필요가 있음을 주장하였다(Starr, 2010).

위와 같은 맥락에 터하여, 학교현장 구성원들의 삶과 경험을 심층적으로 묘사하고 이해하기 위한 질적 연구방법들이 지속적으로 개발, 적용되고 있다. 특히, 최근에는 특정 조직이나 기관 또는 문화 속의 구성원들이 자신의 삶을 직접적으로 기술하고 반성하는 형태의 질적 연구들이 교육학을 비롯한 여러 사회과학 분야에서 점증하고 있는 실정이다(Ellis & Bochner, 2000; Richardson, 2000; Ellis, 2004; 김영천, 2010). 이러한 연구동향 가운데, 구미(歐美)의 자문화기술지(autoethnography)는 교육학계의 반향을 불러일으키고 있다(Nash, 2004; Chang, 2008; Jewett, 2008).

외국의 경우와 달리, 학교현장의 구성원들이 자문화기술지를 통하여 자신들의 교육적 삶과 경험을 탐구하는 국내 연구들(이동성·김지인·이다해, 2010; 주형일, 2010; 이동성, 2010, 2011a, 2011b, 2011c, 2011d, 2011e)은 흔치 않은 편이다. 그러나 국내의 질적 교육연구들은 자문화기술지라는 용어를 직접적으로 사용하지는 않았지만 그것과 흡사한 형태의 연구를 수행하기도 하였다. 그 예로, 생애사와 생애사적 사례연구, 자기 내러티브(self-narrative)는 자문화기술지와 유사한 방법론적 특성을 공유하고 있다. 그리고 '자전적 문화기술지'나 '자기민속지학(自己民俗誌學)'은 자문화기술지의 유사 명칭과 다름 없다. 따라서 나는 현재 여러 가지 이름으로 불리고 있는 선행연구들을 자문화기술지적 교육연구의 범주로 포함하였다. 일부 생애사와 생애사적 사례연구, 자기 내러티브를 자문화기술지적 연구로 포함한 이유는 이 연구들이 '학문적인 개인적 내러티브'였기 때문이다. 하지만 자아나 개인에 초점을 두는 자서전적 연구 또는 전기적 연구는 자문화기술지적 교육연구로 포함하지 않았다.

국내의 자문화기술지적 교육연구는 교사발달에 대한 연구(이점우, 2006; 이희용, 2007; 김남연·김현주·안혜준, 2008; 김재룡, 2010; 주형일, 2010; 이동성, 2011a, 2011c), 교수법 및 교육과정에 대한 연구(김외솔, 2010; 이동성, 2010, 2011b), 질적 연구방법의 실행과정에 대한 연구(이동성·김지인·이다해, 2010)로 구분되었다. 앞에서 언급한 국내 선행연구들은 자문화기술지의 방법론을 선도적으로 도입하여 학교현장 구성원들의 교육적 삶과 경험을 풍부히 기술하였다. 그러나 외국의 연구 성과와 견주어 볼 때, 우리나라의 자문화기술지적 교육연구들은 양적 그리고 질적인 측면에서 여전히 걸음마 단계에 머물러 있다. 이러한 원인은 신생 자문화기술지의 이론적 시사점과 방법론적 가능성에 대한 교육연구들이 부족하기 때문이다. 이러한 맥락에서 신생 자문화기술지의 이론적 관점을 살피고, 외국의 자문화기술지 작품들을 소개하고 비평하는 작업이 중요하다.

따라서 나는 신생 질적 연구방법으로 대두하고 있는 자문화기술지의 이론적 관점과 그 예시 작품들을 고찰함으로써 국내 독자들에게 아직까지 생경한 자문화기술지를 안내하고자 한다. 이를 위하여, 첫째, 자문화기술지의 학문적 배경과 개념 그리고 철학적 전제를 조명할 것이다. 둘째, 자문화기술지에 기초한 외국의 선행연구들을 교사발달 및 교사문화 연구, 학생의 학습문화 연구, 교수법 및 교육과정의 측면에서 검토함으로써 학교현장의 이해와 개선을 위한 자문화기술지의 이론적 및 방법론적 가능성과 시사점을 살펴볼 것이다. 이러한 시도는 자문화기술지에 대한 이론적 및 방법론적 이해를 이끌어 냄으로써 한국에서의 자문화기술지적 교육연구를 활성화하기 위한 방법론적 토대를 제공할 것이다.

II. 자문화기술지의 이론적 관점은 무엇인가?

여기에서는 자문화기술지의 이론적 관점을 규명하기 위해 자문화기술지의 학문적 배경을 살펴본 후, 유사 질적 연구방법론들(문화기술지, 생애사, 전기/평전, 자서전, 회고록, 일기)과의 비교분석을 통하여 자문화기술지의 개념을 명료화하였다. 또한, 자문화기술지를 배태한 철학적 전제들을 인식론/존재론, 수사학적 입장에서 검토함으로써 자문화기술지의 이론적 관점을 조명하였다.

1. 자문화기술지의 학문적 배경은 무엇인가?

인류학자인 Heider는 1975년에 'auto-ethnography'라는 용어를 최초로 사용하였다(Chang, 2008; 박순용·장희원·조민아, 2010). 그러나 현대적 의미에서 자문화기술지의 효시(嚆矢)는 Hayano(1979, 1982)의 작품들("Auto-Ethnography: Para-digms, problems, and prospects"/*Poker faces: The life and work of professional card players*)이었는데, 그는 사회과학 연구에서 최초로 연구자의 경험과 주관성 그리고 관점을 가미하면서 자문화기술지(autoethnography)라는 용어를 사용하였다(Wall, 2006; Chang, 2008; 김영천, 2010; 박순용·장희원·조민아, 2010). 그 이후, 자문화기술지는 사회과학 연구에서 다양한 명칭으로 불리다가 Reed-Danahay(1997), Ellis와 Bochner(2000)에 의해 학문적인 체계성을 갖추게 되었다(Chang, 2008: 46-49).

간학문적 속성을 지닌 자문화기술지는 교육이론과 교육실천 속에서 구체화된 비판적 탐구의 한 형태이며(McIlveen, 2008: 3), 실험적 글쓰기와 참여적 연구를 강조하는 북아메리카 제5기 질적 연구의 한 종류이다(Holt, 2003: 19). 기억의 예술인 자문화기술지는 재현의 한 형태로서 유동적인 속성을 지니며, 근대문화의 균질성과 동일성에 대항하는 경향이 있다(Russell, 1999).

자문화기술지는 포스트모던 철학(postmodern philosophy) 또는 해석학적 현상학(hermeneutic phenomenology)에 근거한다(Berry, 2006; Wall, 2008). 포스트모던 연구의 움직임은 사회적 세계에 대하여 정당성 있는 지식을 얻기 위한 재현방법인 과학주의적 방식과 양적 연구의 특권적 지위, 조용한 저술에 의문을 제기하였다(Charmaz & Mitchell, 1997; Holt, 2003). 포스트모던 철학에 기초한 자문화기술지는 사람들이 사회적 진공상태(social vacuum)에서 경험을 축적하지 않는다는 생각 아래, 개인의 목소리와 반영성(reflexivity)을 강조함으로써 전통적인 문화기술지의 속박으로부터 연구자들을 해방하려 하였다(Duncan, 2004; Wall, 2006, 2008; Berry, 2006).

저자의 목소리와 반영성을 강조하는 자문화기술지는 개인의 주관적인 체험과 성찰에 더하여 자아에 대한 사회적 · 문화적 · 정치적인 이해를 풀어 낸다(Jones, 2005). 즉, 자문화기술지는 문화 속에 위치 지어진 자신의 경험에 대한 반성적인 이야기를 비판적으로 기술하여 개인적인 삶의 양상을 이론적으로 이해하도록 돕는다. 그리고 독자들은 저자와 연구 참여자들의 이야기를 자신의 삶과 비교함으로써 연구 결과의 이론적 타당성을 확증할 수 있다(Ellis, 1995, 2004). 이러한 이유 때문에 자문화기술자(autoethnographer)는 고도로 감성적이고 사적인 글쓰기 방식을 활용한다(Berry, 2006; Sparkes, 2000). 따라서 자문화기술자들은 대화 장면뿐만 아니라 인물의 성격, 구체적인 행위, 정서, 체현, 자의식, 내성 등을 활용한다(Ellis, 2004).

한편, 자문화기술지는 자기 내러티브를 사회과학적 연구에 적용하는 질적 연구방법의 하나이다(Chang, 2008). 여기에서의 자기 내러티브란 저자 자신이 체험한 과거의 경험이나 사건들을 시간순서에 따라서 일정한 형식으로 말하거나 이야기(story telling)하는 것을 의미한다(이동성, 2008: 40). 자기 내러티브에 기초한 자문화기술지는 사회적 맥락 내에 자아를 정치시켜서 자아와 타자의 상호작용과 관계성에 대한 문화적 의식을 고양한다(Chang, 2008).

어원적 측면에서 볼 때, 자문화기술지는 개인적인 삶의 이야기에 주목하는 자서전(autobiography)과 특정한 사회적 집단의 문화를 연구하는 문화기술지(ethnography)의 이종혼교적인 결합으로서 사회나 공동체의 맥락 속 또는 맥락과 관련된 개인의 경험에 대하여 이야기하는 질적 연구방법이다(Reed-Danahay, 1997; Russell, 1999). 자문화기술지의 용어를 더 세분화해 보면 세 가지 단어들[auto(자아)+ethno(문화)+graphy(연구과정의 적용)]의 합성어임을 알 수 있는데, 연구의 의도와 구조 그리고 목적에 따라서 그 강조점을 달리할 수 있다(Wall, 2006: 152).

자문화기술지는 문학적인 자서전적 특징을 강조하면 문화기술적인 자서전(Russell, 1999), 포스트모던(postmodern) 또는 탈형식적(postformal) 자서전(Kincheloe, 2005), 문화적 자서전(Chang, 2008)으로 불리기도 하며, 전통적인 문화기술의 학문적 특징을 강조하면, 원주민(소수자) 문화기술지, 성찰적 문화기술지, 자(서)전적 문화기술지로 불리기도 한다(Reed-Danahay, 1997). 그러나 어디에 강조점을 두더라도 위의 세 가지 개념들이 모두 포함되어야만 제대로 된 자문화기술지라 할 수 있다(Reed-Danahay, 1997; Ellis & Bochner, 2000; Chang, 2008). 나는 지금 현재 다양하게 명명되고 있는 자문화기술지의 유형을 명확히 제시하기 위하여 Reed-Danahay(1997)의 자문화기술지 분류방식을 채택하였다.

Reed-Danahay(1997)는 자문화기술지의 유형을 세 가지로 구분하였다. 첫째, 원주민 문화기술지 또는 소수자 문화기술지(native ethnography, minority ethnography)는 특정 집단의 내부자가 문화적 자아를 이야기하는 방식으로 소수집단의 정체성이나 소수자와 다수자 사이의 권력관계를 밝히는 데 유용하다. 둘째, 성찰적 문화기술지(reflective ethnography)는 연구과정에서 발생한 연구자의 자기반성적인 성찰을 강조하는 유형이다. 셋째, 자(서)전적 문화기술지(autobiographic ethnography)는 개인적인 삶의 경험을 거시적인 사회문화적 맥락과 연결하여 그 의미를 분석하는 방식이다. 이 세 가지 유형들은 접근방식과 강조점에서 미세한 차이점을 나타내지만, 모든 유형이 개인과 타자 그리고 대상세계를 유기적으로 연결한다는 측면에서 유사성이 있다.

2. 자문화기술지의 개념은 무엇인가?

개인적인 삶의 이야기를 탐구하는 내러티브 장르들은 복잡하게 산재해 있기 때문에 자문화기술지의 개념을 정의하기는 쉬운 일이 아니다(이동성, 2010, 2011a, 2011b, 2011c). 그러나 이러한 어려움에도 불구하고 자문화기술지의 내포와 외연을 밝히는 작업은 중요하다. 즉, 특정한 유형의 내러티브 장르가 어떠한 기준과 특성으로 인하여 자문화기술지에 해당되거나 해당되지 않는지에 대한 개념적인 경계 짓기가 필요하다. 나는 전통적인 문화기술지를 자문화기술지와 차별화하면서,

생애사 연구를 자문화기술지의 유사 장르로 파악하였다. 그러나 전기나 자서전으로 대표되는 내러티브 장르들은 문학적인 영역으로 구분하였다.

　　첫째, 문화인류학(anthropology)에 기원을 두고 있는 전통적인 문화기술지는 문화적 또는 사회적 집단이나 체계에 대하여 기술과 분석 그리고 해석을 시도하는 대표적인 질적 연구방법론이다(Creswell, 2005: 83). 전통적인 문화기술자는 장기간의 참여관찰과 인터뷰를 통하여 특정 집단의 행동과 관습 그리고 생활방식의 패턴을 내부자의 관점에서 기술, 분석, 해석한다(Hammerseley & Atkinson, 1990). 여기에서 전통적 문화기술자의 내부적 관점이란 낯선 것을 친숙하게 바라보는 외부 연구자, 즉 3인칭 관찰자 또는 전지적인 작가 시점의 위치성(positionality)을 말한다. 전통적인 문화기술자의 이러한 위치성은 1인칭 주인공이나 1인칭 관찰자 시점에서 이야기를 전개하는 자문화기술지와 대조적이다.

　　전통적인 문화기술지는 한 집단의 문화를 심층적으로 이해하기 위해서 연구자가 연구 참여자들을 대상으로 참여관찰과 인터뷰를 한다. 그러나 앞서 밝힌 바와 같이, 연구자가 낯선 것을 친숙하게 바라보고, 친숙한 것을 낯설게 바라보는 엄밀한 관점을 취하더라도 교육현상에 대한 분석과 해석에서 실재의 감환은 불가피하다. 이러한 실재에 대한 축소는 문화기술지가 여타 질적 연구방법론에 비하여 특정한 이론적 관점에 의존하기 때문에 나타난다(Creswell, 2005). 그리고 전통적인 문화기술지는 사물과 현상의 객관적인 실재를 재현하기 위해 엄밀한 연구자를 상정함으로써 연구 참여자들과 연구자 자신의 생생한 연구체험과 자기반성을 담아내는 데 한계가 있을 수 있다.

　　한편, 전통적 문화기술지의 주요한 연구대상이 특정한 집단이나 체계의 문화인 반면에, 자문화기술지의 주된 연구대상은 연구자 자신이나 자신과 긴밀하게 관련된 집단이나 타자들의 삶에 대한 이야기이다. 그리고 전통적인 문화기술자는 친숙한 것을 낯설게 봄으로써 내부자의 주관성을 경계하는 반면, 자문화기술자는 자신의 주관성을 연구의 일부분으로 받아들이고, 지속적인 자기성찰과 반영성을 통하여 독자들로부터 공감과 이해를 구하려 한다.

　　둘째, 생애사(life history)는 한 개인의 역사적인 삶을 내부자(연구 참여자)의 관점으로 드러낸다는 점에서 개인적인 내러티브의 한 형태로 볼 수 있다(최영신, 1999: 2). 그러나 생애사는 자기 몰입적인 특징이 강한 자서전이나 전기와는 달리 자료 수집, 분석과 해석 그리고 글쓰기 작업을 통해서 연구과정의 엄격성을 추구한다. 따라서 생애사 연구에서는 연구 참여자의 주관성뿐만 아니라, 내러티브의 진실성을 검증하는 연구자와 독자들의 주관성도 중시하기 때문에 간주관성(inter-subjectivity)을 추구한다고 볼 수 있다(조정호, 2009: 21).

또한, 생애사 연구에서의 주관적인 내러티브는 연구 참여자가 속한 특정 집단의 문화와 연결된다(김재룡, 2010). 따라서 생애사 연구는 연구 참여자가 어떠한 사회적・역사적 조건과 맥락에서 살았는가를 연구자의 시각에서 제시해야 한다(최영신, 1999; 김재룡, 2010). 결국, 생애사 연구에서는 개별적인 연구 참여자의 경험과 내러티브가 타자들에게 문화적인 의미로 전환되고 공유된다고 볼 수 있다(조용환, 2005).

앞에서 살펴본 것처럼, 생애사 연구과정에서의 엄격성, 간주관성, 문화적 의미로의 공유와 전환이라는 특징들은 자문화기술지와 가족 유사성을 공유하고 있다. 다만, 생애사 연구는 연구과정의 엄격성이나 개인적 내러티브의 문화적 의미보다는 삶의 이야기에 초점을 둔 방법적 명칭으로 볼 수 있다. 따라서 생애사라는 명칭이 개인의 역사적인 삶에 대한 학문적인 이야기를 강조하더라도, 방법적 엄격성과 문화적 의미로서의 공유와 전환이라는 특징을 소홀히 하는 것은 아니다.

하지만 생애사 연구는 자문화기술지와 미세한 차이가 있다. 생애사 연구는 1인칭 주인공 또는 3인칭 주인공 시점에서 자신 또는 타자의 이야기를 기술하는 반면에, 자문화기술지는 1인칭 주인공이나 1인칭 관찰자 시점에서 자신 또는 자신이 포함된 타자들이나 집단의 사회문화적인 삶의 모습들을 이야기한다. 그리고 생애사 연구는 연구 참여자의 내러티브에 주목하지만, 자문화기술지는 연구 참여자와 연구자 사이의 상호작용을 강조한다(주형일, 2010: 80). 따라서 자문화기술지에서는 연구 참여자가 내러티브의 분석과 해석 과정에 참여할 수 있다. 또한, 자문화기술지에서는 연구자가 연구 참여자와의 상호작용을 통해서 기억을 회상하고, 자기 치료적인 효과를 얻을 수 있다는 점에서 생애사 연구와 구별된다(주형일, 2010: 82).

셋째, 전기(biography)와 자서전(autobiography)은 특정 인물의 역사적인 삶을 이야기하는 측면에서 자문화기술지와 유사점을 공유한다. 전기(傳記)는 주로 3인칭 주인공 시점의 작가가 특정 인물의 탄생과 죽음에 이르는 일대기적인 삶에 초점을 두는 문학 장르이다. 전기 가운데 작가의 주관적인 평가와 판단이 가미되면 평전(評傳, critical biography)이라고 부르기도 한다.

반면, 자서전(自敍傳)은 1인칭 주인공 시점의 작가가 자신의 삶에 대한 이야기를 직접적으로 기술하는 문학 장르이다. 자서전은 독일, 프랑스, 영국을 중심으로 하여 16세기부터 18세기까지 번창하였는데, 주로 도시 시민계층을 위한 문학 장르로 간주되었다(Dülman, 1997: 164-188). 독일에서의 자서전은 인생을 묘사하는 전통이 강하였으며, 프랑스에서는 외적 사건을 강조하는 회고록이, 영국에서는 일상사의 기록인 일기가 유행하였다(Dülman, 1997: 164).

위에서 밝힌 것처럼, 전기, 평전, 자서전, 회고록, 일기 등의 문학 장르들은 한 개인의 삶을 기술하고 성찰한다는 측면에서 자문화기술지와 구분하기 힘들다. 그러나 이러한 문학 장르들은 사회문화적 맥락 내에서의 개인적인 삶을 기술하였을지라도, 연구과정의 엄격성, 자료 분석과 해석의 간주관성, 문화적 의미로의 공유와 전환이라는 질적 연구의 특징을 충족하는 데 한계가 있다. 즉, 위의 문학 장르들은 한 개인의 삶을 정치적 · 경제적 · 사회적 · 문화적 · 제도적 · 역사적 맥락과 관련지어 체계적이고 확장적인 논의를 이끌어 내기 힘들다. 지금까지 살펴본 자문화기술지와 유사 질적 연구방법론들의 개념적 차이를 장르, 연구 대상, 저자 시점, 주요 특징 측면에서 종합하면 〈표 1〉과 같다.

자문화기술지의 핵심적 자료출처인 자아의 사용은 지나치게 자기 관대적이고 자기 탐닉적이기 때문에 기존의 사회과학 연구자들로부터 비판을 받아 왔다(Coffey, 1999; Buzzard, 2003). 나의 관점에서 볼 때, 자문화기술지에 대한 이러한 비판이 생겨난 원인은 문학적인 개인적 내러티브 장르들이 자문화기술지의 한 종류로 인식되었기 때문이다. 위와 같은 맥락에서, Chang(2008: 54-56)이 제시한 자문화기술지의 함정들을 눈여겨볼 필요가 있다. 첫째, 타자와 문화로부터 분리된 자아에 대하여 과도하게 초점을 맞출 경우, 둘째, 문화적 해석이나 분석보다는 이야기 자체를 과도하게 강조할 경우, 셋째, 개인적 기억자료의 회상과 자료출처가 신뢰를 얻지 못할 경우, 넷째, 자기 내러티브에서 타자들에 대한 윤리적 규정을 무시할 경우, 마지막으로 작성된 내러티브가 자문화기술지로 불리기에 적절하지 않을 경우이다.

3. 자문화기술지의 철학적 전제는 무엇인가?

대부분의 질적 연구방법론들은 특정한 패러다임이나 세계관에 기초한 신념 또는

〈표 1〉 자문화기술지와 유사 장르들의 개념 비교

구분	장르	연구대상	저자 시점	주요 특징
자문화기술지	• 학문	• 연구자 자신 • 연구자와 관련된 집단/타자	• 1인칭 주인공 • 1인칭 관찰자	• 자기성찰 • 엄격성 • 반영성
전통적 문화기술지	• 학문	• 집단의 문화 • 체계의 문화	• 3인칭 관찰자 • 전지적 작가	• 객관성 • 엄격성
생애사 연구	• 학문	• 개인의 삶에 대한 학문적인 이야기	• 1인칭 주인공 • 3인칭 주인공	• 간주관성 • 엄격성 • 공유/전환
전기 평전	• 문학	• 개인의 역사적인 삶에 대한 일대기	• 3인칭 주인공	• 주관성 • 문학성 • 성찰성
자서전 회고록 일기	• 문학	• 자신의 역사적인 삶에 대한 내러티브	• 1인칭 주인공	• 주관성 • 문학성 • 자기성찰

전제에서 출발한다(Creswell, 2005: 102). 따라서 나는 자문화기술지의 철학적 전제를 조명하기 위해 자문화기술지의 존재론적 · 인식론적 · 수사학적 전제를 검토하였다. 존재론적 전제는 질적 연구에서 실재의 특성이 무엇인지 밝히는 것을 의미하며, 인식론적 전제는 연구자와 연구대상 간의 관계를 의미한다(Creswell, 2005: 103). 나는 존재론과 인식론적 전제를 구분하기보다는 하나의 철학적 준거로 통합하였다.

가. 자문화기술지의 인식론 및 존재론적 전제는 무엇인가?

개인의 주관성은 선천적으로 주어지는 것이 아니라 사회적으로 형성된 것이며, 한 개인이 조우하는 타자들과 외부세계에 대한 메타적 인식과 대화의 산물이다(Kincheloe, 1998). 개인의 주관성을 구성하는 메타 인식은 사회, 권력, 제도에 열려 있으며, 개인의 삶과 사회적 영역을 연결한다(Kincheloe, 1998). 따라서 한 개인인 연구자는 다층적 생활세계의 대리자이기 때문에 집단의 내부자인 연구자가 사실상 연구대상과 연구맥락이 된다. 이러한 자문화기술지의 인식론적 전제는 그

동안 주변화되었던 개인의 목소리와 정체성을 사회연구의 핵심적 주제로 부상시켰다(Duncan, 2004).

자문화기술지는 문화적 실천 속에서 종종 간과되었던 이슈들(개인의 정체성, 인종, 젠더, 아동학대, 과식증, 거식증 등)에 대하여 정치적 통찰을 제공한다. 즉, 자문화기술지는 중요한 정치적 이슈들에 독자들을 초대함으로써 특정한 사건이나 사물 그리고 사회현상을 색다른 방식으로 고려할 수 있도록 해 준다. 자문화기술자는 타자 및 대상세계와의 관계 속에서 구성된 자아의 문화적 이해를 시도하며, 독자들은 자문화기술지를 통하여 자신들의 삶의 경험과 화자의 이야기 사이에 존재하는 공통성을 추구함으로써 공명한다. 그리고 특정한 자문화기술지가 독자들에게 공명과 반향을 불러일으킬 때, 저자의 개인적 이야기는 독자들에게 학문적인 이야기로 다가갈 수 있는 것이다(Chang, 2008).

한편, 자문화기술지는 개인의 사회적 · 정치적 · 문화적 삶을 비판적으로 검토함으로써 사회적 변화를 위한 대화와 토론의 장을 마련하는 데 기여할 수 있다(Jones, 2005). 즉, 대화적인 힘을 가진 자문화기술지는 개인의 특수한 경험을 정치적으로 해석함으로써 문화적 삶을 민주화한다. Jones(2005)는 자문화기술지의 정치적인 특징을 다음과 같이 지적하였다. 자문화기술지는 개인의 지식, 경험, 의미, 저항을 이론적으로 이야기함으로써 자아와 권력 그리고 문화 사이의 관계를 이해하고 이론화할 수 있게 한다. 자문화기술지는 세계 내에 존재하는 다른 방식의 앎, 존재, 행위에 대한 저자의 정서적 경험을 표출케 함으로써 독자들로부터 이야기의 정당성과 실천 그리고 재현을 확보할 수 있다(Jones, 2005: 767).

또한, 자문화기술지는 개인의 육체와 목소리가 정신 및 사고와 분리된 것이 아니라, 특수한 정치적 방식으로 관련 있음을 밝힐 수 있다. 즉, 자문화기술지는 자아가 어떻게 구성되고, 폭로되고, 연결되는가를 밝힘으로써 사회적 · 문화적 · 개인적 삶을 창조하고, 해석하고, 변화시키는 데 도움을 준다.

Foster 등(2005)은 연구 도구로서 자아를 강조하는 자문화기술지가 제기하는 핵심적인 물음들을 다음과 같이 언급하였다. 삶의 경험들은 어떻게 이론을 형성하는가? 어떠한 '문화적 수화물'이 연구를 이끄는가? 자문화기술지는 어떻게 해방적이고 변환적인 자아를 형성하는가? 어떠한 이슈들이 당신의 정체성을 재구성하는가? 연구 참여자들과 조우하였을 때, 어떠한 이슈들이 친숙하고 낯설었는가? 저자의 정체성은 연구에서 어떠한 제한점으로 작용하였는가? 당신의 정체성은 어떠한 방식으로 통찰과 혁신을 가져왔는가? 당신은 어떠한 방식으로 자신의 정체성을 고양시켰는가? 연구의 과정에서 어떠한 물음들이 기대되었는가? 연구 참여자들의 정체성을 공유함으로써 당신은 어떠한 물음들을 기대하였는가? 즉, 참여자들은 당신에게 무엇을 말하였으며, 어떠한 것을 말하지 않았는가? 자신의 정체성을 표명하였을 때, 사람들은 당신에게 어떻게 반응하는가?(Foster et al., 2005)

자문화기술자는 전통적인 문화기술지의 통상적인 화자, 즉 '객관적인 연구자'의 입장을 채택하지 않는다. 오히려 자문화기술자는 자서전과 문화기술지의 결합을 통하여 타자와 대상세계를 이야기할 때 자신의 삶과 정체성을 포함시킨다(Reed-Danahay, 1997). 그러나 자신의 정체성을 글 속에 포함시킬 때 연구자의 자기 노출은 불가피하다. 한국의 전통적인 민족 정서를 감안해 보면, 자기 노출적인 특징은 자문화기술지가 한국의 학계에 뿌리내리는 데 문제가 될 수 있다(박순용 · 장희원 · 조민아, 2010).

자기 노출은 연구자를 공격받기 쉬운 존재로 만들고, 타자들의 비판에 무방비한 존재로 만든다. 또한, 연구자의 자기 노출은 이성적인 감정 조절에 실패한 것처럼 보이며, 연구 참여자들보다 연구자의 개인적인 주장과 요구를 표현한 것처럼 보일 위험성이 있다. 그러나 우리의 관점에서 볼 때, 자기 노출에 대한 위험성은 '양날의 검'과 같다. Foster 등(2005)의 지적처럼, 연구자의 자기 노출과 폭로는 오히려 연구자와 연구 참여자들 그리고 독자들 사이에 놓여 있는 위계적인 속성을 감소시켜 친밀감을 강화할 수 있는 방법론적인 장점이 될 수도 있다. 또한, 자문화기술자는 자기 노출을 통하여 연구 참여자들 그리고 독자들과 대화적인 관계를 발전시킬 수 있다. 즉, 자문화기술지의 자기 노출적인 특징은 객관적인 분리와 주관적인 몰입 사이의 긴장감을 완화하고 관리할 수 있다(Foster et al., 2005).

[그림 1]에서 확인할 수 있는 것처럼, 佐伯 胖(2007)는 주관적 자아와 객관화된 자아 그리고 자기성찰적 자아가 분리될 수 없음을 주장하면서, 개인과 타자 그리고 문화와의 이분법적 관계를 부정하는 '의인적 인식론(擬人的 認識論)'을 주장하였다. 그는 자아(I)와 타자(You적 공동체) 그리고 대상세계(They적 세계, 문화적 실천의 세계)를 연결하는 '발달의 도너츠론' 또는 '고비토론(分身論)'을 제시하고, 감정 이입적인 동일시를 통해 자아와 타자 그리고 문화의 연결을 시도하였다(佐伯 胖, 2007: 18-26).

나는 유아론적 자아를 대문자 'I', 타자와의 상호작용을 통해 형성된 객관적인

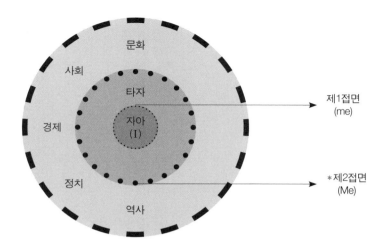

[그림 1]   자문화기술자의 위치성과 상황성

자아를 소문자 'me', 유아론적 자아가 타자 지향적인 자아를 넘어 거시적인 맥락과 연결된 자기성찰적 자아를 'Me'로 칭하였다. 정치적 · 경제적 · 사회적 · 문화적 · 역사적 맥락과의 감정 이입적인 동일시를 통해서 제2접면에 형성된 자아(Me)야말로 자문화기술자의 위치성과 상황성(situatedness)을 적절히 표현해 준다.

자문화기술지는 데카르트의 유아론적(唯我論的) 자아를 지지하기보다는 문화적 · 사회적 · 경제적 · 정치적 · 역사적 자아를 상정한다. 즉, 자문화기술자는 타자와 상호작용하는 객관적이고 타자 지향적인 자아를 넘어서 사회문화적인 자아를 지향한다. 주관적 자아의 개념과 특징이 제1수준의 패러다임이라면, 객관적인 자아 또는 상호작용적인 자아의 개념과 특징은 제2수준의 패러다임이라고 볼 수 있다. 그리고 자기성찰적이고 사회문화적인 자아의 개념과 특징은 제3수준의 패러다임이다. 제3수준 패러다임을 지향하는 자문화기술지는 자아의 개념과 특징, 연구의 접근방식에서 차별적인 특징을 나타낸다. 〈표 2〉는 세 가지 수준의 패러다임에 기초한 자문화기술지의 존재론적 및 인식론적 전제들을 나타낸 것이다.

나. 자문화기술지의 수사학적 전제는 무엇인가?

자문화기술지가 일반적인 질적 연구 논리와 절차를 따른다 할지라도 그것에 대한 평가준거와 타당도 작업에 대한 논의는 실로 중요하다. 왜냐하면, 자문화기술지는 문학 영역과 학문 영역의 담장을 넘나드는 경계가 모호한 장르이기 때문이다. 따

〈표 2〉 자문화기술지의 존재론적 및 인식론적 전제

구분	제1수준 패러다임	제2수준 패러다임	제3수준 패러다임
자아의 개념	• 주관적 자아('I') • 데카르트적 자아	• 객관적 자아('me') • 엄밀한 자아	• 자기성찰적 자아 (I+me='Me')
자아의 특징	• 자기 지향적 자아 • 주관화된 자아	• 타자 지향적 자아 • 상호작용적 자아 • 일반화된 자아	• 자기성찰적 자아 • 사회문화적 자아 • 변증법적 자아
연구의 접근 방식	• 미시적(micro) 관점 • 주관적인 개인의 관점에서 삶을 이야기	• 미시적(micro) 관점 • 객관적인 연구자의 관점에서 타자들과 집단의 문화를 조망	• 생태적(eco) 관점 • 자기성찰적인 연구자의 관점에서 자신, 타자, 문화를 연결

라서 지금부터는 Guba와 Lincoln(1989), Richardson(2000), Duncan(2004)이 제시한 자문화기술지의 평가준거와 타당도 작업을 상세히 고찰함으로써 자문화기술지의 수사학적 전제를 살펴보고자 한다.

한 편의 자문화기술지가 타당성을 확보하고 일반화를 시도하기 위해서는 독자들에게 무엇이 일어났는가를 이야기할 뿐만 아니라, 연구 참여자와 연구자에게도 무엇이 일어났는가를 밝혀야만 사실성(verisimilitude)과 진정성을 구할 수 있다(Ellis, 2004). 타당성의 확보와 일반화 시도에 실패한 자문화기술지는 자기중심주의 또는 나르시시즘에 빠질 위험성이 있다. 대부분의 실증주의자들이나 전통적 문화기술자들이 자문화기술지를 주류적인 연구방법론으로 간주하지 않는 것도 바로 이 때문이다(Chang, 2008).

따라서 특정 자문화기술지가 일반화되기 위해서는 독자들로부터 이야기를 닫기보다는 지속적으로 대화를 열 수 있어야 한다(Ellis, 2004). 또한, 자문화기술지는 연구자와 독자들 사이의 대화를 통해서 사회변화를 위한 촉매로서의 역할을 해야 한다(Jones, 2005). 자문화기술지의 이러한 촉매 타당도(catalytic validity)는 교육이론과 교육실천을 통합하고, 교육의 과정과 교육의 결과를 연결하는 중개자로서의 교육연구자를 고무시킨다(Jewett, 2008).

Guba와 Lincoln(1989)은 자문화기술지에서 진정성을 확보하기 위한 네 가지 준거들을 제시하였다. 첫째, 공정성(fairness)은 이해 당사자의 검증과 집단 내부로부터의 구성을 통해 달성된다. 이러한 검증과정은 연구의 주장, 요구, 이슈에 대한 갈등의 표출 과정에서 명백히 드러난다. 둘째, 존재론적 진정성은 자문화기술자의 실제적인 삶이 개선되고, 성숙되고, 확장되며, 정교화되는 정도를 의미한다. 셋째, 교육적 진정성은 대화적 타당성과 유사한 개념으로서, 외부의 이해 당사자 집단인 타자들의 경험을 더욱 면밀히 인식하고 이해하였는가를 의미한다. 넷째, 촉매적 진정성은 독자들이 작품에 대한 평가 과정을 통해 자신들의 행위나 실천이 자극되고 촉진되는 정도를 의미한다. 즉, 촉매적 진정성은 연구 참여자들과 독자들이 자문화기술지를 통하여 자기 이해를 확보하고, 궁극적으로 자기결정을 할 수 있도록 한다(Lather, 1986, 1991). 마지막으로, 전술적 진정성은 촉매적 진정성만으로는 실천의 한계가 있기 때문에 교육적 변화나 정치적 변화를 통하여 실천적인 행위가 나타날 수 있도록 촉진하는 것이다(Guba & Lincoln, 1989).

Richardson(2000)은 자문화기술지의 다섯 가지 평가준거로 사회적 삶에 대한 실질적인 공헌, 미학적 완성도, 저자의 반영성, 감성적·지적인 영향력, 실재의 표현을 제시하였다. 첫째, 실질적인 공헌이란 자문화기술지의 연구 결과가 사회적 삶에 대한 이해에 어느 정도의 공헌을 하였는가에 대한 물음이다. 둘째, 미학적 완성도는 자문화기술지가 독자들에게 지겹지 않으면서 미학적으로 어느 정도 성공적인가를 검토한다. 셋째, 반영성(reflexivity)이란 자문화기술자가 텍스트에서 어떠한 방식으로 등장하며, 자신의 주관성을 어떻게 드러내는가의 물음이다. 넷째, 영향력이란 자문화기술지가 감성적으로나 지적으로 연구 참여자들과 독자들에게 어느 정도의 영향력을 발휘하였는가에 대한 물음이다. 즉, 자문화기술지가 저자를 포함한 연구 참여자들 그리고 독자들에게 새로운 물음을 던지거나, 성찰적인 행동과 실천을 이끄는지를 검토한다. 다섯째, 실재의 표현은 자문화기술지가 경험의 의미를 구체화하는가에 대한 물음이다. 즉, 드라마틱한 회상이나 상투적이지 않은 표현, 강력한 메타포를 통해서 독자들에게 저자의 경험을 소생시키는가에 대한 물음이다(Richardson, 2000: 23).

Duncan(2004)은 자문화기술지의 질을 평가하는 준거로서 연구범위, 도구적 유용성, 구성 타당도, 외부 타당도, 신뢰성, 학구성이라는 여섯 가지의 이슈들을 제시하였다.

첫째, 자문화기술지에서 연구범위를 제한하는 것은 연구 결과의 보고에 필수 불가결하다(Duncan, 2004: 34). 자문화기술지의 연구범위는 네 가지 양상인 시간,

공간, 연구유형, 관점에 따라 좌우되며, 저자는 이 요소들을 통해 자문화기술지 적용의 적절성을 언급해야 한다.

둘째, 도구적 유용성은 유사한 관심을 가진 타자들에게 연구 결과가 얼마나 유용한 것인가를 증명함으로써 자기 이익적 비판이나 자기만족적 비판을 피하는 것이다. 즉, 유용성이 높은 연구 결과는 독자들이 혼란스럽고 복잡한 상황을 이해할 수 있도록 하며, 미래의 가능성과 시나리오를 예측할 수 있도록 돕는다.

셋째, 구성 타당도는 질적 사례연구의 타당도를 구성하는 요구 조건들을 검토하는 작업을 의미한다. 자문화기술지가 비록 개인적인 이야기에 의존할지라도 다음의 세 가지 조건에 의해서 실증되어야 한다(Duncan, 2004). ① 자문화기술지는 연구자의 개인적인 이야기와 더불어 그것을 증명할 수 있는 다양한 증거자료(편지, 메모, 회의록, 이메일)를 사용해야 한다. ② 수집된 다양한 증거자료들은 목록화, 색인화되어서 과거의 사건이나 경험을 회상하거나 연구 주제를 개발할 때 도움을 주어야 한다. ③ 저자의 이야기를 통해 구성된 초고는 동료들의 검토 작업(peer checking)을 거쳐 확인해야 한다.

넷째, 자서전적 글쓰기에 기초한 자문화기술지는 한 개인에서 비롯된 것이기 때문에 결코 유일한 실재적 재현물이 아니다. 따라서 연구 결과에 포함된 이론과 주제가 다른 상황에서 어떻게 적용되는지를 확인하는 외부 타당도 작업이 필요하다.

다섯째, 자문화기술지는 연구 결과에 대한 신뢰성을 확보하기 위해 다음과 같은 검토 작업이 필요하다. 자문화기술지 연구는 실천가의 일터에서 출발해야 한다. 실천가인 연구자는 일터에서 암묵지를 형성하고, 성찰을 기록하고 개발하며, 지속적으로 문헌 검토를 수행한다. 연구자는 회고적인 이야기로부터 중요한 주제와 이슈에 민감하게 반응해야 하며, 반성적 저널이 체계적으로 유지되어야 한다. 증거자료를 위한 문서 파일은 중요한 사건과 프로젝트 단계에 따라 보관, 관리, 범주화되어야 한다. 자료 수집과 분석은 지속적이고 실천을 개선하기 위한 것으로 활용되어야 한다. 내러티브는 증거자료에 기초하여 작성되어야 하며, 글의 결론 또한 내러티브로부터 도출되어야 한다. 그리고 그 이야기는 연구현장에 종사하는 구성원들에 의해 검토되어야 한다.

여섯째, 자문화기술지는 학문적인 이야기를 담보해야 하며, 개인적인 경험을 더욱 거시적인 이론적 개념과 연결시켜야 한다(Duncan, 2004).

한편, 평가준거와 타당도 작업과 관련된 연구윤리 또한 자문화기술지의 수사학적 전제를 파악하는 데 중요하다. 자문화기술지는 비교적 최근에 형성된 질적 연구방법론이기 때문에 연구윤리에 대한 구체적인 논의가 없는 실정이다(Wall, 2008). 그러나 자문화기술지가 연구자 자신에 대한 이야기를 중심으로 기술될지라도 윤리적인 문제로부터 결코 자유롭지 않다(Wall, 2008: 49). 왜냐하면, 자문화기술자는 자신의 삶을 이야기하는 동시에 타자들과 집단 그리고 사회문화적 맥락에 대한 상호작용을 기술하기 때문이다. 따라서 자문화기술자는 글에 등장하는 타자들과 집단을 보호하기 위해 가명을 사용하고 구성원 검증(member checking)을 하는 등, 연구윤리를 준수하기 위한 노력을 해야 한다.

평가준거와 타당도 작업에서 살펴본 자문화기술지의 수사학적 특징을 정리하면 다음과 같다. 첫째, 자문화기술지는 연구자와 연구 참여자 그리고 독자라는 삼자의 대화적 관계를 추구하였다. 둘째, 자문화기술지는 연구 결과의 타당성 확보를 위해 연구 참여자들의 검증과 이해 당사자들의 검증을 필요로 하였다. 셋째, 자문화기술지는 연구자의 반영성과 자기성찰을 강조함으로써 자아몰입적인 한계를 극복하였다. 넷째, 자문화기술지는 명확한 연구범위를 설정하고, 다양한 증거자료에 기초하여 내러티브를 전개함으로써 연구 결과에 대한 신뢰성을 확보하고자 하였다. 다섯째, 자문화기술지는 연구자와 연구 참여자 그리고 독자들이 자신들의 삶을 실천적으로 개선할 수 있는 촉매적인 타당도를 강조하였다. 마지막으로, 자문화기술지는 연구윤리를 확보하고, 개인적인 이야기를 거시적인 사회문화적 맥락과 관련지어 논의함으로써 개인적 내러티브를 학문적 내러티브로 확장하였다. 따라서 이와 같은 여섯 가지 수사학적 특징들에 터하여 볼 때, 자문화기술지는 여타 질적 연구방법론에 버금가는 엄밀성을 지니고 있다고 평가할 수 있겠다.

III. 외국의 자문화기술지 적용 사례

여기에서는 외국의 자문화기술지가 현장과 관련하여 어떻게 적용되고 있으며, 구체적으로 어떠한 연구 결과들이 있는지를 살펴보았다. 이를 위하여 연구의 범주를 세 가지 영역으로 구분하고, 각 영역에서 자문화기술지가 어떻게 적용되었으며, 어떤 주제들이 탐구되었는지를 검토하였다.

1. 교사발달 및 교사문화 연구와 자문화기술지

교사발달 및 교사문화 연구영역과 관련하여 일곱 편의 대표적인 작품들을 선정하였다. 그리고 그 연구들에서 자문화기술지가 어떻게 활용되었고, 어떠한 의미 있는 연구 결과가 도출되었는지를 살펴보았다.

첫째, Palmer(1998)의 연구는 교사의 주관적인 정체성과 성실성을 탐구하였다. Palmer는 교사의 가르치는 행위가 인간의 내면에서 흘러나온다고 보았으며, 학생과 교과 그리고 교사와 학생의 상호작용에 교사의 영혼을 투영해야 한다고 주장하였다. 교사가 자신을 안다는 것은 학생과 교과에 대한 앎만큼이나 중요한 필수요소이다. Palmer(1998)는 학교교육에 대한 전통적 교육연구들이 '무엇을', '어떻게', '왜'라는 물음에 매달린 나머지 '누구'라는 물음을 소홀히 취급하고 있다고 보고, 훌륭한 가르침은 교사의 정체성과 성실성에서 유래된다고 주장하였다. 따라서 좋은 가르침은 교육방법의 개선보다는 수업 속에 교사의 자의식을 얼마나 투영하였는가의 여부에 달려 있으며, 좋은 교수행위는 자신의 자아, 교과, 학생을 생명의 그물 속으로 촘촘히 연결하는 것으로 보았다(Palmer, 1998).

Palmer(1998)는 교사라는 주관적 정체성이 개인 내부의 힘과 외부의 힘이 교차하는 단면이라고 보고, 교사의 정체성에서 비롯된 자아가 결코 의심스럽거나 오염된 것이 아니라서 감출 필요가 없다고 주장하였다. 교사의 현실인식은 과거의 인생사들을 있는 그대로 인정하는 것이며, 교사는 기억(re-membering) 활동을 통해 다시 공동체의 일원이 되어야 한다(Palmer, 1998). 교사의 정체성에 대한 내면의 대화는 학생들의 내면과 소통 가능하게 하며, 교사와 학생들 사이에 존재하는 공포를 제거하고, 더 넓은 상호연결의 그물을 구축하는 데 중요하다.

둘째, Starr(2010)는 자문화기술지가 교사의 비판적인 의식과 각성에 기여할 수 있다고 주장하면서, 교사문화 탐구에서 자문화기술지의 활용을 강조하였다. Starr(2010)는 자문화기술지가 Freire의 의식화(conscientization) 개념을 이끌어 낸다고 보았다. 왜냐하면, 자문화기술지는 한 개인이 자신의 위치를 확인하여 현실의 지각을 변화시키기 위한 공간을 창출하기 때문이다. 비판교육 이론가인 Freire(1971)는 '은행 저축식 교육'에서 '문제 제기식 교육'으로 전환해야 한다고 보고, 사람들은 세계 내에 존재하는 방식을 비판적으로 파악하기 위한 힘을 개발해야 한다고 주장하였다. 그는 대상세계를 정적인 실재로 파악하기보다는 진보와 변혁의 대상으로 보았다. 그의 관점에서 볼 때, 한 개인의 이데올로기는 삶의 경험과 교육의 결과이다. 그러나 개인적 이데올로기가 주체의 경험으로부터 발생할지라도 그것은 전적으로 사적이지 않다. 오히려 개인의 경험과 기억은 인종, 젠더, 계층, 상황, 능력, 직업 등에 대한 문화적 태도에 따라 영향을 받는다(Freire, 1971). 따라서 그는 자문화기술지가 문화 내에 위치한 교사의 자의식에 대한 지각에서 중요한 역할을 할 수 있다고 주장하였다(Starr, 2010).

셋째, Austin과 Hickey(2007)는 자문화기술지가 "우리가 누구이고, 무엇을 하는가"라는 물음에 답함으로써 교육자들이 일상적인 경험과 교수의 실용적인 요구에 대하여 자백할 수 있는 기회를 제공한다고 보았다. 교사들은 자문화기술지를 통한 의식화를 통해서 미시적·거시적 수준에서 해방의 페다고지(pedagogy)와 반성적 실천으로 나아갈 수 있다(Austin & Hickey, 2007). 이처럼 저자들은 자문화기술지를 비판적 페다고지의 한 형태로 보았으며, 특히 자문화기술지를 통한 변환적인 학습은 우리가 내주하는 문화와 타자들에 대한 폭넓은 이해와 실천을 수반한다고 보았다(Spry, 2001; Eisner, 2004; Austin & Hickey, 2007).

넷째, Chang(2008)은 자아의 다문화적 발견을 위한 도구로서 자문화기술지의 강점을 주장하였다. 즉, 자문화기술지를 통한 교사들의 자기반성적 과정은 효과적인 다문화교육자로 성장하는 데 유용한 방법이 될 수 있다. 자문화기술자인 교사는 이야기하기, 분석, 해석, 성찰이라는 일련의 과정을 통해 자신의 과거와 현재의 이야기를 자기 분석적으로 성찰함으로써 자신의 다문화적 정체성과 조우할 수 있다. 따라서 자문화기술지는 교사와 학생들의 문화적 전제를 형성하는 삶의 경험과 사건들을 성찰하는 데 도움을 줄 뿐만 아니라, 교실수업의 과정에서 학생들이 자신들의 문화적 가정을 비판적으로 해명하고 성찰함으로써 자연스럽게 문화적 다양성을 공유할 수 있게 한다.

다섯째, Nash(2004)는 교사나 교육행정가들이 자문화기술지를 작성함으로써 개인적인 삶과 직업적인 삶 사이에 존재하는 간극을 해소할 수 있다고 보았다. 즉, 학문적인 개인적 내러티브는 자아 정체성과 직업 정체성 사이에서 진정성과 연결을 추구함으로써 교사나 교육행정가가 그들의 정체성을 고백하고, 이론과 실천을 융합하고, 추상적인 것과 실제적인 것을 예술적으로 통합할 수 있도록 한다. Nash(2004)는 두 교사들(Dave와 Patti)의 삶과 두 교육행정가들(Doug와 Lou)의 교육적 삶을 예로 들어 이야기함으로써 교육자들의 정체성, 개인적 철학, 종교적 신념 등이 교사발달과 어떠한 연관성이 있는지를 세밀히 밝혀 주었다.

여섯째, Kincheloe(2005)는 전통적인 교사교육이 교사의 정체성과 의식을 형성하는 힘에 대하여 거의 통찰을 제공하지 못한다고 보았다. 그의 관점에서 볼 때, 교사들의 정체성과 의식은 그들을 둘러싸고 있는 사회적 · 문화적 · 정치적 · 경제적 · 역사적 세계와 관련되어 있다. 그리고 교육받은 교사 또는 비판적 실천가로서의 교사가 되기 위해서는 인격적 변환과 자아의 구성에 대한 통찰이 필요하다. Kincheloe는 자문화기술지가 교사들의 직전교육과 현직교육의 실천적 차원에서 중요하다고 보았다. 왜냐하면, 자문화기술지는 자아에 몰두하기보다는 더 큰 공동체의 책임 있고 변혁적인 구성원이 되는 데 필요한 능력을 촉진할 수 있는 개인의 사회적 구성에 대한 이해에 초점을 두기 때문이다.

또한, 자문화기술지는 현장교사들이 거시적인 사회적 구조, 인식론적 역동성과 관계된 자아의 구성을 이해할 수 있도록 한다. 그리고 자문화기술지를 통한 비정형화된 교육연구는 교사들이 비판적으로 교육행위에 가담토록 하며, 그 행위는 교사 개인의 삶을 변화시킬 뿐만 아니라 타자들의 삶마저도 변환시킬 수 있다(Kincheloe, 2005). 즉, 자문화기술자로서의 교사는 지속적인 메타 대화를 통해 자아와 끊임없는 대화를 함으로써 기존의 의미체계에 대한 지속적인 재개념화를 시도한다. Kincheloe(2005)는 자신의 이러한 주장이 Pinar의 쿠레레(currere)에 빚졌음을 밝히면서, 비판적 존재론을 개발하였다. 그는 교사들이 자문화기술지를 통해 자신들의 세계관, 교육에 대한 관점, 그리고 자기 이미지를 분석할 수 있다고 보았다. 교육실천가들은 자문화기술지를 통해 특권층과 권력을 가진 소수집단을 위한 억압적인 조건과 사회정치학적 왜곡을 인식할 수 있다. 결국, 자문화기술지는 지배적인 문화적 관점들이 교사들의 정치적 의견, 종교적 신념, 성 역할, 인종적 지위, 성적 성향에 어떠한 영향을 미쳤는지를 이해할 수 있게 한다(Kincheloe, 2005).

일곱째, Todd와 Klinker(2007)는 미국 중년 여교수들의 직업적 삶에서 성과 나이가 차지하는 의미를 자문화기술지로 기술하였다. 즉, 그들은 자문화기술지를 통하여 새로운 사회현상과 관련된 여교수들의 개인적인 경험을 탐구하고, 중년 여성의 편안한 삶을 떠나 새로운 지평을 탐구하는 삶의 경험을 이야기하였다. 저자들은 개인적 성찰, 대화, 자기반성, 감성적 회상에 대한 공유를 통하여 미국문화에 나타나는 성차별주의와 연령주의를 직면하게 되었다. 그들은 미국사회에서 여성들을 위한 공통적이고 수용 가능한 역할 모델이 없다고 주장하였다. 즉, 미국의 여성들은 아이들을 위해 자신들의 삶을 희생하는 것과 같은 전통적인 남성 중심의 성역할에 종속되어 있었다. 따라서 그들은 대학 교수가 되기 위해서 성과 나이에 대한 공포와 좌절을 극복함으로써 새로운 자아를 재발견하게 되었다. 그들은 자문화기술지를 통하여 나이와 성은 어쩔 수 없는 제한적 요소가 아니라 개인의 노력 여하에 따라서 극복 가능하다고 주장하면서 더 나은 세계를 만들 수 있다는 희망과 가능성의 비전을 제시하였다(Todd & Klinker, 2007).

2. 학생의 학습문화 연구와 자문화기술지

두 번째 탐구영역은 학생의 학습문화에 대한 연구이다. 학생의 학습문화와 관련된 세 편의 자문화기술지 작품들을 선정하여 분석함으로써 학생들이 생활하고 학습하는 방식과, 학생들의 학교생활과 학습에 영향을 끼치는 사회문화적 맥락과 학습문화의 관계를 살펴보았다.

Sparkes(1996)는 자아와 문화 그리고 연구과정을 유기적으로 연결하는 자문화기술지를 통하여 엘리트 운동선수가 심각한 부상을 당하고 중도 탈락자가 되기까지의 개인적인 삶의 여정을 기술하였다. 염증성 허리 질병은 운동선수인 그의 삶에서 영구적인 삶의 한 부분이 되었고, 수많은 일상적인 삶을 지배하게 되었다. Sparkes의 작품을 읽은 독자들은 그의 자문화기술지를 통하여 부상을 당한 엘리트 운동선수가 어떠한 심리적·육체적 고통을 겪었고, 어떠한 방식으로 그 치명적인 결함을 극복하였는가를 사회문화적으로 이해할 수 있게 된다(Wall, 2006).

Smith(2005)는 후천적인 뇌손상(ABI) 후 자기 존중감을 회복하는 과정을 자문화기술지로 기술하였다. ABI 생존자인 저자는 자문화기술지를 사용함으로써 자녀의 주관적이고 문화적인 경험뿐만 아니라 연구 참여자들(환자들)의 문화와 경험을 탐구할 수 있게 되었다. 그녀는 자신이 학생 연구자일 뿐만 아니라 연구 주제에 대한 유일한 '내부자'의 위치에 있음을 알고, 가장 가치 있는 연구 자료를 얻기 위해서 스스로를 연구대상으로 선정하였다. 그녀는 5명의 뇌손상 환자들과 함께 재활센터의 창조적인 치료활동을 통해서 병을 회복하는 과정을 이야기하였다. 그녀는 6개월 동안의 재활센터의 창조적인 프로젝트가 자기 존중감에 긍정적인 영향력을 발휘하였음을 자문화기술지를 통해 밝혀 주었다. Smith(2005)의 작품은 자문화기술지가 교육상담 및 보건의료 분야의 학습에 적극적으로 활용될 수 있음을 예증해 주었다.

Chung(2009)은 자문화기술지를 개인의 신체적인 특징뿐만 아니라 인성, 지식, 역사 그리고 삶의 경험을 보여 주는 예술적 재현으로 보았다. Chung(2009)의 연구는 구성주의 학습이론에 기초한 미래 시각문화예술(VCAE) 교육에 주목하였다. 자문화기술지를 통한 학생 이해는 예술경험과 관련된 학생들의 선지식에 대한 통찰을 얻는 데 도움을 줄 뿐만 아니라, 교사의 좋은 수업을 위한 기초를 제공하였다. 이 연구는 학생들의 개인적 관심, 지식, 예술과 관련한 경험, 예술적 발달에 대한 통찰을 얻기 위해서 4명의 여성 청소년에 의해 산출된 시각적·언어적·자서전적 인공물을 분석한 후 비판적인 시각문화의 교수를 위한 교육적 함의를 이끌어 내었다.

Chung(2009)의 연구는 자문화기술지를 통하여 학생들의 지식과 경험을 안다는 것이 학생의 수업참여뿐만 아니라 VCAE 교육에도 도움이 됨을 지적하였다. 또한, 학생들은 자문화기술지를 통한 VCAE 교육으로 미술과 시각문화의 정치적 측면을 인식하고, 미술활동이 정치적·사회적 실천이라는 사실을 알게 되었다. 즉, 학생들은 자문화기술지를 활용함으로써 이미지, 텍스트, 인공물 등의 예술작품이 즐거움을 주기 위한 문화적 도구일 뿐만 아니라, 상이한 사회집단의 정치적·이데올로기적 갈등을 수반하는 매개체임을 자각하게 되었다(Chung, 2009).

3. 교수법 및 교육과정 연구와 자문화기술지

교육과정을 재개념화한 Pinar(1975)는 오늘날의 학교교육이 지나치게 객관성을 강조함으로써 개인의 주관성과 자아를 상실하였다고 주장하였다. 그는 교육과정 연구의 재개념화를 위해서 개인의 주관성을 회복하는 자서전적 방법론을 강조하였다. 또한, Ellis와 Bochner(2000)는 자서전적 글쓰기의 의미가 단지 한 개인의 연대기적 기록에 의존하기보다는, 개인이 살았던 시대, 문화, 역사적 사건들과 관련된 개인과 문화와의 관계, 문화와의 상호작용 속에서 형성된 다층적이고 복합적인 의식에 있다고 보았다(Ellis & Bochner, 2000).

따라서 자문화기술지는 교수법 및 교육과정과 관련된 교사의 삶을 진술하게 제시함으로써 독자들로 하여금 자신들의 삶을 반성하게 한다. 즉, 교수법과 교육과정에 대한 자문화기술지는 저자와 독자가 서로 친밀감을 공유함으로써 저자 자신뿐만 아니라 독자들의 심적 갈등과 고민까지도 치유할 수 있다(김영천 · 이희용, 2008). 교수법 및 교육과정 연구영역에서의 대표적인 자문화기술지 작품 네 가지를 간략히 제시하면 다음과 같다.

Duncan(2004)은 하이퍼미디어 교육자료의 디자인 연구에서 자문화기술지를 어떻게 적용하였는지를 기술하였다. Duncan은 새로운 디자인 이론에 기여한 3개의 하이퍼미디어 CD-ROM의 제작에 영향을 미친 내외부적 요인들에 대한 실천가의 6년 동안의 관점을 연구하였다. 그는 질적 접근에서 중요한 실재와 지각 사이의 상호 관련성을 강조하고, 자문화기술지 쓰기라는 예술의 실천을 통해 연구자들이 실재를 더욱 풍부히 탐구할 수 있다고 주장하였다. 그는 연구자의 내부적 의사결정과 생활세계를 반영하는 타당하고 주목할 만한 연구방법으로서 자문화기술지를 강조하였다(Duncan, 2004).

Jewett(2008)는 자문화기술지를 통하여 학교교육이 발생한 맥락과 교수학습, 교육과정 이론에 대한 우리의 이해를 관계 지음으로써 교육과정 연구의 범위를 확장하였다. 그녀는 교사 직전교육의 하나인 다문화 교육 프로그램의 이론적 탐구를 통하여 자신의 정체성인 '백인의 다문화 교육과정을 위한 교수자로서 특권화된 여성'을 문제시하였다. Jewett(2008)는 이러한 논의를 통해서 공립학교에 대한 학생들의 사전개념과 재개념화 과정에서 젠더와 인종이 수행하는 역할을 탐구하였다. 그녀는 자문화기술지가 현재의 교육과정을 다시 생각할 수 있는 인식론적 도구가 될 수 있으며, 학생들이 사회문화적 맥락 밖의 정적인 전통적 지식보다는 행위 안에서의 지식에 입문할 수 있도록 한다고 주장하였다. Jewett(2008)는 자문화기술지가 사회적 · 역사적 맥락과 형식적인 학습공간 사이의 연결을 시도하여 새로운 교육과정 이론을 형성하게 하는 질적 연구방법론임을 강조하였다.

Suominen(2003)은 사진술과 관련된 창조적인 글쓰기를 통해 자신의 문화적인 정체성과 자기 인식의 변화과정을 이해하였다. 저자는 자신의 체험에 대한 비판적인 재평가를 통하여 정체성의 구성과 교수법을 촉진하기 위한 탐구방법을 적용하고 제안하였다. 저자는 모국인 핀란드를 떠나 미국 오하이오 대학교의 박사과정에 입학한 이후, 사진촬영, 참여관찰, 사진-글쓰기(photo-writing), 기억작업, 사진 치료, 비판적 에세이 쓰기, 사진과 창조적 텍스트에 대한 전시와 논의를 통하여 연구 자료를 수집하고 분석하였다. Suominen(2003)은 자문화기술지를 통하여 문화적 현상, 예술가들, 시각문화 생산가들, 예술적 인공물, 다양하고 복잡한 담화 속에서 문화적으로 상황 지어진 자신의 정체성에 주목하여 시각적 지식에 대한 자각을 획득함으로써 비판적 교육학과 교육과정을 지지하였다.

    Starr(2010)는 자문화기술지가 교육과정의 탐구자로서 개인을 위치 짓기 때문에 Pinar의 쿠레레(curerre)에 해당된다고 보았다. 즉, 자문화기술지는 학문적 탐구의 얼개를 제시함으로써 개인과 사회, 이론과 실천, 자아와 타자 사이의 긴장을 해소하는 가교 역할을 할 수 있다. 또한, 자문화기술지는 촉매적인 변화를 이끌어 내기 위한 대화의 공간을 마련함으로써 저자와 독자들이 교수법과 교육과정을 개발하는 데 유용한 방법론이 될 수 있다. 즉, 자문화기술지는 교육실천가이자 교육연구자인 교사들에게 교육과정의 문화적 · 역사적 · 정치적 · 생태적 · 미학적 · 이론적 이해를 촉진할 수 있다(Starr, 2010).

IV. 나가며

지금까지 새로운 질적 연구방법으로 대두하고 있는 자문화기술지의 이론적 관점과 외국의 모범적인 자문화기술지 작품들을 살펴보았다. 이상의 논의에 기초하여 여기에서는 학교현장의 이해와 개선을 위한 자문화기술지의 이론적 가능성 및 시사점을 교사, 학생, 교수법 및 교육과정의 세 가지 측면에서 제언하고자 한다. 그리고 자문화기술지의 방법론적 가능성과 시사점을 연구자, 연구 참여자, 독자, 그리고 학교현장의 측면에서 제시하고자 한다.

    자문화기술지는 교사발달과 교사문화 연구영역에서 다음과 같은 이론적 가능성과 시사점을 제공할 것이다. 첫째, 자문화기술지는 교사의 자아 정체성과 직업 정체성을 진솔하게 이야기함으로써 개인적인 삶과 직업적인 삶의 간극을 해소할 수 있는 방법론이 될 것이다. 또한, 교사의 자문화기술지는 학생과의 소통을 원활하게 하고 학생들과의 관계개선을 촉진함으로써, 교사와 학생 모두가 공동체의 일원이 되는 데 기여할 것이다. 둘째, 자문화기술지는 정치적 · 사회적 · 문화적 맥락 속에 위치한 교사의 자의식을 일깨움으로써 교수실천의 개선을 위한 의식화를 촉발하는 방법론으로서 기여할 것이다. 즉, 교사들은 자문화기술지를 통한 의식화에 기초하여 반성적 실천과 해방적이고 비판적인 교수학(pedagogy)을 지향할 수 있을 것이다. 셋째, 자문화기술지는 교사들의 개인적인 삶뿐만 아니라 사회문화적인 전제들을 조명할 수 있다. 따라서 교사들은 자문화기술지를 통해서 변환적인 학습을 시도할 수 있다. 즉, 현장교사들은 자아 및 타자들과의 지속적인 대화를 통하여 기존의 의미체계에 대한 재개념화를 시도하고, 지배적인 사회문화적 담론들을 비판적으로 바라볼 수 있을 것이다.

자문화기술지는 학생들의 학습문화 연구영역에서 다음과 같은 이론적 가능성과 시사점을 제공할 것이다. 첫째, 자문화기술지는 주변화되고 소외된 소수자들(기초학습부진학생, 특수학생, 중도 탈락 학생선수, 뇌손상 학생 등)의 삶의 모습들을 심층적으로 조명함으로써 다수자들이 그들의 삶을 공감적으로 이해할 수 있는 방법론적 토대가 될 것이다. 그리고 다수자들의 공감적인 이해는 소수자들의 삶을 실질적으로 개선하는 힘의 원천이 될 것이다. 둘째, 자문화기술지는 학교에서 발생한 학생들의 학습경험들을 묘사함으로써 교사나 행정가들이 학생들의 학습과정과 결과를 심층적으로 이해할 수 있는 방법론이 될 것이다. 그리고 학생들은 자문화기술지 쓰기를 통하여 고통스러운 학습경험에서 벗어나 자기 치료적인 효과를 체험할 수 있을 것이다. 셋째, 자문화기술지는 학생들의 신체, 인성, 지식, 역사, 경험을 드러낼 수 있는 하나의 예술적인 재현방식이 될 것이다. 그리고 학생들의 자문화기술지는 학교의 교사들과 행정가가 학생들을 심층적으로 이해하는 데 도움을 주고, 수업참여를 유도하기 위한 기초 자료로 기여할 것이다.

자문화기술지는 교수법 및 교육과정 연구영역에서 다음과 같은 이론적 가능성과 시사점을 제공할 것이다. 첫째, 자문화기술지는 교육자료나 교육과정을 개발하는 연구자의 내부적인 의사결정과 생활세계를 재현할 수 있는 질적 연구방법론이 될 것이다. 둘째, 자문화기술지는 사회적 · 역사적 맥락을 학교현장과 연결함으로써 실체적인 교육과정 이론을 생성하고, 교육과정 연구의 범위를 확장하는 데 기여할 것이다. 셋째, 자문화기술지는 교수법과 교육과정의 탐구자로서 개인을 위치 짓기 때문에 교육실천가이자 교육연구자인 현장교사들이 교수법과 교육과정의 문화적 · 역사적 · 정치적 · 생태적 · 미학적 · 이론적 이해에 도달할 수 있는 방법론이 될 것이다.

한편, 자문화기술지의 방법론적 가능성과 시사점을 연구자, 연구 참여자, 독자, 그리고 학교현장의 측면에서 논의하면 다음과 같다. 첫째, 자문화기술지는 연구자와 학교현장을 연결함으로써, 자문화기술자인 연구자가 학교현장을 심층적으로 이해하고 개선할 수 있는 방법론적 가능성과 시사점을 제공할 것이다. 둘째, 자문화기술지는 연구 참여자들이 자신들의 교육적 삶과 이야기를 성찰적으로 이해할 수 있게 함으로써, 실질적으로 교육실천을 개선할 수 있는 유용한 연구방법이 될 것이다. 셋째, 자문화기술지는 자문화기술자와 독자들을 대화적으로 연결함으로써, 연구자와 독자들 모두가 서로 공명하면서 자신들의 삶을 변화시킬 수 있는 촉매 역할을 할 것이다. 넷째, 자문화기술지는 연구 참여자들과 독자들을 유기적으로 연결함으로써, 독자들이 자문화기술자뿐만 아니라 연구 참여자들의 교육적 삶과 목소리에 공감할 수 있도록 할 것이다. 이와 같은 자문화기술지의 방법론적 가능성과 시사점을 종합하여 제시하면 [그림 2]와 같다.

　　결국, 자문화기술지는 학교현장의 구성원들을 타자와 대상세계에 연결시킴으로써 그들을 능동적이고 주체적인 존재로 변환시킬 수 있을 것이다. 그리고 자문화기술지는 한 개인의 생생한 삶의 목소리를 교육연구의 핵심적인 주제로 상정함으로써 학교의 구성원들에게 교육 및 사회의 변화와 개혁을 위한 해방적이고 실천적인 힘을 부여해 줄 수 있을 것이다.

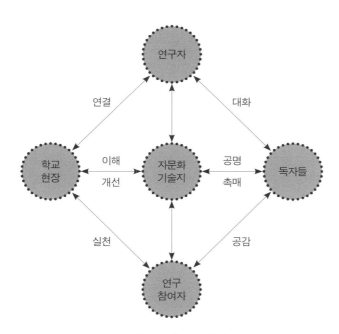

[그림 2] 방법론적 가능성과 시사점

참고문헌

김남연 · 김현주 · 안혜준(2008). 초임 유치원 원감 되어가기: 초임 원감의 자전적 문화기술지. **유아교육학논집, 12**(3), 195-217.

김영천 · 허창수(2004). 생애사 텍스트로서의 교육과정연구. **교육과정연구, 22**(4), 49-81.

김영천(2004). 교사의 삶에 대한 생애사적 연구: 연구동향과 예들. **열린교육연구, 12**(2), 79-105.

김영천 · 이희용(2008). 질적연구에서의 글쓰기: 문학적 표현양식들의 이해. **중등교육 연구, 56**(3), 187-222.

김영천(2010). **질적연구방법론 III: 글쓰기의 모든 것**. 서울: 아카데미프레스.

김영천 · 이동성(2011). 자문화기술지의 이론적 관점과 방법론적 특성에 대한 고찰. **열린교육연구, 19**(4), 1-27.

김외솔(2010). **초등교사의 자전적 문화기술지를 통한 수업 성찰**. 석사학위 논문. 제주대학교 교육대학원.

김재룡(2010). **체육인 한상준의 생애사**. 박사학위 논문. 강원대학교.

박순용 · 장희원 · 조민아(2010). 자문화기술지: 방법론적 특징을 통해 본 교육인류학적 가치의 탐색. **교육인류학연구, 13**(2), 55-79.

이동성 · 김지인 · 이다해(2010). 우리나라 다문화교육현장작업(fieldwork)에서 경험하는 방법론적 딜레마와 이슈들. **다문화교육연구, 3**(1), 5-27.

이동성(2008). 학문적 전통에 따른 담화분석의 이론적 특성 분석. **교육인류학연구, 11**(2), 29-52.

이동성(2010). 초등학교 기초학습부진학생 지도 경험에 대한 자문화기술지. **교육인류학연구, 13**(3), 141-168.

이동성(2011a). 한 교사 연구자의 변환적인 역할과 관점에 대한 자문화기술지. **교육인류학연구, 14**(2), 61-90.

이동성(2011b). 자문화기술지를 통한 초등학교 운동부 지도 경험 분석. **초등교육연구, 24**(2), 341-363.

이동성(2011c). 초등 교과교육연구회 참여경험에 대한 자문화기술지. **초등교육연구, 24**(3), 1-26.

이동성(2011d). 한 교사교육자의 교수경험에 대한 자문화기술지. **교육인류학연구, 14**(3), 31-67.

이동성(2011e). 초등학교 체육 전담교사의 교수경험에 대한 자문화기술지. **초등교육연구, 24**(4), 45-70.

이점우(2006). **한 60대 초등학교 여교사의 삶과 가르침: 생애사적 사례연구**. 박사학위 논문. 동덕여자대학교.

이희용(2007). 한 고등학교 국어 교사의 성장 체험: 자기 내러티브(self-narrative). **교육인**

류학연구, **10**(2), 131-169.

조용환(2005). **질적 연구: 방법과 사례**. 서울: 교육과학사.

조정호(2009). 체육사에서 구술사 연구방법의 의의와 적용 방향. **한국체육사학회 2009 동계학술대회**. 17-26.

주형일(2010). 지방대에 대한 타자화 담론의 주관적 수용의 문제: 자기민속지학 방법의 적용. **미디어, 젠더 & 문화**, **13**, 75-113.

최영신(1999). 질적 자료 수집: 생애사 연구 사례를 중심으로. **교육인류학연구**, **2**(2), 1-22.

佐伯 胖(編)(2007). **共感: 育ち合う保育**のなかで. ミネルヴァ書房.

Anderson, L. (2006). Analytic autoethnography. *Journal of Contemporary Ethnography*, *35*(4), 373-395.

Austin, J. & Hickey, A. (2007). Autoethnography and teacher development. *The International Journal of Interdisciplinary Social Sciences*, 2, 1-8.

Berry, K. (2006). *Implicated audience member seeks understanding: Reexamining the "Gift" of autoethnography.* http://creativecommons.org/licenses/by/2.0.

Buzzard, J. (2003). On auto-ethnographic authority. *The Yale Journal of Criticism*, *16*(1), 61-91.

Chang, H. (2008). *Autoethnography as method.* Walnut Creek, CA: Left Coast Press, Inc.

Charmaz, K. & Mitchell, R. (1997). The myth of silent authorship: Self, substance, and style in ethnographic writing. In R. Hertz (Ed.), *Reflexivity and voice* (pp. 193-215). London: Sage.

Chung, S. K. (2009). Autobiographical portraits of four female adolescents: Implications for teaching critical visual culture. *International Journal of Education & the Art*, *10*(11). http://www.ijea.org/v10n11/.

Coffey, P. (1999). *The ethnographic self.* London: Sage.

Creswell, J. W. (2005). *Qualitative inquiry and research design: Choosing among five traditions.* 조홍식 외(역)(2006). **질적연구방법론: 다섯 가지 접근**. 서울: 학지사.

Denzin, N. K. (2006). Analytic autoethnography, or deja vu all over again. *Journal of Contemporary Ethnography*, *35*(4), 419-428.

Dethloff, C. H. (2005). A principal in transition: An autoethnography. Unpublished Doctoral Dissertation, Texas A&M University.

Duarte, F. (2007). Using autoethnography in the scholarship of teaching and learning: Reflective practice from 'the other side of the mirror'. *International Journal for Scholarship of Teaching and Learning*, *1*(2). http://www.georgiasouthern.edu/ijsoti.

Dülmen, R. van (1997). *Die entdeckung des individuums 1500~1800.* Fischer Taschenbuch Verlag GmbH, Frankfurt am Main. 최윤영(역)(2005). **개인의 발견: 어떻게 개인을 찾아가는가** 1500~1800. 서울: 현실문화연구.

Duncan, M. (2004). *Autoethnography: Critical appreciation of an emerging art*. http://creativecommons.org/licenses/by/2.0.

Dyson, M. (2007). My story in a profession of stories: Autoethnography—an empowering methodology for educators. *Australian Journal of Teacher Education, 32*(1), 36–48.

Eisner, E. W. (2004). Educational reform and ecology of schooling. In A. C. Ornstein & L. S. Behar (Eds.), *Contemporary Issue in Curriculum* (pp. 390–402). Needham Heights, MA: Allyn and Bacon.

Ellis, C. (1995). *Final negotiations*. Philadelphia: Temple University Press.

Ellis, C. (2004). *The ethnographic I: A methodological novel about autoethnography*. Walnut Creek: Altamira Press.

Ellis, C. & Bochner, A. P. (2000). Autoethnography, personal narrative, and personal reflectivity. In N. K. Denzin & Y. S. Lincoln (Eds.), *Handbook of Qualitative Research* (2nd ed.)(pp. 733–768). Thousand Oaks, CA: Sage.

Feldman, A. (2003). Validity and quality in self-study. *Educational Researcher, 32*, 26–28.

Foster, K. et al. (2005). *Coming to autoethnography: A mental health nurse's experience*. http://creativecommons.org/licenses/by/2.0.

Freire, P. (1971). *Pedagogy of the oppressed*. New York: Harder and Harder.

Gergen, K. J. (2005). *An invitation to social construction*. London: Sage Publications.

Goodson, I. F. & Walker, R. (1991). *Biography, identity, and schooling*. London: Falmer.

Goodson, I. F. (1992). Studying teachers' lives: An emergent field of inquiry. In I. F. Goodson (Ed.), *Studying teachers' lives*, 1–17, London: Routledge.

Grumet, M. (1990). Retrospective: Autobiography and the analysis of educational experience. *Cambridge Journal of Education, 20*(3), 321–326.

Guba, E. G. & Lincoln, Y. S. (1989). *Fourth generaton evalution*. Newbury Park, CA Sage.

Hammerseley, M. & Atkinson, P. (1990). *Ethnography principles in practice*. London: Routledge.

Hayano, D. M. (1979). Auto-ethnography: Paradigms, problems, and prospect. *Human Organization, 38*(1), 99–104.

Hayano, D. M. (1982). *Poker faces: The life and work of professional card player*. Berkeley: University of California.

Holt, N. L. (2003). Representation, legitimation, and autoethnography: An autoethnographic writing story. http://creativecommons.org/licenses/by/2.0.

Jackman, G. R. (2009). Who knew? An autoethnography of a first-year assistant principal. Unpublished Doctoral Dissertation, Utah State University.

Jewett, L. M. (2008). *A delicate dance: Autoethnography, curriculum, and the semblance of intimacy*. New York: Peter Lang.

Jones, S. H. (2005). Autoethnography: Making the personal political. In N. K. Denzin & Y. S. Lincoln (Eds.), *Handbook of Qualitative Research* (3rd ed.)(pp. 763–791). Thousand Oaks, CA: Sage.

Kincheloe, J. L. (1998). Pinar's currere and identity in hyperreality: Grounding the post-formal notion of intrapersonal intelligence. In W. F. Pinar (Ed.), *Curriculum toward new identities*. New York and London: GarLand Publishing, Inc.

Kincheloe, J. L. (2005). Autobiography and critical ontology: Being a teacher, developing a reflective persona. In W. M. Roth (Ed.), *Auto/biography and auto/ethnography: Praxis of research method*. Rotterdam: Sense Publishers.

Lather, P. (1986). Research as praxis. *Harvard Educational Review*, 56(3), 257–278.

Lather, P. (1991). *Getting smart: Feminist research and pedagogy with/in the postmodern*. New York: Routledge.

Maydell, E. (2010). Methodological and analytical dilemmas in autoethnographic research. *Journal of Research Practice*, 6(1), Article M5.

McIlveen, P. (2008). Autoethnography as a method for reflexive research and practice in vocational psychology. *Australian Journal of Career Development*, 17(2), 13–20.

Miller, J. L. (1992). Shifting the boundaries: Teachers challenge contemporary thought. *Theory into Practice*, 31(3), 245–251.

Muncey, T. (2005). Doing autoethnography. *International Journal of Qualitative Methods*, 4(1), 69–86.

Muncey, T. (2010). *Creating autoethnographies*. London: Sage Publications Ltd.

Nash, R. J. (2004). *Liberating scholarly writing: The power of personal narrative*. New York: Teachers College.

Palmer, P. J. (1998). *The courage to teach: exploring the inner landscape of a teacher's life*. 이종인(역)(2004). **가르칠 수 있는 용기**. 서울: 한문화.

Pinar, W. F. (1975). The method of currere. In W. F. Pinar (Ed.), *Autobiography, politics and sexuality*. Peter Lang Publishing, Inc.

Pinar, W. F. (1978). Life history and curriculum theorizing. *Review Journal of Philosophy and Social Science*, 3(1), 92–118.

Reed-Danahay, D. (Ed.)(1997). *Auto/ethnography: Rewriting the self and the social*. New York: Berg.

Ricci, R. J. (2003). Autoethnographic verse: Nicky's boy: A life in two worlds. *The Qualitative Report*, 8(4), 591–596.

Richardson, L. (2000). Evaluating ethnography. *Qualitative Inquiry*. 6(2), 253–255.

Russell, C. (1999). Autoethnography: Journeys of the self. *Experimental ethnography: The work of film in the age of video*. Durham, NC: Duke University Press.

Saldaña, J. (2009). *The coding manual for qualitative researchers*. SAGE Publications Ltd.

Smith, C. (2005). Epistemological intimacy: A move to autoethnography. http://creative-commons.org/licenses/by/2.0.

Sparkes, A. C. (1996). The fatal flaw: A narrative of the fragile body-self. *Qualitative Inquiry*, 2(4), 463–494.

Sparkes, A. C. (2000). Autoethnography and narratives of self: Reflections on critria in action. *Sociology of Sport Journal*, 17, 21–41.

Spry, T. (2001). Performing autoethnography: An embodied methodological praxis. *Qualitative Inquiry*, 7(6), 706–732.

Starr, L. J. (2010). The use of autoethnography in educational research: Locating who we are in what we do. *Canadian Journal for New Scholars in education*, 3(1), 1–9.

Stinson, A. B. (2009). An autoethnography: A mathematics teacher's journey of identity construction and change. Unpublished Doctoral Dissertation, Georgia State University.

Suominen, A. (2003). Writing with photographs, re-constructing self: An arts-based autoethnographic inquiry. Unpublished Doctoral Dissertation, The Ohio State University.

Todd, R. H. & Klinker, J. F. (2007). Two autoethnographies: A search for understanding of gender and age. *The Qualitative Report*, 12(2), 166–183.

Wall, S. (2006). An autoethnography on learning about autoethnography. http://creative-commons.org/licenses/by/2.0.

Wall, S. (2008). Easier said than done: Writing an autoethnography. http://creativecom-mons.org/licenses/by/2.0.

제2장

자문화기술지의 연구방법과 절차

I. 들어가며

자문화기술지를 처음 접하는 초보 연구자들은 자문화기술지의 방법론에 대한 핸드북을 우선적으로 찾을 것이다. 그들은 자문화기술지의 체계적인 연구방법과 절차를 숙지하여 한 편의 자문화기술지를 작성하려고 할 것이다. 아마도 핸드북이 제시한 연구방법과 절차는 초보 자문화기술자들에게 엄밀한 사회과학 연구를 위한 '마술에서의 주문'과도 같은 역할을 할 것이다. 예를 들어, 근거이론에 기초한 연구의 경우, Strauss와 Corbin(1990)이 제시한 연구방법과 절차는 저자와 독자들 사이의 방법론적 논쟁을 잠재우기에 충분하다. 그들이 제시한 연구방법과 절차 (개방 코딩-축 코딩-선택 코딩의 연속적인 분석과정)는 초보 근거이론가들에게 하나의 방법론적인 방패가 될 수 있을 것이다. 이러한 논리는 문화기술지(영역분석-분류분석-성분분석)의 경우도 마찬가지이다.

특정 질적 연구방법론의 확장과 공유를 위해서는 정교한 연구방법과 절차들을 체계적으로 집대성하는 작업이 중요하다. 이 글 또한 이러한 이유와 목적에서 비롯되었다. 그러나 자신의 연구를 방어해 줄 '주문 또는 방패'를 찾는 초심자들은 이 글을 읽고 다소 실망할지도 모른다. 저자의 관점에서 볼 때, 어떠한 질적 연구방법론도 명확한 방법과 절차를 가지고 있지 않다. 만일 특수한 질적 연구방법론에 명확한 연구방법과 절차가 존재한다면, 그 방법론은 더 이상 질적 연구방법론으로서 효력을 발휘할 수 없다. 왜냐하면, 후속 연구자들은 기존의 방법론적 렌즈에 따라서 연구대상을 기술, 분석, 해석할 것이기 때문이다. 그러나 이러한 현상은 질적 연구논리와 정면으로 배치되며, 방법론적인 환원을 불러올 수도 있다.

위와 같은 맥락에서 Wall(2006)은 자문화기술지가 잘 정리된 질적 연구방법론이라기보다는 철학에 가깝다고 주장하였다. 즉, 자기 연구(self-study)의 하나인 자문화기술지는 자아의 본질에 대한 철학적인 물음이자, 타자들과 관련된 자아의 위치에 대한 깊은 철학적 물음과 관련이 있다(Maydell, 2010). 따라서 자문화기술지는 연구자 자신의 문화적 자아와 타자들 그리고 대상세계에 대한 인식론적 및 존재론적인 물음에서 출발하기 때문에 정형화된 방법론이 아니다. Wall(2006)의 관점에서 볼 때, 사회과학자가 주관성을 배제하고 객관성을 확보하려는 연구 노력은 애초부터 헛된 것이다. 그리고 자문화기술지의 연구방법과 절차는 연구자 개인의 주관성과 가치 그리고 기억으로부터 결코 자유로울 수 없다(Wall, 2006). 왜냐하면, 객관적인 질적 연구방법론으로 인정받는 문화기술지에서조차도 연구자는 항상 무엇을 어떻게 기록할지 '선택'을 해야 하는 위치에 서기 때문이다. 그 예로, 현장작업의 산출물인 문화기술지의 필드노트와 인터뷰 전사본은 연구자의 기억으로부터 분리될 수 없다. 따라서 연구자의 주관성은 연구과정을 오염시키기보다는 오히려 연구과정을 강화한다(Muncey, 2010).

현재 많은 질적 연구방법론에는 그것을 대표하는 대부/대모가 존재한다. 질적 연구방법론을 창조한 그들은 자신들의 개인적인 성향, 학문적(이론적/철학적) 배경과 전제, 그들이 몸담고 있는 사회문화적 전통에 기초하여 독창적인 질적 연구방법론을 체계적으로 집대성한 사람들이다. 그들은 자신들이 창조한 질적 연구방법론의 학문적인 정당성을 얻기 위해 세부적인 연구방법과 절차를 제시하였다. 만일, 1만 명의 질적 연구자들이 이러한 방법론적 정당성을 확보하는 데 성공한다면, 이 지구상의 질적 연구방법론의 개수는 정확히 1만 개가 될 것이다. 이러한 일이 벌어진다면, 질적 연구 초심자들은 1만 개의 질적 연구방법론들 중에서 자신의 연구 주제와 연구 질문에 알맞은 방법론을 채택해야 할 것이다. 그러나 아무리 열정적인 질적 연구자라도 1만 개에 달하는 질적 연구방법론들을 모두 섭렵하기는 힘들다.

위와 같은 이유에서 새롭게 생성되고 있는 자문화기술지의 연구방법과 절차를 소개하는 일에는 학문적인 신중함이 필요하다. 저자가 제시할 자문화기술지의 연구방법과 절차는 자신의 개인적인 성향, 학문적(이론적/철학적) 배경과 전제,

제한적인 연구 역량과 수준을 뛰어넘기 힘들다. 좀 더 솔직히 표현하면, 앞으로 제시될 자문화기술지의 연구방법과 절차는 철저히 학문적인 주관성과 편견에서 비롯될 것이다. 김영천(2007)은 이러한 이유에서 질적 연구자를 '브리콜러(brico-leur)'로 칭하였다. 현재 40여 개의 다양한 이름으로 불리고 있는 신생 자문화기술지의 연구방법과 절차를 안내하는 일은 더욱 그러하다. 그러나 나는 자문화기술지 방법론의 이해와 확산을 위하여 위험한 시도를 감행하고자 한다. 따라서 독자들은 저자가 제시할 자문화기술지의 연구방법과 절차를 하나의 버전(version) 또는 예시로 간주할 필요가 있다.

　포스트모던 철학(현상학, 해석학, 후기 구조주의)에 기초한 자문화기술지는 일반적인 질적 연구의 논리와 방법을 따른다고 볼 수 있다(Chang, 2008; 박순용·장희원·조민아, 2010; 이동성, 2010, 2011a, 2011b, 2011c, 2011d, 2001e). 그러나 자문화기술지는 일반적인 질적 연구의 방법론적 특징을 공유하면서도 나름의 차별적인 방법론적 특성을 나타내기도 한다. 따라서 나는 주제선정, 자료 수집, 자료의 분석과 해석, 글쓰기 작업이라는 네 가지 주제를 중심으로 자문화기술지의 방법론적 특성을 살펴보고자 한다. 위의 네 가지 방법론적 주제들은 양적 연구논리처럼 연역적이고 순차적인 것이 아니라, 순환적이고 귀납적이다. 따라서 주제선정에서 최종적인 글쓰기 작업에 이르는 연구방법과 절차는 상호 의존적이고 유기적인 관련성이 있음을 유념해야 한다.

II. 주제선정은 어떻게 해야 하는가?

연구 주제의 선정은 자문화기술지만의 방법론적 이슈라기보다는 모든 사회과학 연구의 공통적인 연구절차이다. 연구 주제가 결정되어야만 구체적인 연구 문제가 도출되며, 그러한 연구 문제를 해결할 수 있는 적절한 연구방법론을 채택할 수 있다. 그렇다면 어떠한 연구 주제 또는 연구 문제에 자문화기술지를 적용하는 것이 적절한가? 아마도 이러한 물음은 초심자 자문화기술자들의 주된 관심사일 것이다.

　Ellis(2004)는 기존의 철학적이고 사회학적 탐구 주제인 인종, 언어, 종교, 문화 등의 거시적인 이슈뿐만 아니라 질병, 인간관계, 가족관계, 성폭행, 정신장애,

신체장애 등의 주변적이고 미시적인 이슈들이 자문화기술지의 탐구 주제가 될 수 있다고 보았다. 하지만 자문화기술지만의 유일하고 독특한 연구 주제나 연구 영역은 존재하지 않는다. 자문화기술지의 철학적 전제에 따르면, 삶을 사는 것과 연구를 하는 것에는 어떠한 차이도 없다. 즉, 연구를 하는 것이 삶을 사는 것이고, 개인의 체험이 곧 연구가 될 수 있다(Muncey, 2010). 왜냐하면, 자문화기술지의 주요 연구대상인 사회문화적 자아는 타자들과의 미시적인 상호작용뿐만 아니라, 거시적인 정치적 · 경제적 · 사회적 · 문화적 · 역사적 · 종교적 맥락과 상호작용하기 때문이다. 따라서 자문화기술지의 연구 주제는 연구자의 미시적인 상호작용과 기억에서 좀 더 거시적인 이슈와 담론에 이르기까지 방대하다고 볼 수 있다.

결국 특정한 연구 주제에 자문화기술지를 적용하는 것이 아니라, 다양한 연구 주제를 탐구하는 과정에서 연구자이자 주요 연구대상인 자아가 어느 정도 관련되고 개입되는지가 자문화기술지 방법론을 채택하는 준거가 될 수 있다. 따라서 Foster와 동료들(Foster et al., 2005: 2)은 자문화기술지의 주제선정 과정에서 고려되어야 할 이슈 또는 물음들을 다음과 같이 제시하였다.

첫째, 당신의 삶의 경험은 어떻게 이론을 형성하였는가? 둘째, 연구의 과정에서 어떠한 '문화적 수하물(문화적 토픽이나 주제)'이 발생하였는가? 셋째, 당신의 연구는 어떠한 방식으로 해방적이고 변환적인 자아를 형성하였는가? 넷째, 어떠한 이슈들이 당신의 정체성을 재구성하였는가? 다섯째, 자문화기술자인 당신이 연구 참여자들과 조우하였을 때 무슨 이슈들이 친숙하거나 낯설었는가? 여섯째, 당신의 정체성은 연구과정에서 어떠한 제한점이 되었는가? 일곱째, 당신의 정체성은 연구와 독자들을 위하여 어떤 기회와 통찰 그리고 혁신을 제공하였는가? 여덟째, 자신의 정체성에 대한 자각은 어떠한 방식으로 제기되었는가? 아홉째, 연구 참여자들을 더욱 잘 이해하기 위해서 어떠한 물음들이 제기되었는가? 열째, 당신은 연구 참여자들과 정체성을 공유하게 됨으로써 어떠한 경험을 하였는가? 즉, 연구 참여자들은 당신에게 무엇을 말하였으며, 그들은 서로에게 무엇을 말하지 않았는가? 열한째, 당신이 자신의 정체성을 연구 참여자들에게 표명할 때 그들은 어떠한 반응을 나타내었는가?

III. 자료의 수집과 관리는 어떻게 하는가?

자문화기술자는 질적 연구방법론의 대표적 자료 수집 방법인 참여관찰에서의 필드 노트와 현장일지, 반성적 저널, 인터뷰 전사본, 문화적 인공물, 문헌 연구 자료를 활용한다(Duncan, 2004: 31). 하지만 인간의 개인 내부 자료에는 연구자의 과거 경험과 현재의 지평 그리고 미래의 가능성에 대한 지속적이고 치열한 대화가 풍부하게 담겨 있다(Stinson, 2009). 따라서 자문화기술지는 연구자의 개인적인 기억자료와 자기성찰로 대표되는 개인 내부 자료를 강조하는 면에서 여타의 질적 연구방법론들과 차별성을 나타낸다(Wall, 2008: 45; 박순용 · 장희원 · 조민아, 2010: 64–66).

Feldman(2003: 27–28)은 자문화기술지의 자료 수집 준거로서 다음의 네 가지를 제시하였다. 첫째, 자문화기술자는 어떻게 그리고 무엇을 위하여 자료를 수집하며, 특정한 자료가 무엇을 의미하는지를 자세히 밝혀야 한다. 둘째, 자문화기술자는 어떠한 방식으로 자료를 구성하여 글로 재현할 것인지를 말해야 하며, 자료의 어떠한 점들이 특정한 가정을 하게 만드는지를 밝혀야 한다. 셋째, 자문화기술자는 다양한 질적 자료들을 수집하여 삼각검증을 시도한다. 넷째, 수집된 자료는 연구 결과를 지지할 수 있는 증거로 사용해야 하고, 연구 주제와 관련하여 뚜렷한 사용목적이 있어야 한다.

지금부터는 자문화기술지의 대표적인 자료 수집 방법인 기억자료, 자기성찰 자료, 참여관찰, 인터뷰, 문화적 인공물, 문헌연구 자료를 자세히 살펴보고자 한다. 첫째, 자문화기술자는 자신의 개인적인 기억자료(추억)를 주된 연구 자료로 삼는다. 연구자의 자기회상 또는 기억자료는 근대의 학문 영역에서 배제되었다. 왜냐하면, 연구자의 주관성에 기초한 기억자료는 객관성을 상실한 오염된 연구 자료로 간주되었기 때문이다. 하지만 자문화기술자는 오히려 저자의 자기회상을 주요한 자료로 간주한다(Wall, 2008; Chang, 2008). 인간의 기억은 분열적이고 포착하기 어려우며, 가끔은 개인적 경험에 의해 변형될지라도, 기억의 시간성과 지속성은 연구 주제와 연구과정에서 강력한 영향력을 발휘한다(Muncey, 2005). 또한, 인간의 인식과 기록 그리고 보고방식(이야기 또는 내러티브)은 궁극적으로 개인적인 기억자료와 관련되어 있다(Muncey, 2005). 한편, 자문화기술자가 기억자료를 회상하는 방법으로는 연대기적 순서에 따라 삶의 경험과 사건들을 나열하는 자서전적 시각표(time line), 기억의 중요도에 다른 회상, 표 또는 그림 등을 통한 시각적인 표상과 조직화 등의 방법이 있다(Chang, 2008: 71).

둘째, 자기성찰 자료는 저자의 자연스러운 삶의 맥락에서 발생한 사색, 회상, 의식, 통찰 등을 기록한 반성적인 저널을 지칭하는데, 내성과 자기 분석(self-analysis) 그리고 자기 평가를 강조한다(Chang, 2008; Maydell, 2010). 특히, 저자의 자기성찰을 담아내는 반성적 저널(reflective journal)에는 연구자 개인의 가치관, 정체성, 소속감, 행위, 인식, 정서적 깨달음 등을 기록한다(박순용 · 장희원 · 조민아, 2010: 65). 자기성찰 자료는 자기관찰과 병행하여 생성되는데, 자문화기술자는 연구과정과 관련된 개인적인 사고와 느낌을 기록하는 필드 저널, 개인적인 가치와 선호 분석, 문화적 정체성과 문화적 소속감, 타자를 통한 자아의 발견 등을 기록한다(Chang, 2008: 95-100). 물론 연구자의 자기성찰 자료가 자문화기술지만의 고유한 질적 자료는 아니다. 그러나 자문화기술지의 자기성찰 자료는 연구의 배경에 머무르기보다는 최종적인 텍스트의 전경에 부각되며, 연구 결과에 대한 반영성(reflexivity)을 확보하는 데 중요한 역할을 한다. 즉, 자문화기술지의 반영성은 타자들의 세계와 의미를 공유하고, 그들의 세계로 들어갈 수 있는 여유 공간을 제공한다(Muncey, 2010: 23).

위의 반영성은 자기성찰과 미세한 차이가 있다. 자문화기술지의 반영성이란 연구 상황에 대한 저자의 개입과 연구 상황에 영향을 미치는 연구자의 영향력에 대한 자문화기술자의 자각을 의미한다. 즉, 자문화기술자가 연구자인 자신과 연구 참여자들 그리고 연구의 상황과 배경 사이의 교호적인 영향력을 자각하는 메타적인 사고과정을 말한다(Anderson, 2006: 382). 자문화기술자의 반영성은 타자들과의 대화와 상호작용을 분석함으로써 자아와 타자를 깊이 있게 이해하기 위한 자의식에서 비롯된다.

셋째, 우리는 자신들의 경험에서 스스로가 관찰자들이고 참여자들이다(Muncey, 2010: 8). 왜냐하면, '무엇'을 할 때 결코 '누구'를 분리할 수 없기 때문이다. 또한, 자문화기술자와 연구 참여자들의 관계는 자료 생산의 메커니즘에서 중요한 역할을 한다(Maydell, 2010). 자문화기술지의 참여관찰은 자기관찰과 일반적인 참여관찰로 구분할 수 있다(Chang, 2008). 자기관찰은 외부의 타자들이나 현상을 사실적으로 관찰하고 기록하는 것이 아니라, 연구자 내면의 인지적 활동, 행동, 감정의 변화에 대한 자기관찰과 타자들 및 외부세계와의 상호작용을 통해 형성된 자아의 자기관찰을 의미한다(Chang, 2008: 90). Chang(2008)은 자기관찰을 위한 수단인 발생 기록 차트를 통하여 연구자 자신의 생각, 행동, 타자들과의 상호작용 등을 시간대별 및 장소별로 기록하는 방법을 제시하였다.

자문화기술지가 자기관찰 자료에 비중을 둘지라도 질적 연구방법의 일반적인 참여관찰 자료를 배제하는 것은 아니다. 여기에서의 일반적인 참여관찰이란 연구자의 입장에서 타자들의 상호작용과 행위 그리고 사건들을 관찰자의 입장에서 관찰하고 기록하는 것을 말한다. 즉, 자문화기술자는 완전한 참여자 또는 참여자로서의 관찰자, 관찰자로서의 참여자, 완전한 관찰자의 입장에서 타자들과 사건들을 필드노트에 기록할 수 있다. 이러한 참여관찰 자료는 자기관찰 자료의 진실성과 신빙성을 확인하는 삼각검증 자료로 활용할 수 있다(Duncan, 2004: 31). 한편, 자문화기술지는 문학 장르인 자서전과 사회과학 탐구의 대표적 질적 방법론인 문화기술지의 이종혼교적인 결합이다. 자서전적 전통이 강한 자문화기술지는 자기관찰 자료에 좀 더 비중을 두는 반면에 문화기술지적 전통이 강한 자문화기술지는 참여관찰 자료도 중시한다.

넷째, 내러티브를 강조하는 자문화기술자는 질적 연구의 대표적인 자료 수집 방법인 인터뷰 자료를 수집한다. 왜냐하면, 타자들의 영향력에 대한 이해 없이는 자문화기술지 연구를 온전히 수행할 수 없기 때문이다(Maydell, 2010). 일반적인 질적 연구에서의 인터뷰는 연구 주제와 관련된 연구 참여자(interviewee)를 주요한 대상으로 한다. 하지만 자문화기술자는 연구 주제와 관련된 타자들뿐만 아니라 연구자 자신을 대상으로도 인터뷰를 할 수 있다(박순용·장희원·조민아, 2010). 자문화기술자는 인터뷰를 통하여 자신의 기억을 자극하고, 기억의 공백을 차단함으로써 연구 주제와 관련된 새로운 정보를 획득할 수 있다(Chang, 2008: 103). 또한, 자문화기술자는 인터뷰를 통하여 자신의 개인적인 기억자료로부터 정당성을 확보할 수 있으며, 자신에 대한 타자들의 입장과 관점을 얻을 수도 있다(Chang, 2008: 106). 자문화기술지의 인터뷰는 연구의 목적과 특성에 따라 다양한 형태를 나타낼 수 있는데, 장기간의 연대기적 연구를 수행할 경우 내러티브 인터뷰(narrative interview)가 유용하다.

다섯째, 자문화기술자는 참여관찰과 인터뷰뿐만 아니라, 연구 주제와 관련된 문화적 인공물을 수집하여 추가적인 외적 자료를 확보할 수 있다(Muncey, 2005; Chang, 2008). 자문화기술지의 문화적 인공물은 단순한 도구나 매체가 아니라 연구자의 삶의 이력과 기억이 용해되어 있는 문화적인 자료이다. 교육연구와 관련된 문화적 인공물의 예로는 각종 인사기록 증명서 및 교육계획서, 공문서, 신문기사, 게시판 글, 메모, 달력, 편지, 이메일, 사진, 그림, 비디오 이미지, 웹 사이트, 동영상 등이 있다. 특히, 시각적인 자료는 독자들에게 오랜 기간 깊은 인상을 남길 수 있다는 장점이 있기 때문에 적극적으로 활용할 필요가 있다. 문화적 인공물로 대표되는 외적 참조자료들은 자문화기술자의 내적 자료에 대한 삼각검증의 자료로서 중요한 가치가 있다(Jackman, 2009: 35-36).

여섯째, 문헌자료는 자문화기술자가 자료의 분석과 해석의 과정에서 이론적인 관점을 발견하고, 연구 결과를 구조화하는 데 도움이 될 수 있다(Chang, 2008: 110). 따라서 문헌자료는 자문화기술지의 주요한 1차적 자료가 될 수 없을지라도, 개인의 자전적 자료를 외부세계와 연결하는 데 중요한 역할을 한다(박순용 · 장희원 · 조민아, 2010; Maydell, 2010). 자문화기술지가 문학 영역에 머무르지 않고 학문 영역으로 인정될 수 있는 이유도 개인적인 이야기를 기존의 문헌자료와 연결시킴으로써 사회문화적인 분석과 해석을 시도하기 때문이다. 그러나 문헌검토 결과가 연구과정과 연구 결과를 지배해서는 곤란하다.

한편, 자문화기술자는 자료의 분석에 앞서 체계적인 자료 관리를 할 필요가 있다(Chang, 2008). 자료 관리는 자료 수집과 자료 분석의 중간단계에 해당하는데, 광범위한 자료들의 위치를 확인하고 활용하기 위해 명명과 분류 작업을 하는 자료조직의 과정에 해당된다(Chang, 2008: 123).

자문화기술자는 질적 자료들을 체계적으로 관리하기 위해서 자료의 출처를 상세히 기입해야 한다. 이러한 작업은 연구의 특정 국면에서 어떠한 자료들이 초과, 누락, 감소, 생략되었는지를 확인하는 데 도움을 준다. 자료 관리는 자료 수집과 마찬가지로 순차적이기보다는, 자료의 분석과 해석에 영향을 주고받는 순환적인 특징을 나타낸다. 자문화기술자는 체계적인 자료 관리를 통하여 연구 주제와 직결되는 밀도 높은 자료를 확보할 수 있다(Chang, 2008). 또한, 체계적인 자료 관리는 자료 수집의 포화 상태를 가늠할 수 있는 방법론적 전략이 될 수 있다.

Duncan(2004: 34)은 자문화기술지를 사례연구의 한 형태로 간주하였기 때문에 자문화기술지의 연구범위를 제한해야 한다고 보았다. Duncan(2004)은 연구범위를 제한하는 네 가지 양상인 시간, 공간, 연구의 유형, 저자의 관점을 통해 자문화기술지 방법론의 적절성을 검토해야 한다고 보았다. 따라서 자문화기술자는 비록 다양한(짧게는 몇 주에서 길게는 평생까지) 연구기간을 잡을지라도(Smith, 2005),

수집된 자료에 대한 출처, 날짜, 장소 등을 세밀히 기입해야 한다(Chang, 2008). 자문화기술자는 막연한 추억보다는 인터뷰 전사본과 여러 가지 문화적 인공물들의 도움을 통하여 수집된 자료의 출처를 상세히 확인하고 명기할 수 있을 것이다.

IV. 자료의 분석과 해석은 어떻게 하는가?

자문화기술지의 자료 분석은 특정한 경험들과 이야기가 한 자문화기술자의 문화를 어떻게 형성하였는지를 밝히는 연구 활동을 의미한다. 그리고 해석이란 분석에 기초하여 경험과 이야기의 문화적 의미를 탐구하는 것을 말한다(Chang, 2008). 질적 연구에서 분석과 해석의 작업은 순환적이며 상호 보완적이다(Smith, 2005). 철저한 자료 분석은 타당성 있는 해석을 가능하게 하며, 타당성 있는 해석은 더욱 예리한 분석과 글쓰기를 이끈다. 자문화기술지의 분석 작업은 수집된 질적 자료에 의존하기 때문에 미시적 활동인 반면, 자문화기술지의 해석 작업은 부분적인 이야기들의 관계성을 추구하고, 하나의 이야기에 나타난 문화적 의미를 확장하고 추구하는 거시적인 작업으로 볼 수 있다(박순용 · 장희원 · 조민아, 2010). 질적 자료에 기초한 분석과 해석 작업은 인식론적 친화감을 불러일으켜서 더 심층적이고 타당성 있는 연구 결과를 도출하게 한다(Smith, 2005: 70).

수집된 대부분의 질적 자료들은 자문화기술자의 전사 작업을 통하여 텍스트로 전환된다. 자문화기술자는 텍스트로 변환된 원자료를, 연구 주제와 연구 문제를 염두에 두면서 반복적으로 읽고 전체적인 흐름을 파악하여 분석의 방향을 결정하게 된다(박순용 · 장희원 · 조민아, 2010: 66). Ellis(2004)는 자문화기술지의 자료 분석방법으로 내용분석과 구조분석을 제안하였다. 내용분석은 비교와 대조, 발췌 등의 전략을 통하여 연구 주제와 관련된 두드러진 패턴과 인상적인 내용을 추출하는 방법이다. 구조분석은 자문화기술자가 전체적인 질적 자료의 반복적인 읽기를 통하여 분석을 시도하고, 하나의 일관된 이야기를 구성할 수 있는 플롯(plot)과 유형 또는 얼개를 구성하는 방법이다(Ellis, 2004).

Chang(2008)은 자문화기술지의 분석과 해석을 위한 열 가지 전략들을 제안하였다. 첫째, 자문화기술자는 수집된 자료에서 반복되는 토픽, 주제, 패턴을 탐색한다. 둘째, 자문화기술자는 문화기술지의 가장 중요한, 마지막 단계의 작업으로 볼 수 있는 문화적 주제를 탐색한다. 셋째, 자문화기술자는 전환점과 같은 예외적인 사건이나 사례를 확인한다. 넷째, 자문화기술자는 연구 주제와 관련하여 의도적으로 포함된 것과 누락된 것을 분석한다. 이 작업은 자료의 분석과 해석에서의 타당도를 확보하는 데 중요하다. 다섯째, 현재를 과거와 연결함으로써 개인의 역사를 해석한다. 여섯째, 자아와 타자들 사이의 관계를 분석한다. 일곱째, 자신의 경험과 사례를 타자들과 비교, 분석한다. 여덟째, 각 사례들과 사건들의 전후관계를 살펴봄으로써 이야기의 사회문화적 · 정치적 · 경제적 · 종교적 · 역사적 · 이데올로기적 · 지리적인 맥락화를 시도한다. 아홉째, 자신의 이야기를 기존의 사회과학적 구성물(예를 들면, 상징적 상호작용론, 다문화주의) 또는 아이디어들과 비교한다. 마지막으로, 자문화기술자는 체계적인 코딩과 범주화를 통하여 하나의 이론을 구조화한다(Chang, 2008: 131-137).

자문화기술지에서 자료의 분석을 위한 유일한 코딩과 범주화 방법은 존재하지 않는다. 그러나 한 가지 분명한 사실은, 질적 자료에 대한 정교한 코딩과 범주화는 자문화기술자의 해석과 글쓰기 작업을 촉진할 수 있는 구조를 제공한다는 점이다(Dethloff, 2005). 따라서 나는 Saldaña(2009)의 질적 연구자들을 위한 코딩 매뉴얼(*The Coding Manual for Qualitative Researchers*)을 근거로 하여 초보 자문화기술자를 위한 여러 가지 자료 분석 및 해석의 방법을 제시하고자 한다. 첫째, 코딩과 체계화/범주화 그리고 분석적 메모 쓰기로 대표되는 방법적인 절차들의 개념을 살펴본 후에, 코딩 방법을 선택하는 준거들을 살펴볼 것이다. 둘째, 자문화기술지의 자료 분석을 위한 기초적 방법(elemental method)인 인비보 코딩(In Vivo coding)과 정의적 방법(affective method)인 감정 코딩(emotion coding), 가치 코딩(value coding), 대비 코딩(versus coding), 평가 코딩(evaluation coding)을 소개할 것이다. 마지막으로, 장기간의 연구기간을 설정하는 자문화기술지의 방법론적 특징을 고려하여 종단적인 코딩(longitudinal coding) 방법을 면밀히 살펴보고자 한다.

1. 개념과 이론 생성을 위한 방법적 절차들

질적 분석을 통하여 능숙한 연구자가 되고자 한다면 쉽고 정교하게 코딩을 할 수 있는 방법을 배워야만 한다. 왜냐하면, 질적 연구의 우수성은 대개 코딩의 우수성에 달려 있기 때문이다(Strauss, 1987). 질적 연구에서의 코드(code)는 짧은 구 또는 하나의 단어를 말하며, 자료에서 주요한 내용과 본질을 포착하고 표현하기 위함이다(Saldaña, 2009: 2). 또한, 자료 수집과 분석 사이에서 발생하는 변환적인 과정으로서의 코딩(coding)은 언어 기반 또는 시각적인 질적 자료의 누적적·특징적(salient)·본질적·감성적 특성(evocative attribute)을 상징적으로 드러낸다.

코딩의 대상으로는 기억자료, 인터뷰 전사본, 참여관찰 노트, 반성적 저널, 문서, 문헌, 인공물, 사진, 비디오, 웹 사이트 내용, 이메일 자료 등의 모든 자료들이다. 코딩은 질적 자료를 단순히 축소하는 것이 아니라, 자료를 응축하고 요약하는 기능을 한다. 그리고 코딩은 과학적 행위이기보다는 해석적인 행위에 가깝다(Saldaña, 2009: 4). 왜냐하면, 코드를 발견하는 코딩 과정은 연구자의 학문분야, 연구자의 존재론적 및 인식론적 지향, 이념적 및 개념적 얼개, 코딩 방법의 선택, 자료에 대한 연구자의 정서적 의미를 반영하는 행위이기 때문이다.

코딩이 질적 자료 분석의 중요한 행위일지라도 코딩과 분석은 동의어가 아니다(Saldaña, 2009: 7). 코딩의 언어적 기원은 그리스어인 '발견'에서 유래되어서 발견적인(heuristic) 속성을 지닌다. 즉, 코딩은 자료에서 특정한 아이디어를 발견하고, 특정한 아이디어의 발견을 통해 모든 자료를 대변한다. 또한, 코딩은 순환적인 속성을 지니기 때문에 한 번 만(1차 코딩)에 완벽한 코딩을 하기는 힘들다. 따라서 질적 연구자는 여러 번의 코딩 과정을 통해서 현저한 특징을 관리하고, 필터링하고, 주목하고, 초점을 맞춤으로써 범주들과 개념 그리고 의미의 이해 및 이론의 생성에 도달하게 된다.

질적 연구자는 많은 코드들에 대한 체계화(codifying)와 범주화(categorizing)의 과정을 통해서 범주(category)를 생성한다(Saldaña, 2009: 8). 체계화는 질적 자료와 코드들을 분리하고, 군집화하고, 다시 군집화하고, 다시 연결하여 체계적인 방식으로 코드들을 배열하는 활동을 의미한다. 질적 연구자는 코딩과 체계화의 과정을 통해서 특정한 범주를 생성하게 된다. 범주는 코드와 체계화 과정을 통해서 분석된 정보의 단위로서 사건, 현상의 실제 사례를 압축적으로 표현하며, 앞으로 생성될 주제와 개념 그리고 이론의 근거자료가 된다. 질적 연구자는 주요한 범주들의 비교와 통합 그리고 합병을 통하여 실체적 자료를 초월하는 주제적·개념적·이론적 실재를 향해 나아갈 수 있다.

코드에서 범주로, 그리고 범주에서 이론으로 도달하는 실제적인 자료 분석의 과정은 대단히 복잡하고 혼란스럽다(Saldaña, 2009: 11). 따라서 질적 연구자는 복잡한 자료 분석의 과정을 효율적으로 관리하기 위하여 분석적인 메모(analytic memo)를 작성한다(Saldaña, 2009: 32-40). 연구자의 저널 쓰기와 유사한 분석적 메모는 연구자 자신과의 대화를 위한 장소이자, 연구과정(코딩, 범주화)에 대한 반영성(reflexivity)을 기록하는 것이다. 분석적 메모 작성의 목적은 질적 연구자가 어떠한 과정을 통하여 패턴, 범주, 하위범주, 주제, 개념들이 생성되었는지를 밝히는 데 있다.

질적 연구자는 분석적 메모 작성을 통하여 자신이 무엇을, 왜 하고 있는가에 대하여 비판적으로 사고할 수 있다. 또한, 질적 연구자는 분석적 메모를 통하여 자신의 사고, 행위, 판단을 인식하고, 자신의 전제에 대하여 도전하고 직면할 수 있다. 질적 연구자는 자료 수집 및 코딩과 함께 동시적·순환적으로 분석적 메모를 작성한다. 한편, 분석적 메모는 필드노트와 뚜렷하게 구별된다. 연구자의 필드노트가 자료 수집(참여관찰)의 한 방법이라면, 분석적 메모는 자료를 분석하는 활동을 지칭한다. Saldaña(2009: 34-41)는 분석적 메모 쓰기의 과정에서 발생하는 물음들을 다음과 같이 제기하였다.

첫째, 연구자로서의 당신은 연구 참여자 또는 연구현상과 관련하여 자신이 어떻게 연루되는지 분석적 메모를 통하여 기록하고 성찰하라. 둘째, 연구에서의 연구 질문을 분석적 메모로 기록하고 성찰하라. 셋째, 코드의 선택과 코드들의 조작적 정의를 분석적 메모로 기록하고 성찰하라. 넷째, 분석을 통하여 새롭게 생성된 패턴, 범주, 주제, 개념을 분석적 메모로 기록하고 성찰하라. 다섯째, 코드, 패턴, 범주, 주제, 개념들 사이의 네트워크(연결, 겹침, 흐름)를 분석적 메모로 기록하고 성찰하라. 여섯째, 새롭게 생성된 이론 또는 관련된 현재의 이론을 기록하고 성찰하라. 일곱째, 연구에서 발생한 문제들에 대하여 분석적 메모로 기록하고 성찰하라. 여덟째, 개인적·윤리적 딜레마들을 기록하고 성찰하라. 아홉째, 연구를 위한 미래의 방향성을 기록하고 성찰하라. 열째, 분석적 메모(메타 메모)에 대하여 기록하고 성찰하라. 마지막으로, 분석적 메모를 통하여 연구를 위한 최종 보고서를 기록하고 성찰하라.

2. 자문화기술지를 위한 여러 가지 코딩방법

자문화기술지를 위한 여러 가지 코딩방법들을 살펴보기 전에 코딩방법을 선택하는 준거들을 살펴보고자 한다. 다양한 질적 연구방법론들은 각기 독특하기 때문에 분석적인 접근방식도 상이하다. 따라서 질적 연구자는 자신이 선택한 질적 연구방법론의 특성에 적합한 코딩방법을 선택해야 한다(Saldaña, 2009: 47). 적절한 코딩방법을 선택하는 일은 질적 연구의 깊이와 넓이 그리고 질을 결정할 수 있다. 질적 연구자로서의 당신은 연구 자료의 복잡한 과정과 현상을 포착하기 위해서 하나의 코딩방법이나 두 가지 이상의 코딩방법을 선택할 수도 있다.

　　Saldaña(2009: 50-51)는 질적 연구에서 적절한 코딩방법을 찾기 위한 물음을 다음과 같이 제기하였다. 첫째, 당신이 선택한 코딩방법은 연구의 개념적 구조나 이론적 구조와 조화를 이루는가? 둘째, 당신이 선택한 코딩방법은 연구 질문을 표현하거나 관련지어 말하는가? 예를 들어, 구조적 코딩(structural coding)은 특수한 연구 질문을 둘러싼 자료의 조직을 위해 사용한다. 셋째, 당신은 특정한 코딩방법을 연구 자료에 적용할 때 편안함이나 확신을 가지는가? 넷째, 질적 자료들은 코딩방법에 잘 적용되는가? 즉, 코드들은 필드노트나 인터뷰 전사본의 내용을 적절히 반영하는가? 다섯째, 선택한 코딩방법은 당신이 필요로 하는 특별함을 제공하는가? 즉, 질적으로 수준이 높은 코드들이 생성되는가? 마지막으로, 특정한 코딩방법은 연구자에게 분석의 길을 열어 주는가? 예를 들면, 당신이 선택한 코딩방법은 새로운 발견과 통찰을 제공하는가이다.

　　이 글은 자문화기술지에서의 자료 분석과 해석을 위한 1차 코딩방법(first cycle coding method)으로서 Saldaña(2009)의 기초적 방법(elemental method)과 정의적 방법들(affective methods)을 살펴볼 것이다. 먼저, 자문화기술지의 연구방법론에 적합한 기초적 코딩방법으로서 인 비보 코딩(in vivo coding)을 살펴보고, 정의적 방법으로서 감정 코딩(emotion coding), 가치 코딩(value coding), 대비 코딩(versus coding), 평가 코딩(evaluation coding)을 안내할 것이다. 그 이후에 Saldaña(2009)가 제시한 2차 코딩방법들 가운데 종단적인 코딩(longitudinal coding)을 집중적으로 살펴보고자 한다.

가. 기초적 방법으로서의 인 비보 코딩

인 비보 코딩은 연구자나 연구 참여자들의 실제적인 언어를 직접적으로 인용하기 때문에 문자 그대로의 코딩(literal coding), 한 마디의 코딩(verbatim coding) 또는

'생체 내 코딩'으로 불리기도 한다(Saldaña, 2009: 74-77). 인 비보 코딩을 생체 내 코딩으로 칭하는 이유는 'in vivo'라는 라틴어가 '하나의 생명체 내에 발생한 과정'이라는 메타포를 의미하기 때문이다. 인 비보 코딩은 특수한 문화와 하위문화 그리고 미시문화에서 발생한 민속적이고 토착적인 용어를 그대로 코딩한다. 따라서 인 비보 코딩은 저자 또는 연구 참여자들의 토착적 용어를 추출하기 위한 코딩방법으로 볼 수 있다.

Saldaña(2009)는 연구자가 참여자들의 목소리에 연구 가치를 두고자 할 때, 인 비보 코딩이 적절하다고 보았다. 인 비보 코딩은 학구적인 학문분야 또는 학술적인 실천보다 연구 참여자들의 일상적인 삶 속에 배태된 말의 의미를 강조한다. 특히, 인 비보 코딩은 어린 학생들을 대상으로 하는 교육문화기술지(educational ethnography)에 유용하다(Saldaña, 2009), 왜냐하면, 어린이들과 청소년들의 목소리는 성인 및 성인문화에 의해 주변화되기 쉽기 때문이다. 따라서 인 비보 코딩은 성인들이 어린이들과 청소년들의 세계관과 문화를 이해하는 데 도움을 줄 수 있다. 저자의 관점에서 볼 때, 기초적인 방법으로서의 인 비보 코딩은 자문화기술자의 일상적인 언어와 세계를 재현할 수 있는 유용한 코딩방법이다. 아래의 예시문은 인 비보 코딩의 이러한 특징을 나타내고 있다.

> 연구자: 이번 교육장기 육상대회에서 1등을 한 4명만 교육감기 육상대회에 나갑니다.
>
> 하민용: 선생님, 2등 한 사람은 절대 못 나가나요? 계속하고 싶어요.
>
> 연구자: 2등은 못 나갑니다. 대회가 끝났으니까, 이제는 공부를 열심히 해야지. 그지?
>
> 하민용: 그럼, 저는 이제 '버리는 카드'인가요? 에이, **'2등은 기억하지 않는 더러운 세상!'**
>
> 연구자: (육상부 학생들이 배꼽을 잡고 웃음) 야, 하민용!
>
> (2010. 10. 04. 왕릉초등학교 육상부 훈련 중 대화 장면)
>
> ☞ 인 비보 코딩: 냉정한 성과관리의 한계: '2등은 기억하지 않는 더러운 세상'
>
> (이동성, 2011b: 352에서 인용)

나. 정의적 방법으로서의 네 가지 코딩

정의적 방법이란 직접적인 인식과 명명을 통해서 인간 경험(정서, 가치, 갈등, 판단 등)의 주관적인 질을 탐구하기 위한 코딩방법이다. 자문화기술지는 저자의 감성적이고 호소적인 측면을 강조하기 때문에, 정의적 방법은 자료의 분석과 해석에 매우 유용한 코딩방법으로 볼 수 있다. Saldaña(2009: 86-101)는 정서적 또는 정의적 코딩방법들로 감정 코딩, 가치 코딩, 대비 코딩, 평가 코딩을 제안하였다. 따라서 나는 네 가지의 정의적 코딩방법을 간략히 안내하고자 한다.

첫째, 감정 코딩(emotion coding)은 연구자 또는 연구 참여자들에 의해 경험되거나 회상된 정서를 분석하는 것을 말한다(Saldaña, 2009: 86-89). 감정 코딩은 실제적인 모든 질적 연구에 적용이 가능한데, 특히 개인 내적 그리고 개인 간의 참여경험과 행위 연구에 적절하다. 왜냐하면, 감정은 인간 경험의 보편적인 속성이기 때문이다. 또한, 인간의 모든 행위는 감정을 수반하기 때문에, 연구자의 감정은 사건 흐름의 한 부분이 될 수 있다. 감정 코딩은 정서 또는 감정에 대한 인식을 분석함으로써 연구 참여자들이나 연구자의 관점, 세계관, 삶의 조건, 통찰을 파악하는 데 유용한 코딩방법이다. 비언어적 단서인 감정을 읽어 내는 감정 코딩은 연구 참여자들 또는 독자들과 정서적 및 감정적으로 공감하고 감정이입을 하는 데 도움을 줄 수 있다. 감정 코딩의 예시는 다음과 같다.

> 초창기 코치 생활을 할 때는 부장님처럼 **걱정**을 많이 했습니다. 하지만 시간이 흐르면서 깨닫게 되었죠. 솔직하게 말해서, 한 학생이 성공할지 실패할지는 아무도 모릅니다. 소체 1등이 천하장사가 되는 것도 아니고, 재능이 없는 아이가 천하장사가 되는 경우도 봤습니다. 중요한 것은, 자신이 앞으로 어떻게 하는가에 달려 있는 거지요. 공부를 끝까지 한다고 해서 모두가 성공하는 것은 아니잖습니까? 운동도 마찬가지입니다. 설사 운동을 실패한다고 해서 인생이 끝난 것도 아닙니다. 운동생활을 발판 삼아 사업을 할 수도 있지요. 나랑 같이 씨름하던 동기들 중에서 사회적으로 성공한 경우도 많습니다.
>
> (2010. 01. 28. 동계합동훈련, 씨름부 코치의 내러티브)
>
> ☞ 감정 코딩: 진로지도에 대한 막연한 두려움: '잘해도 걱정, 못해도 걱정'
>
> (이동성, 2011b: 356에서 인용)

둘째, 가치 코딩(value coding)은 연구자 또는 연구 참여자들의 자아에 대한 가치, 태도, 신념에 대한 재현을 분석하는 코딩방법이다(Saldaña, 2009: 89-93). 여기에서 말한 신념이란 가치, 태도, 개인적 지식, 경험, 의견, 편견, 도덕, 사회적 세계에 대한 해석적인 인식을 의미한다. 가치, 태도, 신념은 연구자 또는 연구 참여자들이 속하고 있는 사회적·문화적 네트워크에 의해 영향을 받는다(Saldaña, 2009: 90). 또한, 인간의 모든 행위는 가치 수반적이기 때문에 가치 코딩은 질적 연구자의 패러다임, 관점, 위치성을 파악하는 데 유용하다. 따라서 가치 코딩은 사례 연구의 하나인 자문화기술지의 저자에 대한 사고, 느낌, 행위를 분석함으로써 문화적 가치, 개인 내적 또는 개인 외적 참여 경험을 탐구하는 데 적절하다. 가치 코딩은 인터뷰 전사본뿐만 아니라 자연스러운 참여 행위를 기록한 필드노트의 분석에서도 적용 가능하다. 가치 코딩의 구체적인 예시는 다음과 같다.

> 도교육청 장학사의 전화를 받고 나서 심장이 마구 두근거렸다. 너무나 존경하는 교직 선배의 전화였기에 마음이 아팠다. 그조차도 나를 믿지 않는 눈치였다. 그의 조언은 교사를 그만두든지, 아니면 대학 강의를 그만두라는 말이었다. 나는 2학기 동안 저녁을 굶어 가며, 도로에서 시간을 허비하며, 주말을 반납하며, 가족들의 원망을 뒤로하며, 학교장과 동료들의 눈치를 뿌리치면서까지, 동료들과 함께 지적인 흥분을 즐기고 싶었다. 남들은 돈을 두 배로 많이 벌어서 좋겠단다. 한 시간을 강의해도 초등학교 부진아 수당보다 못한 강사료에 주차비까지 꼬박꼬박 내어야 하는 대학교 시간강사의 삶. 출세와 승진을 위해 대학원을 오가는 교사들에게조차 뭔가를 열심히 가르쳐 보려는 자화상을 마주하면 한심하기가 그지없다. 어디에서도 환영받지 못하는 어정잡이인 나는 오늘 교육 범죄자로서 낙인이 찍히는 것 같다. 그러나 **나는 자신을 결코 불쌍하게 여기지 않으련다.** 그것은 바로 아직까지 교사교육자로서의 희망을 포기하지 않기 때문이며, 나의 목소리에 공명하는 숨소리와 눈빛을 기억하기에.

(2010. 12. 02. 반성적 저널)

☞ 가치 코딩: 교사교육의 본질적인 가치와 의미의 복원: '껍데기는 가라!'

(이동성, 2011c: 58에서 인용)

셋째, 대비 코딩(versus coding)은 개인, 집단, 사회체제, 조직, 현상, 과정에 대하여 이항 대립적인 용어를 통해서 질적 자료를 분석하는 코딩방법을 말한다 (Saldaña, 2009: 94-97). 'X vs Y', '교사들 vs 학교 행정가들', '일 vs 놀이' 등이 대비 코딩의 대표적인 예들이다. 대비 코딩은 정책연구, 비판적 문화기술지(critical ethnography), 담화분석(discourse analysis) 등의 질적 연구방법론에 적용 가능하며, 연구자 또는 연구 참여자들 내부의 강력한 갈등을 드러낼 때 유용한 코딩방법이다. 대비 코딩에서 대표적으로 생성되는 세 가지의 주요한 범주로는 이해 당사자들, 지각, 행위 또는 이슈이다. 이러한 대비 코딩은 딜레마 분석과 유사한 특징을 공유한다. 대비 코딩의 구체적인 예시는 아래와 같다.

> 연구 주제와는 상관없이 무조건 공개수업을 하라는 도교육청의 일방적인 공문은 받아들이기가 힘들어요. 우리 연구회는 그야말로 일상적인 교실수업을 공개하고, 모든 교사들이 수평적인 입장에서 수업대화를 나누잖아요? 그래서 수업공개 때, 장학지도처럼 **'보여 주기식' 수업을 할지, 아니면 일상적인 수업을 보여 줄지가 고민**이에요. 그냥 일상적인 수업을 공개하면, 분명 우리 학교 교장 선생님이나 도장학사가 저를 비난할 것 같아요. 연구위원이 저렇게밖에 수업을 못하냐고요. 그분들이 우리랑 저녁에 같이 남아서 수업대화를 나눌 것도 아니잖아요. 그렇다고 구태의연하게 공개수업을 준비하면 전혀 다른 곳으로 가 버리고….
>
> (2009. 09. 20. 공개수업 전날, 조 교사의 내러티브)
> ☞대비 코딩: 조직 및 운영에서의 미시 정치학적 딜레마: '자율성 vs 책무성'
> (이동성, 2011d: 11-12에서 인용)

넷째, 평가 코딩(evaluation coding)은 프로그램 또는 정책의 장단점과 가치에 대한 판단과 관련된 질적 자료들을 분석할 때 사용하는 코딩방법이다(Saldaña, 2009: 97-101). 따라서 자문화기술자는 연구자 자신 또는 연구 참여자들에 의해 제공된 질적 자료에 대하여 평가적인 관점을 통해서 분석을 시도할 수 있다. 평가 코딩의 주요한 분석대상은 정책, 조직, 개인 등이며, 이러한 분석을 통하여 특정한 현상과 문화적 특성을 기술, 비교, 예언한다. 예를 들어, 자문화기술자는 기초 자료에 대하여 '긍정적 또는 부정적'이라는 평가 코드를 생성할 수도 있다. 일반적인 질적 연구에서의 1차 코딩은 연구자의 평가적 관점을 경계한다. 이러한 이유에서 평가 코딩은 자문화기술지의 차별적인 방법론적 특징에 부합하는 코딩방법으로 볼 수 있다. 평가 코딩의 실제적인 예시는 아래와 같다.

> **연구자:** (찌푸린 얼굴로) 야! 지금 8시 40분인데, 왜 이렇게 늦었어? 다른 애들이 기다리고 있잖아? 학교에 들렀다가 성무리까지 가야 하는데!
> **배우현:** 엄마가 밥을 안 줘요.
> **연구자:** (황당한 표정으로) 뭐?
> **배우현:** 엄마가 안 일어나요. 밤에 일하고 늦게 왔나 봐요.
> **연구자:** 엄마는 뭐 하시는 분이냐?
> **배우현:** (퉁명한 목소리로) 몰라요.
> **연구자:** 아버지는?
> **배우현:** 집에 안 와요.
> **연구자:** (일부러 씩씩한 목소리로) 알았다. 출발!
>
> 〔여름방학 중(2009. 08. 18.) 성무리 마을 주차장, 개인적 기억자료〕
> ☞평가 코딩: 단기간의 집중적인 지도는 과연 효과적인가?: '미안해, 애들아!'
>
> (이동성, 2010: 158-159에서 인용)

다. 2차 순환 코딩방법으로서의 종단적인 코딩

2차 순환 코딩방법으로서의 종단적인 코딩(longitudinal coding)은 삶의 여정을 탐구하는 종단적인 질적 연구방법론에 적합한 코딩방법이다. 종단적인 코딩은 개인의 삶의 여정에서 나타난 명료함과 간결함을 추구하기에 인류학과 교육학 분야에서 널리 활용되고 있다(Saldaña, 2009: 173-181). 종단적인 코딩은 오랜 시간을 가로질러 수집되고 비교된 질적 자료에 대한 변화 과정에 주목한다. 즉, 종단적인 코딩은 삶의 여정을 사회적 형태(form)로 간주함으로써 질적 연구자의 일상적인 사회적인 삶의 경험에서 발생한 방향성, 패턴, 흐름의 과정을 분석한다. 그 예로, 종단적인 코딩은 연구자 또는 연구 참여자들의 오랜 경험에서 비롯된 질적인 증가, 감소, 항구성 등의 특징에 주목한다.

〈표 3〉 종단적인 질적 자료 요약 매트릭스(Saldaña, 2009: 174에서 인용)

종단적인 질적 자료 요약 매트릭스						
날짜/시간(장기/단기): ○○○○년 ○○월 ○○일부터　○○○○년 ○○월 ○○일까지						
연구명:　　　　　　　　　　　　　　　연구자(들):						
(가능하고 또한 필요하다면, 상세한 날짜, 시간, 시기 등을 기입하라)						
증가/발생	누적	급변/출현/전환점	감소/정지	일정/일관성	특이성	상실
☞ 각 칸들은 분리된 영역이 아니라 행위, 현상들이 뒤섞여 있음 ☞ 앞선 질적 자료 요약 매트릭스와의 차이점을 기술 ☞ 각 칸에는 맥락적 조건(미시적 맥락)/중재조건(거시적 맥락)의 영향/감정적 변화를 기술						
상호관계		인간의 발달과 사회적 과정을 반대하고 조화시키는 변화들		참여/개념 주기 (진행에서의 국면, 단계, 순환 등)		
자료 분석의 진행으로서 예비적인 주장 (이전 매트릭스에 대한 언급)						
					주제적 진술	

　　종단적인 코딩은 자료 분석을 위해서 하나의 분석안(analytic template)을 활용하기도 한다. 종단적인 코딩의 분석안은 오랜 기간의 분석 프로젝트로부터 수집된 방대한 양의 질적 자료들을 체계적으로 요약할 수 있는 방법을 제공한다(Saldaña, 2009: 173). 자문화기술자는 〈표 3〉의 종단적인 질적 자료 요약 매트릭스(longitudinal qualitative data summary matrix)를 통하여 연속적인 자료들의 특성을 체계적으로 코딩하고 범주화할 수 있다.

　　종단적인 코딩은 오랜 기간을 통해 형성된 개인, 집단, 조직의 발전과 변화를 탐구하기에 적절한 2차 순환 코딩방법으로 볼 수 있다. 즉, 종단적인 코딩은 삶의 경험에 대한 연대기적인 분석적 통합을 통하여 하나의 이론적인 이야기를 구조화한다. 자문화기술자는 1차 코딩에서 생성된 코드들을 위의 종단적인 질적 자료 요약 매트릭스에 기입함으로써 핵심 범주들을 생성할 수 있다. 그러나 〈표 3〉은 하나의 예시적인 것에 불과하므로 질적 연구자는 자신의 연구목적에 따라서 새롭게 표를 변형하거나 재구성하여 사용할 수 있다(Saldaña, 2009: 177). 우선, 앞에서 제시한 일곱 개의 기술적인 범주들의 의미는 다음과 같다(Saldaña, 2009: 173-181).

첫째, 증가/발생 범주는 시간의 경과에 따라서 무엇이 증가하고 생성되었는가에 답하는 양적 또는 질적인 요약 관찰을 뜻한다. 그 예로, 경제적인 수입의 증가는 직업에 대한 책임감과 스트레스 그리고 성찰 등을 야기할 수 있다. 증가와 발생 범주는 주로 삶의 평균적인 궤도에 초점을 둔다.

둘째, 누적 범주는 시간의 경과에 따라서 무엇이 누적되었는지를 기록하기 위한 요약 관찰의 공란이다. 누적 범주는 연속적인 시간적인 경과에 따른 연구자의 개인적인 경험에서 비롯된다. 그 예로, 피아니스트의 개인적인 레슨을 통한 연주 기술 향상과 독립적인 연주 기술, 몇 년 동안의 사회적 활동과 만남을 통한 대인관계 지식의 획득 등이 여기에 해당한다.

셋째, 급변/출현/전환점 범주는 시간의 경과에 따라서 어떠한 급변과 출현 그리고 전환점이 발생하였는지에 주목한다. 즉, 급변/출현/전환점 범주의 공란에는 연구자와 연구 참여자들의 삶과 인식을 변화시키는 결정적인 경험의 변화를 기록한다. 그 예로, 학교 졸업, 9·11 테러, 실직 등이 여기에 해당된다.

넷째, 감소/정지 범주란 시간의 경과에 따라서 양적 또는 질적으로 무엇이 감소하고 멈추었는가를 기록하기 위한 요약 관찰의 칸이다. 그 예로, 무능한 상관의 임용으로 인한 작업장에서의 도덕적 해이나 불법 약물 복용의 감소와 정지 등이 여기에 해당한다.

다섯째, 일정/일관성 범주란 시간의 경과에 따라서 어떠한 점이 지속적으로 유지되었는지를 요약 관찰하는 공간이다. 일정/일관성 범주 공간은 종단적인 질적 자료 요약 매트릭스에서 가장 큰 칸을 차지한다. 왜냐하면, 일정/일관성 범주는 연구자 또는 연구 참여자들의 일상적인 삶에서 되풀이되는 특성을 나타내기 때문이다. 일정/일관성 범주의 예로는 패스트푸드 전문점에서의 일상적인 움직임들이나, 배우자와의 오랜 결혼생활 등이 여기에 해당한다.

여섯째, 특이성 범주는 질적 연구자가 오랜 시간의 경과에 따라서 어떠한 특이성을 경험하였는지를 요약 관찰하는 공간이다. 연구자와 연구 참여자들의 삶에서 발생한 예측 불가능한 행위, 갑작스러운 출현이 대표적인 경우이다. 특이성 범주에 해당되는 예로는 10대들의 양복 착용, 연속적인 자동차 수리 경험, 생명을 위협하는 갑작스러운 질병 등이다.

　　마지막으로, 상실 범주는 연구자 또는 연구 참여자들이 시간의 경과에 따라서 무엇을 상실하였는지를 요약, 관찰하는 칸이다. 질적 연구자는 현장작업에서 현재의 그 무엇을 기록할 뿐만 아니라, 연구 참여자들에게 영향을 미치는 부재와 상실을 관찰하고 기록하기도 한다. 그 예로, 기초학습부진학생을 가르치는 교사의 지식의 부재, 중년 성인의 성생활의 부재, 효율적인 일처리를 위한 표준적인 작업절차의 부재 등이 상실 범주의 구체적인 사례에 해당한다.

　　지금부터는 종단적인 질적 자료 요약 매트릭스의 사용방법을 간략히 설명하고자 한다. 첫째, 앞에서 제시한 일곱 개의 기술적 코딩(descriptive coding) 칸들은 연대기적으로 상이한 종단적인 매트릭스들과의 비교를 위해서 필요하다. 둘째, 맥락적 조건(contextual condition)은 사회적 삶에서의 미시적이고 일상적인 활동과 문제들을 의미한다. 그 예로, 등교, 일, 사회적 정체성, 개인적 패턴 등이 맥락적 조건에 해당한다. 셋째, 중재조건(intervening condition)은 변화를 주도할 때 실체적으로 중요한 역할을 담당하는 사건 또는 문제를 지칭한다. 예를 들어, 적대적인 작업환경, 새로운 법률의 시행, 박사학위 논문작성 등이 여기에 해당된다. 넷째, 상호관계란 선택된 매트릭스들 사이(증가/발생, 누적, 급변/출현/전환점)의 직접적인 연결, 영향(실증주의 관점에서는 인과관계)에 대한 관찰과 해석을 기록하는 것을 의미한다. 예를 들어, 증가는 감소와 관련이 있고, 누적은 일정성과 관련이 있다. 다섯째, 인간의 발달과 사회적 과정을 반대하고 조화시키는 변화들이란 연구 영역이나 연구 주제에 대한 기존의 문헌이나 연구 결과에 비교되거나 대조되는 사례의 독특함을 추론하는 것을 의미한다. 예를 들어, 연구자의 생애를 통한 직업의 독특성은 '경력'과 같은 기초적인 사회적 과정(basic social process)을 재개념화하는가와 같은 물음이 여기에 해당된다. 여섯째, 참여/개념 주기란 행위의 패턴화된 주기성(periodicity, 국면, 단계, 순환)의 관찰에 대한 추론을 의미한다. 즉, 참여/개념 주기란 변화의 연속적인 관찰에서 발생한 특성들을 군집화하거나, 특정한 시기의 행위들을 할당하는 것을 의미한다. 일곱째, 자료 분석의 진행으로서 예비적인 주장이란 연구자의 참여와 분석에 기초한 관찰의 '탄착점(bullet point)'으로 비유할 수 있다. 즉, 예비적 주장은 2차적인 자료 분석에서 발생한 연구자의 성찰과 비판을 기록하는 칸이다. 예비적 주장 칸에는 분석적 메모를 쓸 수도 있고, 주요한 분석 내용을 요약하고 나열할 수도 있다. 마지막으로, 총체적인 주제적 진술(through-line)은 연구자의 핵심적인 주장이나 중심적인 핵심 범주들을 생성하는 공간이다. 즉, 총제적인 주제적 진술 칸은 연구자의 삶의 과정에서 비롯된 총체성을 포착하기 위한 주제적 진술을 기입하는 공란이다.

한편, 자문화기술자가 철저한 분석에 기초하여 해석적인 주장을 펼칠지라도 자신의 목소리에 대한 공적인 타당성을 확보하기는 힘들다. 왜냐하면, 자문화기술지는 여타 질적 연구방법론과 달리 자신의 개인적인 자료에 의존하기 때문이다. 따라서 자문화기술자는 자신의 개인적인 이야기를 학문적인 개인적 이야기로 확장할 수 있는 방법론적 전략을 구사해야 한다. 즉, 자문화기술자는 자신의 개인적인 체험과 이야기를 더욱 거시적인 사회문화적 맥락에 연결시키기 위하여 자기성찰과 폭넓은 문헌연구를 지속적으로 해야 한다. 따라서 문헌연구는 자료 수집의 단계에서뿐만 아니라 질적 자료의 분석과 해석의 단계에서도 중요한 역할을 한다고 볼 수 있다. 즉, 자문화기술자는 문헌검토를 통하여 자신의 주관적인 분석과 해석을 기존의 이론체계(선행연구/철학 및 사회학 이론)에 연결시킴으로써 독자들로부터 이론적이고 학문적인 정당성과 타당성을 확보할 수 있다.

V. 자문화기술지와 글쓰기[1]

자문화기술지의 글쓰기 작업은 여타 질적 연구방법론의 글쓰기 작업과 미세한 차이가 있다. Ellis(2004)는 "좋은 소설가는 문화기술자처럼 글을 쓰고, 좋은 문화기술자는 소설가처럼 글을 쓴다."라는 Bochner의 표현을 인용하면서, 문화기술자처럼 사고하고, 소설가처럼 자문화기술지를 쓰라고 추천하였다(Ellis, 2004: 330-331). 이 말은 자문화기술자의 엄밀한 사고방식과 더불어 유연하고 창의적인 글쓰기 방식을 강조한 표현이다.

일반적으로, 질적 연구에서의 글쓰기는 자료의 분석과 해석에서 비롯된 연구결과를 독자들에게 최종적으로 보고하는 데 있다. 그러나 한편으로 글쓰기는 앎의 방식이자, 발견과 분석의 방법이며, 연구 주제에 대한 새로운 측면을 발견하도록 촉진한다(Richardson, 1994). 또한, 자문화기술지의 글쓰기 작업은 그 자체가 저자

---

[1] 자문화기술지 쓰기의 내용은 김영천 · 이동성(2011)의 논문("자문화기술지의 이론적 관점과 방법론적 특성에 대한 고찰", 〈열린교육연구〉, 19(4), 18-20)을 수정 및 보완한 것이다.

의 이야기를 재검토할 수 있는 하나의 탐구방법이다(Suominen, 2003). 자문화기술자는 글쓰기를 통하여 자신의 삶에서 가시화되지 않았거나 간과된 삶의 파편들에 주목할 수 있으며, 자신의 정체성과 관련된 혼란스러운 퍼즐을 맞추는 글쓰기 작업을 통하여 자기 치료의 효과를 얻을 수 있다(Suominen, 2003: 41).

Foster와 동료들(Foster et al., 2005)은 자문화기술지 쓰기를 '변증법적 비평의 기술'이라고 말하였다. 왜냐하면, 자문화기술지의 글쓰기는 연구 주제와 연구 결과에 대한 저자의 객관적인 분리와 주관적인 몰입의 긴장관계를 관리할 수 있도록 하기 때문이다. 위의 객관적인 분리란 연구의 결과를 최종적으로 보고하는 글쓰기에서 자문화기술자의 주관성과 목소리를 포함시키지 않으려는 조용한 저술의 시도를 의미한다(Duncan, 2004). 하지만 자문화기술지의 글쓰기는 이러한 객관적인 분리와 주관적인 몰입의 한계를 뛰어넘어 실험적이고 참여적인 글쓰기 방식을 시도하기도 한다(Duncan, 2004). 따라서 자문화기술자는 자신의 이야기를 전개하면서도, 글의 핵심적인 내용에서 '문화적으로 주변적인 위치'에 머물러야 한다(Maydell, 2010).

실험적이고 참여적인 글쓰기 방식을 시도하는 자문화기술지 쓰기에서 무엇보다 중요한 이슈는 글 속에 등장하는 저자의 위치성이다. 즉, 주요 연구대상이자 연구 참여자인 저자 자신을 글 속의 어디에 어떠한 방식으로 위치시킬 것인가의 문제이다. 자문화기술지의 화자인 저자는 보통 1인칭 주인공 시점 또는 1인칭 관찰자의 시점에서 자신의 이야기를 기술한다. 그러나 자문화기술지의 화자가 반드시 나 혼자일 필요는 없다(Smith, 2005). 독자들에게 연구 주제와 연구 결과를 가장 효과적으로 전달할 수 있는 저자의 인식론적 관점이 최적의 위치라고 볼 수 있다(Smith, 2005: 70). 또한, 자문화기술지의 실험적이고 참여적인 글쓰기 방식은 은유를 즐겨 사용한다. 은유는 자문화기술자의 이야기에서 진실성을 포착하기 위한 글쓰기 전략이며, 단순한 이야기가 전달할 수 없는 이미지와 장면을 제공할 수 있다(Dyson, 2007; Stinson, 2009).

Van Maanen(1988, 2011)은 문화기술지에서의 문화적 재현을 위한 글쓰기 장르 또는 형태로서 사실주의적 이야기(realist tale), 고백적 이야기(confessional tale), 인상주의적 이야기(impressionist tale)를 제안하였다. 자문화기술지가 전통적인 문화기술지로부터 상당 부분 영향을 받았기 때문에 Van Maanen(2011)이 제안한 세 가지 글쓰기 방식은 자문화기술지의 글쓰기 방식에서도 유효하다고 볼 수 있다. Van Maanen(2011)은 위의 세 가지 글쓰기 방식에서 저자의 목소리, 표현양식(style), 진실, 객관성, 관점이라는 새로운 이슈를 제기하였다. 박순용 · 장희원 · 조민아(2010)는 Van Maanen의 세 가지 글쓰기 방식이 기술묘사(description)에 중점을 두었다고 보면서, 이론 분석적(theoretic analytical) 접근을 추가하였다. 이론 분석적 글쓰기 방식은 사실이나 사건, 연구자의 내성과 경험, 인상적인 부분에 대한 선택적 기술보다는 문화 이론적 분석에 더 초점을 두는 접근이다(박순용 · 장희원 · 조민아, 2010: 67).

Chang(2008)은 자문화기술지의 새로운 글쓰기 방식으로 Van Maanen(1988, 2011)이 제안한 문화기술지의 세 가지 글쓰기 방식을 응용하였다. 그녀는 자문화기술지의 글쓰기 접근으로서 기술적-사실적 글쓰기(descriptive-realistic writing), 고백적-감성적 글쓰기(confessional-emotive writing), 분석적-해석적 글쓰기(analytical-interpretive writing), 상상적-창조적 글쓰기(imaginative-creative writing)를 제안하였다. 그리고 자문화기술자의 연구목적과 주제에 따라서 위의 네 가지 글쓰기 방식을 혼합하거나 재구성하여 새로운 글쓰기 방식을 창조할 수 있다고 보았다(Chang, 2008).

첫째, 기술적-사실적 글쓰기는 전통적인 문화기술지의 글쓰기 방식을 그대로 따르는 것을 의미하는데, 저자의 개인적인 체험과 이야기를 있는 그대로 풍부히 기술하는 방식이다. 둘째, 고백적-감성적 글쓰기는 문학 장르인 자서전의 글쓰기 방식을 도입한 것인데, 연구 주제와 관련된 저자의 감성적이고 정서적인 혼란, 딜레마, 고통, 좌절, 환희 등을 진솔하게 고백하는 것을 말한다. 셋째, 분석적-해석적 글쓰기는 저자의 개인적인 경험과 이야기에 대하여 특정한 이론적인 얼개에 기초하여 분석과 해석을 시도함으로써, 사적인 이야기를 좀 더 거시적인 사회문화적 담론과 연결을 시도하는 글쓰기 방식이다. Anderson(2006)은 이러한 분석적-해석적 글쓰기에 기초한 자문화기술지를 '분석적 자문화기술지(analytical ethnography)'라고 칭하였다. 분석적-해석적 글쓰기 방식은 상징적 상호작용론의 영향을 받은 시카고 학파의 대표적인 글쓰기 방식으로 볼 수 있다. 넷째, 상상적-창조적 글쓰기는 개인의 경험을 묘사하기 위해 문학 장르인 산문(prose), 시, 드라마, 소설, 예술 장르인 음악, 그림, 사진 등의 예술작품을 창조적으로 구성하여 연구대상이나 연구 주제를 재현하는 글쓰기 방식이다(Muncey, 2010: 2).

Ellis와 Bochner(2000)는 다층적인 개인의 의식을 표현하고, 개인을 문화에 연결시키기 위한 상상적-창조적 글쓰기 방식으로서 자서전적 글쓰기(autobiographic writing) 또는 '반영적인 문화기술지(reflexive ethnography)'를 추천하였다(Duarte, 2007: 2). 사람들의 일상적인 말하기 방식은 사회학적 산문보다는 문학적인 시에 가깝기 때문에 회화적인 내러티브 자체는 시적인 특성을 지닌다(Riessman, 1993; Gergen, 2005). 이러한 맥락에서 Richardson(1997)은 사회과학자들을 위한 상상적-창조적 글쓰기의 방식으로 시의 힘을 주장하였다. 실험적인 방식으로 가장 먼저 도입된 시적 글쓰기는 시의 형식적인 특징을 통해서 저자와 독자들에게 발견과 창조의 정신을 열어 주었다(김영천, 2010: 348-393). 시적 글쓰기는 단순한 언어적 변용이 아니라 자문화기술자의 자기성찰과 타자들과의 의사소통을 위한 하나의 방법이다(Richardson, 1997). 호소적인 시와 질적 연구는 의미와 밀도(density), 심미주의와 반영성이라는 내적 특성을 상호적으로 공유한다(Ricci, 2003). 따라서 자서전적인 시(autobiographic verse)는 인간의 궁극적인 관계를 심미적으로 표현하고, 생동감 있고 창조적인 방식으로 개인의 경험을 독자들에게 전달하고 표현할 수 있다(Ricci, 2003: 593).

자문화기술지의 상상적-창조적 글쓰기를 강조하는 일군의 학자들은 인간의 언어가 사회적 실재를 반영하기보다는, 오히려 사회적 실재를 창조할 수 있다는 후기 구조주의자들의 언어관에 동조한다. 그들은 자문화기술지의 상상적-창조적 글쓰기가 주류적인 탐구의 관점(예: 전통적인 문화기술지)을 부정하는 것이 아니라, 단지 새로운 목소리를 첨가하는 것이라고 주장하였다(Ricci, 2003; Denzin, 2006; 김영천, 2010). 그리고 그들의 상상적-창조적 글쓰기는 저자의 느슨한 연구 과정에서 비롯된 것이 아니라, 풍부한 자료 수집과 정교한 자료 분석 및 해석 작업에 근거한 학문적인 재현방식이다. 따라서 그들은 주류적인 관점에서 상상적-창조적 글쓰기를 비판하는 사실주의자들의 방법론적 도전과 비판을 수용함으로써 대안적인 글쓰기 방식에 대한 정당성을 확보하려 한다.

Ellis와 Bochner, Richardson, Denzin으로 대표되는 문학적인 자문화기술지 글쓰기 방식은 전통적인 문화기술자들에게 종종 비이론적이고 비구조적으로 비치기도 한다(Maydell, 2010). 문학적 장르를 통하여 자문화기술지를 작성하더라도 그 내용은 사회문화적 주제와 연결되어야 한다. 자문화기술지 글쓰기에서 문학 장르를 도입한 것은 내러티브의 한계를 극복하기 위해서이다(Chang, 2008: 148). 하지만 Anderson(2006)은 자문화기술지의 글쓰기와 담론이 사실주의적 또는 분석적인 문화기술지적 전통에 거리를 둔 '호소적인 자문화기술지(evocative ethnography)'에만 주목하고 있음을 비판하였다. 즉, 자문화기술지의 문학적인 글쓰기 동향은 전통적인 문화기술지와 자문화기술지의 병립 가능성을 차단할 수 있다(Anderson, 2006).

위와 같은 맥락에서 Anderson(2006: 374)은 문학적인 글쓰기에 기초한 호소적인 자문화기술지가 뜻하지 않게 분석적 또는 전통적인 문화기술지에 기초한 새로운 형태의 자문화기술지를 제한할 수도 있다고 보았다. 따라서 그는 호소적인 자문화기술지의 학문적인 당위성을 인정하면서도, '분석적 자문화기술지(analytic autoethnography)'를 주창함으로써 시카고 학파의 지적 유산인 상징적 상호작용론자들(symbolic interactionists)의 인식론적 가정과 목적을 받아들일 필요가 있다고 주장하였다. 이러한 Anderson(2006)의 주장에 대하여 전통적 또는 분석적인 문화기술지를 옹호하는 질적 연구자들(Atkinson, Coffey, Delamont)도 동조하였다. 분석적 자문화기술지의 글쓰기의 특징으로는 완전한 연구 참여자의 지위, 분석적인 반영성, 자문화기술자의 내러티브 가시성, 자아를 넘어선 연구 참여자들과의 대화, 이론적 분석을 위한 전념을 강조하였다(Anderson, 2006: 387). 결국, Anderson(2006)은 분석적인 문화기술지적 전통의 한 부분으로서 자문화기술지의 글쓰기를 바라보는 입장이라고 평가할 수 있다.

결국, 자문화기술자는 다양한 글쓰기 방식을 혼합하거나 재구성하여 자신만의 대안적인 글쓰기를 시도하는 구성적이고 해석적인 존재이다(Chang, 2008: 149). 즉, 자문화기술자는 문화기술지적 전통에 무게를 두는 분석적 자문화기술지를 쓸 수도 있고, 자서전으로 대표되는 문학 장르에 비중을 둔 글쓰기를 할 수도 있다. 따라서 강연곤(2011)의 주장처럼, 자문화기술자는 특정한 형식의 글쓰기를 해야 한다는 조급중에서 벗어나, 연구 주제에 대한 자신의 인식과 이해를 재현할 수 있는 새로운 글쓰기 방식을 끊임없이 준비하고 창조해야 할 것이다.

참고문헌

강연곤(2011). '걸그룹 삼촌팬'을 위한 변명: 자기민속지학 방법의 시도. **한국언론학회 2011 봄철정기학술대회**. 295-312.

김영천(2007). **질적연구방법론 I: Bricoleur**. 서울: 문음사.

김영천(2010). **질적연구방법론 III: 글쓰기의 모든 것**. 서울: 아카데미프레스.

김영천 · 이동성(2011). 자문화기술지의 이론적 관점과 방법론적 특성에 대한 고찰. **열린 교육연구**, **19**(4), 1-27.

박순용 · 장희원 · 조민아(2010). 자문화기술지: 방법론적 특징을 통해 본 교육인류학적 가치의 탐색. **교육인류학연구**, **13**(2), 55-79.

이동성(2010). 초등학교 기초학습부진학생 지도 경험에 대한 자문화기술지. **교육인류학연구**, **13**(3), 141-168.

이동성(2011a). 한 교사 연구자의 변환적인 역할과 관점에 대한 자문화기술지. **교육인류학연구**, **14**(2), 61-90.

이동성(2011b). 자문화기술지를 통한 초등학교 운동부 지도 경험 분석. **초등교육연구**, **24**(2), 341-363.

이동성(2011c). 초등 교과교육연구회 참여경험에 대한 자문화기술지. **초등교육연구**, **24**(3), 1-26.

이동성(2011d). 한 교사교육자의 교수경험에 대한 자문화기술지. **교육인류학연구**, **14**(3), 31-67.

Anderson, L. (2006). Analytic autoethnography. *Journal of Contemporary Ethnography*, *35*(4), 373-395.

Chang, H. (2008). *Autoethnography as method*. Walnut Creek, CA: Left Coast Press, Inc.

Denzin, N. K. (2006). Analytic autoethnography, or deja vu all over again. *Journal of Contemporary Ethnography*, *35*(4), 419-428.

Dethloff, C. H. (2005). A principal in transition: An autoethnography. Unpublished doctoral dissertation, Texas A&M University.

Duncan, M. (2004). *Autoethnography: Critical appreciation of an emerging art*. http://creativecommons.org/licenses/by/2.0.

Duarte, F. (2007). Using autoethnography in the scholarship of teaching and learning: Reflective practice from 'the other side of the mirror'. *International Journal for Scholarship of Teaching and Learning*, *1*(2). http://www.georgiasouthern.edu/ijsoti.

Dyson, M. (2007). My story in a profession of stories: Autoethnography–An empowering methodology for educators. *Australian Journal of Teacher Education*, *32*(1), 36-48.

Ellis, C. & Bochner, A. P. (2000). Autoethnography, personal narrative, and personal reflectivity. In N. K. Denzin & Y. S. Lincoln (Eds.), *Handbook of qualitative research* (2nd ed.)(pp. 733–768). Thousand Oaks, CA: Sage.

Ellis, C. (2004). *The ethnographic I: A methodological novel about autoethnography*. Walnut Creek: Altamira Press.

Feldman, A. (2003). Validity and quality in self–study. *Educational Researcher, 32*, 26–28.

Foster, K. et al. (2005). Coming to autoethnography: A mental health nurse's experience. http://creativecommons.org/licenses/by/2.0.

Gergen, K. J. (2005). *An invitation to social construction*. London: Sage Publications.

Jackman, G. R. (2009). Who knew? an autoethnography of a first–year assistant principal. Unpublished doctoral dissertation, Utah Sate University.

Maydell, E. (2010). Methodological and analytical dilemmas in autoethnographic research. *Journal of Research Practice, 6*(1), Article M5. Retrieved [date of access]. http://jrp.icaap.org/index.php/jrp/article/view/223/190.

Muncey, T. (2005). Doing autoethnography. *International Journal of Qualitative Methods, 4*(1), 69–86.

Muncey, T. (2010). *Creating autoethnographies*. London: Sage Publications Ltd.

Ricci, R. J. (2003). Autoethnographic verse: Nicky's boy: A life in two worlds. *The Qualitative Report, 8*(4), 591–596.

Richardson, L. (1994). Writing: A method of inquiry. In N. K. Denzin & Y. S. Lincoln (Eds.), *Handbook of Qualitative Research* (pp. 516–529). Thousand Oaks, CA: Sage.

Richardson, L. (1997). *Fields of play: Constructing an academic life*. Rutgers University Press.

Riessman, C. K. (1993). *Narrative analysis*. 대한질적연구간호학회(역)(2005). **내러티브 분석**. 서울: 군자출판사.

Saldaña, J. (2009). *The coding manual for qualitative researchers*. SAGE Publications Ltd.

Smith, C. (2005). Epistemological intimacy: A move to autoethnography. http://creativecommons.org/licenses/by/2.0.

Stinson, A. B. (2009). An autoethnography: A mathematics teacher's journey of identity construction and change. Unpublished doctoral dissertation, Georgia Sate University.

Strauss, A. L. (1987). *Qualitative analysis for social scientists*. Cambridge: Cambridge University Press.

Strauss, A. & Corbin, J. M. (1990). *Basic of qualitative research: Techniques and proce-*

dures for developing grounded theory. Los Angeles, Calif.: Sage Publications, Inc.

Suominen, A. (2003). Writing with photographs, re-constructing self: An arts-based autoethnographic inquiry. Unpublished doctoral dissertation, The Ohio Sate University.

Van Maanen, J. (1988). *Tales of the field: On writing ethnography*. University of Chicago Press.

Van Maanen, J. (2011). *Tales of the field: On writing ethnography* (2ed.). University of Chicago Press.

Wall, S. (2008). Easier said than done: Writing an autoethnography. http://creativecommons.org/licenses/by/2.0.

제3장

자문화기술지의 방법적 이슈와 글쓰기

I. 들어가며

자문화기술지는 다양한 학문분과의 학자들로부터 주목을 받고 있는 아방가르드 (avant-garde)적인 질적 연구방법의 한 형태이다(Muncey, 2005; Wall, 2016). 북 아메리카와 유럽의 포스트모던 철학과 방법론적 융합에서 비롯된 자문화기술지 는 2010년을 기점으로 국내 교육학 분야를 중심으로 소개되었다(이동성, 2012). 국 내 자문화기술지는 지난 10년 동안 논리 실증주의에 기초한 양적 연구방법론의 압 도적인 우위 속에서도 나름 공유와 확산을 하고 있다. 특히, 국내 자문화기술지 연 구가 일반교육학뿐만 아니라 여러 교과교육학 분야〔체육교육학, 특수교육학, 상담 학, 심리(예술)치료, 국어교육, 미술교육 등〕에서 적용되는 것은 고무적인 현상으로 볼 수 있다(이동성, 2016). 그러나 이와 같은 자문화기술지의 공유와 확산에도 불 구하고, 자문화기술지 기반 논문의 방법적 적합성이나 엄격성, 그리고 평가기준을 둘러싼 학술적 논쟁은 여전하다(이동성, 2016; DeVault, 1997; Holt, 2003). 왜냐하 면, 포스트모던 철학에 기초한 자문화기술지는 태생적으로 나르시시즘, 자기 관대, 주관적 몰입에서 자유롭지 못하다는 한계가 있기 때문이다(Agger, 1990; Atkinson, 1997; Chang, 2008; Holt, 2003; Sparkes, 2000). 이러한 맥락에서, 신생 자문화기술 지의 방법적 이해를 확장하고, 방법적 엄격성을 강화하기 위해서는 자문화기술지 에 대한 철학적 이해뿐만 아니라, 방법론 그 자체에 대한 연구도 필요하다.

자문화기술지의 연구방법에 대한 국내외 선행연구는 ① 교수자(교사 및 교수)의 실제적인 수업 장면에서의 자문화기술지 지도전략(Camangian, 2010; Kuz-meskus, 1996; Tombro, 2006), ② 자문화기술자(저자) 입장에서의 실제적인 방법적 이슈와 대응전략(이동성, 2012; Holt, 2003), ③ 자문화기술지 논문에 대한 심사자 입장에서의 평가준거 및 기준에 대한 연구(이동성, 2016; Wall, 2016)로 삼분할수 있었다. 이러한 세 가지 연구동향은 교수자, 저자, 논문 심사자라는 3자적 관점에서 자문화기술지의 방법적 엄격성을 강화하기 위한 방법적 이슈와 여러 가지 대응전략을 논의한다는 측면에서 연구의 가치가 있다고 볼 수 있다. 특히, 학문 영역및 학술지의 엄격한 '문지기'로 볼 수 있는 논문 심사자의 관점에서 자문화기술지의 방법적 이슈와 그에 따른 대응방법(글쓰기 전략)을 세밀하게 조명하는 일은 질적 연구를 수행할 연구자들에게 자문화기술지만의 고유한 방법적 이해를 제공하는 데 유용할 수 있다.

한편, 교육학자이자 질적 연구방법론자인 저자는 교육학 분야의 자문화기술지 기반 논문뿐만 아니라, 여러 교과교육학 분야의 자문화기술지 기반 논문을 심사및 평가할 수 있는 기회를 갖게 되었다. 자문화기술지의 공유와 확산을 시도하고자 하였던 연구자로서의 나는 다소 파격적인 연구방법론을 과감하게 선택한 후학이나 동료들을 만나는 것 자체만으로도 기쁘고 반가웠다. 왜냐하면, 질적 연구방법을 그다지 선호하지 않는 국내의 학문적 토양에서 가장 감성적이고 유연한 연구방법을 선택하는 데는 상당한 용기가 필요하기 때문이다. 질적 연구방법론자로서의 나는 지난 10년 동안 여러 자문화기술지 기반 논문을 지도 및 검토하였고, 일부논문들은 학위논문이나 학술지 논문 형태로 세상의 빛을 보게 되었다. 그러나 안타깝게도, 상당수의 자문화기술지는 심사자인 내 수준에서 끝내 사장되고 말았다.

그토록 많은 자문화기술지 원고들이 세상 사람들을 만나지 못하였던 이유는무엇일까? 그 이유는 바로 저자(자문화기술자)가 익명의 논문 심사자들이나 학위논문 심사위원들의 엄격한 방법적 잣대에 대한 연구방법적 충족을 시키지 못하였기 때문이다. 이러한 맥락에서, 자문화기술지는 표면적으로는 누구나 쉽게 다가갈 수 있는 인간 친화적인 방법으로 보이지만, 실제적인 자문화기술지 쓰기는 상당한 방법적 민감성과 전문성이 요구되는 연구방법으로 볼 수 있다. 한마디로, 자문화기술지는 쉽게 읽히지만 쓰기는 어려운 연구방법으로 볼 수 있다. 따라서 국내에서 자문화기술지의 연구방법을 소개하고 적용한 자문화기술자이자 질적 연구방법론자로서의 나는, 자문화기술지에 대한 방법적 이해를 확장하고 방법적 엄격성을 강화하기 위해 지난 6년(2013년부터 2018년까지) 동안의 자문화기술지 기반 논문 지도 경험을 학술적으로 이야기하고자 한다. 여기에서 말한 '자문화기술지 기반 논문 지도 경험'이란 자문화기술지 기반 학술논문(등재지 및 등재 후보지 대상 투고 논문)에 대한 심사(리뷰) 사례, 석사 및 박사학위 논문 지도 사례, 현장 전문가(교원) 대상 자문화기술지 지도 사례, 대학 연구자(교수 및 박사) 대상 동료자 검증 사례를 통칭하는 개념이다. 따라서 이 연구의 목적은 저자의 자문화기술지 논문 지도 경험에서 비롯된 방법적 이슈와 그에 따른 글쓰기 전략을 학술적으로 이야기함으로써 자문화기술지만의 고유한 방법적 특성을 이해하고, 그것의 엄격성을 강화하는 데 있다.

　　이러한 연구목적을 달성하기 위한 구체적인 연구 질문은 다음과 같다. "논문 심사자로서의 나는 최근 6년 동안 자문화기술지 원고에서의 방법적 이슈와 관련하여 어떠한 글쓰기 전략을 요구하였는가?" 이 연구의 결과는 질적 연구방법론에 민감성을 갖춘 한 연구자의 논문 지도 경험을 학술적으로 이야기함으로써 국내 자문화기술지의 방법론적 이해와 개선을 위한 가이드라인을 제공하는 데 기여할 수 있을 것이다. 또한, 이 연구는 한 질적 연구방법론자의 학술적인 이야기를 조명함으로써 자문화기술지의 엄격성을 강화하고, 자문화기술지 기반 논문의 질을 가늠하기 위한 평가준거를 개발하는 데 도움이 될 수 있을 것이다.

II. 선행연구 검토

자문화기술지의 방법적 이슈와 글쓰기 전략에 대한 선행연구는 다음 세 가지에 관한 연구로 구분할 수 있었다. ① 학습자(고등학생부터 대학원생까지)들을 대상으로 한 실제적인 자문화기술지 지도 경험, ② 자문화기술자의 입장에 따른 학술지 쓰기에서의 실제적인 방법적 이슈와 대응전략, ③ 자문화기술지 논문에 대한 심사자 입장에서의 평가준거 및 기준. 이러한 선행연구 동향이 이 글에 의미하는 바를 간략하게 제시하면 다음과 같다.

　　첫째, 고등학교 및 대학원 수업에서의 자문화기술지 지도 경험에 대한 선행연구(Camangian, 2010; Kuzmeskus, 1996; Tombro, 2006)는 학습자들의 반성과 성찰, 그리고 비판의식을 이끌어 내기 위한 수단으로서 자문화기술지 지도 경험을 강조하였다. 대표적으로, Camangian(2010)은 고등학교 수업에서의 실제적인 자문화기술지 지도 요소(자아에 대한 관계의 이해, 글쓰기 워크숍, 기억 및 인격 기반 에세이 작성하기, 주제 정하기, 인터뷰 및 관찰 수행하기, 이야기 구성하기, 생각 매듭짓기, 자문화기술지 예시작품 읽기 등)를 제시하였다. 또한, Kuzmeskus(1996)는 자문화기술지 지도전략으로 학생의 고민이나 어려움을 명료화하기, 고난이나 어려움을 맥락화하기, 어려움이나 고난을 타자들에 연결하여 활성화하기를 제시하였다. 이 연구들은 학습자들을 대상으로 자문화기술지의 실제적인 지도전략과 글쓰기 노하우를 제시한 측면에서 의미가 있으나, 학위 및 학술논문 수준의 전문적인 지도 경험과는 거리가 있었다.

둘째, 자문화기술지에 대한 선행연구(이동성, 2012; Holt, 2003)는 자문화기술자 또는 저자의 입장에서 학문적 글쓰기의 실제적인 방법적 이슈와 대응전략을 제시하였다. 그 예로, 이동성(2012)은 자신의 실제적인 논문 작성 경험에 기초하여 자문화기술지 쓰기에서의 쟁점들(① 연구대상과 저자의 비분리성, ② 자료의 신빙성에 대한 의심, ③ 내러티브 재현방식(기술/서술), ④ 분석과 해석에서의 정당성 위기)을 제시하였다. 또한, Holt(2003)도 자신의 자문화기술지 쓰기에 대한 학술적인 이야기를 통하여 재현과 정당성의 위기를 극복하기 위한 방법적 이슈를 제시하였다. 그의 관점에서 볼 때, 자문화기술지 쓰기에서의 문제는 저자의 개인적인 이야기가 어떻게 사회과학적 연구의 범주에 포함될 수 있는지를 입증하는 데서 비롯되었다. 따라서 그는 자문화기술지 쓰기에서의 방법적 엄격성을 강화하기 위해서 질적 연구에서의 여러 가지 타당도 전략을 적극적으로 활용하고, 유일한 원자료로 볼 수 있는 자아를 효과적으로 활용할 필요가 있다고 주장하였다(Holt, 2003). 이러한 연구동향은 저자의 입장에서 학문적 글쓰기의 방법적 이슈와 대응방법을 논의하였으나, 논문 심사자 또는 평가자의 입장에서 자문화기술지의 방법적 이슈와 글쓰기를 탐구하고자 하는 이 연구와 차별화된다고 볼 수 있다.

셋째, 자문화기술지의 방법적 엄격성을 강화하기 위한 선행연구(이동성, 2016; Wall, 2016)는 심사자의 입장에서 자문화기술지 원고에 대한 평가준거 및 기준을 논의하였다. 우선, 이동성(2016)은 서유진 · 이동성(2013)의 질적 평가 영역 및 준거(연구 설계, 연구대상 및 연구배경, 자료 수집 및 관리, 자료 분석 및 해석, 타당도 검증 및 재현방식 영역)를 변형하여, 국내 자문화기술지 기반 논문들(62편)의 방법적 충실도를 분석하였다(이동성, 2016). 그의 분석결과에 따르면, 우리나라의 자문화기술지 기반 논문은 평가준거 측면에서 방법적 엄밀성이 낮은 것으로 나타났다(이동성, 2016: 85). 또한, Wall(2016)은 최근 몇 년 동안 자문화기술지 기반 학술논문(15편)을 심사하고 심사평을 축적하면서, 균형 잡힌 자문화기술지를 작성하기 위한 가이드라인(① 특정 학문분야 또는 연구 주제에서 자문화기술지를 적용하는 목적 명료화하기, ② 연구방법에서 분석과 이론의 개입 정도 결정하기, ③ 원자료의 출처 명기 및 연구 결과의 확산, ④ 윤리적 이슈에 대응하기)을 제시하였다. 이러한 연구동향은 심사자의 관점에서 자문화기술지 원고에 대한 방법적 이슈와 글쓰기를 논의하고자 하는 이 글에 의미하는 바가 크다. 다만, 이동성(2016)의 연구는 사전에 설정한 평가준거에 기초하여 자문화기술지를 평가하였기에 심사과정에서의 내적 과정과 방법적 이슈를 포착하는 데 한계가 있었으며, Wall(2016)의 연구는 분석의 대상(논문 리뷰 횟수)과 연구기간이 상대적으로 제한적이었다.

지금까지 살펴본 바와 같이, 자문화기술지의 방법적 이슈와 그에 따른 글쓰기 전략에 대한 국내외 연구는 자문화기술지 쓰기를 둘러싼 교수자, 저자, 심사자라는 3자적 관점에서 수행되었다. 이러한 세 가지 연구동향은 자문화기술지의 방법적 엄격성을 강화하기 위한 여러 전략들(자문화기술지 쓰기를 위한 지도 요소 및 절차, 자문화기술자의 독특성, 자료의 신빙성, 자료 재현 방식, 분석 및 해석의 정당성, 타당도 전략, 윤리적 이슈, 연구 주제 관련 방법적 적합성 등)을 제공한 측면에서 의미가 있다. 특히, 이 글은 이러한 3자적 관점 중의 하나인 논문 심사자의 관점에서 자문화기술지의 방법적 이슈와 그에 따른 글쓰기 전략을 집중적으로 조명하고자 한다. 저자의 이러한 시도는 미래의 자문화기술자들에게 성공적인 글쓰기를 위한 방법적 가이드라인을 제공하고, 논문 심사자들에게는 자문화기술지 기반 논문의 질을 가늠하기 위한 평가기준 및 준거로서 기여할 수 있을 것이다.

III. 연구방법

1. 자문화기술지, 그리고 연구방법론자로서의 '나'

자서전과 문화기술지의 이종혼교적인 결합에서 생성된 자문화기술지는 자기 내러티브를 사회과학적 연구에 적용하는 질적 연구방법 가운데 하나이다(Chang, 2008). 자문화기술지는 다른 질적 연구방법과 마찬가지로 특정한 패러다임, 세계관, 철학적 전제에서 출현하였다(이동성, 2012: 14). 좀 더 구체적으로 말하자면, 자문화기술지는 자아의 개념과 특징, 그리고 연구의 접근방식에서 차별성을 지니고 있다(이동성, 2012: 17). 자문화기술지에서의 자아는 근대의 세계관에서 출현한 유아론적 자아(I)와 상징적 상호작용론(symbolic interactionism)에서 파생된 사회적 자아(me)가 결합된 자기성찰적 자아(I+me='Me') 개념을 지향한다. 의인적 인식론과 '발달의 도너츠론'을 주장한 佐伯 胖(2007: 18-26)은 이러한 자기성찰적 자아(Me)를 '고비토(分身)'라고 칭하였다. 자기성찰적 자아는 생태적 관점에서 자아를 타자와 대상세계에 연결함으로써 변증법적이고 사회문화적인 자아를 지향한다(이동성, 2012: 17). 이러한 맥락에서, 자문화기술자(autoethnographer)는 체험과 자아 연구를 통해 문제해결을 위한 전문적 능력 및 중재 능력을 기를 수 있다(Galuske, 2001).

한편, 연구 주제와 관련하여 한 자문화기술자의 맥락과 배경을 밝히는 것은 연구의 과정과 결과에 대한 타당성을 확보하는 데 유용할 수 있다. 나는 2010년에 다문화 교육연구를 수행하는 질적 연구자의 현장작업(fieldwork)에 대한 자문화기술지를 시작으로, 2012년까지 여러 편의 자문화기술지와 단행본을 집필하였다. 우리나라에서 자문화기술지를 적용하여 학술논문을 쓰는 일은 문자 그대로 '전인미답(前人未踏)'의 길이었다. 현재 널리 불리고 있는 '자문화기술지(自文化記述誌)'라는 용어도 익명의 심사자가 저자에게 추천한 용어였다. 당시 2년 동안 여러 학회지에 자문화기술지 논문을 투고 및 게재하였는데, 이러한 과정에서 20여 개의 논문 심사평을 수집할 수 있었다. 자문화기술자로서의 나는 익명의 심사자들과 상호작용을 하면서, 그들이 좋은 자문화기술지에 대하여 어떠한 평가기준을 갖고 있는지를 알수 있었고, 그들의 요구를 충족시킬 수 있는 대응전략(글쓰기 방법)을 자문화기술지로 전환하고자 하였다. 그러나 안타깝게도, 이러한 나의 시도는 끝내 좌절되고 말았다. 어느 학술지 편집위원회는, 비록 익명일지라도 심사자들의 사전 동의 없이 그들의 심사평을 공개하는 것은 연구윤리에 위반된다고 주장하였다.

연구자로서의 나는 자문화기술지 기반의 연구실적 덕분에 한 교원 양성기관의 교사교육자가 될 수 있었다. 조금 과장해서 말하면, 자문화기술지는 현장교사였던 나를 대학 교수로 만들어 주었다. 2012년에 대학 교수가 되고 난 이후, 나는 어느새 사람들로부터 연구방법론자로 불리게 되었다. 질적 연구자로서 성장하고 인정받는 과정은 다름 아닌 연구방법론 논문을 지속적으로 쓰는 일이었다. 질적 연구방법론자로서의 나는 2013년부터 오늘날에 이르기까지 자문화기술지 논문을 지속적으로 쓰고 읽고 있으며, 여러 후학들과 동료들을 가르치고 있다. 자문화기술자로서의 나는 지면을 통해 이러한 지도 경험을 공유하고자 한다.

2. 연구의 과정과 절차

자문화기술자로서의 나는 연구 결과를 도출하기 위해 연구 기간을 2013년부터 2018년까지로 한정하였다. 수집된 자료는 논문심사 및 피드백 관련 기억자료, 자기관찰 자료, 성찰일지, 학술논문심사 사례(심사평가서 29건), 석사 및 박사학위 논문 지도 사례(피드백 21건), 현장전문가(교원) 대상 자문화기술지 지도 사례(23건), 동료자 검증 사례(13건)이다. 개인 내적 자료를 제외한 개인 간 또는 문서 자료의 수집 내역은 〈표 4〉와 같다.

　　이 글은 자문화기술지 논문 지도 경험에서 비롯된 방법적 이슈와 그에 따른 글쓰기 전략을 추출하기 위해 이동성과 김영천(2014)의 실용적 절충주의 관점에 따라 주제 분석을 시도하였다. 초기 코딩에서는 줄(line by line) 코딩을 통해 여러

〈표 4〉 자문화기술지 논문 지도 및 심사 내역

내역 연도	등재(후보)지 학술논문 심사 건수	석/박사 지도 건수	현장전문가 지도 건수	동료자 검증 건수
2013	A학술지(1건), B학술지(1건)	1건	2건	1건
2014	A학술지(1건), C학술지(2건)	2건	3건	1건
2015	A학술지(3건), C학술지(1건), D학술지(1건), E학술지(1건)	2건	8건	1건
2016	A학술지(2건), B학술지(1건), D학술지(1건), E학술지(1건), F학술지(1건)	11건	8건	4건
2017	A학술지(2건), G학술지(4건), H학술지(1건)	2건	1건	2건
2018	A학술지(2건), D학술지(1건), G학술지(2건)	3건	1건	4건
계	29건	21건	23건	13건

개의 코드를 생성하였고, 2차 코딩에서는 12개의 범주(저자의 상황성 및 위치성 드러내기, 저자의 자의식과 반영성을 서술하기, 타자와 기관에 대한 윤리적 이슈 고려하기, 원자료 출처 명기하기, 체계적인 질적 자료 분석하기, 분석과 감성을 혼합하기, 개인적 이야기를 철학 및 사회 이론에 연결하기, 개인적 이야기를 사회문화적 맥락 및 조건에 연결하기, 연구 설계 영역의 평가준거를 충족하기, 질적 연구에서의 타당도 평가준거를 고려하기, 자문화기술지의 세부 유형에 따른 재현방식을 선택하기, APA 논문작성 논리 및 지침을 준수하기)를 생성하였다. 그리고 3차 코딩을 통하여 4개의 핵심범주(① 자문화기술자로서의 상황성 및 위치성을 드러내기, ② 자료 분석에 기초하여 감성을 서술하기, ③ 개인적 이야기에서 공유된 의미를 도출하기, ④ 학위논문 및 학술지 심사 기준을 충족하기)를 추출하여 분석적 및 해석적 글쓰기로 연구 결과를 재현하였다.

한편, 이 글은 연구 결과에 대한 타당도를 확보하기 위해 Richardson(2000)이 제시한 다섯 가지 타당도 요소를 적용하였다. 첫째, 질적 연구방법론자로서의 나는 이 연구의 결과가 사람들의 사회적 삶(글쓰기)을 이해하는 데 실질적인 기여를 할 수 있는지를 자문하였다. 둘째, 자문화기술자로서의 나는 독자들로부터 지적 흥미를 유도하기 위해 범주의 부제로 은유를 활용하였다. 셋째, 연구자로서의 나는 연구방법에서 저자의 삶의 맥락과 배경이 연구 결과에 어떠한 관련성이 있는지를 서술함으로써 반영성을 추구하고자 하였다. 넷째, 자문화기술자로서의 나는 자문화기술지에서의 방법적 이슈와 실제적인 글쓰기 전략을 이야기함으로써 국내 자문화기술지의 방법적 엄격성을 강화하는 데 영향력을 발휘하고자 하였다. 끝으로, 연구자로서의 나는 심사자의 관점에서 자문화기술지 기반 논문의 리뷰와 피드백 과정을 재현함으로써 자문화기술지 쓰기와 심사과정을 더욱 생동감 있게 표현하고자 하였다.

IV. 자문화기술지의 방법적 이슈와 글쓰기 전략

1. 자문화기술자로서의 상황성 및 위치성을 드러내기

질적 연구자로서의 나는 6년 동안 자문화기술지 원고들을 검토하면서 자문화기술자의 상황성과 위치성, 의식과 반영성, 그리고 윤리적 이슈에 초점을 두었다. 심사자로서의 나는 이러한 방법적 이슈에 대한 심사기준 또는 글쓰기 전략으로 저자로서의 제한적인 상황성과 위치성을 적극적으로 드러내는 '연약한 저술'을 강조하였다. 자문화기술지의 이러한 방법적 이슈에 따른 글쓰기 전략을 자세하게 이야기하면 다음과 같다.

첫째, 자문화기술지 기반 논문을 심사하면서 나는 논문의 저자(들)인 자문화기술자가 자신의 자아를 과도하게 서술한 나머지, 그를 둘러싸고 있는 구체적인 상황이나 사건을 간과하는 오류를 자주 목격하였다. 자문화기술지가 가정하는 저자의 존재론은 사회문화적 진공상태에 놓여 있는 유아론적 자아가 아니라, 타자와 상호작용하면서 정체성과 역할을 구성하고, 거시적인 사회문화적 맥락과 조건에 조응하는 사회적 자아를 강조한다. 이러한 맥락에서, 글 속에 위치한 자문화기술자의 상황과 위치를 누락한 채, 자아의 기억과 체험을 과도하게 서술하는 글쓰기는 자기함몰과 자기애에 빠지기 쉽다. 오히려 개인적 이야기의 배경으로 볼 수 있는 저자의 상황과 맥락은 저자의 자아를 비추는 거울과도 같다. 또한, 글 속에서 자문화기술자의 상황이나 위치가 명료하지 않거나, 타자들과의 상호작용이나 집단의 맥락과 상황이 간과되면, 연구 결과와 결론에 대한 학술적 신빙성과 타당성이 낮을 수도 있다. 따라서 저자들이 좋은 자문화기술지를 쓰기 위해서는 자신의 상황성과 위치성을 적극적으로 드러낼 필요가 있었다.

> 이 논문은 저자의 이야기를 과도하게 서술하여 이야기의 배경이 되는 전체적인 상황이나 여타 사람들이 전혀 보이지 않습니다. 또한, 자문화기술지에서의 주어는 '본 연구'나 '본고'보다는 '이 글' 또는 '저자'라는 표현이 적절하기 때문에 본론에서는 '나'라는 문장 주어를 사용하여 자신과 타자 그리고 상황을 보다 자세하게 서술하셨으면 합니다.
>
> (2017. 10. 17. 연구자의 심사의견서, G학술지)

둘째, 나는 6년 동안 여러 편의 자문화기술지 원고를 심사하거나 피드백을 하면서, 좋은 자문화기술지가 저자의 내면과 내성(內省)을 풍부하게 재현한다는 점을 알게 되었다. 좋은 자문화기술지는 독자이자 심사자인 나와 연구자를 지적·정서적으로 연결하였다. 또한, 좋은 자문화기술지는 저자의 의식 흐름과 정체성의 구성 과정을 대신하여 체험할 수 있는 공감과 감정이입의 힘을 갖고 있었다. 심사자이자 독자였던 나는 몇 편의 좋은 자문화기술지들을 읽으면서 함께 웃고, 울기도 하였다. 심지어 어떤 논문은 내가 마치 저자인 듯한 대리체험을 가능케 하였다. 냉철한 논문 심사를 다짐하던 나는 저자의 내면이 투명하게 드러나는 글을 읽고 난 후 방법적 무장해제를 당하고 말았다. 따라서 자문화기술자는 글 속에서 스스로가 구성한 실재를 어떻게 '자기-목격(I-witness)'하였는지에 대한 자의식과 내면, 그리고 반영성(reflexivity)을 솔직하게 서술할 필요가 있다(Anderson, 2006).

> 연구자 자신을 연구대상으로 설정하는 자문화기술지 연구에서 3인칭
> (전지적 작가) 시점은 독자들에게 지적 및 정서적 불편함을 초래할 수도
> 있습니다. 따라서 문장 주어를 '나'로 표기하는 것이 적절해 보입니다.
> 또한 '나'의 진솔한 내면과 정체성을 좀 더 솔직담백하게 서술할 필요가
> 있습니다.
>
> (2016. 04. 16. 연구자의 심사의견서, F학술지)

셋째, 자문화기술자가 비록 개인적인 이야기를 서술할지라도, 타자들의 인권과 특정한 집단 및 기관의 정보를 배제하는 것은 애초부터 불가능한 일이었다. 따라서 좋은 자문화기술지를 쓰기 위해서는 현상에 대한 자신의 이해라는 책무성, 사회-정치적 맥락 또는 이야기의 진실성, 자아와 세계의 공동체성 등과 같은 윤리적 이슈(Anderson, 2006; Pathak, 2010; Tullis, 2013)를 고려할 필요가 있었다. 또한, 윤리적으로 민감한 주제일 경우, 논문 작성 이전 단계나 연구 설계 단계에서 IRB 신청 및 승인 등과 같은 윤리적 가이드라인을 마련할 필요가 있었다.

> 이 논문이 출판된다면, 연구자의 현재 근무학교와 다른 교원들이 누구
> 인지를 예상할 수 있습니다. 따라서 이 연구에서 부정적인 장면에 등장
> 하는 참여자들로부터 연구윤리를 어떻게 확보하였는지에 대한 추가적
> 인 진술이 필요해 보입니다.
>
> (2016. 04. 16. 연구자의 심사의견서, F학술지)

마지막으로, 자문화기술지 쓰기에서 발생할 수 있는 윤리적 이슈입니

다. 이 연구는 관계적 윤리에 매우 민감합니다. 따라서 이 연구의 과정과
결과에 대한 아버지의 피드백(구성원 검증, 내용 확인)을 생생하게 수록
하는 방법을 고려해 보세요.

(2015. 11. 07. 연구자의 심사의견서, A학술지)

2. 자료 분석에 기초하여 감성을 서술하기

질적 연구자로서의 나는 후학 및 동료 연구자들의 자문화기술지 원고를 검토하면
서 원자료의 출처와 신빙성, 질적 자료 분석의 과정과 결과, 분석과 감성의 혼재라
는 방법적 이슈에 직면하였다. 연구방법론자로서의 나는 이러한 방법적 이슈에 대
한 글쓰기 전략으로서 냉철한 분석에 기초하여 감성을 서술하는 방법을 제시하였
다. 이러한 글쓰기 전략은 마치 냉정과 열정을 오가는 과정과 유사하였다. 더 자세
한 이야기는 아래와 같다.

첫째, 나의 논문심사 및 지도 경험에 따르면, 국내의 자문화기술자들은 개인의
기억자료에 지나치게 의존하여 글쓰기를 시도함으로써 자료의 출처가 다소 불명료
하고, 그것의 신빙성 또한 낮은 한계가 있었다. 물론, 자문화기술지는 '기억의 예술'
이라 불릴 정도로 개인의 기억자료에 방점을 두는 질적 연구방법론이다. 그러나 전
통적 문화기술지(classic ethnography)를 지지하는 학자들은 자문화기술지의 유일
한 자료로서 자아의 사용에 대하여 의문을 제기해 왔다(Coffey, 1999; Denzin & Lin-
coln, 1994; Garratt & Hodkinson, 1999; Sparkes, 2000). 그들의 주장에 따르면, 인간
의 경험은 사회적 진공상태에서 축적되는 것이 아니기 때문에, 자문화기술지가 굳
이 자아의 기억에만 매몰될 필요는 없다(Stanley, 1993; Mykhalovskiy, 1996).

자문화기술지 쓰기에서 자아의 기억에만 의존하는 이러한 전제는 '자아-타
자' 또는 '자아-대상세계'라는 이분법적 구분이나 환원주의에서 비롯된 측면이 있
다. 즉, 자문화기술지는 저자인 자아의 기억에 의존하여, 자신뿐만 아니라 타자와
대상세계를 아울러 조명하는 연구방법론이다. 따라서 개인의 기억자료에 기초하
여 개인적 경험을 서술한다는 것은 사회적 경험을 서술하는 것과 다르지 않다. 하
지만 개인의 기억에만 의존하여 이야기한다면, 자문화기술지는 학술 영역에 포함
될 수 없다. 국내 자문화기술지는 원자료의 출처를 명기하고, 다양한 질적 자료를
체계적으로 수집 및 관리함으로써 이야기의 신빙성을 높일 필요가 있었다. 따라서

국내 자문화기술자들은 자료 수집 및 관리 측면에서 자료의 적절성, 다양성, 의도성, 투명성을 더욱 강화할 필요가 있다(서유진·이동성, 2013). 구체적으로 말하자면, 좋은 자문화기술지를 쓰기 위해서는 자료의 수집 기간 및 방법의 제시, 다양한 자료 수집(기억자료, 개인 내부 및 개인 간 인터뷰 자료, 개인 및 집단 대상 참여관찰 자료, 각종 문서자료 등), 수집된 자료의 출처(대상/시간/장소/방법, 자료의 종류)를 체계적으로 관리할 필요가 있다(서유진·이동성, 2013).

> 선생님의 자문화기술지를 읽으면서, 처음에는 기억자료만 보였어요. 그런데 자세히 보니 기억뿐만 아니라 여러 가지 자료를 활용하더라고요. 우선, 자료들이 다양하니깐 허구가 아닐 수도 있다는 생각이 들었어요. 저도 이제 자문화기술지를 써 보려고 하는데, 주의해야 할 부분 같아요. 무슨 자료를 모을 수 있는지 찾아봐야겠어요.
>
> (2013. 09. 연구자의 기억자료, 동료 교수와의 대화 장면, 교수 연구실)

> 자문화기술지의 방법적 신뢰성을 높이기 위해서는 자료의 종류와 출처를 정량화하고 명료화해야 합니다. 따라서 본론에 제시되어 있는 기억자료의 출처(자료의 형태, 시간, 장소 등)를 분명하게 제시했으면 합니다.
>
> (2016. 04. 01. 연구자의 심사의견서, E학술지)

> 한 편의 자문화기술지가 학술적 정당성을 얻기 위해서는 보다 다양한 자료 수집 전략이 필요합니다. 따라서 개인 내부(intrapersonal) 및 개인 간(interpersonal) 자료를 추가적으로 보강할 필요가 있습니다.
>
> (2016. 04. 01. 연구자의 심사의견서, F학술지)

둘째, 상당수의 자문화기술지는 연구방법 부분에서 체계적인 질적 자료 분석의 과정과 결과가 누락되어 있어서 연구 결과의 개념적 추상도와 논리적 일치성이 낮은 경향을 나타내었다. 초보 자문화기술자들이 이러한 방법적 오류를 범하는 이유는 최종적으로 출판된 자문화기술지가 표면적으로는 상당히 부드러운 내러티브 형태를 보였기 때문이다. 여기에서 말한 '부드러운 내러티브 형식'이란 원자료(개인적 기억자료, 대화 장면, 시, 이야기 등)에 의존하여 연구 결과를 가볍게 서술하는 감성적 글쓰기를 의미한다. 그러나 감성적인 자문화기술지조차도 엄밀한 질적 자료 분석의 과정과 결과에 기초해야만 학술지나 학위논문으로 인정받을 수 있다. 왜냐하면, 자문화기술지는 개인의 감성과 정서를 표출하는 문학 장르가 아니라, 사회문화적으로 공유된 의미와 가치를 탐색하는 학문 장르이기 때문이다. 따라서 좋은 자문화기술지를 쓰기 위해서는 자료의 분석 없이 연구 결과를 재현하는 것이 아니라, 엄밀하고 체계적인 질적 자료 분석(주제 분석, 구조 분석, 담화 분석 등)에 근거하여 연구 결과를 제시해야 한다.

> 이 연구는 연구절차 및 자료 분석에서 자료 분석의 방법과 과정, 그리고 결과를 상세하게 기술하고 있지 않습니다. 따라서 연구방법 부분에서 이러한 과정을 보다 상세하게 기술했으면 합니다. 가령, 어떤 코딩방법과 과정을 통해 무슨 코드와 범주가 생성되었는지를 기술해야 합니다. 현재 이 연구에서 제시하고 있는 범주들의 개념적 추상도와 적절성은 다소 낮은 편입니다.
>
> (2018. 11. 18. 연구자의 심사의견서, A학술지)

> 이 연구는 종단적인 질적 분석을 통하여 최종적으로 세 가지의 범주를 생성하였습니다. 그러나 이러한 세 가지 범주는 개념적 추상도가 낮아서 이야기의 힘이 떨어져 보입니다. 따라서 세 국면의 특징을 대표할 수 있는 개념화를 재시도하면 좋겠습니다.
>
> (2016. 08. 17. 연구자의 심사의견서, A학술지)

셋째, 논문 심사자로서의 나는 분석적 자문화기술지와 감성적 자문화기술지 사이에서 균형 잡기를 실패하는 자문화기술지 원고들을 보아 왔다. 인간의 정서나 감정에 집중하는 상담학 및 심리학 전통의 연구자들은 주로 감성적인 자문화기술지를 서술하였고, 사회학이나 인류학 전통의 연구자들은 건조한 분석적 자문화기술지를 선호하였다. 하지만 Wall(2016)이 지적한 바와 같이, 지나치게 분석적인 자문화기술지는 문체의 건조함을 초래하였으며, 과도한 감정의 서술은 지적 분별력을 저하시켰다. 따라서 좋은 자문화기술지를 위해서는 분석 또는 감성의 이항대립보다는, 두 가지가 혼합된 연속체의 글쓰기를 해야 한다(Allen-Collinson, 2013).

3. 개인적 이야기에서 공유된 의미를 도출하기

질적 연구방법론자로서의 나는 오랫동안 자문화기술지 원고들을 검토하면서 개인적 이야기와 철학 및 사회이론과의 연결, 개인적 이야기와 사회문화적 맥락 및 조건과의 관련이라는 방법적 이슈에 직면하였다. 이러한 방법적 이슈에 따른 글쓰기 전략으로, 저자의 개인적 이야기에서 공유된 의미를 도출하는 글쓰기 전략을 요구하였다. 이러한 의미화 작업은 마치 큰 인형 속에 여러 개의 작은 인형들이 겹겹이 들어 있는 러시아의 목각인형(마트료시카)을 만드는 작업에 비유할 수 있었다. 더 자세한 이야기는 아래와 같다.

첫째, 자문화기술지 쓰기를 처음으로 시도하는 질적 연구자들은 등재(후보) 학술지 논문이나 석·박사 학위논문을 작성할 때, 자신들의 개인적인 이야기를 연구 주제 관련 철학이나 사회이론 등에 연결하여 의미를 논의하거나 연구 결과를 도출하는 데 익숙하지 않았다. 자문화기술지는 근거이론이나 문화기술지처럼 상대적으로 명료한 분석절차와 기법을 지닌 연구방법론이 아니라, 그 자체가 하나의 이론이나 철학적 관점이라 볼 수 있다(Chang, 2008). 따라서 자문화기술자가 자신의 기억을 소환하여 한 편의 이야기를 구성할지라도, 이야기 자체가 학술적인 의미나 가치를 지니고 있는 것은 아니다. 학술지 논문 심사과정이 학위논문 심사과정에서 게재불가나 불합격 판정을 받았던 다수의 자문화기술지 기반 논문은 바로 자신의 개인적인 이야기를 기존의 관련 철학이나 사회이론에 연결 지어 논의하는 데 실패하였다.

자문화기술지 논문을 지도하면서 안타까운 점은 지도교수 또는 지도자가 자문화기술자를 대신하여 이러한 작업을 수행할 수 없다는 점이었다. 이러한 방법적 어려움은 연구 결과에 대한 논의 및 결론을 작성하는 부분에서 더욱 가시화되었다. 심사자 또는 논문 지도교수의 관점에서 볼 때, 한 저자의 가슴 시린 이야기가 도대체 학술적으로 어떠한 의미가 있는지를 알아차릴 수 없었다. '게재불가' 또는 '수정 후 재심'이라는 평가 결과지를 작성하는 내 마음도 불편했지만, 그러한 결과지를 받아 보았던 자문화기술자들의 분노와 실망감은 더욱 컸을 것이다. 특히, 자신의 은밀한 속살을 보이고도 혹독한 비평에 직면하였던 초보 연구자들은 자문화기술지에 대하여 배신감과 실망감을 느꼈을지도 모른다. 이러한 측면에서 고도의 해석적 관점을 요구하는 자문화기술지는 비록 쉽게 보일지라도, 이론적 및 철학적 내공 없이 함부로 다가갈 수 있는 질적 연구방법론이 아니었다. 따라서 이러한 방법적 이슈에 대응할 수 있는 자문화기술지를 쓰기 위해서는 이론적 배경 부분에서 연구 주제와 관련된 이론적 기반을 탄탄히 하고, 선행연구에 대한 철저한 분석을 통하여 자문화기술자 나름의 이론적 관점을 형성하는 것이 중요하였다.

> 연구자: 자문화기술지를 실제로 써 보니 만만치 않지요? 개인적인 이야기를 구성하는 것도 힘들지만, 그러한 이야기가 무슨 의미가 있는지를 써야 하니까요.
>
> 김 교수: 솔직히, 쉽게 보고 시작했다가 지금은 약간 후회하고 있어요. 방법적인 내공이 없이, 아무나 쓸 수 있는 방법론은 아닌 것 같아요. 특히, 논의나 결론에서 학술적으로 무게감이 있는 이야기를 진술해야 하는데, 그게 말처럼 쉬운 게 아니더라고요. 선생님은 이러한 과정을 어떻게 극복했는지가 궁금해요.
>
> 연구자: 저라고 무슨 뾰족한 수가 있겠어요? 저는 서구의 탈근대성 논쟁에 대한 학위논문을 작성하면서 포스트모던 철학을 알게 되었는데, 해석학이나 현상학에 대한 사전 지식이 논의 및 결론을 작성하는 데 도움이 되더라고요. 해당 연구 주제에 대한 선행연구 검토도 중요하고요. 그러니까 교수님께서도 해당 학문 분야에서 자문화기술지의 인식론적 및 존재론적 전제와 결을 같이하는 이론이나 관련 연구를 틈틈이 읽으시는 게 좋을 것 같아요.
>
> (2014. 09. 개인적 기억자료, 타 대학 동료와의 대화 장면)

> 이 논문은 인류학이나 사회학적 전통보다는 심리학적 전통이 강합니다. 따라서 부자관계의 회복과정에서 나타난 중요한 특성과 의미를 철학이나 심리이론에 연결했으면 합니다. 특히, 사회심리학적 이론 및 기존 선행연구의 관점에서 이 연구 결과의 학술적 의미를 보다 심층적으로 논의했으면 합니다.
>
> (2015. 11. 07. 연구자의 심사의견서, A학술지)

둘째, 연구자로서의 나는 자문화기술지 기반의 논문을 심사하거나 후학 및 동료들에게 피드백을 주고받으면서, 자문화기술자들이 개인적인 이야기를 더욱 거시적인 사회문화적 맥락이나 조건에 연결하는 데 실패한 사례를 종종 목격하였다. 즉, 자문화기술지 쓰기를 어려워하거나 중도에 포기한 이들은 개인적인 이야기가 바깥의 환경과 어떠한 관련성이 있는지를 파악하는 데 둔감하였다. 하지만 자문화기술지는 개인을 문화에 연결하고, 자아를 사회적 맥락 안에 연결 짓는 연구 및 글쓰기의 한 장르이다(Reed-Danahay, 1997). 또한, 자문화기술지는 통상 1인칭 주인공 시점에서의 글쓰기와 대화, 정서, 자의식을 강조하지만, 동시에 역사, 사회적 구조, 문화로부터 영향을 받는 관계적이고 제도적인 이야기로 볼 수 있다(Ellis & Bochner, 2000).

저자의 미시적인 이야기는 주변 사람들과의 직접적인 상호작용이나 기관 및 조직에 연결되어 있을 뿐만 아니라, 비가시적인 정치, 경제, 사회, 문화, 규범, 제도, 종교 등의 외부적 맥락 및 조건과 관련되어 있다. 이는 마치 가장 안쪽에 들어 있는 작은 인형이 가장 바깥쪽의 큰 인형을 닮은 '마트료시카'와 흡사한 이치이다. 가장 작은 인형들이 바깥쪽의 큰 인형과 어떠한 유사성이나 관련성이 없다면, 그것은 제대로 된 마트료시카가 아니다. 따라서 좋은 자문화기술자는 개인적 이야기를 사회문화적 맥락 및 조건에 연결하고, 주체로서의 개인을 사회문화적 구조에 교차시키는 존재로도 볼 수 있다(Anderson, 2006; Das & Mullick, 2015; Laslett, 1999: 392).

인류학 및 사회학에서 파생된 자문화기술지의 이론적 관점에서 볼 때, 이 연구의 결과(해석 및 함의)는 지나치게 개인 내부 또는 개인 간 맥락 및 조건에 함몰되어 있는 느낌입니다. 한 편의 자문화기술지가 학술적 정당성을 확보하기 위해서는 개인적 이야기를 거시적인 사회문화적 맥락 및 조건에 유기적으로 연결하는 것이 무엇보다 중요합니다. 가령, 연구자의 ○○ 경험은 개인적인 체험에 머무르기보다는, 압축적인 근대화를 이룩한 우리 사회의 자화상으로도 볼 수 있습니다. 따라서 자신의 체험이 한국의 정치, 경제, 사회, 문화적 맥락 및 조건과 어떻게 연결되어 있는지를 심층적으로 논의할 필요가 있습니다.

(2016. 02. 11. 연구자의 심사의견서, A학술지)

4. 학위논문 및 학술지 심사 기준을 충족시키기

질적 연구방법론자로서의 나는 자문화기술지 원고를 지속적으로 검토하면서, 일반적인 질적 연구 설계에서의 평가준거 충족도, 타당도 평가준거, 자문화기술지의 세부 유형에 따른 재현방식, APA 논문작성 논리 및 지침이라는 방법적 이슈에 직면하였다. 특히, 석 · 박사 과정의 후학들이 자문화기술지 쓰기에 실패하는 결정적 이유는 학위논문이나 학술지가 요구하는 엄격한 심사 기준을 충족하지 못하였기 때문이다. 논문 심사자 또는 연구 동료로서의 나는 이러한 방법적 이슈에 대한 지도 및 조언으로 학위논문 및 학술지 심사 기준을 충족하는 글쓰기 전략을 추천하였다. 즉, 좋은 자문화기술지를 쓰기 위해서는 자문화기술지의 방법적 특성을 고려하면서도, 동시에 사회과학적 글쓰기에서의 일반적인 글쓰기 지침(예를 들어 APA 논문 작성법)과 논리를 준수할 필요가 있었다. 좀 더 세부적인 연구 결과는 다음과 같다.

첫째, 다양한 학문 분과의 자문화기술지를 심사하거나 비평하였던 나는 초보 자문화기술자들이 연구 설계 영역에서의 일반적인 평가기준을 충족하는 데 그다지 성공적이지 않음을 알게 되었다. 여기에서 말한 설계 영역에서의 일반적인 평가준거란 연구목적과 개념적 맥락의 연결성, 연구목적과 연구 질문의 관련성, 연구 질문과 세부 연구유형의 적합성을 의미한다(이동성, 2016). 우선, 초보 자문화기술자들은 서론을 작성할 때, 자신의 연구가 추구하는 연구목적을 정당화하기 위한 관련 이론이나 철학, 그리고 선행연구를 누락하거나 간과하였다. 그들은 개념적 맥락에 기초하여 연구의 필요성과 목적을 정당화하기보다는 개인적인 경험에 의존하였다. 그러나 개인적인 의견이나 주장이 절실할지라도, 그것이 학술적인 요구를 충족시키기는 쉽지 않았다. 또한, 초보 연구자들은 연구의 목적을 달성하기 위한 세부 연구 질문을 구성할 때, 연구의 목적에 적합하지 않은 문장을 진술하거나, 연구 질문 자체를 누락하는 경우도 많았다. 그리고 그들이 설정한 일부 연구 질문은 자문화기술지의 연구방법으로는 해결할 수 없는, 양적 연구 기반의 의문문에 가까웠다. 따라서 좋은 자문화기술지를 작성하기 위해서는 이러한 설계 영역에서의 일반적인 평가기준을 어느 정도 충족시킬 필요가 있었다.

이 연구는 서론에서 연구의 필요성은 제시하였으나, 구체적인 연구목적과 연구 질문을 누락하였습니다. 연구자가 서론의 말미(2쪽)에서 제시한 진술은 연구의 목적이 아니라, 연구 결과의 학술적 가치에 가깝습니다. 따라서 서론의 끝에서 구체적인 연구 질문과 목적을 추가적으로 제시해야 합니다.

(2018. 06. 03. 연구자의 심사의견서, D학술지)

이 논문은 서론에서 연구의 필요성을 부각하기 위해 자기 내러티브를 장황하게 서술하고 있습니다. 물론, 자문화기술지의 서론에서 자신의 경험을 통해 연구의 필요성을 정당화하는 것은 타당합니다만, 서론의 논리가 다소 복잡하고 장황합니다. 따라서 서론에서 서술한 내용(자기 서술)을 보다 압축적으로 제시했으면 합니다.

(2017. 10. 17. 연구자의 심사의견서, H학술지)

둘째, 질적 연구에서 재현의 위기는 연구방법과 재현에 대한 검증 이슈(verification issues)와 관련이 있다(Marcus & Fischer, 1986). 여기에서 말한 '검증 이슈'란 질적 연구를 평가하고 해석하기 위한 준거인 타당도, 신뢰도, 객관도 등의 용어를 재고하는 것을 의미한다. 질적 연구자로서의 나는 초보 자문화기술자들을 지도하면서, 그들이 자문화기술지 연구에서의 신뢰성과 진실성 확보를 위한 타당도 평가준거를 충족하는 데 제한적임을 알게 되었다. 여기에서 말한 '타당도 평가준거'란 연구 결과에 대한 신뢰성을 확보하기 위한 삼각검증(triangulation), 구성원 검증(member checking), 동료자 검증(peer checking), 풍부한 서술, 연구 결과의 재현을 위한 효과적인 자료 제시 방법과 글쓰기 등을 의미한다(서유진·이동성, 2013).

자문화기술지만을 위한 타당도 검증 전략은 아직까지 개발되지 않았다. 하지만 개인적인 내러티브 계열의 질적 연구를 평가하기 위한 Richardson(2000), 그리고 Holt(2003)의 타당도 요소는 초보 자문화기술자들에게 유용한 지침이 될 수 있다. 우선, Richardson(2000)은 개인적인 내러티브에 기초한 학술논문을 평가할 때 사용할 수 있는 다섯 가지 타당도 요소를 제시하였다(Richardson, 2000: 15-16). 구체적으로, 사회적 삶의 이해를 위한 실체적 기여도, 독자들의 흥미를 자아낼 수 있는 글쓰기의 미학적 메리트, 저자의 주관성과 텍스트의 관계에 대한 반영성, 사회의 변화를 촉진할 수 있는 지적 및 정서적 영향력, 체험 등과 같은 실재를 생생하게 재현할 수 있는 표현력이 여기에 해당한다. 또한, Holt(2003: 12)는 저자의 드라마틱한 회상, 비범한 어법이나 문구, 강력한 은유가 타당도 높은 자문화기술지를 쓰기 위한 전략이 될 수 있다고 주장하였다. 따라서 초보 자문화기술자들은 이들이 제시한 타당도 요소들을 눈여겨보고, 자신의 연구에 적용할 필요가 있다.

　　셋째, 6년 동안 자문화기술지 기반의 논문을 심사하고 지도하였던 나는 일부 자문화기술자들이 자문화기술지의 세부 유형에 따른 재현방식을 선택하는 데 그다지 효과적이지 않다는 점을 알게 되었다. 여기에서 말한 자문화기술지의 세부 유형이란 Reed-Danahay(1997)가 제시한 세 가지 유형(① 원주민 또는 소수자 문화기술지, ② 성찰적 문화기술지, ③ 자서전적 문화기술지)을 의미하며, 그에 따른 재현방식이란 Chang(2008)이 제안한 글쓰기 스타일(기술적-사실적 글쓰기, 고백적-감성적 글쓰기, 분석적-해석적 글쓰기, 상상적-창조적 글쓰기)을 의미한다. 우선, 자문화기술지를 처음 작성하는 일부 연구자들은 자신들이 왜 세부 유형의 자문화기술지를 적용하는지에 대한 방법적 정당화 작업에 실패하였다. 그들이 이러한 방법적 오류를 범한 이유는 자문화기술지의 세부 유형에 대한 무지뿐만 아니라, 유사 질적 연구방법론의 명칭과 특징을 구분할 수 있는 방법론적 민감성이 낮기 때문이었다. 예를 들면, 일부 연구자들은 질적 사례연구, 실행연구, 문화기술지, 내러티브 탐구, 생애사 연구를 자문화기술지와 구분하지 못하였다. 따라서 좋은 자문화기술지를 작성하기 위해서는 동료자 검증을 통하여 자문화기술지 연구방법이 자신의 연구목적을 달성하고 연구 질문을 해결하는 데 적합한지를 사전에 확인하고, 자문화기술지의 세부 유형에 적합하게 글쓰기 스타일을 선택할 필요가 있었다.

　　이 연구는 연구방법 측면에서 문제점을 갖고 있습니다. 자문화기술지의 주요 대상은 '연구자 자신(self)'입니다. 따라서 5쪽에 제시되어 있는 연구 참여자들을 고려해 볼 때, 이 연구가 과연 자문화기술지인지에 대한 의구심이 있습니다. 만일, 이들을 연구의 대상으로 포함해야 한다면, 그들을 연구 참여자들로 선정하고, 이 연구(자문화기술지)의 세부 유형이 '원주민 문화기술지(native ethnography)'임을 강조할 필요가 있습니다.

　　　　　　　　　　　　　　　　(2018. 06. 03. 연구자의 심사의견서, D학술지)

이 연구는 내부자의 관점에서 ○○○의 직업적 삶을 서술하고 있기 때문에 자문화기술지에 해당합니다. 그러나 2절에서 '연구자 및 연구 참여자'나 ○○○의 '소개(표 1)'는 이 연구가 문화기술지, 내러티브 탐구, 또는 질적 사례연구에 해당할 수도 있다는 방법적 모호함을 불러옵니다. 자문화기술지의 주요 연구대상은 바로 '나'이며, 나를 중심으로 타자들과의 상호작용이나 상황을 서술하면 됩니다.

(2017. 05. 14. 연구자의 심사의견서, A학술지)

이 연구는 초록에서 자서전과 생애사 방법을 언급하다가, 제목에서는 자서전적 생애사 연구, 연구방법에서는 내러티브 탐구 또는 자문화기술지 등이 혼재되어 있습니다. 네 가지 연구방법은 비록 유사성을 공유할지라도, 미세한 차이도 존재합니다. 따라서 이 연구가 기초하고 있는 연구방법을 보다 명료화할 필요가 있습니다.

(2016. 08. 16. 연구자의 심사의견서, E학술지)

넷째, 사회과학 연구에서의 포스트모던 운동은 사회적 세계에 대한 권위 있는 지식을 획득하기 위한 전통적인 글쓰기 방식에 대하여 의문을 제기하였다(Agger, 1990; Van Maanen, 1988). 즉, 자문화기술지는 연구자의 목소리를 연구 결과의 재현에 포함하지 않는 조용한 저술에 도전한다(Charmaz & Mitchell, 1997; Richardson, 1995). 하지만 자문화기술지가 이러한 방법적 독특성을 지니고 있다고 하더라도, 상당수의 국내 등재(후보) 학술지는 여전히 양적 연구를 지향하는 미국 심리학회 출판 매뉴얼(APA, 2001)의 가이드라인을 고수하는 편이다. 자문화기술지를 지도하였던 나는 초보 자문화기술자들이 사회과학적 글쓰기의 대표로 볼 수 있는 APA 논문작성 논리 및 지침을 무시하는 경향이 있다는 것을 알게 되었다. 예를 들면, 결론 및 논의의 부재, 장황한 서론 및 이론적 배경, 연구 결과의 빈약성, 국문 및 영문 초록의 낮은 대표성, 인용 출처 및 참고문헌 기재 오류, 난해한 문장이나 비문, 분량 초과 등이 여기에 해당한다. 따라서 엄격한 자문화기술지를 쓰기 위해서는 사회과학적 글쓰기에서의 이러한 일반적인 논리와 지침을 준수할 필요가 있었다.

예시문을 보다 정련화하여 제시하고, 논문에서 인용한 다양한 문헌들이 참고문헌에 표기되어 있는지에 대한 확인이 필요해 보입니다. 또한, 전체적으로 문장의 완성도가 매우 낮고, 표와 그래프의 가독성도 낮으며, 맞춤법을 준수하지 않아, 이것이 논문의 엄격성과 가치를 훼손하고 있습니다. 따라서 보다 면밀한 검독과정을 통하여 윤문을 했으면 합니다.

(2017. 10. 18. 연구자의 심사의견서, G학술지)

논문의 결론에서 학자들의 새로운 학술적 개념이 추가적으로 등장하는 것은 연구 결과와 결론의 연결성을 저하시키는 문제를 유발할 수도 있습니다. 따라서 논의와 결론의 특성을 구분하여 재진술할 필요가 있습니다.

(2017. 02. 17. 연구자의 심사의견서, A학술지)

V. 나가며

앞서 제시한 연구 결과에 기초하여 자문화기술지의 방법적 엄격성을 강화하고, 그 질을 개선하고 가늠하기 위한 몇 가지 가이드라인을 제안하고자 한다. 이 글이 제시할 가이드라인은 앞으로 자문화기술지를 쓰고자 하는 저자나, 자문화기술지 원고를 평가하고자 하는 심사자들에게 예시적인 지침 또는 평가준거가 될 수 있을 것이다.

첫째, 자문화기술지를 서술하는 저자나 그것을 평가하는 심사자는 자문화기술지 원고에서의 주어('나') 사용에 대하여 각별한 주의가 필요하다. 왜냐하면, 자문화기술지 원고에서 어떠한 문장 주어를 선택하는지에 따라 자문화기술자의 상황성과 위치성이 다르게 재현될 수 있기 때문이다. 예를 들어, 양적 연구에서 주로 사용하는 '본고'나 '본 연구자'라는 표현은 자문화기술자의 이미지를 강건하게 만들어 글의 내용과 어조가 불균형을 이룰 수 있다. 따라서 자문화기술자는 자문화기술지 원고 안에서의 개별 장(서론, 이론적 배경, 연구방법, 연구 결과, 논의 및 결론 등)에 따라 차별적인 문장 주어를 사용할 수 있을 것이다. 특히, 연구방법에서 연구대상인 자아의 맥락과 상황을 서술하거나, 연구 결과(본론)를 제시할 때는 과감하게 '나'라는 주어를 사용할 필요가 있다. 또한, 개인적 이야기에 대한 사회문화적 함의를 제시하는 논의 및 결론에서 '나'라는 문장 주어를 과도하게 사용할 경우 논의의 엄밀성을 저하시킬 수도 있다.

한편, 염치(廉恥)라는 정서가 우세한 우리나라의 상황에서, 저자가 자신의 이야기를 솔직담백하게 서술하는 것은 말처럼 쉬운 일은 아니다. 특히, 초보 자문화기술자가 염치불구하고 쓴 글이 '수정 후 재심'이나 '게재불가' 판정을 받을 경우, 익명의 심사자들에게 느끼는 분노와 실망감은 상상을 초월한다. 따라서 자문화기술지를 서술하는 저자는 자기 노출에서 비롯될 수 있는 정서적 반응과 결과에 맞설 수 있는 심리적 강건함을 지녀야 한다. 자문화기술자는 강한 어조로 글 뒤에 숨기보다는, 솔직담백하게 자아를 표출함으로써 해방과 자기 치료의 효과를 기대할 수 있다. 왜냐하면, 자신의 삶 속에 침전된 좌절, 슬픔, 아픔 등을 토해 내는 것 자체가 용기이자 도전이기 때문이다. 따라서 자문화기술자는 자신이 감당할 수 있는 범위 내에서 자아를 노출해야 한다. 또한, 논문 심사자도 자기 노출을 중심으로 이야기의 진솔함과 진정성을 나타내는 자문화기술지 원고에 대하여 높은 가치를 매길 필요가 있다.

둘째, 자문화기술자나 논문 심사자는 자문화기술지 원고의 원자료로 볼 수 있는 개인적 기억자료에 대하여 방법적 민감성을 갖출 필요가 있다. 본론에서 이야기한 바와 같이, 상당수의 자문화기술지 원고는 원자료의 출처를 명기하지 않는 경우가 허다하였다. 그들이 이러한 실수를 범한 이유는 기억 자체가 어차피 객관성이나 사실성과는 다소 거리가 있기 때문이다. 그러나 여기에서 말한 '원자료의 출처' 개념은 개인적인 기억자료의 객관성이나 사실성을 의미하는 것이 아니다. 즉, 원자료의 출처를 명기한다는 말은 연구 결과에 제시된 각종 자료(기억자료, 성찰일지, 대화 장면 등의 예시 문장 및 그림)가 어떻게 기록 및 관리되었는지를 밝히고, 그러한 자료가 글 속에 등장하는 이유와 배경, 그리고 상황을 적시한다는 것을 의미한다.

한편, 좋은 자문화기술지는 냉철한 분석과 따스한 감성이 혼합된 연속체이며, 냉정과 열정 사이를 오가는 글로 볼 수 있다. 특히, 인간의 감성과 정서에도 주목하는 자문화기술지의 방법적 특성은 전통적 문화기술지와 차이가 있다. 하지만 자문화기술자는, 비록 감성과 정서 기반의 자문화기술지 원고를 쓸지라도, 감성과 정서에 치우친 글을 서술해서는 곤란하다. '문화기술자처럼 생각하고, 소설가처럼 자문화기술지를 쓰라'고 추천한 Ellis(2004: 330–331)의 말은 이러한 글쓰기 가이드라인과 연장선상에 있다. 따라서 감성적 자문화기술지(evocative autoethnography)를 서술하고자 하는 질적 연구자도 분석적 자문화기술지를 쓰는 것처럼, 주제 분석이나 구조 분석 등의 코딩과 범주화의 과정을 통해 이야기의 얼개를 정교하게 구성해야 한다. 또한, 자문화기술지의 질을 가늠하는 평가자도 최종적인 연구 결과가 정교한 질적 자료 분석의 과정과 결과를 통해 생성되었는지를 검토할 필요가 있다.

셋째, 자문화기술자는 좋은 자문화기술지를 쓰기 위해 개인적 이야기에서 공유된 의미를 논의해야 하며, 심사자 또한 특정한 자문화기술지 원고가 학술적 의미를 담보하고 있는지를 평가해야 한다. 그러나 초심자의 관점에서 볼 때, 개인적인 이야기를 특정한 철학이나 사회이론에 연결하는 작업은 이른바 '사람 잡는' 소리일 수도 있다. 과연 심대한 사회철학이나 사회이론을 모르는 초심자는 처음부터 자문화기술지를 쓸 수 없단 말인가? 내 대답은 '그렇지 않다'이다. 물론, 이러한 저자의 주장이 학술적 글쓰기에서 이론적 배경이나 맥락을 무시하는 것은 아니다. 초심자들은 해당 연구 주제에 대한 문헌연구를 통해 이론적 민감성을 확장할 수 있으며, 기존 선행연구에서 제시된 이론적 맥락을 학습할 수 있다. 또한, 본론 서술 이후에 연구 결과가 학술적으로 어떠한 의미가 있는지를 탐구하기 위해 추가적으로 이론을 탐구할 수 있다. 또한, 자문화기술자의 이론 탐구는 개인적인 이야기를 거시적인 사회문화적 맥락 및 조건에 연결하는 데도 유용하다. 왜냐하면, 특정한 철학이나 사회이론은 미시적 사회현상에 대한 고도의 추상적인 의미 부여가 응축되어 있기 때문이다. 따라서 자문화기술지 원고를 평가하는 논문 심사자는 한 편의 이야기가 '의미의 마트료시카'에 해당하는지를 따져 물어야 한다.

마지막으로, 엄격성이 담보된 자문화기술지를 작성하기 위해서는 자문화기술지의 고유한 방법적 특징을 반영하면서도, 동시에 사회과학적 글쓰기의 일반적 원리나 지침을 어느 정도 준수할 필요가 있다. 여기에서 말한 일반적 원리나 지침은 '연구(re-search)'의 본질적 속성에 충실한 것을 의미한다. 연구의 사전적 의미 또는 본질적 속성은 특정한 사회현상이나 대상을 '다시 보기'이다. 구체적으로 말하자면, 연구란 무엇을, 어떻게, 왜 다시 볼 것인지를 해결하는 과정이자 결과이다. 따라서 질적 연구방법의 최극단에 서 있는 자문화기술지라도, 연구자가 설정한 질문에 답을 찾는 과정과 방식으로부터 자유로울 수 없다. 이러한 맥락에서, 자문화기술자는 좋은 글을 쓰기 위해 질적 연구에서의 일반적인 평가 및 타당도 준거를 고려할 필요가 있다. 또한, 자문화기술지 원고를 평가하는 심사자는 자문화기술지의 고유한 방법론적 특성을 고려하면서도, 동시에 연구라는 본질적 속성에 충실한 작품을 가려 내어야 할 것이다.

참고문헌

박순용 · 장희원 · 조민아(2010). 자문화기술지: 방법론적 특징을 통해 본 교육인류학적 가치의 탐색. **교육인류학연구, 13**(2), 55-79.

서유진 · 이동성(2013). 장애학생 담당 교사를 대상으로 한 질적연구 분석: 질적연구의 방법론적 준거에 기초하여. **특수아동교육연구, 15**(2), 215-243.

이동성(2012). **질적 연구와 자문화기술지**. 파주: 아카데미프레스.

이동성(2016). 국내 자문화기술지의 연구동향 분석. **초등교육연구, 27**(2), 85-105.

이동성 · 김영천(2014). 질적 자료 분석을 위한 포괄적 분석절차 탐구: 실용적 절충주의를 중심으로. **교육종합연구, 12**(1), 159-184.

佐伯 胖(編)(2007). **共感: 育ち合う保育**のなかで. ミネルヴァ書房.

Agger, B. (1990). *The decline of discourse: Reading, writing, and resistance in post-modern capitalism*. Lewes, UK: Falmer.

Allen-Collinson, J. (2013). Autoethnography as the engagement of self/other, self/culture, self/politics, and selves/futures. In S. Holman Jones, T. E. Adams, & C. Ellis (Eds.), *Handbook of autoethnography* (pp. 281-299). Walnut Creek, CA: Left Coast Press.

American Psychological Association. (2001). *Publication manual* (5th ed.). Washington: American Psychological Association.

Anderson, L. (2006). Analytic autoethnography. *Journal of Contemporary Ethnography*, *35*(4), 373-395.

Atkinson, P. (1997). Narrative turn or blind alley? *Qualitative Health Research*, *7*, 325-344.

Camangian, P. (2010). Starting with self: Teaching autoethnography to foster critically caring literacies. *Research in the Teaching of English*, *45*(2), 179-204.

Chang, H. (2008). *Autoethnography as Method*. Walnut Creek, CA: Left Coast Press, Inc.

Charmaz, K. & Mitchell, R. (1997). The myth of silent authorship: Self, substance, and style in ethnographic writing. In R. Hertz (Ed.), *Reflexivity and voice* (pp. 193-215). London: Sage.

Coffey, P. (1999). *The ethnographic self*. London: Sage.

Das, K. & Mullick, P. D. (2015). Autoethnography: An introduction to the art of representing the author's voice and experience in socil research. *International Journal of Applied Research*, *1*(7), 265-267.

Denzin, N. K. & Lincoln, Y. S. (1994). Introduction: Entering the field of qualitative research. In N. K. Denzin & Y. S. Lincoln (Eds.), *Handbook of qualitative research* (pp. 1-17). Thousands Oaks, CA: Sage.

DeVault, M. (1997). Personal writing in social research. In R. Hertz (Ed.), *Reflexivity and voice* (pp. 216-228). London: Sage.

Ellis, C. (2004). *The ethnographic I: A methodological novel about autoethnography.* Walnut Creek: Altamira Press.

Ellis, C. & Bochner, A. (2000). Autoethnography, personal narrative, reflexivity: Researcher as subject. In N. K. Denzin & Y. S. Lincoln (Eds.), *Handbook of qualitative research* (2nd ed., pp. 733-768). Thousand Oaks, CA: Sage.

Galuske, M. (2001). *Methoden der sozialen arbeit: Eine einführung.* grundlagentexte sozialpädagogik/ sozialarbeit. Weinheim und München: Juventa.

Garrett, D. & Hodkinson, P. (1999). Can there be criteria for selecting research criteria? A hermeneutical analysis of an inescapable dilemma. *Qualitative Inquiry*, *4*, 515-539.

Holt, N. L. (2003). Representation, legitimation, and autoethnography: An autoethnographic writing story. *International Journal of Qualitative Methods*, *2*(1), 1-22.

Kuzmeskus, J. (1996). Writing their way to compassionate citizenship: Rigoberta Menchu and activating high school learners. In A. Carey-Webb & S. Benz (Eds.), *Teaching and testimony: Rigoberta Menchu and the North American classroom* (pp. 123-131). Albany: SUNY Press.

Laslett, B. (1999). Personal narratives as sociology. *Contemporary Sociology*, *28*, 391-401.

Marcus, G. & Fischer, M. (1986). *Anthropology as cultural critique.* Chicago: University of Chicago Press.

Muncey, T. (2005). Doing Autoethnography. *International Journal of Qualitative Methods*, *4*(1), 69-86.

Mykhalovskiy, E. (1996). Reconsidering table talk: Critical thoughts on the relationship between sociology, autobiography, and self-indulgence. *Qualitative Sociology*, *19*, 131-151.

Pathak, A. A. (2010). Opening my voice, claiming my space: Theorizing the possibilities of postcolonial approaches to autoethnography. *Journal of Research Practice*, *6*(1), 1-12.

Reed-Danahay, D. (1997). *Auto/Ethnography.* New York: Berg.

Richardson, L. (1995). Writing-stories: Co-authoring 'The sea monster,' a writing story. *Qualitative Inquiry*, *1*, 189-203.

Richardson, L. (2000). New writing practices in qualitative research. *Sociology of Sport Journal*, *17*, 5-20.

Sparkes, A. C. (2000). Autoethnography and narratives of self: Reflections on criteria in action. *Sociology of Sport Journal*, *17*, 21–43.

Stanley, L. (1993). On auto/biography in sociology. *Sociology*, *27*, 41–52.

Tombro, M. (2006). *Teaching autoethnography: Personal writing in the classroom*. New York: Open SUNY Textbook.

Tullis, J. (2013). Self and others: Ethics in autoethnographic research. In S. Holman Jones, T. E. Adams & C. Ellis (Eds.), *Handbook of autoethnography* (pp. 244–261). Walnut Creek, CA: Left Coast Press.

Van Maanen, J. (1988). *Tales of the field: On writing ethnography*. Thousand Oaks, CA: Sage.

Wall, S. S. (2016). Toward a moderate autoethnography. *International Journal of Qualitative Methods*, January–December, 1–9.

제2부

자문화기술지 적용 사례 I: 자문화기술자의 정체성과 역할

제2부에서는 사회문화적 자아의 정체성과 역할을 이야기한 자문화기술지 작품들을 제시하고자 한다. 4장에서 소개할 적용 사례는 한 교사 연구자의 변환적인 역할과 관점에 대한 자문화기술지이다. 4장에서는 앞으로 제시할 적용 사례(5~10장)와는 달리, 연구방법 부분을 삭제하지 않았다. 따라서 독자들은 4장에서 학회지의 지면(20쪽 내외)에 어떠한 방식으로 연구방법을 기술하는지를 눈여겨볼 필요가 있다. 저자의 연구방법 제시는 전형이나 모범이라기보다는 하나의 예시에 가깝다는 점을 유념해야 할 것이다.

4장에서는 초등학교 교사에서 교육연구자로 되어 가는 연구 여정에서 저자가 체험한 교사 연구자로서의 변환적인 역할과 관점을 자문화기술지를 통하여 이야기하였다. 저자는 자신의 목소리와 자기반성 그리고 반영성에 기초한 개인적 이야기를 통해 교사 연구자의 역할과 관점을 논의함으로써 교사 연구를 활성화하기 위한 교육적 통찰을 제공하고자 하였다. 이 논문은 교육이론과 교육실천 사이에서 형성된 교사 연구자의 변환적인 역할과 관점을 세 가지의 은유로 이야기하였다. 첫째, 실천가로서의 교사 연구자는 교육이론과 교육실천의 관계를 마치 만날 수 없는 '평행선'으로 비유하였다. 둘째, 연구자로서의 교사는 교육이론과 교육실천이 만나는 '합류점'으로 비유할 수 있었다. 그러나 연구자로서의 교사는 이중적인 역할과 관점을 조화시키는 과정에서 한계를 경험하였다. 셋째, 교사로서의 연구자는 교육이론과 교육실천이 특정한 시공간적·사회문화적 그리드(grid)에서 교차적으로 구성되는 '교차점'으로 비유할 수 있었다.

5장은 한 교사교육자의 교수경험에 대한 저자의 자문화기술지이다. 이 글은 현장교사와 대학(원) 교수자로서의 복수적인 맥락을 가진 연구자가 어떻게 자신의 정체성과 관점을 조화시켰는지를 드러내는 자문화기술지이다. 즉, 이 논문은 고등교육기관에서 예비교사들과 현장교사들(석/박사과정)을 가르쳤던 개인적인

교수경험을 자문화기술지를 통하여 이야기하였다. 특히, 자문화기술자로서의 저자는 교수내용과 교수방식, 복수적인 정체성과 관점, 그리고 교사교육의 가치와 의미를 중심으로 하여 교수 여정에 따른 개인적인 교수경험을 성찰하였다. 연구결과를 요약하여 제시하면 다음과 같다.

　　첫째, 한 교사교육자의 교수내용은 객관적인 지식의 실체가 아니라 임시적으로 편집되고 구성되며, 교사교육자에 의해 선택되고 배제되는 담론(discourse)의 결과물이었다. 그리고 좋은 교수방식은 교수자 또는 학습자 중심의 이분법적 교수법이 아니라, 가르치고 배우는 자들이 기존의 교과지식을 철저히 이해하여 새로운 앎과 삶의 지평으로 함께 나아가는 것이었다. 둘째, 현장교사와 대학(원) 시간강사 그리고 교육연구자라는 복수적인 정체성을 지닌 연구자는 복수적인 하위 정체성과 관점을 경험하였다. 그러나 연구자는 '교사들의 교사'로서의 하위 정체성을 통하여 교육이론과 교육실천에 대한 이중적인 역할과 관점을 점차적으로 조화시킬 수 있었다. 셋째, 연구자는 고등교육기관 교사교육의 실천 속에서 내재적인 가치들과 외재적인 가치들이 상충함을 경험하였다. 연구자는 이와 같은 개인적인 교수경험을 비판적으로 성찰함으로써 교사교육에서의 가르침과 배움에 대한 본질적 가치와 의미를 복원하고자 하였다.

　　6장은 전임교원이라는 직업적 맥락을 지닌 한 교사교육자의 교수적 갈등과 딜레마를 조명한 자문화기술지 적용 사례이다. 그 내용을 개략적으로 제시하면 다음과 같다. 교사교육자로서의 나는 한 교육대학원에서 성인학습자들인 현장교사를 가르칠 때, 교수자 중심의 학문적 수월성과 학습자 중심의 현장 기반 교수 전문성 사이에서 교수목표의 딜레마를 경험하였다. 그리고 교사교육자로서 나는 현장교사들의 자기주도적인 학습 유도와 대학 교수자의 교육적 코칭 사이에서 교수적 갈등을 경험하였다. 또한, 나는 현행 교육대학원의 유지 및 발전과 재구조화 사이

에서 갈등과 딜레마를 경험하였다. 이러한 교수적 갈등과 딜레마는 성인학습자를 위한 평생교육의 관점에서 볼 때, 페다고지와 안드라고지의 긴장과 경계에서 비롯되었다.

제 4 장

교사 연구자의 변환적인 역할과 관점

I. 들어가며

교육이론과 교육실천의 간극을 해소하는 작업이 교사교육과 학교개혁의 중요한 연구 주제로 급부상함으로써 교사 연구(teacher research)는 한국 교육학계의 주목을 받아 왔다. 왜냐하면, 교육이론의 생성과 검증의 원천으로서의 교사 연구는 교육이론과 교육실천의 통합 가능성을 배태하고 있기 때문이다(류태호, 2003). 이 같은 시대적 요청에 따라서 교사 연구에 대한 이론적 고찰, 현장교사와 대학 연구자의 협력적인 질적 연구, 수업개선을 위한 현장교사들의 실행연구가 지속적으로 진행되어 오고 있다.

　　교사 연구에 대한 이론적 고찰(최의창, 1998; 이용숙, 2002; 이혁규, 2002; 조재식, 2002; 류태호, 2003; 양은주, 2003; 이정선, 2005)과 질적 연구방법을 통한 협력적 연구들(곽은창, 2001; 김진희·최원준, 2005; 이소연·조영달, 2005; 노진아·서경혜, 2009)은 교사 연구가 교육실천을 개선하고 현장 밀착형 이론화 작업에 기여할 수 있음을 이론적이고 실제적으로 밝혀 주었다. 즉, 국내의 선행연구들은 이론적 고찰, 내러티브 탐구, 질적 사례연구 등의 방법론을 통하여 교사 연구의 이론적인 당위성과 실천적인 가능성을 밝혀 주었다. 이 글은 여기에서 한 걸음 더 나아가 연구과정에서 생성된 저자의 생생한 목소리(voices), 생활세계(life-world), 자기성찰(self reflection) 그리고 반영성(reflexivity)이 도드라진 교사 연구자의 변환적인 역할과 관점을 조명하고자 한다. 반영성(또는 성찰성)이란 저자가 개인적인 생각과 느낌, 이야기, 관찰, 자기성찰과 반성을 통하여 연구자의 역할과 관점을 둘러싼 사회적 및 이론적 맥락을 이해하는 정신활동을 의미한다.

　연구과정에서 발생한 저자의 목소리와 자기성찰 그리고 반영성이 담보된 교사 연구자의 변환적인 역할과 관점을 논의하기 위해서는 자신이 체험한 연구 경험들을 직접적으로 기술, 분석, 해석하는 생애사적 접근이 절실하다(Stremmel, 2002; 김영천, 2005, 2010; 이정선, 2005; Hay & White, 2005; 이희용, 2007; Lassonde, Galman, & Kosnik, 2009; Nicholl, 2009). 따라서 이 글은 연구 여정에 따른 한 교사 연구자의 변환적인 역할(transformative role)과 관점(perspective)을 생애사적 접근의 하나로 볼 수 있는 자기 연구(self-study)를 통해 이야기하고자 한다. 자기 연구는 실천, 맥락, 문화 그리고 개인적이고 전문적인 교사 연구자의 연구 경험을 아우르면서, 확장적인 공적 대화를 촉진할 수 있는 질적 연구방법론이기 때문이다(Lassonde, Galman, & Kosnik, 2009). 특히, 이 글은 자기 연구의 우산 아래 있는 자문화기술지를 통하여 교사 연구자의 변환적인 역할과 관점을 이야기하고자 한다. 왜냐하면, 이 글은 한 교사 연구자의 문화적 자아를 이야기하면서 소수자의 유동적인 정체성과 역할 그리고 소수자와 다수자 사이의 권력관계를 밝히는 소수자 문화기술지(minority ethnography)이며, 연구 여정에서 발생한 자기반성적인 성찰을 강조하는 성찰적 문화기술지(reflective ethnography)의 성격이 짙기 때문이다.

　한편, 연구자로서의 교사 개념을 주축으로 하여 수업개선을 목적으로 하는 실행연구는 현장교사들의 교육대학원 석사논문 형태로 활발히 수행되었다. 그러나 국내의 현장교사들로부터 비롯된 실행연구들은 주로 교실수업을 개선하기 위한 방법적 측면에 몰두한 경향이 있다. 즉, 현장교사들의 실행연구는 교사 연구자를 둘러싼 미시적인 교수맥락에 초점을 맞춤으로써 연구과정에서 생성된 자신의 변환적인 역할이나 관점을 심층적으로 논의하는 데 제한적이었다. 또한, 국내의 실행연구의 동향은 교육이론가와 교육실천가, 교육이론 영역과 교육실천 영역 사이의 담론(discourse)에서 발생할 수 있는 딜레마와 권력관계를 자세히 이야기하지 못한 측면이 있다. 나의 관점에서 볼 때, 실행연구를 통해 개발된 현장교사들의 절차적 및 방법적인 교수기술들은 교사 개인의 교수 실천 또는 사회문화적인 진공상태에서 비롯되기보다는, 오히려 자신을 둘러싼 타자들과 대상세계에 대처하는 교사 연구자의 유동적인 역할과 관점의 변화에 대한 자기성찰에서 기인한 측면이 있다.

　질적 연구의 한 우산 아래 있는 현장교사들의 실행연구와 자기 연구는 실천적 교육문제를 탐구하고, 순환적인 연구과정을 강조하며, 교육실천을 개선하기 위해 체계적으로 자료를 수집하고 분석한다는 측면에서 유사성을 공유한다. 그러나 현장교사들의 실행연구가 실천가의 교수 행위와 연구에 초점을 두는 반면, 자기 연구는 실천가의 자아와 연구 사이의 관계를 추적한다. 즉, 현장교사들의 실행연구는 교사가 '무엇'을 하는가에 관심을 가지는 반면, 자기 연구는 교사가 '누구'인지에 주목한다. 따라서 자기 연구에서는 교사 연구자의 자아가 연구의 중심이 되며, 연구를 위한 자원으로서 자신의 경험을 활용한다. 이러한 자기 연구는 개인적 차원에 머무르기보다는 공적 비판으로부터 자신을 개방하고 공격받기 쉬운 존재로 노출함으로써 타자들의 검증과 대화를 요청한다. 그리고 이러한 과정을 통해 교사 연구자는 자신의 실천적 상황에서 자아를 문제화하고 신념과 실천을 성찰함으로써 자신의 역할과 관점을 재구조화하고 재개념화할 수 있다(Zeichner, 1999, 2008; Lassonde, Galman, & Kosnik, 2009).

　　따라서 이 글은 현장교사에서 교육연구자로 되어 가는 8년 동안의 연구 여정에서 저자가 직접적으로 체험한 교사 연구자로서의 변환적인 역할과 관점을 자기 연구의 하나인 자문화기술지를 통하여 이야기하고자 한다. 여기에서 변환적인 역할이란 교사 맥락과 연구자 맥락 사이에서 형성된 유동적인 정체성을 의미한다. 그리고 변환적인 관점이란 한 교사 연구자가 유동적인 정체성의 형성과정에서 교육현상과 교육대상을 바라보는 변화된 인식론을 의미한다. 결국 이 글은 교사 연구자의 목소리와 자기반성 그리고 반영성을 담아내어 교사 연구자로의 변환적인 역할과 관점을 이야기함으로써 장차 한국의 교사 연구를 활성화하기 위한 교육적 통찰을 제공할 수 있을 것이다.

II. 연구방법

1. 교사 연구자의 맥락

교사 연구자로서 걸어온 8년간의 학문적 여정을 간략히 이야기하면 다음과 같다. 이 연구기간에 포함되지는 않았지만, 나는 1999년부터 2002년까지 4년 동안 초등학교 담임교사로 근무하였다. 초임교사로서의 현장경험은 학문적인 여정을 시작하게 되는 결정적인 계기가 되었다. 당시의 학교 풍경은 나의 예상과는 조금 다른 곳이었다. 학교 바깥에서는 학교 붕괴론이 팽배하여 '열린 교육'을 부르짖었지만, 교실의 학생들은 더 이상 동화 속의 착한 아이들이 아니었다. 무엇보다, 학교로부터 부여받은 담당업무가 많아서 도저히 교실수업에 집중할 수가 없었다. 끝없이 밀려드는 학교업무에 대응하다 보니 업무처리 능력은 향상되었지만, 정작 본업인 교실수업은 언제나 제자리였다. 이와 같은 불만족스러운 현장경험은 신임교사로서의 삶을 반성하게 만들었고, 급기야 대학원 진학이라는 학문적 여정으로 나를 이끌었다.

나는 2003년부터 2004년까지 2년 동안 국내의 대학원에 파견되어 풀타임(full time)으로 학업을 할 수 있는 절호의 기회를 잡게 되었다. 하지만 지긋지긋한 학교업무와 골치 아픈 아이들을 떠났다는 해방감은 그다지 오래가지 않았다. 나는 대학원 석사과정 수업을 받으면서 짧은 교직생활을 되돌아보게 되었다. 한 걸음 물러난 위치에서 바라본 학교태(schooling)와 나의 자화상은 심하게 일그러져 있었다. 이러한 자기반성으로부터 시작된 학구열은 자연스럽게 교육연구로 연결되었다. 나는 현장 연구 가운데 하나인 교과교육연구회의 중요성을 새롭게 자각하게 되었고, 각종 전국학술대회에 참가함으로써 학문적인 시야를 넓힐 수 있었다. 특히, 석사학위 논문작성의 경험은 해석적 관점의 사회이론에 입문할 수 있도록 해 주었으며, 교육연구의 중요성과 지난함을 몸소 일깨워 주었다. 하지만 나는 2년간의 학업을 마치고 학교현장에 복귀하는 순간 충격에 휩싸이고 말았다. 치열한 자기반성과 연구 활동에도 불구하고 나의 교수적 실천은 역시나 제자리였다. 연구는 연구이고 실천은 실천이었다.

나는 2005년을 맞이하면서 두 갈래의 길을 조우하게 되었다. 하나는 완전한 실천가의 삶으로 복귀하는 것이었고, 다른 하나는 교사 연구자로서의 새롭고 험난한 길을 걷는 것이었다. 여러 사람들의 만류에도 불구하고 나는 후자의 길을 선택하였고, 급기야 2007년에 대학원 박사과정을 수료하게 되었다. 학문과 연구에 대한 나의 욕망은 교육실천의 장에서 때로는 마찰음을 만들어 내기도 하였다. 하지만 나는 이 기간 동안 교육학 독서 동아리를 만들어서 동료 교사들과 토론하였으며, 일과 이후에는 대학교 시간강사로서 예비교사들을 가르치면서 연구 활동을 게을리하지 않았다. 특히, 현장교사의 입장에서 바라본 나의 연구들이 전국학술지(등재지 2편)에 실리기 시작하면서 교사 연구에 대한 가능성을 확인하게 되었다.

2008년부터 2009년까지는 말 그대로 주경야독(晝耕夜讀)에 가까운 삶을 살았다. 대학원의 수료 후 연구생에서 교육학 박사가 되는 동안에도 현장교사로서의 본분을 게을리하지 않으려고 애를 썼다. 이 과정에서 한 가지 흥미로운 점은, 현장교사가 교육연구를 수행하는 의미에 대하여 새로운 통찰을 얻게 되었다는 것이다. 결국, 교육연구 또는 교육이론을 탐구하는 궁극적인 이유는 교육실천을 위한 것이었다. 따라서 나는 실천적인 현장 연구와 학문적인 이론 연구라는 이분법적 사고로부터 벗어날 수 있었다. 그래서 나는 초등학교에서 부장 보직을 맡았으며, 도 단위 교육정책(학력향상) 평가위원, 교과교육연구회 연구위원, 연구학교 연구위원으로 활동하였다. 물론 이 과정에서 교사 교육자로서의 대학(원) 강의나 학술대회 발표 및 저술활동을 병행하였다.

2010년을 맞이하면서 나는 새로운 연구 경험을 하게 되었다. 질적 연구를 통해 교육학 박사가 된 이후 대학(원)에서의 역할이 변화되었다. 즉, 배우는 학생이 아닌 질적 연구자의 입장에서 대학원생들의 석사 및 박사 학위논문을 검토하는 입장이 되었다. 그리고 교실수업의 개선을 위한 교과교육연구회(해바라기교실수업개선연구회, 가명)의 활동이 활성화됨에 따라서 나는 현장교사들을 위한 직무연수나 심포지엄 그리고 워크숍 강사로서의 새로운 역할을 수행하게 되었다. 한편, 대학 연구자와의 협력연구(한국연구재단 지원 사업) 참여 경험과 전국학술대회에서의 발표 경험은 전문적인 교육학자로서 성장하는 데 결정적인 역할을 하였다. 지금까지 이야기한 연구 여정에 따른 연구 활동을 간략히 나타내면 〈표 5〉와 같다.

2. 연구방법 및 절차

자기 연구의 하나인 자문화기술지는 자서전(autobiography)과 문화기술지(eth-nography)의 방법론적 특성과 장점을 결합한다. 자문화기술지는 연구자의 주관성과 반영성을 연구의 전경에 두면서도, 특정한 사회문화적 상황 속에 위치한 자아의 사회적·문화적·정치적·역사적 이해를 확장하는 질적 연구방법론이다(Reed-Danahay, 1997; Chang, 2008; 박순용·장희원·조민아, 2010; 이동성, 2010). 따라서 자문화기술지는 현장교사에서 교육연구자로 되어 가는 연구 여정에서 저자가 개인적으로 체험한 변환적인 역할과 관점을 타자와 대상세계에 관련지어 공론화하고자 하는 이 글의 연구목적에 부합하는 질적 연구방법론으로 볼 수

〈표 5〉 교사 연구자의 연구 여정과 연구 활동

연구 활동 연구 여정	교사 활동 (보직/업무)	대학원 활동 (석사/박사)	현장 연구 활동 및 직무연수 및 워크숍 강사	교사교육 및 학회/학술 활동
2003년 3월~ 2004년	국내대학 파견교사	풀타임 석사과정 졸	교과교육연구회 (즐생 교과연구회 회원)	전국학술대회 참가
2005~2007년	담임/전담 (체육부장)	파트타임 박사 과정 수료	교내 교사 동아리 (교육학 독서연구회 회원)	대학교 시간강사 학술지 작성/게재
2008년	체육 전담교사 (체육부장)	수료 후 연구생	연구학교/시조 연구대회 (연구 주제 연구위원/수상)	대학(원) 시간강사 학술지 작성/게재
2009년	체육 전담교사 (체육부장)	박사과정 졸 (교육학 박사 학위 취득)	교과교육연구회/연구학교 (연구회/연구학교 연구위원) 도 단위 교육정책 평가위원	대학(원) 시간강사 박사학위 논문 작성 지방학술대회 발표
2010년~ 2011년 2월	초등학교 체육 전담교사	대학원생 (석/박사 과정) 논문 지도	교과교육연구회 연구위원 수업개선 직무연수 강사 수업개선 심포지엄 발표자 교실수업개선 워크숍 강사	학술지 작성/발표 대학(원) 시간강사 대학협력프로젝트 공동 연구원 참여

있다.

　이 글은 Reed-Danahay(1997)가 분류한 자문화기술지의 세 가지 유형 가운데 두 유형을 포함한다고 볼 수 있다. 첫째, 나의 자문화기술지는 학교현장 또는 전문 연구 집단의 한 내부자인 교사 연구자가 변환적인 역할과 관점을 이야기함으로써 주변화된 정체성, 소수자(교사 연구자)와 다수자(현장교사들, 대학 연구자들) 사이의 딜레마와 권력관계를 밝히는 소수자 문화기술지이다. 둘째, 이 글은 연구 여정에 따른 한 교사 연구자의 자기성찰과 연구과정에서 발생한 반영성을 강조하는 성찰적인 문화기술지로 볼 수 있다. 자문화기술지의 연구방법은 일반적인 질적 연구방법론의 연구논리와 크게 차별화되지는 않는다(Chang, 2008; Wall, 2006; 박순용・장희원・조민아, 2010). 따라서 자문화기술지는 연구 주제의 선정, 자료의 수집, 자료의 분석과 해석 그리고 글쓰기 작업이라는 질적 연구의 순환적인 연구논리를 따른다.

　이 글의 구체적인 연구절차와 방법은 다음과 같다. 우선, 나의 연구 경험을 변환적인 역할과 관점이라는 주제로 구체화하고, 1인칭 주인공 시점에서 연구 주제

를 기술하였다. 연구 자료의 수집은 Duncan(2004)이 제시한 자료 수집 방법에 따라서 이루어졌다. 나는 연구 주제와 관련된 자기회상 자료, 자기성찰 자료, 자기관찰 자료, 내러티브 인터뷰 전사본, 문화적 인공물, 문헌자료, 각종 공문서(강의 계획서 및 수업평가 결과표, 현장 연구대회 관련 공문, 논문 심사표, 교과교육연구회 계획서 및 보고서, 연구학교 계획서 및 보고서, 직무연수/심포지엄/워크숍 강의 자료, 한국연구재단 프로젝트 계획서 및 보고서), 메일 자료, 사진 자료 등을 수집하였다. 그리고 수집된 자료에 시간, 장소, 상황, 자료출처를 표기하여 색인화하였다.

　　연구 자료의 분석과 해석 작업은 최종적인 자료 수집 이후에 이루어졌다. 일반적인 질적 연구에서의 분석과 해석 작업은 자료 수집과 동시에 발생하지만, 이 글의 연구기간이 장기적이고 수집된 자료의 양이 방대하여, 자료 수집과 동시에 분석 및 해석 작업을 곧바로 시도하는 데는 한계가 있었다. 따라서 나는 최종적으로 연구 자료들을 수집한 후에 분석과 해석을 시도하였다. 이 글은 종단적인 질적 연구에 주목하는 Saldaña(2009: 173–184)의 종단적인 코딩(longitudinal coding) 방법을 사용하였다. 왜냐하면, 종단적인 코딩은 시간의 확장된 경과에 따른 개인의 변화와 발달을 탐구하는 질적 연구에 적합하기 때문이다.

　　이 글은 종단적인 코딩(7개의 범주)을 통해 교사 연구자로서 연구 경험에서 어떤 점이 증가하고 나타났는지, 어떠한 경험들이 누적되었는지, 어떤 종류의 급변과 출현 그리고 전환점이 발생하였는지, 무엇이 감소되고 중단되었는지, 무엇이 불변하였는지, 무엇이 특이하였는지, 그리고 무엇을 잃어버렸는지를 연대기적으로 분석하였다. 우선, Saldaña(2009)의 일곱 가지 기술적 범주(descriptive categories)와 종단적인 질적 자료 요약 매트릭스(longitudinal qualitative data summary matrix)를 통해서 8년 동안의 연구 여정을 다섯 시기(〈표 5〉 참조)로 구분하여 초기 코딩을 하였다. 이러한 초기 코딩을 통해 총 35개의 자료 요약 매트릭스가 생성되었으며, 이것을 분석하고 범주화하여 최종적으로 3개의 주제들을 찾아내었다. 이 글은 연구 여정에 따른 교사 연구자의 변환적인 역할과 관점을 ① 실천가로서의 교사 연구자, ② 연구자로서의 교사, ③ 교사로서의 연구자로 구분하여 분석적–해석적 글쓰기를 하였다.

　　한 편의 자문화기술지가 독자들에게 공명(共鳴)을 불러일으키고 연구 결과에 대한 타당성을 확보하기 위해서는, 열린 대화를 통해 사회변화를 시도할 수 있는 촉매로서의 역할이 강조된다(Jones, 2005). 즉, 자문화기술지의 촉매 타당도는 교육이론과 교육실천을 통합함으로써 독자와 연구자가 교육현장을 이해하고 개선할 수 있도록 한다(Jewett, 2008). 나는 이와 같은 촉매 타당도를 확보하기 위해 Duncan(2004)의 여섯 가지 평가준거들을 적용하였다.

첫째, 자문화기술지는 질적 사례연구와 마찬가지로 연구범위를 제한해야 한다. 따라서 나는 연구범위를 결정하는 시간, 공간, 연구유형, 관점을 밝혔다. 둘째, 이 글의 연구 주제와 관련이 있는 동료 교사들(박사과정 3명)로부터 연구 결과가 얼마나 유용한 것인가를 확인하여 자기이익이나 자기만족적 함정으로부터 벗어나려 하였다. 셋째, 나의 개인적 이야기에 더불어 색인화된 다양한 증거자료를 분석하였으며, 초고(draft)는 대학의 질적 연구 전문가(1명)로부터 검토(peer checking)를 받았다. 넷째, 개인에서 비롯된 자문화기술지는 결코 특정 연구 주제에 대한 유일한 재현물이 될 수 없다. 따라서 나는 교사 연구자의 변환적인 역할과 관점이 다른 교사 연구자들(3명)에게도 적용될 수 있는지를 검토하였다. 다섯째, 회고적 이야기와 반성적 저널 그리고 다양한 증거자료들에 기초하여 내러티브를 작성하여 교사 연구자의 변환적인 역할과 관점을 논의함으로써 연구 결과에 대한 신뢰성을 얻고자 하였다. 끝으로, 단순한 개인적 이야기를 학문적인 개인적 이야기로 재구성하기 위해 교사 연구자로서의 연구 경험을 타자와 대상세계에 연결시키려 노력하였다.

III. 교사 연구자의 변환적인 역할과 관점

여기에서는 교사 연구자로서의 변환적인 역할과 관점을 실천가로서의 교사 연구자, 연구자로서의 교사, 교사로서의 연구자로 구분하여 논의할 것이다. 교사 연구자로서의 세 가지 변환적인 역할과 관점은 연대기적 연구 경험에서 비롯된 순차적인 발달 개념임과 동시에 교사 연구자로서의 현재 삶 속에서 복잡하게 중첩되어 있는 개념이기도 하다.

1. 실천가로서의 교사 연구자: '교육이론과 교육실천의 평행선'

여기에서 표현된 '실천가로서의 교사 연구자' 개념은 교사 연구자가 현장교사로서의 삶과 학문적인 삶을 병행할지라도 현장교사로서의 일상적인 삶이 학문적인 삶을 일방적으로 지배하는 교사 연구자의 수동적이고 분열적인 역할과 관점을 의미한다. 따라서 위의 '실천'이란 용어는 사회적으로 통합된 '주체(agent)'로서의 인간이 자신을 둘러싼 사회문화적·제도적 환경을 주도적으로 변화시키는 반성적 성찰로서의 '실천(praxis)' 개념이 아니라, 피동적이고 억압적인 교수 행위 또는 실행(action)을 의미한다. 따라서 실천가로서의 교사 연구자 개념은 단순한 실행가로서의 교사 연구자의 모순된 역할과 관점을 의미한다.

현재도 마찬가지지만, 과거의 나는 교사 연구자이기 이전에 초등학교의 현장교사였다. 따라서 대부분의 교직생활을 교사 연구자로 살아가기보다는 교육실천가로서의 일상적인 삶을 살아왔다. 온전한 교육실천가로서의 교사 맥락을 유지하면서도 학문적인 교육연구를 병행하는 일은 때론 즐거움과 해방감을 선사하기도 하였지만, 동시에 육체적이고 정신적인 불안과 고통을 수반하였다. 국내 대학의 파견기간을 제외하면, 교사로서의 지친 일상을 마친 이후에야 비로소 공부를 시작할 수 있었다. 학교의 수업과 업무에 지친 내 몸은 파김치가 되어 나의 정신을 지배하기 일쑤였다. 하지만 밀려오는 육체적 피로보다 더 큰 문제는 연구하는 교사에 대한 타자들의 싸늘하고 따가운 시선이었다.

> 나는 초등학교 선생들이 왜 대학원을 다녀야 하는지 모르겠어. 가방끈이 긴 사람치고 제대로 교사생활을 한 걸 본 적이 없거든. 선생하기도 힘든데 무슨 대학원 공부야. 공부한답시고 아이들은 내팽개치고, 땡 하면 대학원으로 달려가기가 바쁘잖아. 박사학위를 받고 나면 대학교수나 시간강사나 되려고 하지. 내 친구들 중에 이 선생처럼 공부해서 대학교수된 사람은 한 명도 없네. 나는 남선생이 학교에 온다고 해서 좋다고 생각했는데 실망이구만. 만일 대학원을 더 다니고 싶다면 우리 학교에서는 힘드네. 그냥 다른 학교로 내신을 쓰는 것이 좋겠구먼.
>
> (2005. 01. 현장복귀를 앞둔 시점에서 한 학교장과의 대화 장면)

이 선생, 공부하는 게 그렇게 재미있나? 난 이 선생을 보면 선배로서 안타까운 생각이 들어. 나도 대학원을 다녀 봤지만, 그곳에서 배울 게 뭐가 있나? 괜히 쉬운 말을 어렵게 하는 것이 대학 공부지. 교수들이 가르쳐 주는 것이 실제 수업에 쓰이지 않잖아. 실제 수업을 한 번도 해 본 적이 없는 사람들한테 수업기술을 배운다는 게 웃기지 않아? 그냥 교사로서 하루하루 열심히 살다 보면 보람을 찾을 수 있을 거야. 자연스럽게 승진도 할 수 있고. 괜히 공부하다가 나이 들어서 후회하면 어떻게 해. 그냥 박사학위 따고 나면 그만해. 하긴 이젠 승진도 쉽지 않겠네. 그래, 이 선생은 죽었다고 생각하고 전문직 시험이나 준비해야겠다.

(2006. 03. 한 지역교육청 장학사와의 대화 장면)

　학교의 관리자나 동료 교사들이 생각하는 '공부'의 의미는 교사로서의 직업적 삶에서 수단적인 가치에 불과하였다. 즉, 다수의 학교 구성원들은 교사로서의 전문성을 쌓기 위해 대학원을 다니기보다는 승진을 위한 연구점수나, 석사나 박사라는 간판을 얻기 위해 공부를 하였다. 그들은 동료의 입장에서 '답이 없는 길'을 걸어가는 바보 같은 나를 안타까워하였던 것이다. 그도 그럴 것이, 교사 연구자로서의 나는 교육경력이 쌓여 감에도 불구하고 현장교사들이 중시하는 직업경로를 애써 외면하였다. 공부를 할 수 있는 물리적 시간을 얻기 위해 전담교사를 맡았고, 연구학교나 시범학교를 피해 가며 조용한 교실에서 홀로 앉아 공부를 하였다. 하지만 후배 교사들이 나의 학년부장이나 업무부장이 되고, 선후배 교사들이 벽지학교를 오간다는 소문이 들릴 때마다 내면적 갈등을 경험할 수밖에 없었다. 이러한 내면적 갈등은 동료 교사들과의 일상적인 만남을 힘들게 하였고, 끝없이 나를 위축시켰다. 나는 스스로에게 지금 무엇을 하고 있는지, 무엇을 향해 달려가고 있는지, 교육이론은 도대체 왜 필요한지를 수없이 반문하였다. 그러나 교육실천가로서의 교사 연구자가 경험한 교육이론과 교육실천의 관계는 도저히 만날 수 없는 '영원한 평행선'에 가까웠다.

　한편, 불안하고 분열된 실천가로서의 교사 연구자의 역할과 관점은 학교현장이 아닌 대학원에서조차도 마찬가지였다. 풀타임이 아닌 파트타임 박사과정생인 나는 대학원의 코스워크를 제대로 소화하기도 힘들었다. 인간적으로는 인자하지만 학문적으로는 엄격하기로 유명한 나의 지도교수는 현장교사의 맥락을 가진 한 학생교사(student teacher)의 사정을 결코 봐주지 않았다. "박사는 박사다워야 한다."라는 것이 그의 지론이었다. 솔직히 말해, 3년 동안 전 과목에서 좋은 성적(A+)을 받긴 하였지만 풀타임 박사과정 학생들의 학문적 내공에 비하면 나의 수준은 보잘것없었다. 결국 교사 연구자는 대학원에서조차 환영받는 존재가 아니라는 사실을 깨달았다. 오로지 학문에만 전념하는 박사과정 학생들과 비교해 보면, 나는 학교현장과 상아탑을 오가는 배부른 아마추어 학자에 불과하였다. 학교현장과 대학원 어느 한쪽에서도 인정받기 힘든 나는 교육이론과 교육실천 사이의 늪에서 허우적거렸다.

　　나는 학교 선생님들이 대학원을 다니는 것에 대하여 일면 높이 평가합니다. 현장에 있으면서 학문하는 것이 쉽지 않을 테니까요. 하지만 간혹 도저히 용납할 수 없는 수준으로 학문을 하는 선생님들을 보면 기분이 유쾌하지 않습니다. 그런 선생님들은 교육이론이나 방법론적인 이해 수준이 너무 낮아서 논문 지도가 힘듭니다. 그리고 힘들게 졸업시켜 놓으면 더러 대학이나 대학원에 강의를 하러 오는데요, 저는 현장교사들이 대학 강의를 맡는 것에 대하여 여전히 의구심을 가집니다. 교육현장과 연계한 수업을 할 수는 있겠지만, 열심히 공부를 하지 않은 현장교사들이 어떻게 교육이론이나 교육방법론을 제대로 가르칠 수가 있겠습니까? 이는 대학의 부실로 직결될 수도 있는 위험한 일입니다.

(2007. 04. 27. 한 사범대학교 교수의 수업 장면)

　　이렇듯 학교관리자와 지역교육청 장학사 그리고 현장교사들이 교사 연구자의 학술적인 탐구행위를 가치 있는 활동으로 간주하지 않는 이유는 교사평가의 척도가 교수기술의 실제적인 성취도에 의존하기 때문이다(Carson, 1995). 따라서 현장교사들은 직업적 생존과 발달을 위해서 '무엇을', '왜' 가르쳐야 하는가에 대한 근본적인 물음보다는, '어떻게' 잘 가르칠 것인가에 대한 방법적인 측면에 몰입하는 교직문화 속에 놓여 있다. 그러나 교수기술만을 강조하는 기술 소비자로서의 협소한 교사 이미지는 교육이론의 소비자나 전달자로서의 교사상을 확대, 재생산함으로써 교직의 급속한 탈숙련화(deskilling)를 야기할 위험성이 있다(Stremmel, 2002).

　　또한 현장 연구로 대표되는 교사 연구들은 이론적 맥락을 소홀히 하고 교수기술을 중심으로 한 수업개선을 강조함으로써 교육연구의 질을 저하시키고 학문과 실천 영역의 괴리를 더욱 심화시키고 있다. 이러한 이유로 교사들의 현장 연구는 교사발달을 위한 승진 가산점이나 전보 가산점의 획득 수단으로 전락하였고(황선철, 2005), 일선학교의 실제적인 교수학습 장면에서 활용되거나 실천되는 경우가 흔치 않게 되었다.

또한 교사 연구자의 이론적 탐구에 대한 학교 구성원들의 냉소적인 태도는 교육이론에 대한 부정적인 고정관념, 교육연구 수행에 대한 심리적인 부담감, 연구방법론과 이론적 맥락의 결핍으로 인한 글쓰기의 한계에서 비롯되었다(최의창, 1998; 곽은창, 2001; Zeichner, 1992; Cochran-Smith & Lytle, 1993; Gregson, 2004; Yeager, 2006). 다수의 교사들은 교육현장으로부터 유리된 교육이론을 비판한다. 왜냐하면, 그들은 교육대학이나 사범대학에서 배운 과거의 학문적 지식들이 자신의 실제적인 교수행위에 직접적인 도움이 되지 않음을 알기 때문이다. 따라서 현장교사들은 자신의 교수행위를 합리화하고 방어하는 차원에서 이론 의존성을 나타내지만(이동성, 2009), 교육이론의 유용성에 대해서는 부정적인 고정관념을 고수한다.

한편, 교사 연구자로서의 이론적 탐구는 실천가로서의 교사들에게 심리적 부담감을 떠안길 수도 있다. 실천가로서의 교사들은 일상의 교육실천도 벅차기 때문에 교사 연구자로서의 이론탐구는 교육현실을 무시한 처사로 보일 수도 있다. 설상가상으로, 실천가로서의 교사들은 학생들이 교실수업에서 무엇을, 어떻게 배우는가를 표현할 수 있는 학문적인 언어방식에 취약한 편이다. 왜냐하면, 그들은 직전교육이나 현직교육에서 질적 연구방법론이나 해석적 관점의 이론들을 활용한 질적 글쓰기 방식을 제대로 학습하지 못하였기 때문이다.

2. 연구자로서의 교사: '교육이론과 교육실천의 합류점'

대학원의 박사과정을 힘겹게 마친 나는 수료 후 연구생이 됨으로써 비로소 삶의 여유를 되찾게 되었다. 그러나 교사 연구자로서의 분열된 정체성과 교육현상을 바라보는 복잡한 관점은 여전히 해결 기미가 보이지 않았다. 특히 교육사회학을 전공한 나로서는 거시적인 사회이론들을 미시적인 교육실천의 장에 녹여 내기가 쉽지 않았다. 그래서 현장교사를 그만두고 전문 학자로서의 삶을 살아야 하는지 밤을 새워 고민하였다. 그러나 다행스럽게도, 나는 미시적 교육사회학을 집중적으로 탐구함으로써 해석적 관점의 이론들(상징적 상호작용론, 민속방법론, 현상학)과 다양한 질적 연구방법론(문화기술지, 담화분석, 생애사, 사례연구, 회화분석, 근거이론)을 접할 수 있었다. 그리고 해석적 관점의 사회이론과 다양한 질적 연구방법론을 결합하여 수업현상에 대한 주제로 학회지 논문과 박사학위 논문을 작성할 수 있었다. 비록 졸고들이지만, 질적 연구 전문가들의 따뜻한 격려와 학문적 인정은 교사 연구자로서의 학문적 자신감을 불러일으키기에 충분하였다.

> 선생님의 논문은 정말 훌륭했습니다. 특히 방법론적으로요. 저도 담화분석(특히 비판적 담론분석, CDA)에 관심이 있어서 보고 있지만, 선생님은 저보다도 훨씬 높은 수준에서 공부하고 계시네요. 축구장에서는 축구를 잘하는 선수가 제일 대접받지요. 선생님이 앞으로 그러실 수 있을 것입니다. 선수들은 유니폼 이외에는 아무것도 걸치지 않죠. 그런 의미에서 말씀드린 거예요. 교육과정학회에 자주 나와 주세요. 그래야 저 같은 사람들도 덜 외롭죠.
>
> (2010. 05. 28. 한 사범대학 교수의 편지글, 메일 전사 자료)

몇 개의 글들이 전국학술지에 게재되기 시작하자, 그간 배운 교육학 지식들을 교육현장에 풀어 내고 싶은 욕구가 치밀어 올랐다. 오랫동안 골방에 처박혀 있던 내가 비로소 세상을 향해 날갯짓을 시작한 것이다. 2008년과 2009년에는 업무부장을 맡으면서 정책연구학교의 계획과 실행에 적극적으로 참여하였다. 이러한 갑작스런 나의 태도변화에 선배 교사들이나 동료 교사들은 적잖게 반색하였다. 그들은 내가 교사 연구자로서의 길을 버리고, 자기들처럼 완전한 현장교사로 급선회하였다고 판단하였던 모양이다. 비록 내 전공영역은 아니었지만, G. Wiggins의 백워드 모형(backward model)을 통한 학력향상 방안과 질적 연구방법론을 통한 연구학교 성과보고는 타 학교의 교사들과 교육청 장학사들에게 신선한 충격을 주기도 하였다. 이러한 변화된 시도와 노력은 엄밀한 실행연구의 형태는 아니었지만, 교사로서의 연구자로 성장하는 발판이 되었다. 그리고 나의 날갯짓은 학교 담장 안에서만 머무르지 않고, 도 단위의 교육정책을 평가하고 보고서를 작성하는 수준까지 이르게 되었다.

　하지만 이 같은 나의 화려한 날갯짓은 곧장 한계에 봉착하였다. 佐藤 學(1998)의 지적처럼, 나의 화려한 외출은 외국이나 전문학자의 교육이론을 교육현장에 적용(theory into practice)하는 수준에 머무르고 있었던 것이다. 즉, 연구자로서의 나는 교육이론에 해박하지 못한 현장교사들에게 교육이론을 우선적으로 소개하고 적용하는 대리인에 불과하였다. 따라서 나는 진정한 연구자로서의 교사로 거듭나기 위해 학문적인 엄밀성을 담보한 실행연구를 시도하게 되었다. 때마침 도 단위 교과교육연구회에서 연구위원으로 나를 위촉함으로써 본격적인 실행연구에 돌입하게 되었다.

연구위원이 되자마자, 다수의 회원들은 교실수업을 개선하기 위한 새로운 접근을 나에게 요구하였다. 그들의 모습은 마치 먹이를 기다리는 새끼 제비의 탐욕스런 부리와도 같았다. 어찌 보면 그들의 요구는 전혀 무리가 없었는지도 모른다. 나는 명색이 질적 연구방법론을 통해 교실수업의 대안적인 분석을 시도하는 수업 전문가였기 때문이다. 하지만 나는 내가 생각하고 있는 교실 담화분석을 통한 질적 수업분석을 과감하게 시도할 수는 없었다. 나는 저명한 학자도 아니었고, 나의 교육이론이 실제적으로나 이론적으로 얼마나 효과적이고 정교한지를 가늠할 수 없었기 때문이다. 좀 더 솔직히 말하면, 새로운 시도에 대한 타자들의 의구심이나 비판에 체계적으로 방어할 자신이 없었다. 따라서 나는 해바라기교실수업개선연구회 회원들과 함께 국내의 저명한 대학교수가 창안한 '교육인류학의 수업대화'를 주제로 수업개선을 위한 실행연구를 시작하였다.

나는 동료들과 함께 실행연구를 수행하면서 중첩적인 난제들을 해결해 나가야 하였다. 첫째, 나의 열정적이고 자세한 설명에도 불구하고, 대부분의 연구회원들은 교육인류학과 실행연구 그리고 수업대화가 구체적으로 무엇을 의미하는지를 끊임없이 질문하였다. 기술공학적인 수업분석과 권위적인 장학지도 방식에 길들여진 그들은 해석적이고 수평적 방식의 수업대화를 제대로 이해하는 데 오랜 시간을 보내야만 하였다. 또한 앞선 지적처럼, 실행연구를 수행하는 동료들은 질적 연구방법론의 하나인 실행연구의 체계적인 연구논리와 절차를 제대로 이해하는 데 애를 먹었다. 따라서 수업대화의 연속적인 실천을 통한 구체적인 수업대화 절차와 모형개발은 언제나 나의 몫이 될 수밖에 없었다. 즉, 연구회 내에서 끌고 가는 사람과 끌려오는 이들 사이에 불평등한 권력관계가 형성됨으로써 동료성이 담보된 실천공동체를 형성하는 데 한계가 있었다.

둘째, 교과교육연구회는 도 단위로 운영되었기 때문에 각 시군에 퍼져 있는 교사들이 동일한 시공간에서 만나기가 쉽지 않았다. 더군다나 연구위원들은 모두

현장교사였기 때문에 실제적인 교실수업을 관찰하고 분석하고 이야기하기 위해서는 일과 중의 관외출장이 불가피하였다. 그러나 대부분의 학교장들은 교사들의 출장을 반기지 않았다. 왜냐하면, 연구위원들의 연구 활동은 철저히 개인적인 연구 활동으로 간주되었기 때문이다. 실제로 일부 학교장들은 수업결손 방지와 학교 업무를 위해 연구위원의 출장을 가로막기도 하였다. 따라서 대부분의 연구위원들은 사비로 출장을 오가고, 교실수업을 동료 교사들에게 부탁하는 등 어렵사리 연구 활동에 참여하였다.

> 교장 선생님 땜에 정말로 미치겠습니다. 앞으로는 개인적인 일로는 출장을 못 보내 준다고 하십니다. 엄연히 도교육청이 주관하는 교과연구 활동인데, 왜 눈치를 보며 비굴하게 와야 합니까? 우리가 모여서 무슨 죄라도 짓습니까? 이런 식으로 연구회를 운영하려면 제도를 폐지하는 것이 낫다고 봅니다. 출장비는 고사하고 마음 편하게 왔으면 좋겠어요. 모임에 자꾸 빠지니까 연구위원 선생님들께 미안하고, 지금 무엇을 하는지도 잘 모르겠습니다. 선생님들도 저처럼 힘들게 오시나요?
>
> (2009. 11. 13. 교과교육연구회 한 연구위원의 내러티브, 자기관찰 자료)

셋째, 실행연구를 중심으로 하는 해바라기교실수업개선연구회는 제도적으로 도교육청의 지원을 받았으며, 학문적으로는 대학으로부터 지도조언을 받았다. 이 상부 교육기관들은 행정적이고 학문적인 지원을 통해 연구 활동을 적극적으로 후원하였다. 그러나 두 기관들은 때로는 뜻하지 않게 자율적인 연구 활동을 제한하기도 하였다. 예를 들면, 실행연구의 주제가 해석적 관점의 질적 연구임에도 불구하고 도교육청은 연구 결과를 일반화하고 정형화할 수 있는 가시적인 산출물을 요구하였다. 그리고 대학의 연구자들은 연구 결과의 보급과 확산을 위한 심포지엄에서 교과교육연구회의 연구 결과를 학문적인 수준에서 비평하거나 비판하였다. 한 번도 연구현장을 찾지 않았던 대학의 연구자들이 산출물과 보고서만을 통해 지도조언을 하는 모습에 다수의 연구위원들은 실망하거나 냉소적인 반응을 나타내었다. 그리고 성대한 심포지엄을 위해 반강제적으로 동원된 다수의 일반 교사들은 어두운 표정으로 시계만 바라보고 있었다.

지금까지 이야기한 연구자로서의 교사의 역할과 관점은 최근에 강조된 개넘이 아니다. 1920년대 Dewey와 1940년대 Lewin을 필두로, 1950년대의 Corey, 1960년대 Stenhouse와 1980년대의 Schön은 교사 연구자의 주체적인 역할과 관점을 주장하였다(Johnson, 1993; Sutcliffe, 2004; Salem, 2010). 연구자로서의 교사는 실행연구를 통하여 전문적인 실천적 지식을 생성하고, 교수전략과 학생관 그리고 자신의 정체성을 새롭게 정립할 수 있는 이상적인 개념이다(류수진, 2009). 그러나 연구자와 교사라는 두 개의 다른 모자를 쓴 나는 이중적인 역할과 관점을 조화시키는 과정에서 양 진영 간의 문화적 충돌을 경험해야만 하였다. 그리고 교육이론과 교육실천의 두 수레바퀴에서 발생한 불협화음 때문에 실행연구에 대하여 새로운 성찰과 회의를 품게 되었다.

> 실행연구에서 가정하는 연구자로서의 교사는 교육이론과 교육실천의 두 강줄기를 아우르는 합류점(合流點)으로 비유할 수 있지 않을까? 연구자로서의 교사는 실행연구라는 합류지점에서 교육이론과 조우함으로써 교육실천을 개선할 수 있다. 그러나 이러한 두 강물의 시원(始原)과 물살의 세기는 애초부터 불균형적인 것 같다. 두 강물은 일시적인 물리적 결합은 가능할지라도 지속적인 화학적인 결합은 힘들다. 또한 교육이론의 강물은 교육실천의 강물보다 힘이 강하기 때문에 강물의 흐름을 결정하는 쪽도 교육이론의 강물이다. 더군다나 두 강물의 흐름을 이어 주는 외부의 제도적 환경들은 뜻하지 않게 원활한 강물의 흐름을 방해하기도 한다. 그러나 더욱 심각한 문제는, 두 강물의 목적이 다하고 나면 갑자기 흔적도 없이 합류지점이 사라져 버린다는 점이다. 결국 사토 마나부의 지적처럼, 교육실천을 통한 이론화 작업(theory through practice)은 높은 기대와 달리 여전히 한계가 있는 것 같다.
>
> (2010. 01. 28. 교과교육연구회 심포지엄 발표 후, 자기성찰 자료)

3. 교사로서의 연구자: '교육이론과 교육실천의 교차점'

실천가로서의 교사 연구자 그리고 연구자로서의 교사로 살아오면서, 한편으로는 또 다른 교사 연구자로서의 역할과 관점에 대하여 고민하게 되었다. 대학교와 대학원 그리고 현장교사들의 직무연수를 위한 강사 경험, 전국학술대회에서의 논문

발표 경험, 대학 연구자와의 협력을 통한 공동연구원으로서의 프로젝트 수행 경험, 그리고 석사 및 박사학위 논문 지도 경험들은 교사 연구자인 나에게 또 다른 역할과 정체성을 부여하였다. 이러한 연구 경험들은 도대체 내가 현장교사인지, 아니면 전문적 학자인지에 대한 정체성의 혼란을 야기하였다. 특히, 이 연구 활동들은 주로 학교 울타리의 밖에서 이루어졌기 때문에 공적인 일이라기보다는 사적인 일에 가까웠다. 따라서 나는 이러한 연구 활동을 지속하기 위해서라도 현장교사로서 최선을 다해야만 하였다. 그러던 어느 날, 내가 '교사로서의 연구자'라는 기형적인 삶을 살고 있는 것은 아닌지 의문이 들었다.

　　연구자: 박 선생, 연구자로서의 교사라는 개념을 어떻게 생각해?

　　박 교사: 박사과정에서 한 번 들어 본 개념이에요. 우리 같은 박사과정 교
　　　　　　사한테 딱 어울리는 개념 아닐까요?

　　연구자: 그럼, 교사로서의 연구자는 가능한 개념일까? 말이 안 되겠지?

　　박 교사: 그럼요. 모순 명사 같아요. 교사로서의 연구자라는 말은 교사보
　　　　　　다는 연구자가 강조된 말이잖아요. 그럼 더 이상 현장교사가 아
　　　　　　니라 연구자인 셈이죠. 말도 안 되는 개념이에요. 어디 가서 그런
　　　　　　말 하지 마세요. 남들에게 괜한 오해를 살 수도 있잖아요.

　　연구자: 혹여 학교교사로서 열심히 산다면, 가능한 개념은 아닐까?

　　박 교사: 글쎄요. 그게 가능할까요?

　　　　　　(2008. 09. 18. 한 동료 교사와의 인터뷰 장면, 내러티브 인터뷰 전사본)

　　나는 한 동료 교사에게 교사로서의 연구자가 가능할지 조심스럽게 물어보았지만, 그녀의 대답은 역시나 나의 예상대로였다. 그녀의 확고한 대답은 나의 기괴한 역할과 관점을 송두리째 흔들기에 충분하였다. 그녀의 말대로라면, 나는 교육 실천을 뒤로하고 너무 먼 곳까지 와 버린 비양심적인 사이비 교육자였다. 그녀의 말을 부정할 수도, 인정할 수도 없는 노릇이었다. 비록 교사로서의 연구자라는 기괴한 삶을 마주하게 되었지만, 결코 교육적인 양심을 저버리면서까지 학생들을 가르치지는 않았다. 하지만 어찌 보면 이러한 나의 억울한 심정은 자기연민이나 자기합리화에 불과하였다. 몇 년간 연속적으로 전담교사를 맡은 것 자체가 교육자로서 최선을 다한 모습으로는 보기 힘들기 때문이다. 만일 연구하는 시간과 노력들

을 교육실천에 쏟아부었다면 지금보다 훨씬 훌륭한 현장교사로 성장할 수도 있었으니 말이다.

하지만 나는 최근에 외국 학자들의 저작물(Tobin, 1999; Ryan, 2004; Yeager, 2006)을 검토하고, 자신의 연구 경험들을 반성적으로 회고함으로써 비로소 자기연민의 감정으로부터 벗어날 수 있었다. 몇몇 외국 학자들은 교사로서의 연구자의 변환적인 역할과 관점에 대하여 이미 심도 깊은 논의를 하였다. 나는 교사로서의 연구자로 수십 년을 지나온 그들의 삶을 내 삶과 연결함으로써 새로운 통찰을 얻게 되었다. 그들의 진솔한 이야기는 분열된 나의 역할과 관점을 한데로 모아 주었고, 나 자신의 삶을 긍정할 수 있는 힘을 가져다주었다. 즉, 나는 이제까지 타자들에게 이야기할 수 없었던 교사로서의 연구자에 대하여 공적으로 논의할 수 있다는 자신감을 갖게 되었던 것이다. 따라서 이후에는 (예비)교사 교육자, 전문 학자 그리고 한국연구재단의 프로젝트 수행을 위한 공동 연구자로서의 개인적인 연구 경험을 이야기하고자 한다.

나는 2006년부터 2010년까지 여러 곳의 교육 관련 대학교와 대학원에서 예비교사 및 현직교사 그리고 일반 대학원생들을 가르치는 시간강사였다. 대학교의 학부수업과 대학원의 석/박사 과정의 수업들은 늦은 오후나 야간에 개설되었기 때문에 강의를 할 수 있었다. 초임지의 학교장과는 달리 다른 두 초등학교의 교장들은 학교업무에 지장이 없는 범위에서 출강을 흔쾌히 승인해 주었다. 학교장들의 외부 출강 승인과 동료 교사들의 배려가 없었다면 시간강사로서의 삶은 애초부터 불가능한 일이었을 것이다. 대학교나 대학원에서 만난 사람들의 대부분은 나를 '교사'가 아닌 '교수'라는 어색한 이름으로 불러 주었다. 맨 처음 이 말을 들었을 때, 나는 다음과 같은 자격지심에 사로잡혔다. "저 사람들은 진짜로 나를 교수라고 생각해서 부른 것일까?" "진짜 교수가 아니라 현장교사라고 미리 밝혀야 하는가?" "현장교사라고 미리 밝히면 학생들이 실망하지는 않을까?" 하지만 이러한 어리석은 생각은 그렇게 오래가지 않았다.

나의 학생들은 사범대학이나 교육대학교의 예비교사, 일반 대학원생, 각종 교육사회단체의 리더, 초중등학교의 현장교사 및 교감, 공사립 유치원 원감 및 원장, 시도교육청 장학사 등으로 구성되었다. 그들은 대학교나 대학원이라는 제도적 공간에서 학습을 하기 때문에 나를 교수라고 불렀을 뿐이다. 하지만 교수로서의 생경한 역할과 정체성은 현장교사인 나를 신병훈련소의 '신병(新兵)'으로 만들고 말았던 것이다. 현장교사로서의 교육경험과 교육맥락에 기초한 내 강의는 학문적인 심오함은 부족하였지만, 수강생들에게 신선한 충격을 주었던 모양이다. 특히 해석적 관점의 질적 연구를 통한 학교사회학이나 미시교육사회학 강의는 작은 반향을 불러일으켰다. 나는 교육현상에 대한 그들의 관점의 변화과정을 확인하면서 교사교육자로서의 중요성을 점차적으로 자각하게 되었다.

> 교수님의 수업을 듣다 보면 실제 학교가 어떨지 조금은 감이 와요. 일반 교수님들의 수업방식과는 조금 다른 것 같아요. 친구들도 교수님의 강의 방식에 대체로 만족하는 것 같아요. 하지만 교수님 강의를 듣다 보면 정답이 없는 것 같아요. 해석적 관점의 이론들을 이해하기도 힘들고, 질적 연구가 너무 생소해서요. 한편으로 어렵기도 하고 재미있기도 합니다. 교수님 수업을 듣다 보면, 교사로서 어떻게 살아가야 할지 고민하게 됩니다. 하지만 임용고시를 준비해야 하는 입장에서는 조금은 불안하네요.
>
> (2008. 10. 15. 교육대학교 한 예비교사와의 대화 장면)

위처럼 교사 교육자로서의 삶은 교사로서의 연구자인 나의 역할과 관점을 새롭게 구성하였다. 그러나 교수와 학생이라는 권력관계가 사라진 현직교사 직무연수나 워크숍에서의 강사 경험은 또 다른 한계를 실감케 하였다. 내가 직무연수나 워크숍에서 교사 교육자가 될 수 있었던 것은 학술적인 성과보다는 현장 연구

〈표 6〉 2009학년도 2학기 수업평가 결과표(2010. 01. 18. 출력)

학생	수업평가 답변 내용(총평균: 4.6, 응답률: 90%, 학부 평균: 4.2)
대학생 1	어려운 내용들을 쉽고 재미있게 가르쳐 주셔서 많은 것을 즐겁게 배울 수 있었습니다. 앞으로도 열정적인 수업을 부탁드려요.
대학생 2	현장에서의 실제적인 상황을 많이 말해 주셔서 좋았습니다.
대학생 3	앞에 나가서 책 읽고, 학생들은 아무도 듣지 않고, 교수에게 평가받기 위한 발표, 이게 효율적인 수업일까요? 이번 교육사회 수업은 형식에 얽매이지 않는 인상적인 수업이었습니다. 감사합니다.
대학생 4	학교와 교실을 새로운 시각으로 다시 보게 되었습니다.
대학생5	너무 자기주장만 하고 가십니다.(이하 생략)

의 결과 덕분이었다. 즉, 2년간의 실행연구를 통한 교실수업개선 실천사례들은 도교육청으로부터 후한 평가를 받게 되었다. 도교육청은 수업대화를 통해 수업협의회 방식을 바꾸고, 교실 담화분석을 통해 질적 수업분석을 시도하는 연구회와 나의 노력을 높이 평가하였다. 따라서 도교육청은 연구 결과를 공유하기 위하여 도내 전 학교에 일반화 자료를 배부하고 워크숍, 심포지엄, 직무연수를 개설하였다. 그러나 나는 이러한 과정에서 현장교사들의 조용한 저항을 직면하게 되었다. 실망스럽게도, 그들은 교육이론과 교육실천을 연결하는 나의 이야기에 특별한 관심이 없는 심드렁한 사람들이었다.

> 연구자: 김 선생, 오늘 강의가 괜찮았는지 모르겠네.
>
> 김 교사: 저는 좋았어요. 하지만 주위 사람들의 반응은 어째 조금 이상하던데요. 자기들끼리 웅성거리기도 하고요.
>
> 연구자: 강의 중에 내가 무슨 실수라도 했나?
>
> 김 교사: 제가 봐도 선배님의 강의가 너무 어려웠어요. 무슨 말을 하고 있는지 이해할 수 없다는 반응이 많았어요. 자기들 말로는, 선배님이 대학 교수 같은 느낌이래요. 강의 내용을 들어 봐도 정답이 있는 것도 아니고. 선배님의 주장대로라면 좋은 수업에는 정답이 없는 것 맞죠?
>
> 연구자: 정답이 없기보단, 각자가 좋은 수업을 찾아가야 한다는 이야기였는데….
>
> 김 교사: 너무 신경 쓰지 마세요. 워크숍이란 게 원래 그렇잖아요.
>
> (2011. 01. 16. 워크숍 직후 후배 교사와의 통화내역, 전화통화 자료)

이러한 쓰라린 경험은 워크숍뿐만 아니라 다른 직무연수나 심포지엄에서도 마찬가지였다. 나의 이야기를 듣는 일부 현장교사들은 한심한 눈으로 나를 쳐다보았다. 그들은 나의 이야기에 공감하기보다는, 어떻게 저 사람이 저런 이야기를 할 수 있는지에 더 관심이 많아 보였다. 왜냐하면, 나의 이야기 속에는 교실수업을 개선하기 위한 실제적인 교수기술이 없었기 때문이다. 내 모습이 마치 대학교수와 같다는 후배 교사의 말은 교사 연구자로서의 역할과 관점을 다시금 되돌아보게 하였다. 그의 지적처럼, 나의 글쓰기와 말하기 그리고 연구방식은 현장교사들의 그것과는 다소 동떨어져 있었다. 내가 직접적으로 체험한 교수 경험과 연구 경험들이 타자들에게 손쉽게 전이될 수 없음을 깨달았다. 그러면서 내 강의에 대한 많은 학생들의 긍정적인 반응들이 진심이 아닐 수도 있다는 자기반성을 하게 되었다. 나는 이러한 경험을 통해 교사 연구자의 의미를 성찰하게 되었고, 현장교사들로부터 비판받는 대학 연구자들의 입장과 처지를 조금이나마 이해하게 되었다.

한편, 나는 박사학위를 취득한 이후에도 학술발표나 저술활동을 게을리하지 않으려고 노력하였다. 박사학위를 받는 과정에서 심신이 만신창이가 되었지만 전국학술대회에 적극적으로 참여하고 몇 편의 학술지도 작성하였다. 특히, 저명한 국내 학자들과의 학문적인 교류는 왕성한 연구의욕을 고취시켰다. 그리고 대학 연구자와의 협력을 통해 공동 연구원으로서 프로젝트를 수행한 경험은 전문적인 학자로 성장하는 데 소중한 밑거름이 되었다. 하지만 이러한 나의 연구 노력들은 지극히 개인적인 차원에서 이루어질 수밖에 없었다. 나의 연구 활동은 단위학교의 교육활동과 직접적인 관련성이 없었으며, 학교현장에서 그토록 중시하는 교수기술의 향상과도 거리가 있었기 때문이다.

> (전략) 저는 현장 경험이 없기 때문에 모든 것이 약하죠. 학교현장의 문제점들을 조직적으로 분석한 내용들을 대하면 정말 보물보다 귀한 것으로 여긴답니다. 저희 단체가 설정한 비전 달성을 위해 훌륭하신 선생님의 도움을 많이 받아야 해요. (중략) 개정 교육과정의 각론에 대해 앞으로 현장에서의 어려움, 그리고 필요한 도움을 주시면 국가에 전해 반영에 힘쓰겠습니다. 먼 길이라 좀 그렇지만 관심이 있으시면 앞으로 초등 부문 자문위원으로 이 선생님을 적극 추천하고 싶네요.
>
> (2010. 05. 29. 국내 어느 저명 교육개혁가에게 받은 편지글, 메일자료)

위와 같은 전문적인 학술 활동을 지속하기 위해서는 역설적으로 완벽한 현장교사가 되어야만 하였다. 각종 체육대회에서 우수한 성과를 올리고, 담당업무가 아닌 학교일에도 적극적으로 가담하였다. 하지만 학술적인 나의 노력들은 학교현장에서 단 하나의 연구실적으로도 인정되지 않았다. 논문게재를 위한 심사비나 출판비용에 대해서도 재정적인 지원을 받을 수 없었다. 왜냐하면, 나의 연구 활동은 학교현장과 어울리지 않는 일종의 외도(外道)였기 때문이다. 철저히 현장 기반의 질적 연구를 수행하였음에도 말이다.

> 친구의 말처럼, 나는 학문이라는 독사(毒蛇)에 물린 사람일지도 모른다. 연구라는 치명적인 독이 이미 몸속 깊숙이 퍼져 버린 구제불능의 상태. 하지만 이처럼 치명적인 독을 오랫동안 참을 수 있었던 것은 왜일까? 그건 바로 교사 연구자로서의 삶이 교육과 학생을 바라보는 나의 눈을 끊임없이 정화시켰기 때문이다. 또한 교육이론과 교육실천의 간극을 연결시킬 수 있다는 중간자로서의 어리석은 희망 때문일 거다. 사람들이 가지 않는 길, 사람들이 알아주지 않는 길이 더 이상 두렵지는 않다. 다만, 이 길의 종착지가 궁금할 뿐이다. 길의 끝은 있는 것일까?
>
> (2009. 11. 28. 대학원 박사과정 수업을 마친 후, 자기성찰 자료)

지금까지 이야기한 교사로서의 연구자의 역할과 관점은 앞서 밝힌 연구자로서의 교사 개념과는 두 가지 측면에서 미세한 특징적 차이가 있다. 그 첫 번째 기준은 '교사 + 연구자'라는 복합명사에서 어떠한 정체성과 역할이 실천의 장에서 중심이 되는가의 차이이다. 즉, 교사로서의 연구자는 교사의 맥락을 지니기는 하지만 연구자로서의 정체성과 역할이 우선적으로 강조된다. 나의 연구 여정에서 대학교와 대학원에서의 시간강사와 논문 지도 경험, 현직교사들을 위한 직무연수나 워크숍에서 교사 교육자로서의 경험, 학술적인 저술활동, 프로젝트 수행을 위한 공동 연구자 경험, 교실수업의 특정 장면에서 국지적인 이론적 아이디어들을 포착하는 경우가 그 예이다. 반면, 연구자로서의 교사는 연구자의 맥락을 지니기는 하지만 현장교사로서의 정체성과 역할이 좀 더 도드라진다. 정책연구학교를 위한 계획자 및 실행자, 도 단위 교육정책 평가자, 교과교육연구회의 연구위원, 실행연구 결과를 보급하고 확산하기 위한 도 단위 심포지엄에서의 발표자, 외부 전문가의 교수이론을 적용한 수업자로서의 역할과 정체성이 여기에 해당된다고 볼 수 있다.

위의 첫 번째 기준은 제도적ㆍ시공간적 상황에 처한 교사 연구자의 공식적이고 이중적인 정체성과 역할에 초점을 둔다. 반면, 두 번째 기준은 교사 연구자가 교육현장에서 교육이론과 교육실천의 관계를 어떻게 설정하는가의 이중적인 관점의 차이이다. 이 두 번째의 기준은 교사로서의 연구자와 연구자로서의 교사 개념을 본질적으로 구분하는 특징이다. 연구자로서의 교사는 이론과 실천의 결합을 통해 교육실천을 개선한다는 측면에서 교사로서의 연구자와 동일한 목적을 추구한다. 그러나 실행연구자로 대표되는 연구자로서의 교사는 실천가로서의 교사 연구자와 마찬가지로 이론 의존성으로부터 완전히 자유롭기는 힘들다. 내가 교과교육연구회에 참여한 경험에서 드러난 것처럼, 외부 전문가의 아이디어로부터 출발한 실행연구는 비록 실천을 통해서 새로운 이론을 정립하였지만 동시에 여러 문제점을 노출하였다. 현장교사들의 실천 속에서 배태되지 않은 교육이론은 실행의 과정에서 이론과 실천 모두를 왜곡할 위험성이 있으며, 실천의 강도와 지속성을 유지하기도 힘들다.

반면, 교사로서의 연구자는 연구자로서의 교사와는 달리 이론 의존성으로부터 어느 정도 자유롭다. 교사로서의 연구자는 학생과 교육과정 그리고 교실과 학교의 물리적 상황에 대처하면서 형성된 고유한 교수경험과 문제의식에 터하여 교육실천을 개선하기 위한 이론화를 시도한다. 자신의 교수 경험과 실천 속에 기초한 실체적인 이론화 작업은 이론과 실천 영역의 해묵은 경계를 허물고, 교사 연구자의 주체성과 해방성을 강화할 수 있다. 결국, 연구자로서의 교사는 교육실천을 '통해서(through)' 이론화 작업을 하지만 교사로서의 연구자는 교육실천 '속(in)'에서 국지적인 이론화 작업을 시도한다고 볼 수 있다. 즉, 교사 연구자의 일상적인 교수 실천이 국지적 이론의 바탕이 되며, 국지적 이론은 철저히 교사 연구자의 일상적인 교육적 삶에 터한다.

이러한 맥락에서 연구자로서의 교사는 교육이론과 교육실천이 만나는 합류지점에서의 변환적인 역할과 관점을 강조한다. 그러나 교사로서의 연구자는 두 강줄기의 물리적인 합류지점이 아니라, 교육이론과 교육실천이 특정한 시공간적 · 사회문화적 그리드(grid)에서 교차적 형태로 일시적으로 구성되는 하나의 접점(接點) 또는 교차점(交叉點)에 비유할 수 있다. 교육이론과 교육실천을 아우르는 교차점으로서의 교사 연구자는 공허한 교육이론에 의존하지 않으며, 동시에 맹목적인 교육실천에도 함몰되지 않는 창조적인 구성자로 볼 수 있다. 또한 일시적이고 상황적으로 위치 지어진 교차점으로서의 교사 연구자는 자신의 교수적 실천과 정체성을 반성하고, 학생들의 앎과 존재 방식을 끊임없이 성찰함으로써 교사로서의 역할과 관점을 변화시키는 변환적인 존재이다. 따라서 교사로서의 연구자는 佐藤學(1998)이 주장한, 교육실천 속에서 교육이론을 탐구하는 실천 지향적인 교육연구자로 볼 수 있다.

IV. 나가며: '교육실천 속에서의 국지적 이론가 되기'

지금까지 나는 교육이론과 교육실천 사이에서 형성된 교사 연구자로서의 변환적인 역할과 관점을 세 가지 차원에서 이야기하였다. 교사 연구자로서의 3중의 역할과 관점(triple roles and perspectives)은 순차적으로 발전된 개념이라기보다는 현재 나의 삶 속에 복잡하게 얽혀 있다. 즉, 나는 대부분의 삶을 실천가로서의 교사 연구자로 살아가고 있지만, 때로는 연구자로서의 교사로, 그리고 가끔은 교사로서의 연구자로 살아가고 있다. 교육이론과 교육실천 사이에서 형성된 교사 연구자로서의 변환적인 역할과 관점을 간략히 나타내면 [그림 3]과 같다.

　　나의 이야기에서 드러난 것처럼, 한국에서의 교사 연구자들은 변환적인 역할 및 관점과 관련하여 인식론적인 분열과 존재론적인 불안을 경험할 수도 있다. 그러나 교사 연구는 교육이론과 교육실천 사이의 교량을 연결하여 현장의 문제들을 해결하는 실용적이고 목표 지향적인 학문적 탐구활동으로서 가치가 있다(Baumann & Duffy, 2001). 또한 삶의 속성으로서의 교사 연구는 '더 나아짐'을 추구하는 과정에서 가르침의 즐거움을 되찾게 하는 과정이기도 하다(Carson, 1995; Yeager, 2006; 배주연, 2008; Salem, 2010). 특히, 교사로서의 연구자의 역할과 관점은 자신을 둘러싸고 있는 미시적이고 거시적인 교수맥락들을 비판적으로 분석하고 해석함으로써 교사로서의 주체성과 해방감을 고취시킬 수 있다.

　　교사로서의 연구자는 교육이론 영역과 교육실천 영역을 오가면서 교수학습을 둘러싼 미시적 맥락과 거시적 맥락들을 상호 유기적으로 연결할 수 있다. 즉, 교사로서의 연구자는 실천영역에 기초한 미시적인 렌즈를 통해서 외부의 교육이

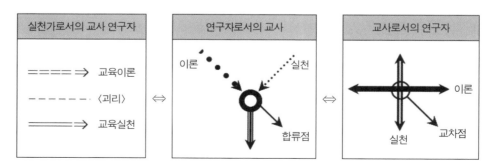

[그림 3] 교사 연구자의 변환적인 역할과 관점에 대한 세 가지 차원

론가들이 파악하기 힘든 미세한 교육적 움직임을 포착할 수 있다. 그리고 이론영역에 기초한 거시적인 렌즈를 통해서 미시적인 교육현상을 더욱 폭넓고 다각적으로 바라볼 수 있다. 따라서 교사로서의 연구자는 두 영역을 자유롭게 넘나듦으로써 교육이론 또는 교육실천이라는 이분법적 사고로부터 해방될 수 있다. 또한 교사로서의 연구자는 자신의 교육적 역할과 관점뿐만 아니라 학생들을 어떻게 바라볼 것이며, 그들을 어떻게 가르칠 것인가에 대한 새로운 통찰을 획득할 수 있다. 결국 교사로서의 연구자의 입장에서 볼 때, 교육이론과 교육실천은 분리된 두 영역이라기보다는 하나의 통합된 영역에 가깝다.

이처럼 교사로서의 연구자는 교육이론과 교육실천을 통합함으로써 비로소 학교현장을 학문적으로 이야기할 수 있는 이론적이고 방법론적인 렌즈를 발견할 수 있다. Miller(2007)의 주장처럼, 교사로서의 연구자는 해석적 관점의 사회이론과 철학에 기초하여 자신의 교수적 실천을 반성하고, 학생들의 삶과 배움을 세밀하게 읽어 낼 수 있는 이론적 렌즈와 얼개를 확보할 수 있다. 그리고 교사로서의 연구자는 다양한 질적 연구방법론을 통하여 자신과 학생 그리고 수업현상을 학술적으로 이야기할 수 있는 글쓰기 방식과 언어를 습득할 수 있다.

상당수의 교육이론들은 교육실천이라는 실제적 맥락에서 무기력할 때가 많다. 이는 전문 학자들의 탈맥락적인 교육이론이 실제적인 교육실천과 결합하여 불협화음을 만들어 내기 때문이다. 즉, 전문 학자들의 정교한 교육이론이 교육현장에서 쉽게 파급될 수 없는 것은 바로 완전히 다른 교수맥락에서 비롯된 교육이론이 교육실천이라는 실제적 장면에서 급속도로 화석화되기 때문이다. 나의 관점에서 볼 때, 현장교사들의 실제적인 교수기술의 향상은 오히려 수많은 교수경험에 기초한 반성적이고 국지적인 이론화 작업을 통해 가능하다. 전문 학자들의 교육이론은 교사 연구자가 자신만의 국지적인 이론화 작업을 할 때 결정적인 단서와 아이디어로 작용할 것이다. 따라서 교사 연구자는 자신의 교육실천 속에서 이론화 작업을 시도하는 국지적인 이론가(local theorist)로 거듭나야 한다. 이러한 이유에서 교사로서의 연구자 개념은 현장교사가 국지적인 이론가로 성장하는 과정에서 새로운 교육적 통찰을 제공할 것이다.

참고문헌

김영천(2005). **별이 빛나는 밤: 한국 교사의 삶과 그들의 세계**. 서울: 문음사.

김영천(2010). **질적연구방법론 III: 글쓰기의 모든 것**. 서울: 아카데미프레스.

곽은창(2001). 체육교육 연구자와 현장교사의 협력연구 네트웍 구축 활성화 방안. **한국스포츠교육학회지, 8**(10), 147-160.

김진희 · 최원준(2005). 현장 실천가 의미: 수업 연구를 위한 교사와 연구자의 내러티브 탐구. **한국스포츠교육학회지, 12**(2), 1-22.

노진아 · 서경혜(2009). 교사 연구자들의 연구 경험에 대한 내러티브 탐구. **교과교육학연구, 13**(4), 669-695.

류수진(2009). **연구자로서의 미술교사 되어가기 과정에 관한 체험 연구**. 석사학위 논문, 홍익대학교 교육대학원.

류태호(2003). 한국스포츠교육학의 현장성 강화를 위한 담론. **한국스포츠교육학회지, 10**(3), 65-79.

박순용 · 장희원 · 조민아(2010). 자문화기술지: 방법론적 특징을 통해 본 교육인류학적 가치의 탐색. **교육인류학연구, 13**(2), 55-79.

배주연(2008). **삶의 속성으로서의 교사 연구**. 석사학위 논문, 대구교육대학교 교육대학원.

양은주(2003). 연구자로서의 교사 개념과 대안적 교실 실천. **한국교원교육연구, 20**(2), 203-221.

이동성(2009). 초등학교 교실수업의 문화적 특징과 전개형태에 대한 해석적 연구. 미출간 박사학위 논문, 부산대학교 교육학과.

이동성(2010). 초등학교 기초학습부진학생 지도 경험에 대한 자문화기술지. **교육인류학연구, 13**(3), 141-168.

이소연 · 조영달(2005). 연구자로서의 교사: 중학교 사회과 신임교사(사회전공)의 수업 활동에 대한 사례 연구. **시민교육연구, 37**(4), 95-132.

이용숙(2002). 현장 연구의 새로운 방향에 대한 고찰: 다섯 가지 유형의 현장 연구 설계와 사례. **교육인류학연구, 5**(2), 83-116.

이정선(2005). 교사의 실천적 교수지식 및 형성방안. **교육인류학연구, 8**(2), 211-239.

이혁규(2002). 현장 연구지원제도의 현황과 개선 방향. **교육인류학연구, 5**(2), 119-158.

이희용(2007). 한 고등학교 국어 교사의 성장 체험: 자기 이야기(self-narrative). **교육인류학연구, 10**(2), 131-171.

조재식(2002). 연구자로서의 교사 개념에 대한 이론적 고찰. **교육인류학연구, 5**(2), 193-225.

최의창(1998). 학교교육의 개선, 교사연구자, 그리고 현장개선연구, **교육과정연구, 16**(2), 373-399.

황선철(2005). **초등학교 교사의 교육연구대회 참여 및 결과물 활용에 관한 연구**. 석사학위 논문, 한국교원대학교 교육대학원.

佐藤 學(1998). 敎師の實踐的思考の中の心理學. 佐伯 胖 外(篇). **心理學と敎育實踐の間で**. 東京大學出版會.

Baumann, J. F. & Duffy, A. M. (2001). Teacher researcher methodology: Themes, variations, and possibilities. *Reading Teacher, 54*, 608–615.

Carson, T. (1995). Reflective practice and reconceptualization of teacher education. In Wideen, M. F. & Grimmett, P. R. (Eds.), *Changing times in teacher education: Restructuring or reconceptualizing?* (pp. 151–162). New York: Teachers College Press.

Chang, H. (2008). *Autoethnography as method*. Walnut Creek, CA: Left Coast Press, Inc.

Cochran-Smith, M. & Lytle, S. (1993). *Inside/outside: Teacher research and knowledge*. New York: Teachers College Press.

Duncan, M. (2004). *Autoethnography: Critical appreciation of an emerging art*. http://creativecommons.org/licenses/by/2.0.

Gregson, R. (2004). *Teacher-research: The benefits and the pitfalls*. GRE 04828. http://www.aare.edu.au/04pap.

Hay, T. & White, J. (2005). *The teacher writer: Narrative theory, storytelling and research*. AARE. Paper Code: WHI05741.

Jewett, L. M. (2008). *A delicate dance: Autoethnography, curriculum, and the semblance of intimacy*. New York: Peter Lang.

Jones, S. H. (2005). Autoethnography: Making the personal political. In Denzin, N. K. & Lincoln, Y. S. (Eds.), *Handbook of Qualitative Research* (3rd ed.)(pp. 763–791). Thousand Oaks, CA: Sage.

Johnson, B. (1993). *Teacher-As-Researcher*. ERIC Clearinghouse on Teacher Education Washington DC. ED355205.

Lassonde, C. A, Galman, S. & Kosnik, C. (Eds.) (2009). *Self-study research methodologies for teacher educators*. Boston: Sense Publishers.

Miller, D. L. (2007). *Teachers as co-researchers: How the co-researcher role has transformed teachers and nature education for young children at early education program in the midwest*. Presented at the North American Association for Environmental Education Annual Research Symposium, Virginia Beach.

Nicholl, B. (2009). The epistemological differences between a teacher researcher: A personal journey illustrating second order action research. *Design and Technology: An International Journal, 14*(3), 21–36.

Reed-Danahay, D. (Ed.)(1997). *Auto/ethnography: Rewriting the self and the social*. New York: Berg.

Ryan, J. (2004). Lecturer as teacher. teacher as researcher: Making theory practical. *English Teaching: Practice and Critique*, *3*(2), 113–121.

Saldaña, J. (2009). *The coding manual for qualitative researchers*. SAGE Publications Ltd.

Salem, N. M. (2010). *From teacher to researcher?: Drastic changes in teacher education and the teaching profession are long overdue!* The George Washington University. TRED 334.

Stremmel, A. J. (2002). The value of teacher research: Nurturing professional and personal growth through inquiry. *Young Children*, *57*(5), 62–70.

Sutcliffe, S. (2004). *Teacher as researcher: Stepping in and having a look*. Presented at the 13th National VET Research Conference Southern Cross University, Tweed Gold Coast Campus.

Tobin, K. (1999). Teachers as researchers and researchers as teachers. *Research in Science Education*, *29*(1), 1–3.

Wall, S. (2006). *An autoethnography on learning about autoethnography*. http://creative-commons.org/licenses/by/2.0.

Yeager, B. V. (2006). Teacher as researcher/researcher as teacher: Multiple angles of vision for studying learning in the context of teaching. *Language Arts Journal of Michigan*, *22*(1), 26–33.

Zeichner, K. (1992). Rethinking the practicum in the professional development school partnership. *Journal of Teacher Education*, *43*(4), 296–307.

Zeichner, K. (1999). The new scholarship in teacher education. *Educational Researcher*, *28*(9), 4–15.

Zeichner, K. (2008). Accumulating knowledge across self–studies in teacher education. *Journal of Teacher Education*, *58*(1), 36–46.

제 5 장

교사교육자의 정체성과 역할

I. 들어가기

최근 중앙정부와 교육과학기술부는 국가의 교육 경쟁력을 제고하기 위한 일환으로 교사양성기관 및 교사교육기관의 교육적 책무성을 강력하게 요구하고 있다. 그리고 중앙정부와 교육과학기술부는 전국 사범대학과 교육대학 그리고 대학원에 대한 기관 평가의 결과에 따라서 학교예산을 차등적으로 지급하고, 대학입학 정원을 탄력적으로 조정하는 등의 구조조정을 단행하려 하고 있다. 따라서 한국의 여러 고등교육기관들은 국가 단위의 교육정책적인 외부 압력에 대처하기 위하여 교사교육자의 교수역량을 강화하는 방안들을 모색하고 있다.

교사교육자의 교수역량에 대한 위와 같은 담론들은 주로 고등교육기관 교수 주체들의 내부적인 반성과 성찰보다는 외부의 평가기제와 압력에 의해 수동적으로 촉발되었다고 볼 수 있다. 특히, 고등교육기관 교사교육자들의 교수역량을 평가하기 위한 객관적인 지표로서 학생들의 강의만족도가 포함되자, 그간 수면 아래에 가라앉아 있었던 교수역량에 대한 학술적인 논의가 본격적으로 점화되었다(양미경, 2008; 유정아, 2009). 그러나 교사교육자의 교수역량에 대한 학문적인 논의는 오랫동안 학계의 주목을 받지 못하였다. 왜냐하면, 교사교육자에 대한 과거의 평가기준은 교수능력보다는 교육과정 개발이나 연구 성과, 그리고 사회봉사 실적에 집중되었기 때문이다(유정아, 2009: 344).

한국의 고등교육기관들은 이러한 문제의식에 터하여 교사교육자의 교수능력을 향상시키기 위한 방안으로 다음의 두 가지 전략을 시도하고 있다. 첫째, 교사양성기관의 강의운영 실태를 파악하거나, 수업의 형태 및 방식을 분석하여 교사교육을 위한 교육과정과 교사교육 프로그램을 개선하는 방안이다(이용숙, 2001: 242-244; 이미자, 2008: 372-373). 둘째, 교사교육자의 교수역량을 집중적으로 향상시키기 위해서 고등교육기관 내부에 특수한 교수개발 전문기관을 신설하여 교수 향상 프로그램을 체계적으로 개발, 적용하거나 수업 컨설팅을 실시하는 방안이다(유정아, 2009: 363-364; 홍성련, 2010: 97-127). 위의 두 가지 접근방식은 대학과 대학원 수업의 문제점을 면밀하게 진단하고, 교사교육자들에게 처방적인 지식을 제공한다는 측면에서 의미가 있다.

하지만 일부의 현장교사들은 고등교육기관을 중심으로 한 교육과정의 개선과 교사교육 프로그램에 대하여 부정적인 입장을 고수하기도 한다(이동성, 2011a: 70-71). 왜냐하면, 교사들은 자신들의 실제적인 교수경험을 통해서, 과거 고등교육기관의 교사교육자들이 학교현장의 교실수업에 효과적으로 대처할 수 있는 유용한 지식이나 구체적인 실천방법을 제공하는 데 한계가 있음을 알기 때문이다. 실제로, 교육학이나 교과교육학을 전공한 일부 교사교육자들을 제외하면, 수업방법에 대한 학습경험을 체험한 고등교육기관의 교수요원들이 그다지 많지 않은 실정이다(이용숙, 2001: 227). 이처럼 예비교사들의 양성과 현장교사들의 전문성 신장을 위한 고등교육기관의 실제적인 목적을 고려해 볼 때, 고등교육기관의 교사교육을 위한 교육과정의 개발과 교사교육 프로그램 개선방안은 여전히 한계가 있다고 볼 수 있다.

한편, 국내의 고등교육기관들은 질적 사례연구와 강의 만족도를 통하여 교수개발 전문기관이나 외부 전문가들이 제공한 교수능력 향상 프로그램 또는 수업 컨설팅의 효과성을 평가하고 있다. 그러나 고도의 전문지식과 자율성을 가진 교사교육자들이 자신들의 교수능력을 향상시키기 위해 별도의 전문기관이나 전문가들에게 의존하는 현상은 모순적인 상황이 아닐 수 없다. 이러한 역설적인 현상은 사범대학이나 교육대학의 예비교사들이 임용고사 합격을 위해서 인터넷 강의에 몰리는 사례에서도 나타난다. 일부 예비교사들은 임용고사에 출제되는 교육이론과 수업실기 전형에 효과적으로 대처하기 위해 고등교육기관의 교사교육자보다 인터넷 강의에 의존하고 있는 실정이다.

물론, 교사교육자는 자신의 교수능력을 신장시키기 위해서 자발적이고 주체적으로 외부 전문기관과 전문가로부터 체계적인 도움을 받을 수도 있다. 그리고 교사교육자는 전문가와의 수평적인 대화와 자기반성을 통해서 교수적인 한계를 자각하고, 그것을 극복할 수도 있다. 하지만 이러한 접근방식은 고도의 전문성과 자율성을 지닌 고등교육기관 교사교육자의 탈숙련화(deskilling)를 불러올 위험성이 있다. 이러한 맥락에서 외부 전문기관과 전문가의 체계적인 지원과 협력보다 시급한 것은 바로 고등교육기관 교사교육자 자신의 교수적인 실천에 대한 진술한 자기성찰과 철저한 자기 분석이다. 일상적인 교수실천에 대한 교사교육자의 자기성찰과 자기 분석은 교수능력 향상 프로그램과 수업 컨설팅의 효과를 더욱 배가시킬 수 있을 것이다.

　　따라서 이 글은 고등교육기관에서 예비교사들과 현장교사들을 가르친 한 교사교육자의 교수경험을 자기 연구의 하나인 자문화기술지를 통하여 성찰함으로써 교사교육자의 교수 전문성을 신장하기 위한 대안적인 관점과 접근을 모색하고자 한다. 나는 이러한 연구목적을 달성하기 위해서 다음의 세 가지 이야기를 전개하고자 한다. 첫째, 교사교육자로서의 나는 교수내용 및 교수방식과 관련하여 어떠한 경험을 하였는지 이야기할 것이다. 둘째, 교사교육자로서 나는 교수 여정에서 어떠한 정체성과 관점을 형성하였는지 밝힐 것이다. 마지막으로, 고등교육기관에서의 교사교육을 둘러싼 가르침의 의미와 가치가 무엇이었는지를 고백할 것이다.

II. 이야기 속으로 걸어 들어가기

여기에서는 6년 동안의 교수 여정에 따른 개인적인 교수경험을 다음의 세 가지 주제를 중심으로 이야기하였다. 첫째, 교수내용과 교수법의 재발견을 통해서 새로운 앎과 삶의 지평으로 나아가는 저자의 교수경험을 이야기하였다. 둘째, 교사교육자로서의 복수적인 정체성과 관점을 조화시킴으로써 '교사들의 교사'로 이행하는 변환과정을 이야기하였다. 셋째, 예비교사들과 학생 교사들을 가르친 반성적인 경험에 기초하여 교사교육의 가치와 의미를 해석적으로 논의하였다.

1. 교수내용과 교수법의 재발견: '교학상장의 길'

대학교와 대학원에서 강의를 담당하게 될 교사교육자는 학생들을 대상으로 무엇을 가르칠 것인지에 대한 근원적인 물음에 직면하게 된다. 나는 매 학기 강의를 앞두고서 학생들에게 어떠한 학문적 지식을 선정하여 가르쳐야 할지를 고민하였다. 그러나 교사교육자로서 나에게 주어진 것은 고작 강좌명과 15주라는 물리적 시간, 그리고 대학(원)의 강의실뿐이었다. 그 안에 누구의 어떠한 학문적 지식을 채울지는 순전히 나의 주관적인 판단과 선택이었다. 무엇보다도 현실적인 문제는 학생들을 위하여 특정한 학습경험을 선정하는 것이었는데, 좀 더 구체적으로는 어느 학자들의 교재를 선정할 것인가에 대한 고민이었다. 나는 2006학년도 1학기에 첫 강의를 하면서, 특정한 학문 영역에서 전형적인 교과서가 없다는 사실에 실망하였다. 좀 더 정확히 표현하면, 텍스트가 너무 많아서 탈이었고, 그러한 교재들이 과연 특정한 학문의 전형적인 지식들을 담아내고 있는지를 회의하였다. 그리고 교재선정을 둘러싼 이러한 고민은 현재까지도 지속되고 있다.

　　교재의 선정을 둘러싼 위와 같은 고민은 대학(원)의 모든 강의를 맡을 때마다 해결되지 않는 난제였다. 특정 학문에 대한 국내의 교재들을 살펴보면, 저자들의 학문적 관심과 세부 전공영역에 따라서 그 교과내용이 천차만별이었다. 응용학문 또는 실천학문으로서 교육학이 가진 한계와 문제로도 볼 수 있지만, 어찌 되었든 특정한 교재를 선정하여 학생들을 가르쳐야만 하였다. 경우에 따라서는 특정 강좌의 교재들이 해마다 바뀌기도 하였고, 다양한 교재들을 편집하여 나만의 교재를 재구성하기도 하였다. 그러나 교재선정을 둘러싼 이러한 교수전략도 내가 가진 앎의 전제와 한계 그리고 학문적인 취향으로부터 벗어날 수 없었다. 교재선정을 둘러싼 이러한 고민은 학부수업에서 더욱 가시화되었는데, 다음의 반성적 저널은 교재선정과 관련된 나의 심경을 표현해 주고 있다.

> 수업에 들어가기 전에는 언제나 마음이 무겁다. 오늘은 무엇을 가르쳐야 할까? 학부수업은 정말로 머리가 새하얀 노교수가 가르쳐야 할 것 같다. 초심자들이 학문의 정수를 제대로 맛보게 할 수 있는 학문의 고수가! 나를 믿고서 눈을 말똥거리며 수업을 듣는 학생들을 보노라면 죄책감과 불안감이 밀려든다. 학생들은 '교육사회학'이란 학문을 어떻게 기

억할까? 그들은 과연 다른 사람들에게 '교육사회학'이 어떤 과목이었다
고 이야기를 할까? 내가 가르치는 지식들은 그들의 앎과 삶에 어떤 영향
을 미칠까? 내가 가르치는 내용에서 임용고사 문제가 나오기는 할까?

(2007. 05. 09. 주황대학교 교육사회학 강의를 마친 후, 반성적 저널)

결국, 고등교육에서의 특정 학문에 대한 전형적인 지식은 객관적인 지식의 실
체로 주어진 것이 아니라, 누군가에 의해 임시적으로 편집되고 구성되며, 또한 누
군가에 의해 선택되고 배제되는 불완전하고 일시적인 담론(discourse)의 결과물에
불과하였던 것이다. 그리고 교사교육자로서의 나 또한 학문적인 담론의 결과물을
자신의 지평에서 다시금 해석하고 평가하여 최선의 교수내용을 결정하는 불완전
한 텍스트였다.

한편, 교사교육자로서의 나는 대학과 대학원에서 어떠한 방식으로 강의를 풀
어 나가야 할지 고민하였다. 현장교사로서의 교수맥락을 지닌 나는 고등교육기관
에서의 일반적인 설명 위주의 수업방식을 선호하지 않았다. 교수자의 강의 중심
수업방식은 학습주제에 대한 학생들의 철학적 사고에 오히려 방해가 될 수도 있기
때문이다(Mergler, Curtis, & Spooner-Lane, 2009: 10). 또한, 강의 중심 수업방식은
교수자의 자기만족감을 높여 줄 수는 있지만, 심오한 학문적 지식을 단순한 정보
의 수준으로 전락시킬 위험성이 있다. 따라서 이러한 나의 교육적 신념 때문에, 대
부분의 수업은 나의 강의보다는 학생들의 발표와 토론을 중심으로 진행되었고, 교
수자를 주축으로 하는 지식 전달의 과정이 강조되지 않았다. 그러나 다소 급진적
이고 낭만적인 나의 수업방식은 다음의 이유에서 결정적인 문제점을 노출하였다.

학생들의 발표와 토론을 중심으로 하는 수업을 전개하기 위해서는 해당 주제
에 대한 발표자의 철저한 준비와 아울러 나머지 학생들의 사전예습도 전제되어야
만 한다. 그리고 수업의 과정에서 학습목표를 이탈한 학생들의 대화와 토론에 대
해서는 교수자로서의 적절한 개입이 필요하다. 또한, 학생들의 발표와 토론이 끝
난 뒤에는 주요한 쟁점들을 정리하고, 핵심적인 학문적 지식을 재차 환기하고 종
합하는 교수자의 노력이 반드시 뒤따라야 한다. 나는 교수 여정의 초창기에 학생
들의 수업준비를 철석같이 믿었고, 발표와 토론 뒤에는 학생들의 이해도가 자연스
럽게 높아질 것으로 기대하였다. 이른바, '누이 좋고 매부 좋은' 헐렁한 수업을 하
다 보니 학생들의 강의평가 만족도도 높게 나왔다. 그러나 양미경(2008)은 대학

강의의 질이 객관적인 실재가 아니라, 교수와 학생 사이의 교호작용을 통해 구성 되는 실재라고 주장하였다. 외부자의 관점과 객관적인 지표(숫자)로만 본다면, 나의 강의는 괜찮은 편이었지만 실상은 그러하지 못하였다. 나는 교수경험이 쌓여갈수록 방향성을 상실한 채 대화와 토론만을 일삼는 학생 중심의 수업이나 높은 강의평가 결과가 능사가 아님을 점차적으로 깨닫게 되었다.

> 교수님의 수업을 듣다 보면, "아! 이런 이유로 교육이론이 만들어졌구나." 하고 이해할 수 있거든요. 하지만 분명히 재미는 있는데, 구체적으로 뭘 배우고 있는지는 모르겠어요. 선생님들(학생 교사들)끼리 주고받는 이야기를 들어 봐도, 교재의 개념이나 이론에 기초하여 말하기보다는, 그냥 교사로서의 경험이나 생각들을 단순히 이야기하는 것 같아요. 간혹 어떤 선생님은 교재를 읽고 온 걸까 하고 의심이 들기도 해요. 제 경우만 봐도, 발표를 맡은 부분은 잘 이해할 수 있지만 나머지 내용들은 잘 모르겠어요. 사실 긴장감에서 차이가 나거든요. 교수님께서 수업의 말미쯤에 핵심적인 개념이나 이론들을 다시 정리해 주시면 좋겠어요.
>
> (2010. 04. 20. 노랑대학교 대학원의 한 학생 교사의 내러티브, 인터뷰 전사본)

> 잠깐만요! 지금 선생님들의 대화는 지나치게 추상적이거나 또는 일상적인 이야기들로 가득합니다. 이러한 이야기는 단순한 넋두리로 전락할 위험이 있습니다. 선생님들이 대학원 수업에 참여하기 위해서는, 무엇보다 교재의 내용을 철저히 이해하려고 노력해야 합니다. 그래야 자신만의 독창적인 생각을 가질 수 있어요. 오자와 탈자의 발견에서 논리적인 비약과 오류에 이르기까지 철저한 독서가 필요하죠. 어느 교육학자의 주장처럼, 우리는 '빠지는 독서에서 벗어나 따지는 독서'로 나아가야 합니다. 하지만 여러분들은 지금 빠지는 독서 수준에도 미치지 못하고 있습니다. 물론 그렇게 가르치는 저에게 더 큰 문제가 있겠지만….
>
> (2011. 03. 30. 노랑대학교 일반대학원 수업 장면, 자기관찰 자료)

기존의 지식에 재개념화를 시도하고, 이슈 중심적 접근을 통해서 변환적인 교육과정을 추구하는 교사교육자는 반성적인 교육실천가를 키울 수 있다(Kea,

Campbell-Whatley, & Richards, 2006). 이러한 이유에서 나는 예비교사들과 학생교사들이 내 수업을 통해서 기존의 화석화된 교육이론과 지식에 생명을 불어넣는 학습의 주체들이 되기를 소망하였다. 즉, 교육학을 가르치는 일은 저 너머에 존재하는 정보로서의 교과지식을 일방적으로 전달하는 것이 아니라, 학생들이 자신의 일상적인 교육실천으로부터 새로운 지식들을 재발견하는 일이라고 생각하였다. 그러나 나는 6년간의 교수 여정을 통해서 교수자 또는 학습자 중심이라는 이분법적 사고를 되돌아보게 되었다. (예비)교사들이 대화와 토론을 중심으로 학습의 주체가 되는 것은 바람직하나, 학생들의 대화와 토론 그 자체는 결코 수업의 목적이 될 수는 없다. 즉, 교수자 중심의 일방적인 수업방식도 문제지만, 동시에 학습자 중심의 수업도 문제가 있기는 매한가지이다. 따라서 좋은 교수법이란 교수자 또는 학습자 중심의 절름발이식 수업이 아니라, 가르치고 배우는 자가 기존의 학문지식을 철저히 이해하면서 새로운 앎과 삶의 지평으로 함께 나아가는 '교학상장(敎學相長)'의 길이었다.

연구자: 학교사회학을 같이 공부한 지 벌써 14주차가 되었네요. 학기 초에 상징적 상호작용론을 설명할 때가 기억납니다. 난해한 개념들을 설명하기가 쉽지 않았거든요. 하지만 지난주 선생님의 리뷰를 읽고 나서, 시간강사로서 보람을 느꼈어요. 비평의 수준이 몰라보게 높아졌습니다.

위 교사: 처음에는 상징적 상호작용론을 왜 배워야 하는지 의아했습니다. 하지만 이제 수업현상을 나름대로 분석하고 해석할 수 있는 눈을 가지게 되었습니다. 상징적 상호작용론의 개념이 보다 선명해지고, 이론적 장점과 한계도 조금씩 보입니다.

연구자: 우즈(P. Woods)에 대한 선생님의 리뷰는 저에게도 공부가 되었답니다. 1980년대 영국 학교의 상황과 현재의 한국 학교는 분명히 다르지요. 두 나라의 역사적·문화적 차이를 날카롭게 지적하셨네요. 이제 가르치고 배우는 사람이 바뀌어야 할 것 같습니다.

위 교사: 과찬이십니다. 아직 멀었습니다.

(2011. 06. 08. 노랑대학교 대학원, 개인적인 기억자료)

2. 복수적인 정체성과 관점의 조화: '교학반의 의미 재발견'

교사교육자의 교수활동은 지적 · 문화적 · 맥락적인 측면에서 국지적인 활동이기 때문에 교사교육자의 정체성은 다양한 상황과 국면에 따라서 유동적으로 구성된다(Ritter, Powell & Hawley, 2007; Swennen, Jones, & Volman, 2010). 현장교사로의 정체성을 지닌 교사교육자로서의 나는 대학과 대학원의 교수 여정 속에서 복수적인 정체성과 관점들이 유동적으로 구성되고 변화됨을 경험하였다. 여기에서 복수적인 정체성이란 대학과 대학원의 교수경험에서 형성된 여러 개의 전문적인 직업 정체성을 의미한다. 그리고 관점이란 한 교사교육자가 복잡한 교수맥락에 따라 복수적인 정체성을 형성하는 과정에서 교육현상과 교육대상을 새롭게 바라보는 인식론을 의미한다.

　　Swennen과 동료들(Swennen, Jones, & Volman, 2010: 131-148)은 국가적 · 문화적 · 제도적인 차원에 따라서 상이하게 형성된 교사교육자의 하위 정체성들(sub-identities)을 네 가지로 분류하였다. 그들은 오늘날 세계 각국의 교사교육자들의 직업 정체성을 ① 학교 교사로서의 교사교육자(teacher educator as school teacher), ② 고등교육에서 교사로서의 교사교육자(teacher educator as teacher in higher education), ③ 연구자로서의 교사교육자(teacher educator as researcher), ④ 교사들의 교사로서의 교사교육자(teacher educator as teacher of teachers)로 구분하였다. 현장교사와 대학(원) 시간강사 그리고 교육연구자라는 복수적인 정체성을 지닌 교사교육자로서의 나는 위의 네 가지 하위 직업 정체성을 모두 경험하였다. 그러나 나는 이 과정에서 교사교육자로서의 복수적인 정체성과 관점을 점차적으로 조화시켜 나갈 수 있었다. 우선, 교사교육자로서의 이러한 복수적인 정체성과 관점을 구성하고 조화시키는 과정을 요약하면 아래와 같다.

　　사범대학과 교육대학의 예비교사들에게는 학교 교사로서의 교사교육자 정체성이 강조되었다. 그리고 현장교사들을 대상으로 하는 교육대학원과 일반대학원 수업에서는 대학원 시간강사로서의 교사교육자 정체성이 도드라졌다. 한편, 학생 교사들의 석/박사 학위논문을 지도할 때는 대학원 시간강사로서의 교사교육자 정체성뿐만 아니라 교육연구자로서의 교사교육자 정체성이 도드라짐을 경험하였다. 그러나 내가 경험한 위의 세 가지 하위 정체성들은 교사교육자로서의 분열되고 파편화된 관점을 한데로 모으는 데는 역부족이었다. 결국, 나는 과거의 교수경험을 반성적으로 성찰함으로써 교육이론과 교육실천의 연결을 추구하는 교사들의 교사로서 강단에 섰을 때에만 훌륭한 교사교육자로 인정받고 성장할 수 있음을 경험하였다. 교사교육자로서의 복수적인 정체성과 관점을 구성하고 조화시키는 구체적인 이야기는 다음과 같다.

첫째, 교사교육자로서의 나는 사범대학과 교육대학의 예비교사들을 대상으로 교직과목(교육사회학, 교육철학/교육사, 교육과정과 수업, 교육평가)을 가르치는 시간강사였다. 나의 전공이 교육사회학과 교육행정학임에도 불구하고, 이처럼 다양한 교직과목을 가르칠 수 있었던 것은 독특한 학문적 배경 때문이었다. 나는 석/박사 과정에서 교육사회학과 교육행정학을 전공하였지만 해석적 관점의 사회철학과 언어철학에도 관심이 많았다. 그리고 간학문적 · 다학문적 접근을 통해 교육과정과 교실수업을 해석적으로 탐구하는 신교육사회학자였다. 이러한 나의 학문적 취향은 정통 교육사회학자라는 학문적인 정체성을 잃게 만들었지만, 동시에 다양한 응용학문으로서 분절화되어 있는 하위 교육학들의 유사점과 공통점을 발견하게 하였다. 하지만 나의 학문적 배경이 이러하다 하더라도 교육사회학을 제외한 교직과목들을 가르칠 때는 긴장감과 두려움에 맞서야만 하였다.

예비교사들을 처음 가르칠 때, 내 대학시절의 학습경험이 떠올랐다. 당시의 대학시절을 더듬어 보면, 무엇인가를 열심히 배우고 익혔던 것 같다. 그러나 임용고사를 준비하면서 대학에서 배운 지식만으로는 시험에 합격하기가 힘들다는 것을 알게 되었다. 그리고 임용고사를 위해 우격다짐으로 머릿속에 밀어 넣었던 교육학 지식들은 합격과 동시에 연기처럼 사라져 버렸다. 그리고 더욱 실망스럽게도, 그나마 기억하고 있는 교육학 지식은 실제적인 교수 장면에서 무기력하기 짝이 없었다. 나의 게으름과 우둔함이 더 큰 문제였겠지만, 교사로서의 전문성 향상을 위한 대학의 교사교육은 실제적인 교육실천과는 다소 유리되어 있었다. 이러한 나의 학습경험은 예비교사들을 가르쳐야 하는 교사교육자로서의 나에게 새로운 자극제가 되었다.

나는 교사교육자로서 내가 누구이며, 예비교사들이 무엇 때문에 특정한 교직과목을 배워야 하는지를 가르치고 싶었다. 나의 거창한 소망에도 불구하고, 대부분의 예비교사들은 과거 나와 유사한 모습으로 대학수업에 참여하였다. 그러나 그들은 난해한 교육학 이론에 대해서는 심드렁하다가도 현장교사로서의 교수경험에 대한 이야기에는 흥미와 관심을 나타내었다. 그들은 교과지식과 관련된 나의 솔직한 이야기를 통해서 자신들이 장차 맞이하게 될 실제적인 학교와 학생들을 그려 보았다. 나는 이러한 교수경험을 통해서 사범대학과 교육대학의 예비교사들이 대학의 시간강사보다는 현장교사로서의 교사교육자 정체성에 관심을 기울인다는 사실을 알게 되었다. 나는 학교의 아이들을 간절히 만나고 싶어 하는 예비교사들의 눈동자를 보면서 현장교사로서의 내 삶을 다시금 되돌아보게 되었다. 결국, 내가 그들을 가르친 것이 아니라, 그들이 나를 가르친 것이었다.

> 교육사회학 수업은 너무 어려워요. 무슨 이론들이 그리도 많아요? 외국 학자들의 이름을 외우기가 너무 힘들어요. 수업을 듣다 보면 황당하기도 해요. 오늘 배운 이론을 채 이해하기도 전에 그 이론에 대한 한계와 비판들을 다시 외워야 하니까요. 교수님은 이론을 이해하라고 강조하시지만, 임용고시를 준비해야 하는 저의 입장에서는 늘 불안하죠. 어차피 모두 외워야 하는 것에 불과하니까요. 그렇지만 간간히 들려주는 학교 이야기는 정말로 재미있어요. 교육사회학에서 배운 이론들이 학교에서 이렇게 적용될 수 있구나 하고 알 수 있으니까요. 교수님 수업을 듣다 보면, 빨리 좋은 선생님이 되고 싶어요.
>
> (2010. 10. 21. 주황대학교 어느 예비교사의 편지, 이메일 전사본)

대부분의 교사교육자들은 전문적인 교사교육자로 입문하기 이전에 학교교사로서의 교사교육자 정체성을 경험한다(Murry & Male, 2005: 125-142). Zeichner(2005)도 학급교사에서 협력적인 교사로, 그리고 대학의 전문적인 교사교육자로 변모하는 자신의 개인적인 이야기를 분석함으로써 교사교육자의 양성과 교사교육 프로그램 운영에서 현장교사로서의 교수경험을 강조하였다. 이들의 견해처럼, 현장교사로서의 풍부한 교수경험은 예비교사들로 하여금 교육이론이 교육실천과 유리된 것이 아니라는 점을 깨닫게 해 주었다. 그러나 현장교사로서의 교사교육자 정체성은 예비교사들이 교육이론을 음미하는 데에는 다소 제한적이었다. 또한, 현장교사로서의 교사교육자 정체성은 교육대학원과 일반대학원의 수업 장면에서 그다지 강조되지 않았다. 대학원 학생 교사들의 대부분은 나처럼 현장교사들이었기 때문이다.

둘째, 교사교육자로서의 나는 교육대학원과 일반대학원에서 시간강사로서의 교사교육자 또는 교육연구자로서의 교사교육자로 인식되었다. 학생 교사들의 대부분은 유치원과 초중등학교의 현장교사들이었는데, 그들은 승진을 위한 연구점수나 석/박사 학위 취득, 그리고 자기계발과 재충전을 위하여 대학원에 진학한 교직 동기나 선후배들이었다. 그들의 눈에 비친 나의 정체성은 현장교사보다는 박사학위를 소지한 고등교육기관의 시간강사나 교육연구자로서의 교사교육자였다. 내게 시간강사와 교육연구자로서의 하위 정체성은 구분되기보다는 하나의 중첩적인 정체성에 가까웠다. 즉, 대학원 수업 장면에서는 시간강사로서의 정체성이 강조되다가도 논문 연구와 논문 지도 때에는 교육연구자로서의 정체성이 도드라졌다.

대학원교육에서 학습자와 교수자가 현장교사로서의 직업적인 경험을 공유하는 일은 때로 장점이 되었다가도 단점으로 돌변하기도 하였다. 서로가 권력관계로부터 자유롭다 보니 수평적인 입장에서 질문과 대답을 주고받을 수 있었다. 무엇보다, 교육현상과 교육대상에 대한 현장교사로서의 관점과 문제의식을 공유함으로써 서로의 다양한 사고와 교육실천을 나눠 가질 수 있었다. 그러나 이러한 수평적인 권력관계는 학문적인 안일함을 쫓아감으로써 자칫 대학원교육의 학문적인 수월성과 엄밀성을 저하시킬 수도 있었다. 따라서 교사교육자로서의 나는 학교현장에서 친숙한 친밀적인 인간관계나 교사문화보다는 시간강사 또는 교육연구자로서의 정체성을 강조하려 노력하였다.

저도 현장교사이지만, 안일하게 학문을 대하는 교사들을 보면 한심한 생각이 듭니다. 이러한 분들은 박사라는 타이틀이나 승진을 위해 대학원으로 오시는 것 같아요. 박사학위를 받은 교사치고 제대로 된 교사가 없다는 외부의 냉소적인 비판을 되돌아 봐야 합니다. 박사학위를 받은 교사들 가운데 학술활동을 지속하는 분들이 몇 명이나 될까요? 모두들 박사학위를 받는 순간 학문은 끝인 거죠. 교육연구는 명문 대학원의 그 누군가만 할 수 있는 지적 전유물은 결코 아닙니다. 교육현상과 교육실천에 대한 상심(傷心)을 가지고서, 교육을 개선하기 위한 연구자로서의 절박함, 진지함, 진정성만 있으면 된다고 봐요. 이러한 자세로 학문에 임한다면 전문적인 학자 수준에 버금가는 교육연구를 수행할 수 있다고 봅니다. 연구주제의 참신성과 연구과정에 대한 진실성이 있으면, 연구방법이 거칠고 이론적인 깊이가 낮다고 해도 학술논문으로 인정해 줍니다. 자신감을 가지고 등재학술지에 도전해 보세요. 제가 너무 잘난 척했죠?

(2010. 04. 19. 파랑대학교 일반대학원 박사과정의 수업 장면, 자기관찰 자료)

위의 수업 장면처럼, 나는 학생 교사들을 대상으로 대학원 수업을 하거나 논문 지도를 마치고 나면 뒷맛이 개운치 않았다. 나의 동료들에게 학문적인 가르침을 줄 수 있어서 다행스러우면서도, 다소 주제 넘는 짓을 한 것 같아 찜찜하기도 하였다. 나는 학문적인 영역에서는 가르침을 줄 수 있었지만, 학교현장에서는 도리어 그들로부터 가르침을 받아야 하는 동료 교사였기 때문이다. 또한, 학생 교사들의 일부는 이미 교육현장에서 수업 전문성을 연마하였거나 직업적인 성장을 이룬 이들이었다. 따라서 머지않아 나의 상급자(교감, 교장)가 될 수도 있는 학생 교사들에게 얄팍한 지식을 우쭐거리며 파는 것 같아 혼란스러웠다. 모순적이게도, 교사교육자로서의 나는 학생 교사들에게 학문적으로는 교육이론과 교육실천의 연결을 강조하면서도, 실제적인 교수 전문성 측면에는 별다른 노력을 기울이지 않는 현장교사이자 교사교육자였다. 따라서 대학원에서의 시간강사 또는 교육연구자로서의 하위 정체성은 내게 늘 불안하고 불만족스러울 수밖에 없었다.

박 교수: 이 선생(연구자), 이번 학기에 박사과정을 수료한 김 교감이네. 지난해 개나리시 교육청에서 장학사로 근무하다가 올해 교감으로 발령이 났어요.

연구자: (다소 당황한 목소리로) 예, 그렇습니까? 만나서 반갑습니다.

박 교수: 이번에 김 교감이 박사논문을 써야 하는데, 질적 연구를 하기로 했어요. 이 선생님이 아무래도 질적 연구 전문가니까 도움을 줬으면 하는데….

연구자: (자신 없는 목소리로) 예, 별 도움은 되지 않겠지만….

김 교감: (고기를 구우며) 이 박사님, 잘 부탁드립니다. 제가 아직 많이 부족합니다.

박 교수: (실망스런 목소리로) 아니지, 고기는 이 선생이 구워야지. 김 교감은 그냥 계세요.

(2009. 11. 18. 개나리시의 한 식당, 개인적인 기억자료)

셋째, 최근에 나는 위의 분열적인 세 가지 하위 정체성들의 한계를 극복할 수 있는 교사교육자로서의 대안적인 정체성과 관점을 형성하게 되었다. 그것은 바로 교사들의 교사로서 교사교육자의 정체성과 관점을 새롭게 정립하는 것이었다. 교사교육의 대가인 Zeichner(2005)는 좋은 교사교육자는 훌륭한 교사를 만들 수 있지만, 역으로 훌륭한 교사는 좋은 교사교육자가 될 수 있다는 역설적인 주장을 하였다. 즉, 좋은 교사교육자와 훌륭한 교사의 개념은 선후관계나 인과관계가 아니라, 그 자체가 하나의 통합적인 개념인 것이다. 따라서 교사교육자의 직업 정체성이 현장교사나 대학(원)에서의 시간강사 그리고 교육연구자인 것과는 상관없이, 교사들의 교사로 인정받을 때 비로소 진정한 의미의 교사교육자가 될 수 있다.

상술한 바와 같이, 나는 비교적 최근에 와서야 교사들의 교사로서의 정체성을 인정받을 때 비로소 완전한 교사교육자가 될 수 있음을 깨닫게 되었다. 첫째, 교사들의 교사로서의 나는 스스로가 학생들을 어떻게 가르쳤는지에 대한 자기반성을 시도하는 존재였다. 둘째, 교사들의 교사로서의 나는 내가 어떻게 가르쳤는지에 대하여 타자들과 솔직한 대화를 나누는 의사소통적인 존재였다. 셋째, 교사들의 교사로서의 나는 교육이론에 대한 소개와 전달의 수준을 넘어서 스스로가 좋은 교수실천의 모델링이 되는 것이었다. 따라서 교사들의 교사로서의 교사교육자는 교수활동을 둘러싼 이론과 실천의 이중적인 역할과 관점을 조화시킴으로써 실천적인 지식인으로 변모하는 존재라는 것을 깨닫게 되었다. 또한, 교사교육자로서의 나는 가르치는 활동이 배움의 반이라는 '교학반(敎學半)'의 의미를 재발견하게 되었다.

대학원을 다니는 일부 현장교사들은 도대체 좋은 수업이 어떤 것인지를 보여 달라는 자조적인 눈초리로 수업에 참여하는 듯하다. 같은 현장교사의 입장을 뒤로하고, 마치 별나라 이야기를 하고 있는 내 이야기가 듣기 불편한 모양이다. 어찌 보면, 그들의 소리 없는 항변은 무리가 아닐지도 모른다. 나 스스로도 초등학교와 대학원에서 좋은 수업을 실천하고 있다고 확신할 수는 없으니까. 좋은 수업은 무엇이고, 어떻게 하는 것이라고 말을 하기는 쉽다. 가벼운 세 치 혀는 복잡하고 다양한 수업맥락을 당장 짊어지지 않아도 되니까. 그러나 현장교사로서의 나의 수업과 대학원 시간강사로서의 내 수업을 냉정하게 되돌아보자. 여러 대학교

의 교수님들이 부족한 나를 시간강사로 채용한 것은 바로 이러한 교육
이론과 교육실천의 간극을 연결하라는 의도임에 분명하다. 그러나 나는
여전히 교육이론과 교육실천이라는 간극 사이에서 헤매는 존재는 아닐
까? 나는 지금까지 시간강사와 교육연구자의 입장에서 교육실천의 몫
을 학생 교사들에게 떠넘긴 것 같다. 이제야 비로소 내 교수경험을 학생
교사들에게 솔직하게 이야기할 때가 온 것 같다.

(2010. 10. 25. 초록교육대학원 강의를 마친 후, 반성적 저널)

3. 교사교육의 본질적인 가치와 의미의 복원: '껍데기는 가라!'

여기에서는 예비교사들과 학생 교사들을 가르친 경험에 기초하여 교사교육의 가
치와 의미를 논의하고자 한다. 교사교육자로서의 나는 실제적인 교수 장면에서 교
사교육의 목적을 둘러싼 내재적이고 본질적인 가치와 외재적이고 수단적인 가치
들이 상충함을 경험하였다. 그리고 이러한 교수경험을 통하여 교사교육과 관련된
가르침의 의미를 다시금 성찰하게 되었다. 사범대학과 교육대학의 예비교사들은
교사로서의 앎과 삶을 확장하려는 내재적이고 본질적 가치와 교사가 되기 위한 임
용고사의 합격이라는 외재적이고 수단적인 가치 사이에 놓여 있는 존재들이었다.
한편, 교육대학원과 일반대학원의 교사교육에서는 반성적인 교육실천가로 거듭
나려는 내재적이고 본질적인 가치와 출세와 승진이라는 외재적이고 수단적인 가
치들이 병존하였다. 구체적인 이야기는 다음과 같다.

대학원교육의 목적이 학문의 탐구를 통한 새로운 지식산출과 학자 양성에 있
다면, 대학교육의 목적은 학문적 지식들을 전수하고 이해시키는 데 있다(윤여각,
1998). 예비교사들을 가르치는 교사교육자로서의 나는 교직과목에 대한 전형적
지식을 가르침으로써 예비교사들이 미래 교사로서의 교육적 앎과 삶의 지평을 확
장하기를 바랐다. 다수의 예비교사들은 이러한 나의 교수의도와 교수목적을 잘 따
라 주었다. 그러나 실망스럽게도, 예비교사들 가운데 소수는 학문적 지식에 대한
심층적인 이해보다는 외적인 평가방식과 평가결과(학점)에 더 큰 관심이 있었다.
제사보다 젯밥에 관심이 더 많은 예비교사들은 '읍소전략(泣訴戰略)'을 통해 성적
향상을 바랐지만, 그러한 일은 결코 발생하지 않았다.

강진희: 교수님, 주황대학교 특수교육과 2학년 진희인데요.

연구자: (걱정스러운 목소리로) 그래요? 무슨 일로….

강진희: 너무 죄송한데요. 교육사회 성적이 생각보다 낮게 나와서요.

연구자: (성적표를 확인한 후) 중간고사, 기말고사, 리포트 점수를 합산 하니 총 82점입니다. 중간고사 성적이 매우 낮네요?

강진희: (울먹이며) 제가 성적 이의제기를 하는 것은 아닌데요. 성적을 조금만 더 올려 주시면 안 돼요? 교육사회 성적만 특별히 낮게 나와서요. 이번 학기에 꼭 장학금을 받아야 해서요.

연구자: 주황대학의 평가기준이 상대평가라서 어쩔 수가 없습니다. 정당 한 사유 없이 한 학생의 성적을 올리면, 다른 학생의 성적이 내려 가기 때문입니다.

강진희: (실망스런 목소리로) 그럼 B0를 B+로 바꿔 주시면 안 돼요? 부 탁드려요.

연구자: 미안합니다. 절대로 안 됩니다.

(2008. 12. 29. 예비교사와의 전화통화 내역, 개인적인 기억자료)

'학점 따먹기'로 대변되는 그들의 학습전략은 나를 실망시키기에 충분하였다. 그러나 교사가 되기 위한 특수목적 대학교에 입학하고서도 좀처럼 현장교사가 될 수 없는 그들의 처지를 점차적으로 이해하게 되었다. 이새암(2010)의 지적처럼, 오늘날 사범대학과 교육대학에서의 교사교육은 훌륭한 교원 양성이라는 내재적 가치와 임용고사 합격이라는 외재적 가치를 동시에 충족시켜야만 하는 지경에 이르고 말았다. 교사교육자로서의 나는 두 가지의 상이한 교수목적을 동시에 달성하기가 쉽지 않았다. 좀 더 솔직히 말하면, 예비교사들의 임용고사 합격을 위해서 학원 강사처럼 가르쳐야 하는 교사교육자로서의 모습을 인정할 수 없는 노릇이었다. 다만, 내가 가르쳤던 학생들의 명단이 합격을 축하하는 현수막에 적혀 있을 때 안도의 한숨을 내쉬었다. 나의 가르침이 학생들의 임용 합격에 미약한 도움이 되었을지도 모른다는 착각 때문에.

막무가내로 성적을 올려 달라는 간청을 일언지하에 거절하고 나니 마음이 짠하다. 일부 기성세대들은 사회문제에 비판의식이 결여된 요즘 세대의 대학생들을 책망하기도 한다. 비판적 교육사회학을 가르치는 나 또한 그런 사람이었다. 요즘 대학생들은 과거 대학생들이 경험했던 이데올로기적 장벽 대신에 무한경쟁을 강조하는 정글의 법칙과 싸우고 있는 듯하다. 그들의 낮은 비판의식은 자기중심적인 시대의식에서 비롯된 것이 아니라, 적자생존에 가까운 정글의 법칙을 강요하는 기성세대들의 사회문화적 그물망에서 기인되었는지도 모른다. 무한경쟁에서 살아남아야만 하는 그들에게 과연 누가 돌을 던질 수 있단 말인가? 한국사회는 강하고 정의로운 자가 살아남는 것이 아니라, 살아남은 자가 정의롭고 강한 자가 되는 방향으로 나아가고 있는 것은 아닐까? 오늘날의 대학들은 이러한 사회현실을 비판하고 개선하기보다는, 또 하나의 살아남아야 하는 교육기관으로 전락하고 있는 듯하다. 나는 고등교육기관의 교사교육자로서 예비교사들에게 무엇이 옳다고 가르쳐야 하는가? 내가 과연 그들을 비판할 자격은 있는 것일까?

(2009. 08. 17. 반성적 저널)

한편, 대학원교육의 본질적 의미는 교육을 매개로 하여 학문의 발전과 학자를 양성하는 것이다(윤여각, 1997). 교사교육자로서의 나는 대학원교육의 이러한 본질적인 가치와 의미를 누구보다도 지지하는 사람이었다. 그러나 교육대학원과 지방 대학교의 일반대학원에서 만난 일부 학생 교사들은 대학원교육의 본질적인 가치나 의미와는 상당한 거리가 있었다. 일부 대학원생들은 자신의 논문 주제를 찾는데도 어려움을 겪었으며, 연구 주제를 발견한 이후에도 그 연구 주제를 해결할 수 있는 이론적 배경, 연구방법론, 글쓰기 등에서 한계를 드러내었다. 한 가지 흥미로운 사실은, 이러한 학생 교사일수록 빨리 그리고 쉽게 석/박사 학위를 취득하고자 한다는 점이었다. 그들이 바라본 대학원교육의 가치와 의미는 반성적인 교육실천가로서의 성장이 아니라, 출세와 승진을 위하여 자신의 학력(學歷)을 높이려는 수단적이고 도구적인 가치에 불과하였다. 그러나 그들은 자신들의 바람과는 달리, 대학원교육에서 소외되어 배움의 주체가 되지는 못하였다.

한 가지 안타까운 점은, 반성적인 교육실천가로 거듭나기 위해서 대학원에 진학한 학생 교사들의 일부도 대학원교육으로부터 소외를 당하였다는 것이다. 이러한 학생 교사들은 현장교사로서의 고된 삶과 학문적인 삶의 균형을 유지하는 데 어려움을 겪는 이들이었다. 그들은 대학의 학사일정에 이끌려 대학원을 다니다가 수료 이후 논문계획서를 준비할 즈음, 학문적인 어려움에 봉착하였다. 그들은 그때서야 논문작성을 위한 교육이론을 탐색하고, 연구논리와 연구방법론에 대하여 관심을 가지기 시작하였다. 그들은 나에게 논문을 검토받으면서 자신들이 최선을 다해 학문을 탐구하지 못하였음을 못내 아쉬워하였다. 즉, 그들은 대학원의 코스워크를 마친 다음에야 비로소 자신들이 어떠한 선택과 결정을 하였는지를 자각한 것이다.

> 교사의 직업적 삶과 대학원 공부를 병행하는 일에는 초인적인 힘이 필요합니다. 어쩔 수 없이 두 삶의 일부분에서 선택과 집중을 해야만 하죠. 오늘이 첫 강의인데, 실라버스(syllabus)를 출력해 온 선생님들이 아무도 없네요. 이런 방식으로 공부하면 졸업하기가 힘듭니다. 내가 왜 대학원을 왔는지에 대한 철저한 고민이 없으면 대학원에서 얻을 수 있는 것은 아무것도 없습니다. 자신에게 가장 절실한 연구 주제를 결정하고, 그것을 해결하기 위한 수단으로서 수강신청을 해야 합니다. 철저히 나에게 필요한 강의를 중심으로. 좀 더 과장되게 표현하면, 대학원의 코스워크 때문에 자신만의 연구를 제대로 수행하기가 힘들어야 합니다. 대학원 수료 이후에 뭔가를 하려고 하면 때는 이미 늦습니다. 학교의 분주하고 거친 일상들이 여러분들을 가만히 놔두질 않을 겁니다. 고통이 없으면 얻는 것도 없는 셈이죠. 학문함에는 특별한 왕도가 없습니다. 농부와 같은 정직한 심정으로 열심히 살아가야 하는 거죠.
> (2011. 03. 03. 노랑대학교 대학원의 첫 수업 장면, 자기관찰 자료)

하지만 위와 같은 교사교육자로서의 남다른 열정과 노력은 심한 파열음을 만들어 내기도 하였다. 이러한 파열음은 때로 현장교사의 맥락을 지닌 교사교육자로서의 정체성을 송두리째 뒤흔들었다. 2010학년도 2학기 경우, 나는 현장교사임에도 불구하고 대학원 강의를 무려 다섯 강좌나 맡게 되었다. 나의 박사학위 논문을 심사해 주신 두 교수님의 안식년과 대학원 시간강사 채용조건의 변화로 인해 갑작스레 많은 강의를 맡게 되었던 것이다. 그러나 내가 이토록 많은 강의를 맡게 된 결정적인 이유는 교수들과의 원만한 인간관계의 유지나 사회적인 지위의 향상, 또는 금전적인 이익이나 학문적인 우쭐거림 때문만은 아니었다. 그동안 갈고 닦은 교육적 통찰과 지식 그리고 질적 연구방법론을 교육현장에서 동고동락하는 동료 교사들과 나누고 싶어서였다. 그러나 나의 이러한 판단은 문자 그대로 과유불급 (過猶不及)이었다.

2010학년도 2학기에 갑자기 도교육청으로부터 공문이 날아들어 왔다. 영문 도 없이 현장교사들의 대학(원) 강의 실태를 조사하는 공문이었다. 공문을 바라보 는 순간 느낌이 좋지 않았고, 그 결과는 나의 예상대로였다. 뉴 라이트 계열의 학 부모 단체들은 현장교사들의 대학(원) 출강에 대하여 공식적인 문제제기를 하였 고, 나는 그 문제의 중심부에 서게 되었다. 학부모 단체들의 주장은 현장교사들이 학교의 일과 중에 대학(원) 출강을 함으로써 교내 동료들에게 위화감을 조성하고 교사로서의 본분을 다하지 못한다는 것이었다. 현장교사의 맥락을 지닌 한 교사교 육자의 복수적인 정체성은 사회문화적이고 제도적인 맥락과 충돌하여 끝내 교육 적 파열음을 만들어 내고 말았던 것이다.

학생 교사들은 대부분 현장교사들이었기 때문에 나의 교수적 실천은 그들의 시야로부터 결코 자유롭지 못하였다. 따라서 당시 나는 교육이론과 교육실천을 연 결하는 반성적인 교육실천가로서의 모습을 보여 줘야 한다는 알량한 사명감에 사 로잡혀 있었다. 이처럼 현장교사로서 나름 최선을 다하였노라고 항변하고 싶었지 만, 차마 그 말을 내뱉을 수는 없었다. 누가 봐도, 내가 처해 있는 상황은 변명의 여 지가 없었기 때문이다. 오히려 내가 소속하고 있는 학교장과 동료 교사들이 나의 어깨를 토닥거려 주었다. 나는 자기연민의 감정에 빠질 자격조차 없는 이였다. 내 가 교육현장에서 만난 교육학 박사들의 상당수는 학부모 단체가 비난하는 바로 그 런 교사들이었기 때문이다. 자신의 본업인 학교교육에 소홀히 하면서 대학(원)을 기웃거리는 교활한 지식인으로서의 교사들 말이다. 교사교육자로서의 내 삶도 그 들의 삶과 크게 다르지 않을 수 있다는 생각은 나를 다시금 되돌아보게 하였다. 불 현듯 '껍데기는 가라!'라는 시구(詩句)가 뇌리를 스쳐 지나갔다.

도교육청 장학사의 전화를 받고 나서 심장이 마구 두근거렸다. 너무나 존경하는 교직 선배의 전화였기에 마음이 아팠다. 그조차도 나를 믿지 않는 눈치였다. 그의 조언은 교사를 그만두든지, 아니면 대학 강의를 그 만두라는 말이었다. 나는 2학기 동안 저녁을 굶어 가며, 도로에서 시간을 허비하며, 주말을 반납하며, 가족들의 원망을 뒤로하며, 학교장과 동료들의 눈치를 뿌리치면서까지, 동료들과 함께 지적인 흥분을 즐기고 싶었다. 남들은 돈을 두 배로 많이 벌어서 좋겠단다. 한 시간을 강의해도 초등학교 부진아 수당보다 못한 강사료에 주차비까지 꼬박꼬박 내어야 하는 대학교 시간강사의 삶. 출세와 승진을 위해 대학원을 오가는 교사들에게조차 뭔가를 열심히 가르쳐 보려는 자화상을 마주하면 한심하기가 그지없다. 어디에서도 환영받지 못하는 어정잡이인 나는 오늘 교육 범죄자로서 낙인이 찍히는 것 같다. 그러나 나는 자신을 결코 불쌍하게 여기지 않으련다. 그것은 바로 아직까지 교사교육자로서의 희망을 포기하지 않기 때문이며, 나의 목소리에 공명하는 숨소리와 눈빛을 기억하기에.

(2010. 12. 02. 반성적 저널)

학교장: 이 선생, 대학 강의를 많이 해서 문제가 생겼네?

연구자: 죄송합니다. 불미스러운 일로 학교에 폐를 끼치게 되었습니다.

학교장: 괜찮아요. 누가 뭐라 해도, 이 선생이 아이들을 열심히 가르치는 것을 압니다. 오늘 도교육청에 들어가서 오히려 이 선생 자랑을 하고 왔어요. 절대 그런 사람이 아니라고. 기죽지 말고 생활해요. 그런데 건강을 해칠까 봐 걱정입니다. 두 가지 일을 해내기가 만만치 않을 텐데. 학교장이 괜찮다면 문제없으니까 지금처럼 열심히 가르치고, 강의도 하세요.

연구자: (의기소침한 목소리로) 내년부터는 꼭 강의를 줄이겠습니다.

(2010. 12. 02. 왕릉초등학교 교장실, 개인적인 기억자료)

나는 자신의 교수경험을 되돌아봄으로써 예비교사들의 교육을 위한 고등교육기관의 차별적인 의미와 가치를 성찰하게 되었다. 특수목적 대학인 교육대학과 사범대학의 경우에는 일반대학의 교육목적과 뚜렷한 차이가 있었다. 즉, 교사교육을 위한 고등교육기관은 예비교사들에게 이론적인 지식을 전달하는 수준에 그치는 것이 아니라, 미래의 유능한 현장교사들을 양성하기 위한 실천적인 지식을 강조하였다. 또한, 고등교육기관 교사교육의 본질적인 의미는 예비교사들의 교육적인 앎과 삶을 확장하는 것이었다. 그러나 국가 수준의 교원수급 정책의 실패와 적자생존의 경쟁적인 사회문화적 배경은 예비교사교육의 본질적인 의미와 가치를 퇴색시키고 말았다. 따라서 교육대학과 사범대학으로 대표되는 교사교육의 의미와 가치를 복원하기 위해서는 교사교육자의 개인적인 노력뿐만 아니라, 국가 수준의 제도적ㆍ정책적 변화가 동시에 수반되어야 함을 깨닫게 되었다.

한편, 고등교육기관(교육/일반대학원) 교사교육의 본질적인 가치와 의미는 학문탐구를 통한 전문적인 지식산출과 학자 양성뿐만 아니라, 반성적인 교육실천과 국지적인 이론화 작업을 시도할 수 있는 교육이론가를 양성하는 데 있다. 나의 관점에서 볼 때, 교육대학원 교사교육의 본질적인 가치와 의미는 학생 교사들을 반성적인 교육실천가로 변환시키는 것이다. 그리고 일반대학원 교사교육의 내재적인 가치와 의미는 전문적인 지식산출과 학자 양성뿐만 아니라 국지적인 교육이론가를 양성하는 것이다(이동성, 2011a). 따라서 두 고등교육기관 교사교육의 가치와 의미를 복원하기 위해서는 차별적인 교육과정을 운영해야 할 것이다. 특히, 지방의 고등교육기관들은 엄격하고 투명한 학사관리를 통하여 교사교육에서의 수단적이고 외재적인 가치와 의미를 경계해야 할 것이다.

III. 후생가외를 꿈꾸며

나는 고등교육기관에서 예비교사들과 현장교사들을 가르쳤던 개인적인 교수경험을 자문화기술지를 통하여 이야기하였다. 특히, 교사교육자로서의 나는 교수내용과 교수방식, 복수적인 정체성과 관점, 그리고 교사교육의 가치와 의미에 대한 개인적인 체험들을 더욱 거시적인 사회문화적 및 제도적인 맥락과 관련지어 이야기하였다. 본론의 연구 결과를 요약하여 제시하면 다음과 같다.

첫째, 교사교육자의 교수내용은 객관적인 지식의 실체가 아니라 임시적으로 편집되고 구성되며, 교사교육자에 의해 선택되고 배제되는 담론의 결과물이었다. 그리고 좋은 교수방식은 교수자 또는 학습자 중심의 절름발이식 수업이 아니라, 가르치고 배우는 자가 기존의 교과지식을 철저히 이해하여 새로운 앎과 삶의 지평으로 함께 나아가는 것이었다. 둘째, 현장교사와 대학(원) 시간강사 그리고 교육연구자라는 복수적인 정체성을 지닌 교사교육자는 분열적이고 파편화된 하위 정체성과 관점을 경험하였다. 그러나 연구자는 교사들의 교사로서의 하위 정체성을 통하여 교육이론과 교육실천에 대한 이중적인 역할과 관점을 조화시킴으로써 실천적인 지식인으로 나아갈 수 있었다. 셋째, 교사교육자로서의 연구자는 교사교육의 실천 속에서 내재적인 가치들과 외재적인 가치들이 상충함을 경험하였다. 나는 이러한 교수경험을 성찰함으로써 교사교육에서의 가르침과 배움에 대한 본질적인 가치와 의미를 복원하고자 하였다.

나는 위와 같은 연구 결과에 터하여 고등교육기관 교사교육의 개선과 교사교육자의 교수 전문성을 신장하기 위한 대안적인 관점과 접근을 이야기함으로써 글을 마무리 짓고자 한다.

첫째, 고등교육기관의 교사교육자가 가르치는 교수내용은 객관적인 지식의 실체보다는 특정한 교수자의 선택과 판단에 의해서 임시적으로 구성된 학문적인 담론의 결과물에 가깝다. 이러한 이유에서 고등교육기관은 예비교사와 현장교사들의 교수역량을 강화하기 위한 현재의 교사교육 프로그램이나 교육과정을 재검토할 필요가 있다. 즉, 사회적 변화와 요구에 발맞추어 교사교육 프로그램과 교육과정을 개편하고, 이를 구현하기 위한 최적의 교직과목과 교수내용을 선정해야 할 것이다. 그리고 이러한 시도는 교사교육자의 개인적 노력보다는, 학문 공동체의 주체들이 미래의 교사교육을 위하여 어떠한 교수내용을 선정하여 가르칠 것인가에 대한 집단적이고 공동적인 수준으로 나아가야 할 것이다.

둘째, 최근 고등교육기관의 교육역량에 대한 국가적 수준의 기관평가가 강화됨으로써 교사교육자의 교수방법이 교육적 이슈로 급부상하고 있다. 과거의 평가기준이 교사교육자의 교수능력보다는 연구능력과 실적에 초점을 두었기에, 오늘날 대학교원들의 교수적인 부담감은 날로 가중되고 있는 실정이다. 그러나 한 교사교육자의 교수역량에 대한 평가는 학생들의 객관적인 강의 만족도 지표만으로는 한계가 있다. 왜냐하면, 교사교육자의 교수활동은 명확한 평가준거와 지표만으로는 측정하기 어렵기 때문이다. 오히려 교사교육자의 교수활동은 학습자와의 교호적인 상호작용을 통해서 특정 학문 영역의 지식을 심층적으로 이해하고 새로운 학문적 지식들을 생성해 나가는 고도의 정신적인 교육활동으로 볼 수 있다. 따라서 과거의 방식처럼, 교사교육자의 교수방법을 개인화하고 신비화하는 것도 문제이지만, 계량적이고 제한적인 평가기준으로 교사교육자의 교수활동을 탈숙련화하는 것도 문제이기는 마찬가지이다.

　　교사교육자의 교수역량을 강화하기 위해서 교수방법 관련 전문기관을 설치하고, 외부 교육 프로그램과 전문가를 활용하는 것은 하나의 대안이 될 수 있다. 그러나 이러한 노력과는 별도로, 교사교육자들 스스로가 자신들의 교수경험을 솔직하게 이야기하고, 그 이야기에 대하여 대화하고 성찰할 수 있는 내파로서의 자구책도 중요하다. 이와 같은 맥락에서 자기 연구의 하나인 자문화기술지는 교사교육자가 자신의 교수실천을 자각하거나 성찰하는 과정에서 인식론적 · 존재론적 · 가치론적인 방법론적 도구가 될 수 있다. 자문화기술지는 교수경험에서 비롯된 반성적인 체험들을 거시적인 사회문화적 · 제도적 맥락과 연결을 시도함으로써 교사교육자에게 새로운 교육적 통찰을 줄 수 있기 때문이다.

　　셋째, 고등교육기관의 교사교육에 대한 국가적 수준의 기관 평가가 강화된 것은 교육 수요자의 인구통계학적인 감소에 따른 대학 구조조정의 필요성뿐만 아니라, 교사교육을 위한 고등교육기관의 본질적인 기능과 역할이 충실히 수행되고 있는지에 대한 책무성의 요구이기도 하다. 현 정부는 이 같은 정당성에 기초하여 고등교육기관의 평가결과에 따라 대학(원)의 예산을 차등 지급하고 학생 정원을 조정하려 하고 있다. 이러한 제도적이고 정책적인 변화를 직면한 지방의 교육대학원과 일반대학원은 교육목적을 재정비하고, 대학원교육의 본질적인 가치와 의미를 재고해야 할 것으로 보인다.

　　일반적인 대학원교육의 목적은 교육활동을 통한 학문적인 수월성의 추구와 전문적인 학자의 양성에 있다. 그러나 현장교사들의 재교육을 위한 교육대학원과 지방대학의 일반대학원들이 이러한 대학원교육의 목적을 달성할 수 있는지에 대한 진지한 검토가 필요하다. 저자의 관점에서 볼 때, 교사교육을 위한 교육대학원과 지방 일반대학원의 교육목적은 학문적인 수월성과 교육학자의 양성에 있기보다는 교육이론과 교육실천을 아우르는 반성적인 교육실천가 또는 교육실천 속에서 국지적인 이론을 생성할 수 있는 교육이론가를 육성하는 데 있다. 따라서 정부와 교육과학기술부 그리고 지방의 대학들은 교사교육을 위한 고등교육기관의 본질적인 기능과 가치 그리고 의미에 대한 합의를 형성하고, 그러한 합의에 기초하여 기관평가를 준비하고 실행해야 할 것이다.

　　넷째, 나는 개인적인 교수경험을 통하여 가르침과 배움이 분리된 것이 아니라, 통합된 활동임을 깨닫게 되었다. 또한, 나는 학생들을 가르치면서 자신의 앎과 삶의 지평과 한계를 자각하게 되었다. 즉, 내가 그들을 가르쳐 온 것이 아니라, 그들이 나를 가르쳐 왔음을 알게 되었다. 그리고 교사교육자로서의 진정한 가르침은 (예비)교사들의 앎과 삶에 학문적인 지식을 연결함으로써 가르치는 이와 배우는 자들이 새로운 앎과 삶의 지평으로 함께 나아가는 길이었다. 따라서 나는 '후생가외(後生可畏)'의 마음가짐으로 학생들을 가르치고자 한다. 이는 학생들을 반성적인 교육실천가로 기르기 위함이 아니라, 나 스스로가 반성적인 교육실천가 또는 국지적인 교육이론가로 거듭나야 하기 때문이다.

　마지막으로, 고등교육기관 교사교육의 개선과 교사교육자의 교수 전문성을 신장하기 위해서는 국가 단위의 거시적인 교육정책의 변화와 외부 전문기관의 처방에 앞서, 개인적인 교수실천에 대한 교사교육자들의 치열한 자기반성과 성찰이 선행되어야 한다. 따라서 교사교육자들은 자신의 교수실천을 성찰함으로써 교사교육의 본질적인 가치와 의미를 실현할 수 있는 교육과정과 교수법을 개발해야 할 것이다. 또한, 교사교육자들은 교사교육의 본질적인 가치와 의미를 복원하기 위하여 교수적인 정체성과 관점을 조화시킴으로써 실천적인 지식인으로 거듭나야 한다. 실천적인 지식인으로서의 교사교육자는 가르침과 배움의 활동을 통합하고, 교육이론과 교육실천의 이분법적인 경계를 허무는 교수 주체가 될 것이다. 이러한 맥락에서 교사교육자의 자문화기술지는 교수실천을 개선하기 위한 존재론적·인식론적 도구가 될 수 있을 것이다.

참고문헌

김영천(2007). **질적연구방법론 I: Bricoleur**. 서울: 문음사.

박순용 · 장희원 · 조민아(2010). 자문화기술지: 방법론적 특징을 통해 본 교육인류학적 가치의 탐색. **교육인류학연구**, **13**(2), 55-79.

신동일 · 김나희 · 유주연(2006). 내러티브 탐구 학습을 통한 교육 경험의 성찰. **교육인류학연구**, **9**(2), 57-87.

양미경(2008). 학생의 평정에 의거한 대학 강의평가의 의의와 한계. **교육원리연구**, **13**(1), 93-122.

염지숙 · Jennifer Mitton-Kukner · Yi Li(2007). 내러티브 탐구를 통한 교수경험에 대한 성찰. **한국교원교육연구**, **24**(2), 243-260.

유정아(2009). 대학교원을 위한 교수법 증진 프로그램 적용 사례연구: C대학을 중심으로. **한국교원교육연구**, **26**(1), 343-367.

윤여각(1997). 태극대학교 대학원의 학문적 수월성 유지 기제에 관한 문화 기술적 사례 연구. 미출간 박사학위 논문, 서울대학교 교육학과.

윤여각(1998). 대학원 교육에서의 질문의 의미: 문화 기술적 사례 연구. **교육인류학연구**, **1**(1), 21-46.

이동성(2010). 초등학교 기초학습부진학생 지도 경험에 대한 자문화기술지. **교육인류학연구**, **13**(3), 141-168.

이동성(2011a). 한 교사 연구자의 변환적인 역할과 관점에 대한 자문화기술지. **교육인류학연구**, **14**(2), 61-90.

이동성(2011b). 자문화기술지를 통한 초등학교 운동부 지도 경험 분석. **초등교육연구**, **24**(2), 341-363.

이미자(2008). 초등교사양성기관의 '교육공학' 과목 강의운영 실태 분석 및 개선과제 연구. **한국교원교육연구**, **25**(3), 349-377.

이병승(2006). 교사교육자의 철학적 연구와 교수. **교육사상연구**, **19**, 1-17.

이새암(2010). 사범대학 학생들의 삶에 관한 내러티브 연구. **교육인류학연구**, **13**(1), 95-129.

이용숙(2001). 대학교 수업의 개선을 위한 문화기술적 연구. **교육인류학연구**, **4**(3), 227-253.

최정선(2008). 대학원에서 미국 소설 강의하기: 강의 사례와 구체적 쟁점. **영미연구**, **19**, 49-68.

홍성련(2010). 대학 강의 개선을 위한 수업 컨설팅 사례 분석. **아시아교육연구**, **11**(3), 97-127.

Blume, R. (1971). Humanizing teacher education. *PHI Delta Kappan*, *53*, 411-415.

Chang, H. (2008). *Autoethnography as method*. Walnut Creek, CA: Left Coast Press, Inc.

Coffey, P. (1999). *The ethnographic self.* London: Sage.

Duncan, M. (2004). *Autoethnography: Critical appreciation of an emerging art.* http://creativecommons.org/licenses/by/2.0.

Ellis, C. (2004). *The ethnographic I: A methodological novel about autoethnography.* Walnut Creek, CA: AltaMira Press.

Guba, E. & Lincoln, Y. (1989). *Fourth generation evaluation.* Beverly Hills, CA: Sage.

Hamilton, M. L. (Ed.)(1998). *Reconceptualizing teaching practice: Self-study in teacher education.* London/Bristol: Falmer Press.

Holt, N. L. (2003). Representation, legitimation, and autoethnography: An autoethnographic writing story. *International journal of Qualitative Methods, 2*(1), 18–28.

Kea, C., Campbell-Whatley, G. D., & Richards, H. V. (2006). *Becoming culturally responsive educators: Rethinking teacher education pedagogy.* National Center for Culturally Responsive Educational System, Arizona State University.

Lassonde, C. A, Galman, S., & Kosnik, C. (Eds.)(2009). *Self-study research methodologies for teacher educators.* Boston: Sense Publishers.

Liston, D., Borko, H., & Witcomb, J. (2008). The teacher educator's role in enhancing teacher quality. *Journal of Teacher Education, 59,* 111–116.

Lunenberg, M., Korthagen, F., & Swennen, A. (2007). The teacher educator as a role model. *Teaching and Teacher Education, 23,* 586–601.

Manning, D. (2007). *Auto/ethnography: A journey of self/indulgence.* International Education Research Conference, Australian Association for Research in Education, 1–16.

Mergler, A., Curtis, E., & Spooner-Lane, R. (2009). Teacher educators embrace philosophy: Reflections on a new way of looking at preparing pre-service teachers. *Australian Journal of Teacher Education, 34*(5), 1–14.

Murray, J. & Male, T. (2005). Becoming a teacher educator: Evidence from the field. *Teaching and Teacher Education, 21*(2), 125–142.

Reed-Danahay, D. (Ed.)(1997). *Auto/Ethnography: Rewriting the self and the social.* New York: Berg.

Richardson, L. (2000). New writing practices in qualitative research. *Sociology of Sports Journal, 17,* 5–20.

Ritter, J. K., Powell, D., & Hawley, T. (2007). Takin' it to the streets: A collaborative self-study into social studies field instruction. *Social Studies Research and Practice, 2*(3), 341–357.

Saldaña, J. (2009). *The coding manual for qualitative researchers.* SAGE Publications Ltd.

Sung, Youl-Kwan. (2005). Autobiography: Guilt, self-censorship, and commitment to being a curriculum professor in Korea. *Anthropology of Education, 8*(2), 181–209.

Swennen, A., Jones, K., & Volman, M. (2010). Teacher educators: Their identities, sub-identities and implications for professional development. *Professional Development in Education, 36*(1–2), 131–148.

Swennen, A. & van der Klink, M. (Eds.)(2009). *Becoming a teacher educator: Theory and practice for teacher educators*. Springer.

Wall, S. (2008). Easier said than done: Writing an autoethnography. *International Journal of Qualitative Methods, 7*(1), 38–53.

Zeichner, K. (2005). Becoming a teacher educator: A personal perspective. *Teaching and Teacher Education, 21*(2), 117–124.

제 6 장
교사교육자의 교수적 갈등과 딜레마

I. 들어가며

교사교육과 관련하여 가장 인상적인 경구(警句) 가운데 하나는 "교사들은 자신들이 배운 방식대로 가르친다(Blume, 1971)"이다. 이 경구는 교사교육의 질이 바로 교사교육자의 정체성과 역할, 그리고 교수방식과 밀접한 관계가 있음을 강조한 말이다. 그렇다면, 한 교육대학원의 교사교육자인 나는 현장교사들의 재교육과 전문성 신장을 위한 사표(師表)로서 어떠한 삶을 살아왔는가? 특히, 교사교육자로서의 나는 현장교사들이 배울 만한 교수법의 모범을 보여 주고 있는가? 이 글은 바로 이러한 교육대학원 교사교육자의 교수적 불안과 의문에서 시작한다.

1980년대에 이르러 교사교육 연구에서 교사교육자의 중요성이 부각되기 시작하였으며, 1990년대를 맞이하여 고등교육기관에서의 교사교육자는 학교교육과 교사교육의 질을 개선하는 데 핵심적인 역할을 수행할 수 있는 존재로서 주목받기 시작하였다(Lunenberg, Dengerink, & Korthagen, 2014; Lunenberg, Korthagen, & Swennen, 2007). 왜냐하면, 현장교사는 학교교육을 실질적으로 변화시킬 수 있는데, 바로 교사교육자가 이러한 현장교사의 질을 결정할 수 있기 때문이다. 특히, 현장교사들은 자신들의 역할 모델로 볼 수 있는 교사교육자를 통해 학교와 교실 수업을 개선할 수 있는 지식과 기술, 가치와 태도 등의 교수역량을 획득할 수 있다(Elliott-Johns, 2014; European Commission, 2010; Feiman-Nemser, 2001). 이러한 맥락에서 교육대학원의 교사교육자는 현장교사들에게 교수적 영향력을 발휘함으로써 교육체제의 질을 유지하고 개선하는 데 결정적인 역할을 할 수 있으며, 교육적 혁신자로서 교육에 대한 지식의 중재자 또는 개발자로 기여할 수 있다(European Commission, 2010).

우리나라도 현장교사들의 양성(사범대학의 중등교사 양성)과 재교육을 위한 교육기관으로서 교육대학원을 설치 및 운영해 오고 있다. 우리나라의 교육대학원은 1963년 서울대학교를 필두로 하여 최근에 이르기까지 약 140여 개가 설치되었으며(유경훈·김병찬, 2011: 131), 해마다 2만 명 정도의 교육대학원생이 교육전문가나 교원으로 배출되고 있다(유경훈·김병찬, 2011: 131). 불행히도, 우리나라의 고등교육기관 가운데 하나인 교육대학원은 현장교사의 전문성 개발과 학교현장의 개선을 위한 제도적 장치로서 양적 성장을 거듭하였으나, 최근에 여러 가지 문제(교육대학원 전임교수 부재, 예비교사 대상 양성교육과 현장교사 대상 계속교육의 공존, 입학정원 등)를 드러내고 있다(유경훈·김병찬, 2011). 따라서 정부와 교육부는 교육대학원의 문제점을 직시하고, 교육의 질을 담보하기 위하여 주기별 교원양성기관 평가를 강화하고 있으며, 이 결과를 활용한 구조 개혁을 시도하고 있다(이일용, 2012). 그러나 교육대학원의 교육역량을 강화하기 위해서는 이와 같은 제도적 및 행정적 접근뿐만 아니라, 고등교육기관의 행위 주체로 볼 수 있는 교사교육자의 교수적 삶과 목소리를 이해하는 것도 중요하다. 왜냐하면, 교육대학원에서 교육제도와 교육행정을 개선하는 주체가 바로 교사교육자들이기 때문이다.

고등교육기관에서 교육과정과 수업을 실천하는 교사교육자는 실제적인 교수 장면에서 여러 가지 교수적 갈등과 긴장, 그리고 딜레마를 겪고 있다(Guilfoyle, 1995: 12). 교사교육자가 경험하는 이러한 교수적 갈등과 딜레마는 단순히 개인적 수준의 좌절과 고통에 머무르는 부정적 측면보다는, 깊은 교육적 사고와 행위를 이끌어 낼 수 있는 '방아쇠' 역할을 할 수 있다(Tillema & Kremer-Hayon, 2005: 204). 왜냐하면, 교사교육자는 자신의 교수적 갈등과 딜레마에 대처하는 과정에서 전문적 수준의 반성, 행위, 결정을 시도하기 때문이다. 즉, 교사교육자가 직면하는 교수적 갈등과 딜레마는 전문적 지식을 풍부하게 하고, 교수법을 개선하기 위한 근거자료가 될 수 있는 것이다(Loughran & Russell, 1997).

이러한 맥락에서, 고등교육기관 교사교육자에 대한 선행연구는 교사교육자의 정체성과 역할(Bullough Jr, 2005; Elliot-Johns, 2014; Chennat, 2014; Guilfoyle, 1995; Hostetler, Latta, & Sarroub, 2007; Korth, Erickson, & Hall, 2009; Lunenberg,

Dengerink, & Korthagen, 2014; Richardson, 1989; Swennen, Jones, & Volman, 2010)을 탐구하고, 교사교육자의 교수(pedagogy)에 대한 반성과 의사소통, 그리고 교수적 실천에서의 모델링을 강조하였다(Bax, 1997; Darling-Hammond, 2006; European Commission, 2010; Guilfoyle, 1995; Lunenberg, Korthagen, & Swennen, 2007; Tillema & Kremer-Hayon, 2005). 하지만 이 연구들은 주로 현장교사의 맥락을 지닌 교사교육자들의 정체성과 역할, 그리고 교수법을 탐구한 측면에서 한계가 있다. Korth, Erickson과 Hall(2009)의 지적처럼, 대학교 기반 전임교수의 정체성과 역할, 그리고 교수법에 대한 연구영역은 여전히 처녀림으로 남아 있다고 볼 수 있다.

한편, 최근에는 고등교육기관의 교사교육자들이 자신들의 교수를 직접적으로 갱신하고 탐구하기 위하여 자기 연구(self-study)를 시도하고 있다(Samparas, 2002). 특히, 자기 연구 방법의 하나인 자문화기술지는 특정한 사건에 대한 기억, 느낌, 사고, 정서 등을 심층적으로 이해하고 조명하며, 이것을 거시적인 사회문화적 맥락 및 조건에 연결함으로써 교사교육의 새로운 관점과 방법을 모색하는 질적 연구방법으로서 각광을 받고 있다(Hayler, 2011: 19; Legge, 2014: 118; Starr, 2010: 2; Lassonde, Galman, & Kosnik, 2009: 10; Lunenberg, Dengerink, & Korthagen, 2014: 17; Simms, 2013: 2). 왜냐하면, 한 교사교육자의 경험과 목소리에 주목하는 자문화기술지는 교육연구자이자 교사교육자인 저자의 교육적 행위와 실천, 교수적 연약성, 교사교육자로서의 갈등과 선택, 가치 등의 교수적 경험을 거시적 맥락 및 조건에 관련지어 해석함으로써(Legge, 2014: 118), 교사교육에서의 교수적 쟁점을 파고들 수 있는 방법적 '바늘구멍(pin hole)'이 될 수 있기 때문이다.

이 연구는 자문화기술지를 통하여 한 교육대학원 교사교육자의 교수적 갈등과 딜레마를 내부자의 관점에서 세밀하게 조명하고자 한다. 이러한 연구 목적을 달성하기 위한 구체적인 연구 질문은 다음과 같다. "한 교육대학원의 교사교육자인 나는 3년 동안의 교수 여정에서 어떠한 교수적 갈등과 딜레마에 직면하였는가?" 이 연구의 결과는 한 교사교육자의 내부적 관점에서 교육대학원에서의 교육적 이슈를 조명함으로써 현장교사의 재교육과 전문성 신장을 위한 교육대학원의 본질적 기능과 역할을 제고하고, 교육대학원의 교육역량 강화와 지속 가능한 발전을 위한 대안적 관점을 모색하는 데 기여할 것이다.

II. 선행연구 고찰

1. 교육대학원과 교사교육자에 대한 국내 연구

교육대학원 및 교사교육자에 대한 국내의 연구동향은 ① 교육대학원의 문제점 진단과 발전방향을 모색하기 위한 제도적 접근(김병찬, 2015; 이일용, 2012; 전상훈·이경호, 2010), ② 교육대학원 학습자들의 학습경험과 교사교육자의 교수경험에 대한 질적 연구동향(유경훈·김병찬, 2011; 이동성, 2011)으로 양분할 수 있었다. 제도적 및 행정적 관점에서 교육대학원의 문제점과 발전방향을 모색한 대표적인 연구를 간략하게 소개하면 다음과 같다. 우선, 이일용(2012)은 SWOT 분석을 통해 교육대학원의 문제점을 제시하였다. 그의 연구 결과에 따르면, 우리나라의 교육대학원이 당면한 문제는 교원에 대한 재교육과 양성 기능의 병존, 입학자원의 지속적인 감소, 교육대학원 전임교원의 확보 문제, 교직과목 운영 방안, 교육전문대학원 도입 및 학위과정의 질 관리 등이었다(이일용, 2012: 19-39). 이러한 문제를 해결하기 위한 과제로는 교육대학원의 발전계획 수립, 교원의 연수기능 강화, 주기별 평가인증제 대비, 특성화를 위한 구조조정, 정부에 대한 지원 요구, 학위논문 작성의 질 관리, 외국인 유학생 유치 등을 제시하였다(이일용, 2012: 19-39). 이 연구와 유사한 맥락에서, 전상훈·이경호(2010)는 교육대학원에 대한 기관평가의 발전 방안으로 평가인증제의 도입, 개방체제적 평가 시스템 구축, 합리적인 평가지표의 개발, 평가결과를 활용한 교육대학원의 재구조화 등을 제안하였다. 두 연구는 제도적 및 행정적 관점에서 교원 양성 정책의 변화에 따른 교육대학원의 역할과 과제를 조망한 측면에서 가치가 높다고 볼 수 있다.

　　또한, 김병찬(2015)은 체제분석 모형에 근거하여 특정 전공(교육행정 전공) 교육대학원의 운영현황을 분석하였다. 그가 제시한 연구 결과 중 이 연구에 의미가 있는 내용을 간추리면 다음과 같다(김병찬, 2015). 첫째, 한국의 교육대학원은 학생 입학 자원이 다양하지 않았으며, 교수 자원도 충분하지 않았고, 입학생 수가 지속적으로 감소하였다(김병찬, 2015: 25-54). 둘째, 우리나라의 교육대학원은 교육목표가 불명확하였고, 교육과정이 이론 중심적이었으며, 학위과정이 그다지 충실하지 못하였다(김병찬, 2015: 25-54). 셋째, 교육대학원은 학습자들의 실무능력 향상에 기여하지 못하였으며, 석사학위 논문 수가 급감하였고, 학위논문에 대한 질 평가 및 피드백 기제가 제대로 작동하지 않았다(김병찬, 2015: 25-54). 그의 연구는 특정 전공에 한정하여 교육대학원 운영현황을 분석하고, 교사자격증을 취득하는 사범대의 교육대학원 운영에 주목하였지만, 현장교사의 재교육과 전문성 개발을 목표로 하는 교육대학교 산하 교육대학원의 교육현실과 맞닿아 있다는 측면에서 연구의 가치가 높다.

한편, 교육대학원과 교사교육자에 대한 국내의 질적 연구(유경훈 · 김병찬, 2011; 이동성, 2011)는 학습자(교사자격증을 취득하고자 하는 석사과정 학생)의 학습경험과 현장교사의 맥락을 지닌 교사교육자의 교수경험을 중심으로 교육대학원의 교육현실과 문제점을 조명하고, 교육대학원의 교육을 개선하기 위한 관점을 제시하였다. 우선, 유경훈 · 김병찬(2011)은 교육대학원을 개선하기 위해 학습자의 입장에서 교육대학원의 현황과 문제점을 파악할 수 있는 질적 연구가 필요하다고 주장하였다. 그들의 연구 결과에 따르면, 교육대학원 학생들(중등 예비교사들)은 교육대학원에서 '알아서 살아가기', '얕은 수업 듣기', '현실의 벽 맞닥뜨리기', '양다리 걸치기', '교사자격증 남기기' 등의 다소 부정적인 학습경험을 하였다(유경훈 · 김병찬, 2011). 이 연구는 학습자의 관점에서 교육대학원 교육의 의미를 탐구한 측면에서 가치가 있다. 그러나 이 연구의 참여자들은 현장교사가 아니라, 중등학교 교사 자격증(2급 정교사 자격증)을 취득하려고 하는 예비교사들을 대상으로 하였기에 이 연구의 목적 및 대상과 차별화되었다.

또한, 이동성(2011)은 고등교육기관(교육대학교의 학부 및 교육대학원, 사범대학의 학부/교육대학원/일반대학원)에서 예비교사들과 현장교사들을 가르쳤던 한 교사교육자의 교수경험을 자문화기술지로 서술하였다. 그의 연구 결과에 따르면, 한 교사교육자의 교수내용은 개인적인 선택의 결과물이었으며, 현장교사로서의 그는 학교교사와 시간강사라는 상이한 정체성을 조화시킬 수 있는 '교사들의 교사(teacher of teachers)'라는 하위 정체성을 통하여 교육이론과 교육실천을 통합하려고 하였다(이동성, 2011: 31-67). 그러나 그는 이러한 정체성의 통합에도 불구하고, 교수실천의 장에서 교육의 내재적 및 외재적 가치를 통합할 수 없었다(이동성, 2011: 31-67). 그의 연구 결과는 현장교사의 맥락에서 여러 고등교육기관 교사교육자의 교수경험을 서술한 측면에서 연구의 의미가 있다. 그러나 이 연구는 대학교 전임교수의 삶의 맥락을 반영하는 데 한계가 있었으며, 현장교사의 재교육과 연수를 위한 교육대학원에 한정하지 않았기에 이 연구의 대상 및 목적과 차이가 있다.

2. 고등교육기관과 교사교육자에 대한 외국연구

고등교육기관에서의 교사교육자에 대한 외국의 연구동향은 ① "누가 가르치는 가?", ② "어떻게 가르칠 것인가?"라는 두 가지 물음으로 귀결되었다. 전자는 고등 교육기관 교사교육자의 정체성과 역할에 대한 연구이고, 후자는 고등교육기관 교 사교육자의 교수법과 관련한 연구동향이었다. 이러한 두 가지 연구동향과 그 시사 점을 간략하게 제시하면 다음과 같다.

첫째, 교사교육자의 정체성과 역할에 대한 외국의 연구들(Bullough Jr, 2005; Elliot-Johns, 2014; Chennat, 2014; Guilfoyle, 1995; Hostetler, Latta, & Sarroub, 2007; Korth, Erickson, & Hall, 2009; Lunenberg, Dengerink, & Korthagen, 2014; Richardson, 1989; Swennen, Jones, & Volman, 2010)은 현장교사의 맥락을 지닌 교사교육자들이 고등교육기관에서 다양한 정체성과 역할 갈등을 경험한다고 보 고하였다. 예를 들어, 교사교육자들은 ① 현장교사로서의 교사교육자, ② 고등교 육 교수자(강사 및 전임교수)로서의 교사교육자, ③ 연구자로서의 교사교육자, ④ 교사들의 교사로서 교사교육자라는 복수적인 정체성을 구성하였다(Swennen, Jones, & Volman, 2010). 이러한 연구동향은 비판적이고 반성적인 실천가로서 교 사교육자의 역할을 강조하고, 효율적인 교사교육을 위한 지식의 산출과 아울러 '교사들의 교육자'가 되는 하위 정체성을 강조하였다. 하지만 이 연구들은 주로 현 장경험을 지닌 교사들의 교수경험에 주목함으로 인하여 대학 기반 전임교수들의 정체성과 역할을 조명하는 데 다소 제한적이었다.

둘째, 외국의 일부 연구들(Bax, 1997; Darling-Hammond, 2006; European Commission, 2010; Guilfoyle, 1995; Lunenberg, Korthagen, & Swennen, 2007; Tillema & Kremer-Hayon, 2005)은 현장교사들의 재교육과 전문성 발달을 위한 방안으로서 고등교육기관 교사교육자의 교수법(pedagogy)에 대한 반성과 의사 소통, 그리고 교수적 실천에서의 모델링을 강조하였다. 대표적 연구로, Tillema와 Kremer-Hayon(2005)은 교사교육자가 교사교육을 위한 교수법을 실행하는 과정 에서 겪을 수 있는 교수적 딜레마(학습을 위한 동기유발과 자극, 교수적 실천에 대 한 반성, 자신만의 고유한 전문성 형성, 교수방법의 신장, 학생 안내와 지도, 개인 주의 vs 동료성, 보수주의 vs 권위주의, 권위적 교수법 vs 허용적 교수법, 책무성, 학생과의 친밀성 vs 관계의 엄격성 등)와 대처전략(이론 vs 실천, 성찰 vs 행위, 장학 vs 멘토링, 교수자 기반의 지식전달 vs 학생 기반의 탐구 등)을 제시하였다(Til-lema & Kremer-Hayon, 2005: 207-213).

　　이러한 연구동향은 교사교육자가 학습과 연구를 촉진하는 교육환경을 조성하고, 학습자의 학습동기를 유발하는 과정에서 겪을 수 있는 교수적 갈등과 딜레마를 조명한 측면에서 이 연구에 의미하는 바가 크다. 이 연구는 교사교육자의 교수법에 주목한 외국의 선행연구에서 한 걸음 더 나아가 우리나라의 제도적 맥락과 조건을 반영한 연구 결과를 탐색하고자 한다.

III. 연구방법

1. '초록교육대학원'과 자문화기술자로서의 '나'

자기 연구 또는 사례연구의 우산 아래 있는 자문화기술지는 연구의 배경을 한정하고, 연구의 대상이자 주체인 자신의 맥락을 풍부하게 서술할 필요가 있다. 우선, 이 연구의 주요한 배경으로 볼 수 있는 '초록교육대학원(가명)'의 특성은 다음과 같다. 한 교육대학교 산하 교육기관인 초록교육대학원은 1995년에 교육부로부터 교육대학원 설치인가를 받아 현재(2015년 12월)까지 21개 학과(야간제 10개 전공, 계절제 14개 전공)를 운영하고 있다. 이 교육대학원의 학칙(제1장 총칙)에서 밝히고 있는 교육의 목적은 초등교육에 관한 이론과 실제를 연구하고, 그 응용 능력을 길러 우수한 자질을 가진 초등교육 전문가를 양성하여 초등교육 발전에 기여하는 데 있다. 석사과정의 수업연한은 5학기이고, 재학연한은 5년을 초과할 수 없으며, 27학점 이상을 이수해야 석사학위를 취득할 수 있다. 초록교육대학원은 예비교사를 중심으로 한 양성교육보다는, 현장교사의 재교육과 전문성 발달을 위한 계속교육을 강조하였다. 따라서 이 연구의 배경인 초록교육대학원은 교사 양성을 위한 사범대학의 교육대학원이나 이론 생성 및 학자 양성을 목적으로 하는 일반대학원과 차별화된다고 볼 수 있다.

　　초록교육대학원의 한 전공인 초등교육행정 전공은 기존 교육행정 전공 전임교수 두 명이 정년퇴임을 하고, 신임교수(교육사회학 전공 전임교수인 '나')가 임용되자, 2012년을 기점으로 초등교육행정및정책 전공으로 변경되었다. 초등교육행정및정책 전공에는 나를 포함한 세 명의 전임교수들이 교육과정을 운영하고 있으며, 이들의 세부전공은 교육철학, 교육행정학, 교육사회학이다. 기존의 전공명이 바뀐 것은 교육철학 및 교육사회학을 전공하는 교수들의 입지와 요구도 반영된 탓이다. 초등교육행정및정책 전공의 교육과정은 전공필수 2개 과목(교육행정의 이론과 실제, 교육경영론)과 전공선택 18개 과목(택 7)으로 구성되어 있다. 초록교육대학원의 이 전공은 1990년대 말부터 한동안 전성기를 구가하였으나, 현재는 학생충원의 실패로 전공 통폐합의 위기에 몰려 있다. 최근 3년 동안에는 3명 내외의 현장교사들이 입학하였으나, 2016학년도 1학기에는 입학생이 전무한 실정이다.

　　한편, 이 연구의 대상인 교사교육자로서의 '나'를 소개하면 다음과 같다. 10년 남짓 현장교사였던 나는 2012년 8월에 한 교육대학교의 초등교육과 조교수로 임용되었다. 나는 임용 즈음에 초록교육대학원의 교육현실을 심각하게 받아들이지 않았다. 좀 더 솔직하게 말하면, 교육대학원에 특별한 관심을 기울이지 않았다. 왜냐하면, 당시에는 온통 학부생들만 보였기 때문이다. 하지만 며칠이 채 지나지 않아 문제가 발생하였다. 초등교육과 여러 전임교수들(8명) 가운데 나에게만 대학원 수업이 배정되지 않았던 것이다. 나는 당시에 살짝 당황하였다. 그 이유는 수업시수의 확보나 수당 문제가 아니라, 교육적 자존심 때문이었다. 나는 대학교의 전임 교수가 되기 이전에 여러 고등교육기관에서 교사교육자 역할을 하였고, '교사들의 교사'라는 하위 정체성을 바탕으로 시간강사로서 보람을 느꼈다. 또한, 현장 기반의 교육연구와 교사 친화적인 연구방법론을 통해 '좋은' 교사교육을 실천한다고 자부하였다. 그러나 이러한 생각은 오만이자 착각이었다. 3년 동안 초록교육대학원에서 나의 학문적 수월성 때문에 교육대학원에 입학하는 학생은 한 명도 없었다. 그리고 입학생 수는 해마다 지속적으로 감소하였다. 현재 초록교육대학원 전공 주임교수로서의 나는 이러한 교육대학원의 현실이 고통스럽기 그지없다. 교사교육자로서의 나는 끝없이 쇠락하고 있는 교육대학원의 교사교육을 부활시킬 수 있을까? 만일 가능하다면, 그 방법은 무엇일까? 현장교사들이 더 이상 교육대학원을 선호하지 않는 이유는 무엇일까? 한편, 다음의 〈표 7〉은 3년 남짓 초록교육대학원에서 현장교사들을 가르쳤던 나의 교수경험이다.

〈표 7〉 교수 여정에 따른 교수경험

학년도 및 학기	개설 형태	강좌명	수업방법	과목구분	수강 인원
2012학년도 2학기	계절제	초등수업설계분석	저널 쓰기/발표/토론	전공선택	7명
2013학년도 1학기	야간제	질적연구방법론	저널 쓰기/발표/토론	전공선택	9명
2013학년도 2학기	야간제	학교사회학	저널 쓰기/발표/토론	전공선택	5명
2014학년도 1학기	야간제	질적연구방법론	저널 쓰기/발표/토론	전공선택	3명
2014학년도 2학기	계절제	학교사회학	저널 쓰기/발표/토론	전공선택	4명
2014학년도 2학기	야간제	교육과사회론	저널 쓰기/발표/토론	전공선택	8명
2015학년도 1학기	야간제	질적연구방법론	저널 쓰기/발표/토론	전공선택	4명
2015학년도 2학기	야간제	학교사회학	저널 쓰기/발표/토론	전공선택	3명

2. 연구의 방법

최신 질적 연구방법론 가운데 하나인 자문화기술지는 특정한 집단이나 타자들의 문화와 상호작용에 대한 객관적인 탐구보다는, 사회문화적 맥락과 조건이 침전되어 있는 개인의 경험과 내러티브에 주목한다(Chang, 2008; Duncan, 2004; Ellis, 2004; Reed-Danahay, 1997; Wall, 2008). 이러한 자문화기술지는 한 교육대학원에서 수업을 진행한 '나'의 이야기를 통하여 교사교육자의 교수적 갈등과 딜레마를 조명하고자 하는 이 연구에 유용하다고 볼 수 있다. 한편, Reed-Danahay(1997)의 자문화기술지 분류방식에 따르면, 이 연구는 한 교사교육자의 원주민 문화기술지이며, 성찰적 문화기술지이자 자서전적 문화기술지에 해당한다.

　　자문화기술자인 나는 Chang(2008)과 Duncan(2004)이 제안하는 자문화기술지 연구방법과 절차에 따라 연구를 수행하였는데, 좀 더 상세한 연구의 과정은 다음과 같다. 이 연구의 주요 기간은 2012년 9월부터 2015년 12월(7학기)까지이며, 초록교육대학원 초등교육행정및정책 전공 수업(8개 강좌)에서의 개인적 교수경험에 한정하여 질적 자료를 수집하고 분석하였다. 자문화기술지에서의 자료는 개인 내부 자료(intrapersonal data), 개인 간 자료(interpersonal data), 인공물(artifact) 등으로 구분할 수 있다(Wall, 2008: 45). 이 연구에서 수집된 개인 내부 자료로는 수업 관련 개인적 기억자료와 메모, 반성적 저널, 자기관찰 자료, 자기 인터

뷰 자료이다. 그리고 개인 간 자료를 수집하기 위하여 동료 교수 및 대학원생을 대
상으로 대화 형태의 인터뷰를 하고, 수업 관련 참여관찰을 하였다. 그리고 개인 내
부 및 개인 간 자료의 한계를 보완하기 위하여 교육대학원 강의계획서, 교육대학
원 운영 관련 각종 회의자료, 학사 달력, 이메일 자료, 강의평가 결과 등의 보조 자
료를 추가적으로 수집하였다.

　　이 연구는 다양하게 수집된 질적 자료로부터 주요한 의미와 주제를 도출하기
위하여 Saldaña(2009)의 자료 분석 및 해석 방법을 활용하였다. 좀 더 구체적으로
설명하자면, 1차 코딩에서는 기술적 범주(경험의 증가와 누적, 전환점, 감소와 중
단, 불변성과 일치, 특이함, 상실)를 중심으로 코드를 생성하였고, 2차 코딩에서는
질적 자료 요약 매트릭스에 기초한 종단적 코딩(longitudinal coding)을 통하여 세
가지의 핵심범주(① 학문적 수월성 추구하기 vs 현장 기반 교수 전문성 개발하기,
② 자기주도적 학습 유도하기 vs 교육적 권위로 코칭하기, ③ 교육대학원 유지하
기: '학생 충원' vs 교육대학원의 재구조화: '현실 인정')를 생성하였다. 특히, 이 연
구에서는 한 교사교육자가 직면한 교수적 갈등과 딜레마를 포착하기 위해 대립 코
딩(versus coding)을 적극적으로 활용하였다. 그리고 이 연구는 연구 결과의 효과
적인 재현을 위한 글쓰기 방식으로서 Chang(2008)이 제안한 분석적-해석적 글쓰
기를 시도하였다.

　　한편, 자문화기술자로서의 나는 연구의 과정과 결과에 대한 타당도와 신뢰성
을 확보하기 위하여 Richardson(2000) 및 Duncan(2004)의 타당도 준거를 적용하
였다. 첫째, 자문화기술지에 기초한 이 연구는 개인 내적 자료 때문에 자기연민이
나 자기함몰에 빠질 위험성이 있었다. 따라서 나는 소속 전공 전임교수(2명)와 대
학원생(3명)으로부터 연구의 결과에 대한 동료자 검증을 받았다. 둘째, 자문화기
술자로서의 나는 교사교육자로서의 제한적 위치와 상황을 밝히고, 연구의 배경으
로 볼 수 있는 시간과 장소, 교사교육기관의 특징을 묘사함으로써 사례연구의 맥
락성을 강화하려고 하였다. 셋째, 이 연구는 타당도를 확보하기 위하여 개인 내적
자료뿐만 아니라, 개인 간 자료와 보조 자료를 수집하였고, 3년 남짓의 비교적 오
랜 기간(7학기)을 통하여 연구 결과의 신뢰성을 높이고자 하였다. 넷째, 이 연구는
비록 한 교사교육자의 교수적 삶을 직접적으로 서술할지라도, 소속 기관의 명예를
실추시킬 수 있고, 동료 교수들과 대학원생들의 인권을 침해할 수도 있다. 따라서
최종 결과에 대한 연구윤리를 확보하기 위하여 기관의 명예를 실추시킬 수 있는

내용에 각별한 주의를 기울이고, 동료 교수들과 일부 대학원생들(3명)을 대상으로 구성원 검증을 하였다. 마지막으로, 한 편의 자문화기술지가 개인적인 이야기 차원에 머무른다면, 자문화기술지로서의 방법적 엄격성이 낮을 수 있다. 따라서 자문화기술자로서의 나는 개인적인 교수적 갈등과 딜레마를 제도적 맥락에 연결하고, 평생교육의 관점에서 교수적 갈등과 딜레마를 논의하였다.

IV. 교수적 갈등과 딜레마

교사교육자로서의 나는 교육대학원에서 현장교사를 가르칠 때, 교수자 중심의 학문적 수월성과 학습자 중심의 현장 기반 교수 전문성 사이에서 딜레마를 경험하였다. 그리고 교사교육자로서 나는 현장교사들의 자기주도적인 학습 유도와 교육적 코칭 사이에서 교수적 갈등을 경험하였다. 또한, 교사교육자인 나는 현행 교육대학원의 유지 및 발전과 재구조화 사이에서 갈등과 딜레마를 경험하였다. 이러한 개인적 갈등과 딜레마는 성인학습자를 위한 평생교육의 관점에서 볼 때, 페다고지와 안드라고지(andragogy)의 긴장과 경계에서 비롯되었다.

1. 학문적 수월성 추구하기 vs 현장 기반 교수 전문성 개발하기

교사교육의 핵심은 이른바 교육이론과 교육실천을 연결하는 것이다(Lunenberg, Korthagen, & Swennen, 2007). 특히, 교육대학원에서 교사교육의 본질적인 가치는 학문적 수월성의 추구나 전문학자의 배출보다는, 반성적인 교육실천과 국지적인 이론화를 시도하는 현장전문가를 교육하는 데 있다(이동성, 2011: 59). 즉, 현장교사들의 재교육과 전문성 발달을 도모하고자 하는 교육대학원의 교수목표는 현장 기반 교수 전문성의 개발을 통해 성인학습자들을 반성적인 교육실천가로 변환시키는 것이다. 이러한 맥락에서, 고등교육기관의 교사교육자들에게 현장교사의 실천적 지식과 교수경험에 대한 중요성은 날로 증가하고 있다. 왜냐하면, 교사교육자의 현장교사로서의 교수경험은 교육이론과 교육실천을 연결하고, 교수(teaching)에 대한 '스키마' 또는 '큰 그림'을 그리는 데 유용하기 때문이다(Darling-Hammond & Hammerness, 2005).

한때 초등학교 교사였던 나는 2012년 8월 말에 한 교육대학교의 전임교수로 임용되었다. 13년 정도 초등학교 교사로 살아왔고, 교사교육을 위한 여러 고등교육기관에서 6년가량 시간강사를 하였기 때문에 대학원수업에 대한 자신감은 남달랐다. 이른바 '교사들의 교사'라는 하위 정체성을 통해 교육이론과 교육실천을 연결하는 교사교육자였고, 국지적 이론을 생성할 수 있는 연구자로서의 현장교사라고 자부하였다. 지금 와서 생각해 보면, 그 시절에 현장교사로서의 생생한 경험과 이야기는 예비교사들과 동료 교사들에게 신선한 충격과 교육적 통찰을 불러일으킨 것 같다. 하지만 교육대학교의 전임교수가 되면서, 이와 같은 교사교육자로서의 정체성과 역할에 균열이 일어나기 시작하였다. 급기야 교육대학원의 학생들을 가르치기 위한 기존의 교수목표마저도 흔들리기 시작하였다. 나는 지난날 대학과 대학원 전임교수들의 이론 편향성 또는 실천이 결여된 학문성을 비판하였는데, 어느 순간 그러한 비판의 화살은 나를 향해 날아오고 있었다. "나는 사는 대로 생각하는 존재인가?" 아니면 "나는 생각에 따라 사는 존재인가?" 나는 전자에 가까운 사람이었고, 존재 구속성으로부터 자유롭지 못한 연약한 교사교육자였다.

> 자리가 사람을 만든다고 했던가? 요즘은 유물론자들의 주장을 거부할 수가 없다. 대학원생들을 보면 화가 치밀어 오른다. 어떻게 만날 바쁘다는 핑계를 입에 달고 사는가? 이렇게 대강대강 공부할 거면 왜 교육대학원에 왔는지를 반문하고 싶다. 그들에게서 학문에 대한 절박함이 보이질 않는다. 교수가 되고 나니 일부 선생님들이 한심해 보인다. 누구 말처럼, 개구리가 올챙이 시절을 까먹은 것일까? 그럼 역지사지를 해 보자. 오늘 교대생 한 명이 충격적인 반문을 하였다. 자신은 초등학교 교사가 되기 위해 교대에 왔지, 학문을 탐구하러 교대에 온 것이 아니라고. 그래서 교대의 교육과정을 바꾸어야 하고, 교대의 교수들도 변화해야 한다고 주장했다. 교대에서의 한 학기 수업보다 2주간의 교육실습에서 배우는 것이 더 많다고 한다. 처음에는 기분이 상했지만, 그 녀석의 주장이 아주 틀린 말은 아닌 듯하다. 학부생이 이 정도라면, 대학원생은 두 말 할 나위가 없을 것이다. 그들은 교육대학원에서의 묘한 권력관계와 유연한 대인관계 기술을 발휘하느라 불만을 말하고 있지 않을 수도 있다. 교육대학원에서의 나는 도대체 무엇을, 어떻게 가르쳐야 한단 말인가?

(2013. 3. 26. 연구자의 반성적 저널)

"교대의 교육대학원은 학문을 탐구하는 곳인가?" 아니면 "전문 학자를 양성하는 곳인가?" 두 가지 질문 모두가 교육대학원보다는 일반대학원의 교육목적에 해당한다. 그렇다면 나는 교육대학원에서 학문적 수월성을 추구하기보다는 현장 기반의 교수 전문성을 개발해야 하고, 그러한 교수 전문성을 현장교사들인 대학원생들에게 가르쳐야 한다. 그런데 이미 학교현장을 떠난 내가 현장교사들의 교수 전문성 개발에 어떠한 도움을 줄 수 있단 말인가? 솔직히 말해, 현장교사로서 상당한 경험을 지닌 나는 이러한 교수적 갈등과 딜레마에 잘 대처할 수 있으리라 생각하였다. 나도 학생들처럼 교직생활을 하면서 석박사 학위를 받았고, 현장 친화적인 연구방법과 현장 기반의 질적 연구를 수행하였기 때문에 '좋은' 교사교육자가 될 수 있으리라 기대하였다. 하지만 이러한 기대감은 학기가 거듭될수록 무너져 내렸다.

나는 더 이상 현장교사의 맥락을 지니고 있는 교사교육자가 아니었고, 연구실에서는 교육이론을 생성하며, 강의실에서는 교육이론을 가르치는 '평범한' 대학교수였다. 물론, 교사 친화적인 교수내용(학교사회학 및 교사의사회학)과 연구방법(질적연구방법론)을 가르치는 일이 의미가 없지는 않았다. 그러나 나를 스쳐 간 교육대학원생들이 내 수업을 듣고 나서 크나큰 변화를 나타내는 것 같지는 않았다. 그들의 상당수는 학술논문이나 학위논문을 쓰지 않았으며, 단지 학점이수에 만족하였다. 그들은 자신들의 수업과 직업적 삶을 실질적으로 개선해 줄 수 있는 교수 기술이나 테크닉(technique)을 바라고 있는 듯하였다. 불행히도, 나는 아직까지 그러한 기술이나 테크닉을 가지고 있지 않으며, 설사 그러한 기술이나 테크닉을 소유한다고 해서 그것을 쉽게 전달할 수 있다고 믿지도 않는다. 왜냐하면, 그러한 환상적인 교수 기술이나 테크닉은 쉽게 전이될 수 있는 기예가 아니라, 자신의 삶과 앎의 방식에 대한 반성과 성찰에서 비롯되기 때문이다.

　　교육대학원이 인기가 없는 이유를 생각해 봤어요. 학교 선생님들은 대학교수들한테 수업 기술이나 테크닉을 요구하는 것 같아요. 근데 실은 대학교수들이 그런 일을 잘하는 사람이 아니지 않나요? 가령 내 전공이 교육철학인데, 어떻게 수업 기술이나 테크닉을 줄 수가 있겠어요? 선생님 전공도 교육사회학이니까 마찬가지일 거 같아요. 현장의 선생님들이 스스로 전문성을 개발할 수 있는 통찰을 불러일으키는 것이 우리가 할 수 있는 일이라고 생각해요. 그런데 그것이 말처럼 쉽지가 않죠? 아무튼 나는

매 학기 교육대학원 수업을 진행하기가 너무 힘들고, 어떻게 가르쳐야 할
지도 모르겠어요. (중략) 어찌 보면, 가르치는 내가 문제일 수도 있겠다
는 생각이 들기도 해요. 예를 들면, 다른 교대 교육대학원 학생들이 학술
대회에서 발표를 하거나 학술논문을 쓰는 것을 보면, 이것이 꼭 교육대학
원의 구조적 문제만은 아니다, 내가 문제일 수도 있겠다는 생각이 드는
거죠. 하지만 이 문제를 어디서, 어떻게 풀어야 할지 모르겠네요.

(2014. 10. 21. 청출어람대학원 동료 교수의 내러티브)

위의 내러티브에서 확인할 수 있는 것처럼, 교사교육자로서의 나도 교육이론
과 교육실천을 연결하고, 교육실천 속에서 교육이론을 생성하며, 현장 기반 교수
전문성을 개발하는 일이 말처럼 녹록지 않음을 실감하게 되었다. 물론 대학교에서
의 연구 활동과 교수 활동도 교육실천이기는 하지만, 초등학교와 교육대학원의 기
능과 목적이 상이하였기 때문에 여전히 한계가 있었다. 또한, 교사교육자로서의
나는 현장교사들인 대학원생들에게 그들의 교수적 삶을 개선할 수 있는 이론적 지
식과 교육적 통찰을 불러일으킬 수는 있어도, 실천적 지식과 기능을 전달할 수는
없었다. 결과적으로, 교사교육자로서의 나는 학문적 수월성 추구와 현장 기반 교
수 전문성 개발이라는 긴장과 갈등을 끝내 조율하지 못하였다고 볼 수 있다. 교수
목표를 둘러싼 이러한 갈등과 딜레마는 일차적으로 개인적 수준의 한계에서 비롯
되었지만, 동시에 현장교사의 재교육과 전문성 신장에 역부족인 우리나라 교육대
학원의 제도적 맥락과도 맞닿아 있었다.

2. 자기주도적 학습 유도하기 vs 교육적 권위로 코칭하기

현장교사들이 초록교육대학원에 입문하는 목적과 동기는 다양하였다. 그들 가운
데 일부는 학교현장을 심층적으로 이해하고, 교육실천을 개선하며, 교사로서의 전
문성을 개발하기 위해 진학을 결심하였다. 그러나 상당수의 교육대학원생들은 대
학원교육의 내재적 가치보다는 초록교육대학원을 졸업한 동료 교사나 학교관리
자의 추천, 주거지역 및 근무지와의 지리적인 접근성, 경력관리(석사학위 취득을
통한 승진 가산점 확보) 등의 외재적 가치 때문에 석사과정에 진학하였다. 평생학
습의 차원에서 볼 때, 전자의 교육대학원생들은 자기충족적인 요구에 기초하여 자

율적이고 주체적인 판단과 행위를 하고, 스스로 학습을 디자인하는 성인학습자들로 볼 수 있었다. 반면, 후자의 교육대학원생들은 타인과 상황에 따라 학습요구를 진단하고, 교육기관의 교사교육자와 프로그램에 의존하여 학습을 시도하는 소극적인 성인학습자들이었다. 따라서 교사교육자로서의 나는 교육대학원생들을 지도할 때, 안드라고지에 기초한 자기주도적 학습과 페다고지에 기초한 교육적 코칭 사이에서 교수적 갈등과 딜레마를 경험하였다.

> 연구자: 선생님은 왜 우리 대학원을 지원하게 되셨나요? 지원동기가 궁금하군요.
>
> 지원자: 살고 있는 집이랑 가깝기도 하고, 모교라서 편하기도 하고요.
>
> 연구자: 그럼, 많은 전공들 가운데 이 전공을 선택한 이유가 있나요?
>
> 지원자: 학교생활을 하면서, 교육행정을 제대로 알고 싶다, 이런 생각을 했어요.
>
> 연구자: 여기가 모교인데, 특별히 아는 교수님이 있어서 지원하신 건 아닌가요?
>
> 지원자: 교수님들이 누가 누군지 잘 몰라요. 그냥 전공 이름이 맘에 들어 지원했어요.
>
> 연구자: (실망한 표정으로) 그럼 교육대학원에서 뭘 배우고 싶으세요?
>
> 지원자: 글쎄요. 아는 게 없어서 모르겠어요. 앞으로 열심히 배우겠습니다. 잘 부탁드립니다.
>
> (2015. 02. 06. 초록교육대학원 면접시험 장면, 개인적 기억자료)

안드라고지의 패러다임에 기초한 자기주도적 학습은 학습자의 권한과 자율성을 강조하는 학습이며, 학습요구의 진단, 학습목표의 설정, 학습 방법의 선택과 실행, 학습평가의 과정에서 주체로서의 학습자를 가정한다(Knowles, 1975: 18). 교사들은 은연중에 자신이 배운 방식에 따라 가르친다고 하지 않았던가? 교사교육자로서의 나도 박사과정 은사님의 교수방식을 답습하고 있음을 발견하였다. 박사과정 지도교수님은 평생교육의 한 축으로 볼 수 있는 안드라고지와 그것에서 파생된 자기주도적 학습을 온몸으로 실천하는 분이셨다. 그분은 대학원생들이 스스로 탐구할 때까지 기다려 주셨고, 연구의 과정과 결과가 다소 미흡할지라도 직접적으로 가르치기보다는, 학생 스스로가 문제를 해결할 수 있도록 도와주셨다. 물론, 내 지도교수님의 이러한 교수법은 나 같은 사람에게는 안성맞춤이었지만, 일부 선후배들에게는 그다지 효과적이지 않았다. 어쨌든 내 지도교수의 교수법은 나의 교수법이 되어 있었다.

한 교육대학교의 전임교수가 되기 이전까지, 대학원에서의 교수학습에 대한 나의 교육철학은 확고하였다. 성인학습자들은 학습의 모든 과정과 결과를 스스로 책임져야 한다는 점이다. 또한, 대학원의 교수들과 코스워크는 나의 학습을 도와주는 존재이자 프로그램이지, 내가 그들을 따라 배울 필요는 없다고 생각하였다. 이른바 나의 지도교수처럼, 한 교육대학교의 전임교수가 된 나는 교육대학원생들에 일체 싫은 소리를 하지 않고 '우아하게' 그리고 '여유 있게' 가르치고 싶었다. 그리고 그러한 방식으로 매 학기를 가르치다 보면, 학생들이 자연스럽게 졸업도 하고 좋은 논문을 쓸 수 있으라 기대하였다. 그러나 학생들에게 자기주도적인 학습을 유도하는 나의 교수전략은 완전한 실패에 가까웠다. 교육대학원생들의 다수는 좋은 논문을 쓰기보다는 대체과정을 선택하거나 수료 자체에 만족하는 경우가 허다하였다. 그들에게서 나는 학습의 주도성과 자율성을 부여하는 위임적인 교사교육자가 아니라, 방임적이고 무책임한 존재였는지도 모른다.

학기마다 이러한 현실에 직면하면서, 교육대학원생들로부터 자기주도적인 학습을 유도하는 교수방식(andragogy)에 회의감이 일어나기 시작하였다. 이른바 교사교육자의 교육적 권위를 바탕으로 교육대학원생들의 학습과 연구를 직접적으로 코칭하는 교수법도 아울러 고려하게 되었다. 불행하게도, 이러한 교수법의 인정과 수용은 마치 몸에 맞지 않는 옷을 입는 것처럼 불편한 일이었다. 왜냐하면, 대학원에서의 교사교육은 현장교사로서의 존재 방식과 앎의 전제에 대한 깊이 있는 자기성찰이 핵심이며, 자기주도적인 탐구와 물음이 무엇보다도 중요하다(Chennat, 2014)는 교육적 신념을 내려놓아야 하기 때문이었다. 물론 이러한 교육적 신념과 교수법(pedagogy)의 변화는 교사교육의 포기나 유보가 아니라, 교육대학교의 교육대학원이라는 제도적 맥락과 현실을 일정 부분 수용하는 데서 비롯되었다.

석사학위 논문심사를 하고 나왔다. 그러나 왠지 개운치가 않다. 한 선생님이 질적 연구방법에 기초하여 석사학위 논문을 작성했다. 교육대학원 수준의 논문이라 자위를 하며 심사평을 늘어놓았지만, 왠지 모를 아쉬움이 남는다. 논문의 수준이 마음에 들지 않기 때문이다. 그녀가 내 수업을 들었더라면 하는 아쉬움이 남는다. 사실 3년 전, 그러니까 2012학년도 2학기(야간제)에 질적연구방법론이 개설되었다. 그러나 내가 담당하는 질적연구방법론 수업은 끝내 폐강되었다. 어떻게 된 일이냐고 학생처에 문의를 해 보니, 모든 수강생들(10명)이 양적연구방법론을 신청했다고 했다. 당시에는 상당한 충격이었다. 교사 친화적이고 현장 친화적인 연구방법론을 어째서 한 명도 수강하지 않는단 말인가? 또한 소속 학과 전임교수들 가운데 나만 대학원 수업이 없어서 창피하기도 했다. 나중에 확인한 사실이지만, 당시 대학원생들은 같은 수업을 수강하고 싶은 편의 때문에 그러한 결정을 했던 것이다. 모두들 친구 따라 강남을 갔다. 아마도 한 강좌에 수강생이 많으면 발표의 횟수도 줄고, 심리적으로도 편안하니 그러한 결정을 했을 것이다. 그러나 그녀는 오늘 논문심사를 받으면서 어떤 생각을 했을까? 혹독한 심사평에 아마도 살짝 놀랐을 것이다. 대학원생들은 분명히 자유의지와 주체적 판단에 따라 특정한 과목을 수강할 권리가 있다. 그러나 만일, 그들의 자유의지에서 비롯된 선택과 판단이 올바르지 못하다면 전공 주임교수 또는 지도교수로서 적절할 코칭을 해야 할 필요성을 느낀다. 조금은 한심해 보여도 어쩔 수가 없는 현실인 것이다.

(2015. 12. 14. 연구자의 반성적 저널)

오늘 수업을 하다가 기분이 정말로 나빴어요. 한 선생님께 질문을 던졌더니 정말로 성의 없는 대답이 나오는 거예요. "저는 잘 모르겠습니다." "그 부분에 대해서는 생각한 바가 없습니다." 질문을 던진 내가 얼마나 부끄러웠는지 몰라요. 스스로 공부하리라 믿고 토론식 수업을 진행하는데, 도통 공부를 하시지 않는 것 같아요. 저런 식으로 공부할 거면, 대학원에 뭐 하러 오셨는지를 모르겠어요. (중략) 수업도 그렇지만, 논문지도는 더 어려운 것 같아요. 뭔가를 지도를 하면, 스스로 연구를 해서 논문을 고쳐 와야 하잖아요? 그런데 시간이 지나도 아무런 발전이 없는 겁니다. 그렇다고 하나하나 설명을 하려니 힘도 들고 짜증도 납니다. 나이도 있는 선생님들이라 화를 내기도 그렇지만, 이대로는 안 될 것 같아요.

뭔가 권위가 있는 모습으로 수업을 해야 할 듯하고, 잘못된 방향으로 가면 그냥 믿고 기다릴 게 아니라, 따끔하게 충고를 해야 할 거 같아요. 대학원생들이 꾸준하게 들어오는 전공을 보면 확실히 뭔가 다른 점이 있어요. 지도교수의 카리스마도 남다르고, 무엇보다 학생들이 교수를 경외한다는 느낌이랄까? 아무튼 그냥 잘해 준다고 능사는 아닌 거 같아요.

(2015. 12. 21. 동료 교수 대상 인터뷰 전사본)

앞서 말한, 교육대학원의 제도적 맥락이란 초록교육대학원이 형식적 교육과 페다고지를 강조하는 학교교육(schooling)과 자기주도적 학습과 안드라고지를 강조하는 계속교육 또는 성인교육의 경계선상에 놓여 있는 상황을 의미한다. 즉, 교육대학교의 교육대학원은 명확한 교수목표와 교육과정, 그리고 엄격한 교수학습과 평가 구조를 지닌 형식적 교육기관이면서도, 동시에 현장교사들의 경험학습과 전환학습을 촉진할 수 있는 계속교육 또는 성인교육의 장이기도 하다. 교육대학원의 일부 학생들은 안드라고지의 입장에서 자기주도적으로 경험학습과 전환학습을 시도하였지만, 나머지 대학원생들은 교육대학원의 교사교육자와 교사교육 프로그램에 의존하여 교육이론과 지식을 습득하고자 하였다. 결국, 교사교육자로서의 나는 대학원생의 차별적인 학습동기와 목적 그리고 학습 준비도에 따라 자기주도적 학습과 코칭을 병행할 수밖에 없었다.

3. 교육대학원 유지하기: '학생 충원' vs 교육대학원 재구조화: '현실 인정'

2012학년도에 전임교수가 되자 교사교육자로서의 내 삶은 급변하였다. 나는 더 이상 주경야독(晝耕夜讀)을 하지 않아도 되었고, 나만의 연구실도 가지게 되었으며, 교육연구와 대학 강의가 비로소 본업이 되었다. 또한, 예비교사들을 대상으로 한 직전교육뿐만 아니라 교육대학원에서 현장교사들과 함께 공동연구를 수행할 수 있다는 점도 매력적으로 다가왔다. 그러나 3년이라는 시간이 흐른 지금, 나는 교육대학원의 학생들과 함께 학술논문을 작성해 본 경험이 없다. 사범대의 일반대학원이나 다른 학교의 교육대학원생들이 지도교수와 함께 공동연구를 하거나 논문발표를 하는 것을 보면, 내가 '학문적 불임상태'에 빠진 것은 아닌지 자괴감이 밀려든다. 예비교사를 대상으로 한 직전교육을 통해 '좋은' 교사를 양성하는 것도 보람 있지만, 교육대학원에서 현장교사들과 함께 교육실천을 이론화하고 개선하는 일도 해 보고 싶었다. 그러나 학기가 거듭될수록 초록교육대학원을 입학하는 학생수는 급감하였다. 급기야 다가올 2016학년도 1학기에는 지원자가 단 한 명도 없어서 전공을 폐지할 위기(추가모집, 3명 입학)에 처하게 되었다. 이러한 쓸쓸한 현실은 내 전공영역뿐만 아니라 타 전공영역에서도 동시다발적으로 발생하였다.

"사필귀정(事必歸正)이란 말이 있지 않은가?" 나는 남들이 알아주지 않더라도 교육대학원 수업을 내실 있게 운영하면, 머지않아 훌륭한 현장교사들이 밀물처럼 밀려들 것이라 생각했다. 또한, 첫술에 배가 부를 수 없기에 조바심을 뒤로하고 매 학기 최선을 다해 수업을 하다 보면, 대학원 교육이 활성화될 것이라 기대하였다. 돌이켜 보면, 이러한 나의 개인적인 노력은 순진하고 낭만적인 것이었다. 이미 교육대학교를 졸업한 초등학교의 교사들은 교육대학교 산하 교육대학원의 기능과 역할에 큰 기대를 걸 수가 없었다. 더 구체적으로 말하자면, 내가 만나고 싶은 '연구하는 교사'나 교수 전문성을 개발하고자 하는 교사들은 사범대의 일반대학원이나 교육전문대학원으로 진학하였다. 왜냐하면, 그들은 초록교육대학원에서는 박사학위를 받을 수 없기 때문이었다. 또한, 초록교육대학원에 진학하더라도 박사학위를 받기 위해서는 다른 사범대의 대학원으로 옮겨야만 하였다. 따라서 고등교육기관의 구조적 맥락에서 볼 때, 자질이 뛰어난 현장교사들이 초록교육대학원에 진학하는 것은 흔치 않은 일이었다.

초록교육대학원이 오로지 학문적 수월성의 한계 때문에 학생 충원의 어려움을 겪는 것은 아니었다. 설상가상으로, 초록교육대학원은 인접 도시에 산재해 있는 여러 대학들과 대학원생 유치전쟁에 가담해야 하였다. 이른바 지방대의 교육대학원들은 학생 충원을 위해 사활을 걸고 있었다. 여러 지방대의 교육대학원은 학생 충원을 위해 현장교사들에게 더욱 매력적인 장학제도와 수업환경을 제공하였다. 석사학위를 취득하고자 하는 현장교사의 입장에서 볼 때, 더 손쉽게 학위를 받을 수 있는 매력적인 교육대학원이 여러 개 있는데, 굳이 초록교육대학원을 가야 할 이유는 없었던 것이다. 또한, 대부분의 현장교사들이 갈망하는 수업의 기술은 고등교육기관의 학위과정이 아니라, 도교육청 산하 교육연수원이 제공하는 교육 프로그램이나 사이버 연수를 통해서 획득 가능하였다. 초록교육대학원은 이러한 학생 충원의 난국을 극복하기 위해 장학금 지급 확대와 논문작성 없이 석사학위를

부여하는 대체과정을 운영하였지만, 현행 교육대학원을 유지하기에는 역부족이
었다. 전공 주임 교수로서의 나는 대학원생을 적극적으로 유치하여 기존 교육대학
원을 유지해야 할지, 아니면 제도적 맥락에서 비롯된 교육대학원의 이러한 현실을
솔직하게 인정하고 재구조화를 시도해야 할지 망설이게 되었다.

> 연구자: 제 전공은 입학생 수가 점점 줄어들고 있어요. 앞으로가 더 큰일
> 인데, 어떻게 해야 할지 모르겠어요. 작년에 발령받은 제자들을
> 교육대학원에 부르기도 그렇고요. 그래도 한 3년 정도 교사생활
> 을 하고, 대학원 공부를 하면 좋겠다는 생각이 들어서요. 대체과
> 정이 오히려 역효과를 낸 것 같지요?
>
> 김 교수: 대체과정을 수용하는 것 자체가 잘못된 거예요. 대학원에서 논
> 문 안 쓰고 졸업시키면 많이들 올 줄 알았겠지만, 현실이 어떤지
> 한번 보세요. 인근 대학들처럼 쉽게 학위를 준다고 교사들이 좋
> 아하는 것이 아닙니다.
>
> 연구자: 제 생각으로는 수도권의 교대처럼 교육전문대학원을 유치하는
> 것은 어떨까요? 박사과정이 생기면 진짜로 연구하고 싶은 교사
> 들이 몰리지 않을까요? 박사과정이 없다 보니 지속적으로 지도
> 하기가 힘들잖아요.
>
> 김 교수: 선생님은 왜 교육대학원이 지금처럼 유지되어야 한다고 생각하
> 세요? 지도수당 때문인가요? 세상물정 모르는 신규 교사를 유인
> 하는 것도 위험한 생각이고, 박사과정을 설치하는 것은 더더욱
> 안 됩니다. 석사과정도 힘들어하는 교사들이 박사과정을 어떻게
> 다녀요? 나는 학자로서 현행 교육대학원의 유지에 반대입니다.
> 학문에 큰 관심이 없는 교사들을 붙잡고 억지로 가르치는 것이
> 교육적인 처사라고는 생각하지 않습니다. 공부하러 오는 학생이
> 오지 않으면 자연스럽게 문을 닫는 거죠.
>
> (2013. 08. 12. 동료 교수 인터뷰 전사본)

> 장 교수: 올해 우리 전공에는 아무도 지원을 하지 않았네요. 참으로 난감
> 합니다.

박 교수: 저희 전공에는 한 명이 지원을 했는데, 뽑고 싶어도 뽑을 수가 없네요. 교육대학원 재정 문제로 3명 이상이 지원하지 않으면 입학생을 받지 않기로 결정했거든요. 어쩌다가 대학원이 이 지경이 되었는지.

최 교수: 제가 생각을 해 봤는데요. 두 전공에 지원자가 거의 없어서 하는 말인데요. 두 전공을 합쳐서 하나의 전공으로 만드는 것은 어떨까요? 다른 교대의 교육대학원을 보면, 전공 간판을 바꿔서 학생 유치에 성공하는 교육대학원이 더러 있더라고요.

이 교수: 다른 교수님들의 생각은 어떠세요? 그런데 학과명을 어떻게 지어야 학생들이 입학할까요? 좋은 아이디어가 있으면 말씀해 주세요. 혹시 유아교육과는 어떨까요?

염 교수: 이 선생님도 참! (허허허) 우리 학과에 유아교육 전공자가 누가 있다고 그런 말씀을 하세요. 이렇게 즉흥적으로 결정할 문제가 아니라, 두 전공 주임교수님들께서 의논을 해 보시고, 좋은 안이 만들어지면 학과회의를 했으면 합니다.

(2015. 12. 08. 학과 종강모임, 참여관찰 자료)

위의 인터뷰 및 참여관찰 자료에서 확인할 수 있는 바와 같이, 초록교육대학원의 여러 교사교육자들은 각자의 교육철학과 교육관에 따라 기존 교육대학원의 유지와 재구조화 사이에서 다양한 의견을 피력하였다. 한 교육대학원 전공 주임교수로서의 나는 자꾸만 기울어져 가는 교육대학원이라는 배를 바로 세울지, 아니면 새 술은 새 부대에 담아야 할지 망설이고 있다. 또한, 최근에 발표된 교원양성기관 주기별 평가결과를 어떻게 수용하고, 그 결과를 바탕으로 초록교육대학원을 어떻게 개선해야 할지 걱정이 앞선다. "신이시여, 초록교육대학원은 어디로 가야 하나이까?(Quo Vadis)"

V. 나가며

여기에서는 지금까지의 연구 결과를 선행연구에 연결하고, 현장교사의 재교육과 전문성 신장을 위한 교육대학원의 본질적인 기능과 역할을 논의하며, 교육역량의 강화와 지속 가능한 발전을 위한 대안적 관점 및 방안을 제시하고자 한다.

첫째, 한 교육대학원 교사교육자의 교수적 갈등과 딜레마를 조명한 이 연구는 연구의 대상과 배경 측면에서 기존의 선행연구와 차별화된다고 볼 수 있다. 즉, 기존의 국내외 선행연구들은 교사교육기관에 종사하는 전임교원의 교수적인 삶에 주목하지 않았으며, 현장교사의 재교육과 연수를 위한 특수목적 교육대학원을 대상으로 연구를 수행하지 않았다. 이러한 맥락에서, 이 연구의 결과는 한 전임교원의 교수적 삶을 한국의 독특한 사회문화적 맥락과 제도적 조건에 연결하여 논의함으로써 토착적인 연구 결과를 도출하였다고 볼 수 있다. 또한, 이 연구의 결과는 한 교육대학원에 진학하는 대학원생들이 유사한 학습 동기와 목적을 지향하는 성인학습자가 아니라, 상호 대립적이고 모순적인 학습 동기와 목적을 지닌 성인학습자임을 밝혀 주었다. 그리고 이 연구의 결과는 한국의 교육대학원이 학교교육으로 대변되는 페다고지와 평생교육을 지향하는 안드라고지의 경계선 위에 놓여 있는 '완충지대'라는 점을 밝힘으로써 교사교육기관에 대한 기존의 선행연구와 차별화된다고 볼 수 있다.

둘째, 한 교사교육자가 경험한 세 가지의 교수적 갈등과 딜레마는 개인적 차원 및 한 교육대학원이 당면한 교육적 이슈일 뿐만 아니라, 동시에 현장교사들의 평생교육을 꾀하고자 하는 한국 교육대학원의 제도적 한계와 맞닿아 있다. 우리나라의 교육대학원은 예비교사를 대상으로 한 양성교육 그리고 현장교사의 재교육과 연수를 위하여 설립되었다. 그러나 최근의 교육대학원은 이러한 두 가지의 본질적인 기능과 역할 측면에서 한계를 드러내고 있다. 즉, 사범대 교육대학원의 교사 양성 기능은 중등교사 자격증을 남발하는 원인이 되었으며, 교육대 교육대학원의 재교육 기능은 현장교사로부터 외면을 받고 있는 실정이다. 이러한 문제를 근본적으로 해결하기 위해서는 교사교육자의 개인적 노력과 단위 대학원의 교육적 역량강화뿐만 아니라, 국가적 차원에서 교육대학원의 기능과 역할을 재정비할 필요가 있을 것이다.

셋째, 전국 사범대 및 교육대 산하 교육대학원이 현장교사를 대상으로 한 재교육과 연수 기능을 강화하기 위해서는 현장경험이 풍부한 전문적인 교수요원을 지속적으로 확보하고, 교육대학원과 부설학교의 강력한 파트너십을 구축할 필요가 있다. 물론, 사범대나 교육대에서 현장경험을 지닌 교수요원을 증원하는 방안은 정치적으로 민감한 사안이 아닐 수 없다. 그러나 일반대학원과 차별화되는 교육대학원이 현장교사들이 요구하는 교수 전문성을 충족시키기 위해서는 현장전문가를 추가적으로 영입하거나, 기존의 전임교수가 현장전문가로서의 자질을 추가적으로 함양할 필요가 있다. 그러나 오로지 학문을 탐구하는 대학의 일부 전임교수들에게 현장전문성을 요구하는 일은 가혹한 처사가 아닐 수 없다. 따라서 사범대 및 교육대의 교육대학원은 현장교사로서의 풍부한 경험과 전문성을 지닌 현장전문가를 교수요원으로 초빙할 필요가 있다. 또한, 교육대학원의 전임교수도 현장 기반 교수 전문성의 신장을 위해 순수한 교육이론의 탐구뿐만 아니라, 학교현장과 교육실천을 기반으로 한 교육연구에도 관심을 기울일 필요가 있을 것이다. 특히, 교육대학원이 사범대 및 교육대의 부설학교와 강력한 파트너십을 형성할 수 있다면 전임교수의 현장 기반 교수 전문성을 더욱 강화할 수 있을 것이다.

넷째, 교육대학원의 교사교육자는 대학원생들의 차별적인 학습동기와 목적에 따라 자기주도적인 학습을 유도하기도 하고, 교육적 권위를 바탕으로 코칭을 할 수도 있다. 교육대학원에서 학습자의 자기주도적인 학습과 교수자의 엄격한 코칭 사이에 존재하는 긴장과 갈등은 개인 간 교수학습의 스타일의 문제만으로 환원될 수 없다. 이러한 교수적 갈등과 딜레마의 이면에는 학교교육의 연장선 위에 있는 형식교육 및 페다고지, 그리고 평생교육 및 안드라고지가 상호 충돌하기 때문이다. 즉, 현장교사의 재교육과 전문성 발달을 목적으로 하는 사범대 및 교육대의 교육대학원은 형식교육과 성인교육, 페다고지와 안드라고지가 상호 대립하는 '교육적 점이지대'라 비유할 수 있다. 고등교육의 주체들로 볼 수 있는 교사교육자와 현장교사가 교육대학원의 이러한 중층적인 기능과 역할을 어떻게 정의하는지에 따라 교수학습의 방식과 태도는 달라질 수 있는 것이다. 예를 들어, 대학원교육에서 형식교육과 페다고지를 지향하는 현장교사들은 교육적 권위를 바탕으로 코칭을 하는 교사교육자를 선호할 것이며, 평생교육 차원에서 안드라고지를 지향하는 학습자는 자기주도적인 학습을 유도하는 교사교육자를 선호할 것이다. 따라서 교사교육자는 교육대학원의 이러한 중층적인 기능과 역할을 제도적 한계나 단점보다는, 하나의 특성으로 이해할 필요가 있으며, 교육대학원의 제도적 특성에 부합하는 교수내용과 교수법을 지속적으로 개발해 나가야 할 것이다.

마지막으로, 교육대학원의 본질적 기능과 역할의 약화는 연쇄적으로 학생 충원의 어려움을 불러온다. 학생 충원의 성패 여부는 교육대학원의 질을 가늠하는 바로미터로 작용할 것이며, 종국에는 특정한 교육기관의 존폐와 직결될 것이다. 최근에 정부와 교육부는 교사양성기관에 대한 주기별 평가를 통하여 교육대학원의 옥석 가리기에 나서고 있다. 그러나 현장교사들의 재교육과 전문성 신장을 위한 교육대학원의 질을 제고하기 위해서는 이러한 제도적 및 행정적 접근뿐만 아니라, 교사교육의 현장에서 교육의 질을 개선하고자 하는 교사교육자들의 비판의식과 반성적 실천도 아울러 고려해야 한다. 교사교육자들의 일부는 적극적인 학생 충원을 통하여 현행 교육대학원의 유지와 관리에 초점을 두기도 하고, 나머지 일부는 교육대학원의 재구조화를 통해 새로운 교사교육의 돌파구를 마련하려고 하고 있다. 적극적인 학생 유치를 통하여 현행 교육대학원을 유지 및 관리할 것인지, 아니면 현실을 수용하고 교육대학원을 재구조화할 것인지에 대한 판단은 특정한 고등교육기관의 여러 구성원들이 심사숙고하여 민주적으로 결정해야 할 문제이다. 하지만 이 과정에서 한 가지 유념해야 할 사실은, 느슨한 학사관리 등의 비교육적인 방식으로 대학원생을 충원해서는 곤란하며, 또한 교육대학원의 교육을 개선하기 위한 실질적인 노력을 기울이지 않은 채 구조조정만을 기다리는 수동적인 자세도 아울러 경계해야 한다는 것이다. 나는 다음 문장으로 이 글을 매듭짓고자 한다. "꿀과 향기가 가득한 꽃은 벌과 나비를 기다리지 않는다!"

참고문헌

김병찬(2015). 교육대학원 교육행정전공 운영 현황 분석 연구. **교육행정학연구**, **33**(1), 25–54.

유경훈 · 김병찬(2011). 교육대학원 경험 의미에 대한 질적 사례연구. **교육문제연구**, **39**, 131–160.

이동성(2011). 한 교사교육자의 교수경험에 대한 자문화기술지. **교육인류학연구**, **14**(3), 31–67.

이일용(2012). 교원 양성정책의 변화에 따른 교육대학원의 역할과 과제. **한국교육문제연구**, **30**(3), 19–39.

전상훈 · 이경호(2010). 교육대학원 평가체제의 발전 방향 탐색. **교육정치학연구**, **17**(1), 31–50.

Bax, S. (1997). Roles for a teacher educator in context-sensitive teacher education. *ELT Journal*, *51*(3), 232–241.

Blume, R. (1971). Humanizing teacher education. *PHI Delta Kappan*, *53*, 411–415.

Bullough Jr, R. V. (2005). Being and becoming a mentor: School-based teacher educators and teacher educator identity. *Teaching and Teacher Education*, *21*, 143–155.

Chang, H. (2008). *Autoethnography as method*. Walnut Creek, CA: Left Coast Press, Inc.

Chennat, S. (2014). Being a reflective teacher educator. *International Journal of Research in Humanities, Arts and Literature*, *2*(4), 1–14.

Darling-Hammond, L. (2006). Constructing 21st-century teacher education. *Journal of Teacher Education*, *57*, 1–15.

Darling-Hammond, L. & Hammerness, K. (2005). The design of teacher education program. In L. Darling-Hammond & J. Bransford (Eds.), *Preparing teachers for a changing world: What teachers should learn and be able to do* (pp. 390–441). San Francisco: Jossey-Bass.

Duncan, M. (2004). *Autoethnography: Critical appreciation of an emerging art*. http://creativecommons.org/licenses/by/2.0.

Elliott-Johns, S. E. (2014). Working towards meaningful reflection in teacher education as professional learning. *Learning Landscapes*, *8*(1), 105–122.

Ellis, C. (2004). *The ethnographic I: A methodological novel about autoethnography*. Walnut Creek, CA: AltaMira Press.

European Commission (2010). *The profession of teacher educator in Europe*. Report of a peer learning activity in Reykjavik, Iceland.

Feiman-Nemser, S. (2001). From preparation to practice: Designing a continuum to strengthen and sustain teaching. *Teacher College Record*, *103*(6), 1013–1055.

Guilfoyle, K. (1995). Constructing the meaning of teacher educator: The struggle to learn the roles. *Teacher Education Quarterly, Summer*, 11-27.

Hayler, M. (2011). *Autoethnography, self-narrative and teacher education*. Rotterdam: Sens Publishers.

Hostetler, K., Latta, M. A., & Sarroub, L. K. (2007). Retrieving meaning in teacher education: The question of being. *Journal of Teacher Education, 58*(3), 231-244.

Knowles, M. S. (1975). *Self-directed learning*. New York: Association Press.

Korth, B. B., Erickson, L., & Hall, K. M. (2009). Defining teacher educator through the eyes of classroom teachers. *The Professional Educator, 33*(1), 1-12.

Lassonde, C. A., Galman, S., & Kosnik, C. (Eds.) (2009). *Self-study research methodologies for teacher educators*. Rotterdam: Sense Publishers.

Legge, M. (2014). Autoethnography and teacher education: Snapshot stories of cultural encounter. *Australian Journal of Teacher education, 39*(5), 117-134.

Loughran, J. & Russell, T. (1997). *Teaching about teaching: Purpose, passion, and pedagogy*. London: Falmer Press.

Lunenberg, M., Dengerink, J., & Korthagen, F. (2014). *The professional teacher educator: Roles, behaviour, and professional development of teacher educators*. Rotterdam: Sense Publishers.

Lunenberg, M., Korthagen, F., & Swennen, A. (2007). The teacher educator as a role model. *Teaching and Teacher Education, 23*, 586-601.

Reed-Danahay, D. (Ed.)(1997). *Auto/ethnography: Rewriting the self and the social*. New York: Berg.

Richardson, L. (2000). New writing practices in qualitative research. *Sociology of Sports Journal, 17*, 5-20.

Richardson, V. (1989). The evolution of reflective teaching and teacher education. In R. Clift, W. R. Houston, and M. Rugach (Eds.), *Encouraging reflective practice: An examination of issues and exemplars*. Chicago, IL: Teachers College Press.

Saldaña, J. (2009). *The coding manual for qualitative researchers*. SAGE Publications Ltd.

Samparas, A. (2002). *Self-study for teacher-educators*. New York: Peter Lang.

Simms, M. (2013). A teacher-educator uses action research to develop culturally conscious curriculum planners. *Democracy & Education, 21*(2), 1-10.

Starr, L. J. (2010). The use of autoethnography in educational research: Locating who we are in what we do. *Canadian Journal for new Scholars in Education, 3*(1), 1-9.

Swennen, A., Jones, K., & Volman, M. (2010). Teacher educators: their identities, sub-identities and implication for professional development. *Professional Devel-*

opment in Education, 36(1–2), 131–148.

Tillema, H., Kremer–Hayon, L. (2005). Facing dilemmas: Teacher–educators' ways of constructing a pedagogy of teacher education. *Teaching in Higher Education, 10*(2), 203–217.

Wall, S. (2008). Easier said than done: Writing an autoethnography. *International Journal of Qualitative Methods, 7*(1), 38–53.

제3부
자문화기술지 적용 사례 II:
자문화기술자의 교수경험

제7장
초등 교과교육연구회 참여경험

제8장
초등학교 운동부 지도경험

제9장
초등학교 부진학생 지도경험

제10장
초등학교 체육 전담교사의 교수경험

제3부에서는 자문화기술지가 인간의 교수경험을 어떠한 방식으로 재현할 수 있는지를 예시하고자 한다. 7장에서는 한 교과교육연구회에 참여함으로써 체험하게 된 학습에 대한 자기성찰을 이야기하였다. 8장에서는 초등학교에서 운동부를 지도하면서 체험한 교수경험을 반성적으로 이야기하였다. 9장은 초등학교에서 기초학습부진학생을 지도하였던 저자의 교수경험에 대한 자문화기술지이다. 10장은 초등학교 체육 전담교사의 교수경험에 대한 저자의 자문화기술지이다. 이러한 네 편의 자문화기술지에 대한 줄거리를 제시하면 다음과 같다.

7장은 한 현장교사의 자문화기술지를 통하여 특정한 교과교육연구회에서 발생한 미시정치학적 갈등과 딜레마를 사회적 과정과 집단역학의 측면에서 조명하였다. 첫째, 교사연구회는 강력한 헌신과 주인의식을 지닌 소수 구성원들의 권력과 인적 네트워크를 통해서 자율적으로 구성되었으며, 교사연구회의 인적 구성은 매 1년을 단위로 새롭게 재편되었다. 그리고 교사연구회는 운영적인 측면에서 자율성과 책무성이라는 대립적 가치들이 상호 충돌하였다. 둘째, 교사연구회 구성원들의 정체성은 교사연구회 참여경험을 통하여 의사적인 소비자에서 프로슈머로 변화되었다. 또한, 교사연구회에서의 참여경험은 구성원들이 협력적인 전문가로서의 교사 정체성을 형성할 수 있는 힘과 에이전시(agency)를 제공하였다. 셋째, 교사연구회는 시공간적 제한, 친밀성과 동료성의 관계, 연구국면이라는 세 가지 요인들의 상호작용에 따라서 집단 또는 공동체로서의 양면적인 특징을 나타내었다. 넷째, 교사연구회는 최종적인 연구 결과를 공유하기 위해 다양한 매체와 형식을 통하여 전파와 확산을 시도하였다. 그러나 교사연구회가 개발한 연구 결과들은 다른 학교와 교사들에게 쉽게 전파되지 못하였다.

8장은 자문화기술지를 통하여 학교운동부 지도를 둘러싼 교육적 이슈와 딜레마들을 제기함으로써 학교운동부의 본질적이고 교육적인 운영을 위한 대안적 관점과 접근들에 대해 이야기하고자 하였다. 첫째, 선수선발은 학생들의 운동에 대한 흥미와 관심보다는 운동능력을 중시하여 이루어졌다. 소수의 엘리트 선수를 중심으로 운영되는 학교운동부는 학부모의 운동에 대한 부정적 인식과 재정적 문제로 선수관리의 어려움이 있었다. 둘째, 학교운동부의 지도방식에 대한 딜레마는 외적 보상기제를 통해 하급 교육기관을 관리하고 평가하는 국가 수준의 체육교육 정책에서 비롯되었다. 셋째, 학교운동부의 성과관리 방식은 의사적인 경제적 논리와 약육강식의 논리에 기초하였다. 넷째, 운동부 지도교사는 학생들의 진로지도에 대한 경험과 전문성이 부족하였다.

9장은 기초학습부진학생의 지도과정에서 체험한 개인적 경험들을 자문화기술지를 통해 밝히고자 하였다. 이 글은 이러한 시도를 통하여 현행 기초학습부진학생의 구제방식에 대한 문제점과 그 한계를 조명함으로써 기초학습부진학생들의 지도방식에 대한 대안적 관점과 접근을 찾고자 하였다. 첫째, 기초학습부진학생들을 누가 가르칠 것인가에 대해서는 학교구성원의 한 개인에게 책임을 전가할 수 없었다. 둘째, 학습부진의 실제적 원인을 규명하는 일은 문서상의 가정환경 기초조사나 각종 심리검사를 통한 과학적이고 처방적인 방식으로는 한계가 있었다. 셋째, 기초학습부진학생들은 일반학급보다 더욱 이질적인 집단이었다. 따라서 현장교사들에게는 기존의 수준별 지도와 다른 방식의 대응과 가르침이 필요하였다. 넷째, 방학 중 특별보충 프로그램의 운영방식에 대한 발상의 전환이 필요하였다. 방학 중 특별보충 프로그램의 운영방식은 기초학습부진학생들의 기초학력을 신장시키는 데 도움을 주었지만, 고비용 저효율의 문제점을 드러내었다. 따라서 기초학습부진학생들의 장점과 특기를 살린 체험과 활동 중심의 교수학습 활동이 필요하였다.

9장은 초등학교 체육 전담교사의 개인적인 교수경험을 자문화기술지로 이야

기함으로써 초등학교의 체육교육을 심층적으로 이해하고 개선하기 위한 대안적인 관점과 접근을 모색하고자 하였다. 이를 위하여, 학생과 교과내용 그리고 물리적인 시공간적 맥락에 대처하면서 형성된 반성적인 체험을 분석하고, 그러한 교수경험에서 비롯된 학교 체육교육의 의미와 가치를 논의하였다.

첫째, 연구자는 자신의 교수경험을 통하여 학생관에 대한 변화와 그 중요성을 자각하게 되었다. 변화된 학생관은 학생들의 잠재력을 이끌어 내었으며, 교수적인 유연함과 여유를 제공하였다. 둘째, 연구자는 교과내용에 대한 기본적인 지식뿐만 아니라 체육수업을 둘러싼 여러 수업맥락에 대처하는 실천적인 지혜를 형성하였다. 셋째, 체육수업의 물리적인 시공간은 암묵적으로 체육수업을 제한하였다. 그리고 운동장의 개방성은 체육 전담교사의 헌신과 사명감을 형성하는 외부요인이었다. 그러나 연구자는 점차적으로 타자들의 시선보다는 내면의 눈을 의식하는 교사로 성장하였다. 넷째, 체육수업은 신체적인 활동에서 비롯되었지만 동시에 인지적 활동과 정의적 활동이 수반되는 전인적인 교육활동이었다. 따라서 초등학교의 체육 전담교사는 건강 체력을 증진키시고 운동기능을 전수하는 기술자가 아니라, 자신의 지식과 정체성 그리고 의식을 투영하여 학생들의 전인적인 성장을 촉진하는 교육적 존재로 볼 수 있었다.

제 7 장
초등 교과교육연구회 참여경험

I. 들어가며

초등 교사들의 실제적인 필요와 요구에 기초한 '현장자율연수'로서의 초등 교과교육연구회는 현장교사들이 전문성을 계발하고 공유하기 위한 대안적인 연구 활동으로서 주목을 받아 왔다(송광용 · 김도기, 2005). 특히, 초등 교과교육연구회는 교육연구에 대한 현직교사의 자율성과 자발성을 이끌어 냄으로써 상급 교육기관 주도의 현직연수나 장학활동의 한계를 극복하고, 교육실천의 개선에 기여할 것으로 기대되고 있다. 왜냐하면, 교사연구회로서의 교과교육연구회는 현장교사들이 외부의 사전판단이나 평가를 유보한 상태에서 거시적이고 미시적인 교수맥락에 기초한 사고와 아이디어를 표명할 수 있는 배움의 장을 제공함으로써 교사 전문 공동체를 형성할 수 있도록 돕기 때문이다(Masuda, 2010; Stanley, 2011).

이처럼, 교과교육연구회는 교수실천에 대한 교사의 반성을 촉진하고, 사회적 상호작용과 지식의 공동구성을 통해 교수 지식을 증가시킴으로써 교사들에게 끊임없는 배움을 제공한다(Clark, 2001; Huang, 2007). 즉, 교사연구회로서의 교과교육연구회는 교사들이 교수와 학습에 대한 신념을 표명하고, 동료들과의 협력적인 작업을 통해 능동적으로 지식을 구성함으로써 수업에 대한 이론화를 가능케 한다(Blase, 1991; Zeichner, 2002). 따라서 교사연구회로서의 교과교육연구회는 교사들이 교수맥락을 성찰적으로 비판하고, 교수실천을 개선하기 위한 변환적인 가능성을 탐색함으로써 교사 자신뿐만 아니라 학생들의 학습과 단위학교를 변화시킬 수 있는 교육적 가능성을 내포한다고 볼 수 있다(김성천 · 양정호, 2007; Frost et al., 2010).

　　초등 교과교육연구회의 위와 같은 교육적 필요성 및 가능성과 더불어 그 한계를 지적하는 목소리도 있다. 즉, 특정한 교사연구회 구성원들의 미시적인 상호작용 속에는 '빛과 그림자'가 공존할 수 있다는 점이다(Westheimer, 1999; Scribner et al., 2002; 서경혜, 2009; Masuda, 2010; Stanley, 2011) 따라서 위 교육연구자들은 특정한 교사연구회의 연구과정과 결과가 현장교사들의 전문성을 개발하는 데 있어서 만병통치약(panacea)이 될 수 없다고 주장하였다. 오히려 이 선행연구들은 교사연구회가 교사들의 전문성 개발과 수업개선 그리고 학교개혁에서 어떤 함정이 될 수도 있음을 주장하였다. 이러한 맥락에서 볼 때, 전문성 신장과 수업개선을 위한 교과교육연구회 구성원들의 실제적인 연구 참여경험에서 드러난 허(虛)와 실(實)을 심층적으로 조명할 필요가 있다.

　　우리나라에서도 비교적 최근에 교과교육연구회 운영에서의 교육적 가능성과 한계에 대한 교육연구가 지속적으로 수행되었다. 교과교육연구회에 대한 국내의 선행연구들은 대상 학교 급별에 따라서 유치원, 초등, 중등 교과교육연구회 연구로 구분되었다. 또한, 연구대상으로서의 교과교육연구회는 설립 주체와 목적, 운영 방식의 특징에 따라서 단위학교 및 시도 단위 교과교육연구회, '자생적 교사연구회', '교사학습공동체' 등으로 다양하게 명명되었다. 이 글은 교과교육연구회를 둘러싼 다양한 유사 명칭들을 '교사연구회(Teacher' Study Group, 이하 TSG)'로 통칭하였으며, 위 선행연구 모두를 교과교육연구회의 선행연구로 포함시켰다.

　　교사연구회에 대한 국내의 선행연구들(안선영, 1994; 장현칠, 1996; 이병덕, 2003; 송광용 · 김도기, 2005; 이선숙, 2005; 김효정, 2006; 조부경 · 고영미, 2006; 주영주 · 조은아, 2006; 최진영 · 송경오, 2006; 김경애, 2007; 김성천, 2007; 서경혜, 2008, 2009; 한양수 · 김영화, 2008; 박인서 · 김승재, 2009; 박인서, 2009; 전화영, 2009; 김지영, 2010)은 다양한 연구방법론(양적 연구, 질적 사례 연구, 내러티브 탐구)을 통해서 교사연구회의 실태 분석과 운영의 특징 및 문제점을 밝힘으로써 초중등 교사연구회의 교육적 필요성과 효과성을 주장하고, 그것의 활성화 방안을 제시하였다. 그러나 국내의 선행연구들은 다음의 세 가지 이유에서 교사연구회 구성원들의 미시적인 상호작용을 해명하는 데 어려움이 있었다.

　　첫째, 박인서 · 김승재(2009), 박인서(2009)를 제외한 일부 선행연구자들은 현장교사임에도 불구하고, 특정 교사연구회의 외부인이었기 때문에 구성원들 내부에서 발생하는 미시적인 상호작용을 파악하기가 힘들었다. 둘째, 교사연구회를 탐구하는 일부 교육연구자들은 현장교사였지만, 양적 연구방법론을 통해서 교사연구회의 효과성이나 특징을 밝히는 데 초점을 둠으로써 교사연구회 내부에서 발생하는 역동적인 상호작용을 파악하는 데 제한적이었다. 셋째, 교사연구회의 가능성과 한계를 탐구하는 국내 선행연구들은 교사연구회 관련 운영계획서 및 사업실적 보고서 그리고 외국의 사례들에 기초함으로써 교사연구회 내부의 실체적인 자료에 근거하여 연구를 수행하는 데 한계가 있었다.

따라서 이 글은 한 현장교사의 직접적인 참여경험을 통해서 특정한 교사연구회에서 발생한 미시정치학적 갈등과 딜레마를 자기 연구의 하나인 자문화기술지를 통해 이야기하고자 한다. 특히, 이 글은 특정 교사연구회 구성원들의 상호작용에서 발생한 사회적 과정과 집단역학에 주목하고자 한다. 여기에서의 사회적 과정이란 교사연구회의 형성과 관련된 과정을 말한다. 그리고 집단역학이란 구성원들 서로 간에 존재하는 상호작용 또는 상호 의존성과 권력관계를 분석하는 것을 지칭한다. 즉, 교사연구회의 구성원들이 목표를 공유 · 달성하고, 지속적인 협력을 위해 라포르(rapport)를 형성하며, 연구를 촉진하기 위한 다양한 유형의 상호작용과 의사소통 그리고 역할배분에 대한 집단 내부의 역동적인 사회적 과정을 의미한다 (Jaipal & Figg, 2011: 67).

위와 같은 연구목적을 달성하기 위한 연구 문제는 다음과 같다. 첫째, 연구자를 포함한 구성원들은 교사연구회의 조직 및 운영과 관련하여 어떠한 경험을 하였는가? 둘째, 연구자와 구성원들은 교사연구회에 참여한 경험을 통해서 어떠한 교사 정체성을 형성하였는가? 셋째, 연구자를 포함한 교사연구회의 구성원들은 연구 활동의 과정에서 어떠한 상호작용적 관계를 형성하였는가? 마지막으로, 연구자와 구성원들은 어떠한 방식으로 교사연구회의 연구 결과를 타자들과 공유하였는가?

II. 교과교육연구회의 개념 및 발전

초등 교과교육연구회의 개념을 명료화하기 위해서는 자생적 교사연구회 및 교사

학습공동체와의 개념적 구분이 필요하다. 따라서 2장에서는 자생적 교사연구회와
교사학습공동체 그리고 교과교육연구회의 각 개념들을 살펴볼 것이다. 그리고 이
러한 작업에 기초하여 초등 교과교육연구회의 역사적 발전과정과 그 특징을 고찰
할 것이다.

1. 교과교육연구회의 개념적 구분

서론에서 밝힌 바와 같이, 이 글은 교과교육연구회와 자생적인 교사연구회 그리
고 교사학습공동체를 교사연구회로 통칭하기로 하였다. 그러나 초등 교과교육연
구회의 개념을 명확히 밝히기 위해서는 자생적 교사연구회와 교사학습공동체의
개념적 구분이 필요하다. 교과교육연구회의 유사개념인 자생적 교사연구회('교사
자율연구모임')는 학교 내외부의 교사들이 자발적 · 자율적 · 주체적 의지를 통해
서 교실수업과 학급운영 그리고 생활지도를 개선하고, 특정 관심 영역을 중심으로
지식과 방법을 습득, 체화, 학습, 공유하기 위하여 정기적인 모임을 갖는 조직이다
(김성천, 2007). 따라서 자생적 교사연구회는 교과교육연구회와는 달리 시도 단위
교육청이나 정부의 간섭에서 벗어나서 교사 주도로 생성되고 운영되기 때문에 자
생성, 주체성, 독립성, 자발성의 특징을 갖는다(김성천, 2007: 19).

　　교과교육연구회의 또 다른 유사개념인 교사학습공동체는 교사들이 전문성
신장과 학생들의 학습 증진을 위해 협력적으로 배우고 탐구하는 실천적 집단이다
(서경혜, 2009). 교사학습공동체는 교사실천공동체 또는 전문가학습공동체로 불
리기도 하며, 교사연구회를 포함하는 상위개념으로 받아들여지기도 한다(Masu-
da, 2010: 468-469). 그 특징으로는 미션과 가치 그리고 규범의 공유, 협력, 반성적
대화, 공동 탐구 및 공동의 문제해결, 집단창의성, 실천의 공유와 협력적 실천, 학
생 학습에 대한 공동 책임, 리더십의 공유, 실천개선 및 실험지향성, 결과에 기초
한 효과 평가, 지원적인 환경 등이 있다(서경혜, 2009). 이러한 교사학습공동체의
특징은 규범과 가치의 공유, 학생들의 학습에 대한 초점, 반성적 대화, 탈사유화,
협력으로 요약할 수 있다(서경혜, 2009: 250).

2. 초등 교과교육연구회의 역사적 발전과정과 특징

초등 교과교육연구회는 새 학교문화 창조와 교실수업 개선 그리고 교사들의 전문

성 신장을 위해 1994년에 발족하였는데, 정부 차원의 교과교육연구회 활동에 대한 지원은 1998년부터 시작되었다. 당시 교육부가 제시한 지원 방안으로는 첫째, 연구 활동은 학술적인 이론보다 교실수업개선을 위한 자료의 개발에 중점을 두고, 둘째, 연구회의 지원 방식은 학교 및 지역교육청 단위의 연구회(지방교육비)와 전국 단위 교과교육연구회(국고)로 나누어 지원하며, 셋째, 연구 활동의 평가결과가 우수한 연구회원에게는 교육부 장관 표창장 수여 및 연구학점(교육인적자원부령 제821호에 의거, 전국 단위 1.8학점, 학교 및 지역 단위 1.2학점)을 부여하도록 하였다(송광용 · 김도기, 2005: 237-238).

초등 교과교육연구회는 2007년과 2008년 즈음에 새로운 제도적 변화를 맞이하였다. 정부는 전국 단위 교과교육연구회의 지원은 지속하였지만, 단위학교 및 지역교육청 단위의 교과교육연구회는 시도교육청 자체 추진계획에 의해 자율적으로 운영하도록 하였다. 특히, 2007년에는 연구 실적이 뛰어난 유공교원에 대한 교육인적자원부장관 표창 제도를 한시적으로 폐지하였다(교육인적자원부, 2007). 그리고 2008년에는 종전 전국 단위 교과교육연구회 운영에도 정책적 변화가 발생하였다. 즉, 초 · 중등교육 지방 이양 및 분권화 취지에 따라 과거 전국 단위 교과교육연구회는 시도 단위 교과교육연구회로 통합되었다. 따라서 단위학교, 지역교육청 그리고 전국 단위 교과교육연구회는 각 시도교육청을 중심으로 재편되었다(교육과학기술부, 2008). 2011년 현재, 교육과학기술부의 교과교육연구회 네트워크에 공식적으로 등록된 교사연구회의 수(초 · 중등 포함)는 1177개에 달하지만, 실제로는 더 많은 교과교육연구회가 전국적으로 산재한 것으로 판단된다(교육과학기술부교과교육연구회, 2011).

초등 교과교육연구회는 '교과별 교사연구회' 또는 '교과수업개선 교사연구회'와 동일한 의미로서, 교실수업개선을 통하여 교사들의 전문성을 신장하고 교육의 질을 개선하기 위한 교사들의 자율적인 조직이라 할 수 있다(조재완, 2003). 초등 교과교육연구회는 교원의 전문성 신장 및 연구 풍토 조성을 위하여 자생적으로 조직 · 운영되며, 단위학교를 비롯하여 지역교육청 단위로 지속적으로 증가하고 있다(서경수, 2003). 비교적 초창기의 교과교육연구회는 시도교육청의 장학관 · 장학사, 단위학교 교장 · 교감을 중심으로 형성되었기 때문에 교육청의 단위업무를 도와주고, 특정 교과 중심적이라는 측면에서 자생적 교사연구회와 차별적이었다(김성천, 2007).

특히, 시도 단위 교과교육연구회는 시도교육청 관내에 근무하는 교사들이 국가 수준 교육과정의 지역화 방안과 교실수업 및 교육평가 방법을 개선하기 위하여 자율적으로 조직된 교사연구회이다. 이러한 교과교육연구회는 연수회 개최와 해당 분야에 대한 연구 활동 및 자료개발 그리고 회원들 간의 정보교류와 친목도모 활동을 중심으로 하고 있다(송광용·김도기, 2005). 시도 단위 각 교과교육연구회들은 학기 초 시도교육청에 제출한 연구계획서의 심사결과에 따라서 도 지정과제, 자율 과제, 기타 과제를 수행하게 된다. 특히, 시도 단위 지정 과제를 수행하는 교과교육연구회는 적극적인 행·재정적인 지원 아래 시도교육청의 중요한 교육현안을 해결하거나, 교수·학습 자료를 개발하고 보급하는 역할을 맡기도 한다. 그리고 행·재정적인 지원을 받는 시도 지정 교과교육연구회는 연구과정과 연구결과에 대한 평가를 통해서 시도교육청으로부터 책무성을 요구받는다.

비교적 최근의 초등 교과교육연구회는 평교사를 중심으로 생성되기도 하며, 특정 교과목에 대한 연구범위에서 나아가 범교과적인 특징을 나타내기도 한다. 즉, 최근에는 기존 교과교육연구회와 자생적 교사연구회 그리고 교사학습공동체의 경계가 급격하게 허물어지고 있다. 따라서 이 글은 세 가지 교사연구회의 개념적 차이보다는 공통점에 주목하였다. 이 글의 연구대상인 '해바라기교실수업개선연구회'는 도 장학사 출신 현직교장의 인적 네트워크를 중심으로 구성된 전통적인 초등 교과교육연구회의 성격을 가지지만, 동시에 범교과적(교실수업개선)인 연구주제를 목적으로 하는 교사학습공동체이며, 구성원들의 자발성과 주체성을 강조하는 자생적인 교사연구회의 성격도 지니고 있기 때문이다.

III. 교사연구회에서의 미시정치학적 갈등과 딜레마

3장에서는 도 단위 초등 교사연구회의 참여경험에서 드러난 미시정치학적 갈등과 딜레마를 교사연구회의 조직과 운영방식, 교육이론과 교육실천의 사이에서 형성된 교사 정체성, 연구과정에서의 구성원들 간 상호작용, 연구 결과의 공유방식이라는 네 가지 측면에서 회고적으로 이야기하였다.

1. 조직 및 운영에서의 미시정치학적 딜레마: '자율성 vs 책무성'

여기에서는 연구자가 해바라기교실수업개선연구회에 가입하게 된 동기와 지속적 연구 활동의 동인(動因)을 이야기함으로써 특정 교사연구회의 구성과 관련된 사회적 과정을 이야기하고자 한다. 그리고 연구자가 직접적으로 체험한 교사연구회의 운영 관련 미시정치학적 갈등과 딜레마를 자율성과 책무성이라는 대립적 개념을 통해 회고적으로 이야기하고자 한다.

나는 2009년 3월에 총무교사인 대학선배의 권유로 교사연구회의 연구위원이 되었다. 하지만 가입 당시 나는 교과교육연구회의 연구 활동에 대하여 부정적인 선입견을 가지고 있었다. 교과교육연구회를 권력이 있는 교장과 승진을 목적으로 하는 교사들이 출세를 위하여 모인 도구적 집단이라고 여겼기 때문이다. 하지만 나는 다음의 이유에서 그의 제안을 받아들였다.

첫째, 해바라기교실수업개선연구회는 해석적 관점의 사회이론과 질적 연구 방법론에 기초하여 교실수업을 개선하고자 하였다. 둘째, 나는 교사 연구자로 살아오면서 교육이론과 교육실천을 연결할 수 있는 방안을 찾을 수 없었다. 교사연구회 가입이 이러한 나의 교육적 고민을 해결해 줄 수 있을 것으로 기대하였다. 셋째, 부끄러운 얘기지만, 당시 나는 전보를 원하였기 때문에 이동점수(1년 기준 0.5점)가 필요하였다. 결국, 나는 연구 주제의 매력과 연구의 실천적 성격 그리고 사적인 이익을 위해 가입을 결심하였다.

당시 소속 학교의 후배 교사를 설득하여 그와 함께 교사연구회의 연구위원이 되었다. 하지만 2009년 4월 첫 모임 후, 곧바로 나의 결정을 후회하게 되었다. 그들도 그러하였겠지만, 생면부지(生面不知) 교사들과의 첫 만남은 어색함과 불편함 그 자체였다. 대부분의 교사들은 연구역량이나 관심 영역과는 상관없이, 회장과 총무교사의 인적 네트워크를 통해서 자율적으로 교사연구회에 가입하였다. 더욱 충격적인 사실은 총무교사를 제외한 대부분의 교사들이 연구 주제에 대한 이론적 및 방법론적 지식이 거의 없었다는 점이다.

뒤늦게 교사연구회에서 달아나고 싶었지만 소용이 없었다. 도교육청 지정 교사연구회의 연구위원이 된 이상 탈퇴가 자유롭지 못하였다. 연구위원이 된다는 의미는 1년간 연구위원으로서의 역할을 충실히 수행하겠다는 의무가 전제되어 있기 때문이었다. 하지만 중도탈퇴가 어려운 진짜 이유는 회장과 총무교사의 교사연구회에 대한 남다른 주인의식과 헌신 때문이었다. 그들은 교사연구회에 대한 애착이 특별하였으며, 학교교육을 변혁시키고 싶은 바람이 강한 이들이었다. 특히, 총무교사는 교사연구회의 조직과 운영에 관련된 잡다한 일들을 도맡아 처리하고, 회원들 간의 소속감을 강화하기 위해 동분서주하였다. 결국, 회장과 총무교사의 이러한 헌신과 주인의식은 구성원들 사이의 소속감을 강화하여 이질적인 구성원들을 하나의 모임으로 연결시켜 주었다.

2009학년도가 끝남으로써 '수업대화 모형'을 개발하고 적용하는 1년간의 실행연구가 어렵사리 마무리되었다. 교사연구회의 구성원들은 1년간 각자의 역할을 수행하였지만, 교사연구회에 대한 헌신도와 주인의식 그리고 소속감이 상이하였다. 따라서 각 연구위원들에게는 차별적인 연구점수(도 1등급 2명, 2등급 3명, 3등급 4명)가 부여되었다. 결국, 2010학년도를 맞이하여 개인적인 사정이 있거나 연구 활동이 저조한 연구위원들(4명)이 교체되었다. 교사연구회의 새로운 인적 구성은 회장과 총무교사의 결정에 좌우되기도 하였지만, 연구자의 주장과 의견도 일부분 반영되었다. 따라서 2010년도 교사연구회의 구성은 인적 네트워크뿐만 아니라 전문적인 연구역량과 연구의지가 있는 교사들을 영입해야 한다는 논리가 일부분 수용되었다. 이러한 주장이 교사연구회에서 수용된 이유는 나 또한 교사연구회에 대한 남다른 헌신과 주인의식이 생겨났기 때문이다.

새롭게 가입한 4명의 연구위원들은 기존 회원들(5명)과의 원만한 관계 유지를 하면서 연구 활동에 참여하였지만, 연구회 내부에서 열세한 위치에 머물렀다. 속담처럼, 굴러온 돌이 박힌 돌을 빼내지는 못하였다. 왜냐하면, 그들 대부분은 교사연구회의 연구 주제와 운영방식에 익숙하지 않아 연구회 내에서 주도권을 잡기가 쉽지 않았기 때문이다. 하지만 신규 연구위원들은 2011년을 맞이하여 교사연구회의 강력한 회원들이 되었다. 도교육청의 연구지침에 따르면, 2년간 연구위원을 맡은 교사들은 3년 연속 연구위원이 될 수 없었기 때문이다. 따라서 교사연구회의 인적 구성은 권력이 있는 소수자의 인적 네트워크와 연구수행 능력 그리고 도교육청의 지침에 따라서 1년을 주기로 유동적으로 구성된다고 볼 수 있다.

한편, 교사연구회에서는 운영적인 측면에서 자율성과 책무성이라는 두 가지의 대립적 가치들이 상호 충돌하였다. 선행연구들이 밝힌 것처럼, 교사연구회의 본질적 속성으로 볼 수 있는 자율성은 교사연구회의 존재 이유이기도 하다. 그러나 해바라기교실수업개선연구회는 여타 교사연구회처럼 고도의 자율성을 확보하

기가 어려웠다. 도교육청은 연구 주제의 선정, 연구 설계, 연구 방법적 측면에서는
자율성을 부여하였지만, 연구의 실행방법과 결과의 보고 그리고 자료공유의 방식
에서는 강력한 책무성을 요구하였다. 따라서 교사연구회는 도 지정 연구회로 지정
되는 순간부터 도교육청의 개입과 통제로부터 자유로울 수 없었기 때문에 자율성
과 책무성 사이에서 적절한 균형을 유지해야만 하였다.

　　도교육청은 교사연구회의 연구 활동에 대한 책무성과 실천성의 제고를 위하
여, 이른바 증거 기반 협력연구를 강조하였다. 증거 기반 협력연구란 수업개선을
위하여 구체적으로 무엇이 필요하며, 어떻게 해야 하는지에 대한 자료들을 체계적
으로 수집, 분석, 보고하는 연구 활동을 지칭한다(Jaipal & Figg, 2011). 도교육청의
이러한 지침은 타 교사연구회나 단위학교에 연구 결과에 대한 증거자료를 제공함
으로써 학생들의 실제적인 학력향상을 유도하고, 다른 교사들의 실천에 도움을 줄
수 있다는 믿음에서 출발하였다. 도교육청이 강조하는 연구지침은 너무나 타당하
였지만, 동시에 교사연구회의 자율성을 훼손하기도 하였다. 자율성과 책무성 사이
의 이러한 딜레마는 마치 동전의 양면과도 같았다.

> 연구 주제와는 상관없이 무조건 공개수업을 하라는 도교육청의 일방적
> 인 공문은 받아들이기가 힘들어요. 우리 연구회는 그야말로 일상적인
> 교실수업을 공개하고, 모든 교사들이 수평적인 입장에서 수업대화를 나
> 누잖아요? 그래서 공개수업 때, 장학지도처럼 '보여 주기식' 수업을 할
> 지, 아니면 일상적인 수업을 보여 줄지가 고민이에요. 그냥 일상적인 수
> 업을 공개하면, 분명 우리 학교 교장 선생님이나 도장학사가 저를 비난
> 할 것 같아요. 연구위원이 저렇게밖에 수업을 못하냐고요. 그분들이 우
> 리랑 저녁에 같이 남아서 수업대화를 나눌 것도 아니잖아요. 그렇다고
> 구태의연하게 공개수업을 준비하면 전혀 다른 곳으로 가 버리고….
> 　　　　　　　　　　　　　　(2009. 09. 20. 공개수업 전날, 조 교사의 내러티브)

　　교사연구회와 상부 교육기관의 간조직적 협조체제는 협력적 이익을 가져다
줄 수 있다(Frost et al., 2010). 즉, 상급 기관의 제도적 지원은 교사연구회의 책임
감 있고 체계적인 교육연구를 유도하는 기제로 작용할 수 있다. 그러나 특정 교사
연구회의 운영 주제와 특성을 고려하지 않은 상급 교육기관의 획일적인 지시와 통

제는 오히려 교사연구회의 연구 의욕을 저하시키고, 연구의 과정과 결과를 왜곡시키는 문제점을 발생시키기도 한다. 따라서 도교육청과 교사연구회는 책무성과 자율성 사이에서 어떠한 균형적 관계를 유지할지에 대한 고민이 필요한 것으로 판단된다.

2. 교사 정체성의 갈등과 변환: '의사적인 소비자 vs 프로슈머'

나를 포함한 연구위원들은 교육이론과 교육실천 사이에서 교사 정체성의 변화를 경험하였다. 모든 연구위원들은 각자의 단위학교와 교실에서 실천가로서의 현장교사였다. 그러나 자명한 실천가로의 교사 정체성은 교사연구회라는 특수한 장에서 균열이 발생하였다. 즉, 교사연구회에서 요구되는 교사 정체성은 실천적인 현장교사로서의 정체성뿐만 아니라 연구자로서의 교사라는 복수적 정체성이었다. 하지만 안타깝게도, 내 동료들의 대부분은 교육이론과 방법론적 측면에서 한계가 있었다.

나는 연구의 초기 국면마다 무엇을 어디에서부터 시작해야 할지가 막막하였다. 우선 동료들에게 연구 주제가 무엇인지를 구체화하고, 그 연구 주제를 구현할 수 있는 질적 연구방법론(실행연구, 교실 담화분석)에 대한 자체 연수를 하였다. 하지만 그들은 나를 마치 '뜬구름 잡는 사람'쯤으로 바라보았다. 실망스럽게도, 연구 초기 국면에서의 연구 경험은 대학과 대학원에서의 강사 경험과도 유사한 것이었다. 기대 수준에 미치지 못하는 동료들이 원망스럽고 부담스러웠다. 교사들의 전문 공동체가 과연 실현 가능한 것인가에 대하여 회의하기도 하였다. 하지만 2년간의 시행착오 끝에 연구의 초기 국면에서 경험하는 실망감이 그다지 오래가지 않음을 깨달았다. 개인차가 있긴 하였지만, 나의 동료들은 연구 주제와 연구방법론을 자연스럽게 체득하였다. 그들이 연구 주제와 방법론을 체득할 수 있었던 것은 나의 열정적인 설명이 아니라, 자신들의 실제적인 교수경험 덕분이었다.

한편, 나의 동료들은 교육이론과 교육실천의 관계에 대한 관점의 차이를 나타내었다. 다수의 동료들은 교육학자의 이론을 현장에 곧바로 적용하는 방식을 선호하였다. 왜냐하면, 이러한 연구방식은 교사들에게 익숙하고, 편리하며, 경제적이기 때문이었다. 하지만 나는 외부의 교육이론을 교육실천에 적용하는 방식에 대하여 의문을 제기하였다. 나는 외부 이론을 적용하는 방식이 연구과정과 연구 결과

에 대한 모호성을 없애 주기는 하지만, 교사들이 교육연구의 주체가 될 수 없음을
주장하였다.

> 대학교수의 수업대화 모형을 곧바로 적용하는 것에 대하여 부정적입니
> 다. 그가 논문에서 제시하고 있는 모형은 수업대화를 나누기 위한 하나
> 의 예시적인 것이지, 일반적인 방법이나 절차를 따르는 데 목적이 있지
> 않습니다. 수업에 대하여 대화를 나누는 데 어떻게 일반화된 절차나 모
> 형이 따로 있을 수 있습니까? 새로운 수업대화 모형을 만들기가 쉽지는
> 않겠지만, 이번 기회에 새롭게 시도를 해 봤으면 합니다. 우리 교사들은
> 왜 만날 누군가의 이론을 가져다 써야 합니까?
>
> (2009. 05. 18. 협력학교 교내 연수, 연구자의 내러티브)

연구위원들이 교육이론에 대한 '의사적인 소비자(pseudo-consumer)'가 되지
말자는 나의 계몽적 주장은 끝내 받아들여지지 않았다. 그들은 나의 주장에 수긍
하였지만, 그런 일을 해낼 자신이 없다고 하였다. 따라서 해바라기교실수업개선연
구회는 이미 주어진 수업대화 모형을 곧바로 적용하기로 하였다. 하지만 나의 우
려처럼, 그들은 수업대화 모형에 깔려 있는 기본적인 전제와 철학에 대하여 끊임
없는 의문을 제기하였다. 그래서 해바라기교실수업개선연구회는 수업대화 모형
을 직접 만든 국내 교육학자를 초청하여 연수회를 가지기도 하였지만 사정은 별로
나아지지 않았다. 이러한 어려움이 지속되자 동료들은 나의 종전 주장에 대하여
다시금 힘을 실어 주었다. 결국, 2009년 해바라기교실수업개선연구회는 우리에게
적합한 새로운 수업대화 모형과 절차를 생성하는 방향으로 선회하였다.

1년간의 시행착오를 경험한 나와 동료들은 2010년을 맞이하여 새로운 연구
시도를 하였다. 즉, 교사연구회의 한 내부자(연구자)의 교육이론에 기초하여 질적
수업분석을 시도하기로 하였다. 2010년의 신규 연구위원들은 이러한 연구방식에
적응하는 데 애를 먹었지만 기존 회원들처럼 점차적으로 적응해 나갔다. 나는 교
육이론에 대한 단순화의 위험성을 감수하더라도 동료들의 시도와 노력을 격려해
주었다. 이러한 새로운 도전은 교사연구회를 도 단위 최우수 교과교육연구회로 탈
바꿈시켰다.

박사님, 우리가 직접 만든 모형으로 수업분석을 할 수 있다는 사실이 너무 신기해요. 요즘 프로슈머라는 말이 인기잖아요? 생산자와 소비자의 경계가 허물어지는 개념이요. 저는 이 말이 우리 연구회에 딱 맞는 말이라고 생각해요. 교육학자들이 만든 이론이 좋기는 했지만, 그것을 실천하는 구체적인 방법을 몰라서 언제나 막막했거든요. 하지만 이제는 그런 갑갑함이 사라졌어요.

(2010. 08. 25. 하계 워크숍, 송 교사의 내러티브)

교사연구회의 현장교사들은 전문적인 교육학자들이 아니기 때문에 이론정립보다는 이론에 기초한 교재개발 연구를 통하여 현장에서의 활용 가능성에 주목해야 한다는 주장(권재술, 2005)이 지배적이다. 그러나 현장 연구의 실천성을 강조하는 이러한 담론은 자칫 교육이론에 대한 '의사적인 소비자'로서의 교사 정체성을 재생산하는 논리로 해석될 수도 있다. Hoban(1997)과 Masuda(2010)의 주장처럼, 교사연구회에 참여한 경험은 협력적인 전문가로서의 교사 정체성을 형성할 수 있는 힘(power)과 에이전시(agency)를 제공하였다.

3. 연구 활동에서의 상호작용적 갈등: '집단 vs 공동체'

나와 동료들은 연구 활동에서 세 가지의 요인들, 즉 시공간의 제한, 친밀성과 동료성의 관계, 연구국면에 따라서 상호작용적 갈등을 하였다. 즉, 해바라기교실수업개선연구회는 이 세 가지 요인들의 복합적인 상호작용에 따라서 집단 또는 공동체로서의 양면적인 미시정치학적 특징을 나타내었다.

교사연구회의 구성원들이 전문적인 대화를 나누기 위한 시공간의 확보와 배분은 교사들의 삶에서 중요한 요인으로 볼 수 있다(Clark, 2001; Zeichner, 2002; Masuda, 2010: 471; Jaipal & Figg, 2011: 65). 또한, 교사연구회에서의 안정적인 물리적 시공간의 확보는 구성원들이 자신들의 교수맥락과 교육적 이슈에 대하여 심도 깊게 대화하고 탐구할 수 있는 배움의 장을 제공한다(Clark, 2001; Masuda, 2010). 그러나 나를 포함한 연구위원들은 연구 활동을 전개하기 위한 물리적 시공간을 확보하는 데 상당한 어려움을 겪었다. 모든 연구위원들은 현장교사이기 때문에 소속 단위학교에서 교실수업과 담당업무를 처리해야 한다. 그러나 증거 기반의 실천적인 교육연구를 위해서는 일과 중에 중심학교나 협력학교에 모이는 것이 불가피하였다. 동료 교사들의 일상적인 교실수업을 직접 관찰해야만 수업대화나 질적 수업분석이 가능하였기 때문이다. 그러나 대부분의 협력학교 교장들은 개인적인 연구를 위한 교사들의 관외출장을 반기지 않았다.

> 연구자: 죄송하지만, 내일 오후 1시부터 관외출장을 갔으면 합니다.
>
> 학교장: 무슨 일인데요? 혹시 또 교과교육연구회 출장인가?
>
> 연구자: 송 선생과 같이 출장을 가야 할 것 같습니다.
>
> 학교장: 허, 참! 개인적인 연구도 좋지만, 학교 일이 더 중요한 것 아닌가? 일과 중에 두 사람이 빠지면 이 작은 학교에서 수업은 누가 해?
>
> 연구자: 저는 전담이라 시간표를 조정했지만, 송 교사는 담임이라서….
>
> 학교장: 다른 선생님들의 입장도 생각해 봐야지요. 대교를 하는 선생님들의 마음은 어떻겠어요? 도교육청에서 하는 일이니 출장을 안 보낼 수도 없고. 미안하지만, 이번에는 이 선생만 가세요.
>
> (2010. 09. 20. 연구자의 소속 학교장과의 대화 장면)

위처럼 어렵사리 시간을 확보하였다 할지라도 시간배분이 또 다른 문제였다. 수업을 관찰, 분석하고 대화를 나누다 보면 심야가 되기가 일쑤였다. 대부분의 연구위원들은 다음 날 수업을 위하여 소속교로 되돌아가야 하였기 때문에 시간배분 문제가 쟁점이 되었다. 즉, 연구위원들이 쉽게 만날 수 없으니 신속하게 연구를 수행하자는 주장과 연구 주제의 특성에 맞게 심도 깊은 대화를 나누면서 천천히 가자는 주장이 맞섰다. 이러한 시간배분에 대한 갈등은 연구의 실행 단계뿐만 아니라 연구의 설계와 보고서 작성 그리고 연구 결과를 공유하기 위한 자료 제작 단계에서도 발생하였다. 해바라기교실수업개선연구회는 이와 같은 물리적 시공간 확보와 시간배분의 문제를 해결하기 위해 인터넷 카페, 메신저, 메일 등을 활용하거나 지구별 소모임을 가지기도 하였지만, 연구 주제의 독특성으로 인하여 큰 도움이 되지는 못하였다.

어떤 공동체가 온전히 형성되기 위해서는 구성원들이 공동의 가치와 비전을 공유할 수 있는 물리적 시간과 공간의 확보가 필수적이다(Sergiovanni, 1994; Furman, 2002). 이러한 측면에서, 해바라기교실수업개선연구회는 구성원들의 헌신과 주인의식의 정도에 따라서 집단 또는 공동체로 여겨졌다. 즉, 총무교사와 나를 비롯한 일부 회원들은 연구회에 대한 헌신과 애착이 강하였기 때문에 시공간의 제약을 극복하려 노력하였다. 그러나 일부 회원들은 교사연구회의 이러한 시공간적 한계를 끝내 극복하지 못하였다. 따라서 특정한 교사연구회는 물리적 맥락(physical context)에 대한 구성원들의 상이한 상황 정의에 따라서 공동체 또는 집단으로 간주되었다.

한편, 나는 2년간의 연구 활동을 하면서 구성원들 간의 상호작용을 통해 형성된 친밀성과 동료성의 관계를 되돌아보게 되었다. 교육대 동문의 선후배들로 구성된 교사연구회는 연구 초기 국면을 벗어나면서 친밀성을 형성하였다. 교사연구회 내에서 이론적 및 방법론적인 주도권을 쥐고 있는 나로서는 자연스럽게 형성되는 친밀성에 대하여 탐탁지 않게 생각하였다. 나의 선입견에서 볼 때, 그들이 나누는 담화는 전문성이 결여된 잡다한 이야기로 들렸기 때문이다. 그러나 나는 그들과의 만남을 통해서 인간적인 친밀성과 전문적인 동료성이 분리될 수 없으며, 대립적인 개념도 아님을 깨달았다.

> 그동안 교사연구회의 회식자리는 부담스러웠다. 음주가무를 좋아하지 않는 성격 탓도 있지만, 모두들 만나면 승진 이야기만 해대기 때문이다. 하지만 오늘 모임에서 이러한 생각이 편견일지도 모른다는 생각이 든다. 자주 만날 수도 없는 상황에서 회식마저 없다면 서로가 서로를 어떻게 알아갈 수 있을까? 그들은 수업에 대하여 나처럼 아니, 나보다 더욱 치열하게 고민하는 교사들이었다. 동료들의 이야기에는 난해한 교육학적 개념들은 등장하지는 않았지만, 놀랍게도 나의 고민스런 수업이 그대로 녹아들어 있었다.
>
> (2009. 06. 26. 연구자의 반성적 저널)

교사연구회 내에서 전문적인 동료성을 구축하는 과정은 결코 아름답거나 평화로운 관계가 아니었다. 오히려 이 과정에는 구성원들의 가시적 또는 비가시적인 갈등과 소란이 수반되기도 하였다. 왜냐하면, 교육실천은 가치 중립적이지도 않고 개인적이지도 않은 사회문화적 · 역사적 현상이기 때문에 구성원들 간의 비판적인 논쟁이 불가피한 것이다(Blase, 1991). 특히, 총무교사와 나는 수업현상을 바라보는 관점의 차이 때문에 자주 충돌하였다. 해석적 관점의 사회이론과 질적 연구방법론을 일방적으로 가르치는 나의 계몽적인 접근방식은 때때로 동료 교사들의 마음을 불편하게 하였는지도 모른다.

> 두 선배의 말을 듣다 보면, 양쪽 모두 나름 일리가 있어요. 선배(연구자) 주장은 질적 연구가 일반화를 지향하지 않기 때문에 모형이나 절차를 만드는 작업을 해서는 안 된다는 말씀이잖아요? 하지만 총무 선생님의 생각으로는, 질적 연구가 그러한 특성이 있더라도, 어떠한 형태로든지 많은 교사들이 손쉽게 이해하고 실천할 수 있도록 노력을 해야 한다는 말이죠. 제 생각에, 이 문제는 정답이 없는 거 같아요. 두 사람의 생각이 처음부터 다른 거죠.
>
> (2009. 05. 25. 중심학교 협력연수, 조 교사의 내러티브)

이와 같은 논쟁과 갈등은 인간관계적인 갈등이 아니었기 때문에 교사연구회의 분열이나 와해로 직결되지는 않았다. 교사연구회에서 발생한 이러한 긴장과 갈등은 일부 연구위원들의 희생적인 연구태도를 통해 완화되었다. 말뿐인 나와 다르게, 총무교사나 일부 선후배 교사들은 자신들의 일상적인 '맨손 수업'을 선뜻 공개하였다. 그들은 일상적인 교실수업에 대한 타자들의 사전판단과 평가에 대한 두려움을 감수하고서 자신들의 교수적인 연약함을 진술하게 노출하였다. 그들의 이러한 용기 있는 시도는 나의 계몽적 방식의 독선을 되돌아보게 하였다. 그리고 그들의 실천 지향적인 연구 자세는 교수맥락과 관련된 교사 자신들의 좌절을 솔직하게 이야기할 수 있는 연구풍토를 만들었다.

Wenger(1998)의 주장처럼, 교사연구회를 통해 획득된 배움과 전문성의 의미는 동료들과의 관계 맺음을 통해서 교실수업을 개선하기 위한 전문적인 기술과 지식의 습득뿐만 아니라, 다른 앎과 삶의 방식 그리고 교사로서의 정체성과 태도를 서로 인정하고 성찰하는 것이었다. 이러한 관계는 교학상장(敎學相長)과도 같이, 교사들이 일방적으로 가르치거나 배우는 주종적인 관계에서 벗어나서 서로가 배움의 자원이 되는 것이었다. 결국, 구성원들의 이러한 관계형성은 공동체로서의 지속적인 유지와 발전의 원동력이 되었다.

한편, 교사연구회의 나와 동료들은 1년을 주기로 한 연구국면에 따라서 차별적인 동료성을 나타내었다. 해바라기교실수업개선연구회는 차별적인 동료성의 특징에 따라서 이질적인 집단이 되기도 하였고, 동시에 전문적인 실천공동체가 되기도 하였다. 그러한 원인은 해바라기교실수업개선연구회가 자율적이고 자생적인 교사연구회인 동시에 도교육청 지정의 교사연구회였기 때문이다. 여기에서 언급한 차별적인 동료성이란 Hargreaves(1991)와 서경혜(2008)가 제시한 세 가지의 차별적인 동료성 개념을 지칭한다. 즉, 그들은 교사연구회에서 발생 가능한 동료성 개념을 다음의 세 가지 유형으로 구분하였다.

첫째, '완전한 동료성(fully functioning collegiality)'은 교사들의 협력이 자발적이고 자생적이며, 교육실천이 일상화되어 있는 관계이다. 하지만 완전한 동료성에서는 교사협력의 결과를 예측하기가 쉽지 않다. 둘째, '인위적 동료성(contrived collegiality)'은 교사들의 협력이 강제되고 부과된 상태이다. 인위적 동료성은 톱다운(top-down) 방식의 과제를 실행하기 위한 것이며, 특정한 시간과 장소에서만 협력이 이루어지고, 교사협력의 결과를 일정 부분 예상할 수 있다. 셋째, '편의적 동료성(comfortable collegiality)'은 교사들 서로 간에 조언을 하거나 자료를 공유하는 정도의 제한된 수준의 교사협력을 지칭한다(Hargreaves, 1991; 서경혜, 2008).

해바라기교실수업개선연구회는 1년을 기준으로 하였을 때, 고정된 유형의 동료성을 보인 것은 아니었다. 나를 포함한 교사연구회의 구성원들은 매년 연구의 초기 국면(4~5월)에서 '편의적 동료성'을 형성하였다. 왜냐하면, 이 단계에서는 구성원들의 친밀도가 낮고, 연구 주제 및 연구방법에 대한 이해도가 낮기 때문이었다. 하지만 연구위원들은 연구의 중기 국면(6~10월)을 맞이하면서 '완전한 동료성'을 구축할 수 있었다. 친밀성과 동료성이 뒤섞인 역동적인 관계는 구성원들이 대화를 나누면서 교수실천을 개선할 수 있는 사회적 환경을 형성하였다. 그러나 해바라기교실수업개선연구회는 최종적인 보고서 작성과 대외적이고 공식적인 발표회를 앞둔 연구 말기 시점(11월 이후)에서는 가시적인 성과산출을 위하여 '인위적인 동료성'을 추구하는 집단으로 전락하고 말았다. 아래의 내러티브는 연구 말기 시점에서 형성된 교사연구회의 '인위적 동료성'을 여실히 드러내고 있다.

이 선생이 올해도 최종 보고서 작성은 맡아 줘야겠어. 우리들 가운데 연구 주제를 가장 잘 이해하고 있으니깐. 미안하지만, 최종 모형과 일반화

자료를 만드는 것도 부탁해. 파트별로 재미있게 수업분석을 해 봤지만, 직접 모형을 만들려고 하니 꽤나 부담스러운가 봐. 대신, 나머지 연구위원들은 보고회 행사 준비를 맡을게.

(2010. 11. 12. 총무교사의 내러티브)

4. 연구 결과의 공유방식을 둘러싼 딜레마: '전파 vs 사례화'

해바라기교실수업개선연구회는 도교육청 지정 초등 교과교육연구회였기 때문에 연구 결과에 대한 공적 보고와 공유의 책임이 있었다. 따라서 매년 11월 말을 맞이하여 도내 초등 교사들과 장학사 그리고 평가위원들(도내 학교장들)을 대상으로 1년 동안의 연구 성과를 최종적으로 보고하였다. 연구 주제의 신선함 때문이었는지, 해바라기교실수업개선연구회는 두 해 모두 도교육청으로부터 최고의 평가를 받았다. 그리고 도교육청은 연구 결과의 공유를 위해 심포지엄, 직무연수, 워크숍 등을 개설할 수 있는 기회를 해바라기교실수업개선연구회에 제공하였다.

　대학 교수들과의 긴밀한 연계를 위한 심포지엄과, 소책자 · CD · 웹(web) 등의 매체를 활용한 직무연수와 워크숍은 타자들과 연구 결과를 공유할 수 있는 수단이 될 수 있다(Jaipal & Figg, 2011). 이러한 맥락에서 도교육청은 교사연구회 연구 결과의 전파와 확산을 위한 특정 모형과 일반화 자료 제작을 지속적으로 강조하였던 것이다. 그러나 앞서 밝힌 것처럼, 나는 해석적 관점에서 비롯된 수업대화나 질적 수업분석이 특정한 절차나 모형으로 환원되는 것에 대하여 의문을 제기하였다. 마치 마법과도 같은 일반화 자료보다는, 사례화를 통해서 교사들의 공감과 성찰을 이끌어 내는 것이 더 중요해 보였기 때문이다. 나는 교육연구가 교육현상에 대한 끊임없는 물음의 추구라고 생각하였기 때문에, 단위학교와 교실에서의 구체적인 교육실천은 교사 각자의 몫으로 보았다.

　위처럼 그럴듯해 보이는 나의 교육적 신념은 도 지정 교과교육연구회의 제도적 당위성과 필요성 자체를 부정하는 논리였다. 교육실천의 개선을 위해서 단지 사례화만 가능하다는 나의 주장과 신념은 교사연구회의 연구 결과를 사적인 것 또는 특정 연구회의 소집단적인 수준으로 머무르게 하는 한계가 있었기 때문이다. 연구 결과에 대한 사례들을 강조하자니 확장적인 공유가 힘들고, 확장적인 전파를 시도하자니 질적 연구과정과 결과들이 단순화되거나 왜곡될 수 있는 딜레마가 발생하였다. 고민 끝에, 나는 도 단위 심포지엄, 직무연수, 워크숍 자리에서 강사 역할을 수행하였다. 그리고 나의 동료들도 다양한 매체를 활용하여 수업대화와 질적 수업분석을 위한 일반화 자료들을 제작하고 보급하였다.

> 오 선생: 교무실 서가에 있는 책들 중에서 네 이름을 봤어!
>
> 연구자: 아, 초등 교과교육연구회 우수 자료집인가 보네! 어찌 하다 보니깐 전 초등학교에 배부되었나 봐. 읽어 보니깐 어때? 좋아?
>
> 오 선생: (당황해하며) 어? 미안, 바빠서 아직 못 읽어 봤다.
>
> 연구자: 교무실에 꽂힌 책들이 다 그렇지 뭐. 모두들 바빠 죽겠는데 누가 그런 걸 읽어 보겠냐?
>
> 오 선생: 그래, 그게 현실이지 뭐. 하지만 간혹 한두 페이지는 볼 때가 있어. 맨 앞장 제목하고, 맨 뒷장에 누가 만들었는지. 두 장만 보면, 도교육청에서 요즘 누가 잘 나가는지 알 수 있지. 너한테 한 말은 아니니깐, 오해는 말고.
>
> 연구자: 그런데 왜 쓸데없는 자료를 계속 만들어야 하는 걸까?
>
> 오 선생: 그야, 도교육청에서도 뭔가를 해야 하잖아. 일단 책을 만들어 놓으면 기관평가를 받을 때도 있어 보이잖아? 어차피 예산도 써야 하고.
>
> (2011. 02. 18. 연구자의 동기 교사와의 대화 장면)

> 연구자: 지금까지 동학년 수준에서 담화분석을 통해 질적 수업분석을 할 수 있는 절차와 모형을 살펴보았습니다. 보다 구체적인 방법은 워크숍 교재를 참고하시면 되겠습니다.
>
> 연수생: 강사님, 질문 있는데요? 설명은 잘 들었는데, 실제로 교실 담화분석은 어떻게 하는 겁니까? 담화를 구체적으로 전사하고 분석하는 방법…. 솔직히 아직 뭐가 뭔지 잘 모르겠어요.
>
> 연구자: 지금까지 자세히 말씀드린 것 같은데요?
>
> (2011. 01. 26. 교실수업개선 유공교원 워크숍 강의 장면)

위의 대화 장면과 워크숍 강의 장면에서 확인할 수 있는 것처럼, 교사연구회의 연구 결과가 단위학교로 전파되어 잘 공유될 것이라는 믿음은 애초부터 순진한 것이었다. 출판물뿐만 아니라 교육대학과 연계한 심포지엄과 각종 현직연수에서도 비슷한 현상이 발생하였다. 그러나 나는 연구 결과의 공유방식에 대한 타자들의 차가운 시선을 어느 정도 이해할 수 있었다. 교사연구회에 가입하기 전까지, 나또한 타자들의 시선으로 현장 연구물을 대해 왔기 때문이다. 그리고 타자들의 냉정한 반응을 원망할 수 없었던 것은, 나를 포함한 어떤 동료 교사들도 자신들이 소속한 학교에서 교사연구회의 연구 결과를 공유하고 실천하려 하지 않았기 때문이다. 일본의 저명한 교육학자인 佐藤 學(1998)는 교육이론과 교육실천의 영역 사이에서 오랫동안 뿌리를 내려온 'R-D-D(Research-Development-Diffusion) 모델'을 왜곡된 교육신화라고 비판하였다. 서경혜(2008)도 학교 밖에서의 협력을 통한 교사들의 학습이 단위학교 안으로 연결되기가 쉽지 않음을 지적하였다. 이들의 주장처럼, 교사연구회가 1년 동안 연구하고 개발한 연구 결과들은 '수도관의 물'과 같이 다른 학교와 교사들에게 쉽게 전파되지 않았다.

IV. 나가며

자문화기술자로서의 나는 한 교사연구회에서 발생한 미시정치학적인 갈등과 딜레마를 조직 및 운영, 교사 정체성의 형성, 상호작용적 관계, 연구 결과의 공유방식이라는 네 가지 측면에서 조명함으로써 교사연구회의 사회적 과정과 집단역학을 이야기하였다. 결론에서는 이러한 연구 결과에 기초하여 초등 교과교육연구회를 내실 있게 운영하기 위한 몇 가지 아이디어들을 제언하고자 한다.

　　첫째, 교사연구회의 사회적 과정은 강력한 헌신과 주인의식을 지닌 소수 구성원들의 인적 네트워크와 권력을 통해 자율적으로 구성되었다. 그리고 교사연구회의 인적 구성은 1년을 단위로 하여 새롭게 재편되었다. 소수 구성원들의 인적 네트워크와 권력을 통한 교사연구회의 사회적 과정은 교사연구회의 지속성과 결속력을 강화시킬 수 있다는 장점이 있다. 그러나 교사연구회의 민주적이고 수평적인 권력구조는 연구회에 대한 모든 구성원들의 주인의식과 애착심을 고취시킬 수 있다. 또한, 교사연구회가 전문적인 연구공동체로 거듭나기 위해서는 개인적 네트워크만을 통해서 인적 구성을 하기보다는, 공동의 가치와 비전을 지닌 전문적인 현장교사들을 체계적으로 충원해야 할 것이다.

둘째, 교사연구회의 조직과 운영에 대한 상급 교육기관의 행·재정적 지원과 모니터링은 연구 활동에 대한 책무성을 강조함으로써 증거 기반의 내실 있는 교사연구회 운영의 동력으로 작용할 수도 있다. 그러나 상급 교육기관의 획일적인 운영지침과 감시는 오히려 교사연구회의 본질적인 속성으로 볼 수 있는 자율성을 위축시킬 가능성이 있다. 즉, 책무성을 지나치게 강조하는 상급 교육기관의 요구는 교사연구회 구성원들 간의 활발한 대화와 실천을 위축시켜 특정 교사연구회가 관료주의에 기초한 어용단체로 전락할 위험성이 있다. 따라서 교사연구회의 내실 있는 운영을 위해서는 책무성을 제고하는 교사연구회의 자체 노력과 상부 교육기관의 세심한 정책적 배려가 조화롭게 균형을 이뤄야 할 것이다.

셋째, 교사연구회의 구성원들은 외부로부터 주어진 탈맥락적인 교육과정이나 교수법 그리고 교육이론을 교수실천에 적용하는 '의사적인 소비자'로서의 직업 정체성을 벗어날 필요가 있다. 즉, 교사연구회의 교사들은 교수실천을 통해 그리고 교수실천 속에서 자생적이고 국지적인 교육과정과 교수법 그리고 교육이론을 창출해 내는 생산자 또는 이론가로 거듭나야 한다. 이러한 프로슈머로서의 교사들은 공동의 사고와 협력 그리고 대화를 통해서 교육이론과 교육실천의 해묵은 간극을 해소할 수 있을 것이다.

넷째, 시공간적 제한, 인위적인 동료성, 그리고 연구 말기의 책무성 대응에 급급한 교사연구회는 신속하고 효율적인 업무처리를 위하여 폐쇄적인 집단으로 전락하였다. 반면, 시공간적 제한을 극복하고, 완전한 동료성을 추구하며, 연구의 과정과 배움 자체를 즐기는 공동체로서의 교사연구회는 성급한 합의와 결과의 추구보다는 상호 간의 지속적인 문제제기와 대화의 과정을 통해 자신들의 교수실천을 공동으로 개선하였다. 따라서 수많은 초등 교사연구회들이 전문 공동체로서의 교사연구회로 탈바꿈하기 위해서는 학력향상 방안, 교실수업 개선방안, 부진학생 지도방안 등과 같은 지배적인 이슈와 담론에 대하여 신속하고 간편하게 정답을 찾는 연구 관행으로부터 과감히 벗어날 필요가 있다. 자유로운 문제제기와 대화 그리고 공동적 실천이 강조되는 전문 공동체로서의 교사연구회는 초등 교사들에게 하나의 해방적인 에이전시가 될 수 있을 것이다.

다섯째, 한 교사연구회의 연구 결과가 모든 초등학교와 교실의 상황에 곧바로 적용되기는 힘들다. 따라서 초등 교사연구회들은 자신들의 연구 결과를 단위학교와 교실수업에 접목시킬 수 있는 연계 방안을 고민해야 할 것이다. 나는 이를 위해 단위학교 기반 교사연구회 운영방식을 제안한다. 학교장이나 특정 교사들을 중심으로 한 단위학교 기반 교사연구회의 운영방식은 특수한 학교와 교실이 처해 있는 실제적인 교수맥락에 기초하여 교육연구를 수행함으로써 전파와 예시화의 딜레마를 해소할 수 있을 것이다. 또한, 단위학교 기반 교사연구회는 전문 공동체의 형성을 위한 시공간적 접근성을 높이고, 구성원들 사이의 원활한 친밀성과 동료성을 구축함으로써 교육이론과 교육실천을 연결할 수 있는 기폭제가 될 것이다.

앞서 밝힌 바와 같이, 초등 교사연구회의 궁극적인 목적은 현장교사들의 자율적이고 주체적인 교수전문성의 신장과 공유를 통하여 학교교육과 교실수업을 실질적으로 개선하는 데 있다. 따라서 미래의 초등 교사연구회는 구성원들의 반성적인 대화와 협력적인 교육실천을 통하여 전문적인 실천공동체로 거듭나야 한다. 이러한 맥락에서, 이 연구의 연구 결과는 우후죽순(雨後竹筍)으로 생성되었다가 유명무실해지는 초등 교사연구회의 생성과 발전 그리고 쇠퇴와 소멸의 운영기제를 파악하는 데 유용할 것이다. 또한, 이 글의 연구 결과는 미래 초등 교사연구회의 발전방향과 대안적인 운영방안을 모색하기 위한 기초 자료로서 기여할 수 있을 것이다.

참고문헌

교육인적자원부(2007). 2007학년도 교과교육연구회 지원계획.

교육과학기술부(2008). 2008학년도 교과교육연구 활동 우수사례 공모 시행계획.

권재술(2005). 교과교육 연구의 본질과 연구방향. **2005년도 전국 단위 교과교육연구회 합동 워크숍 자료집(기조강연)**, 25-41.

김경애(2007). **전국교과교육연구회 구성원들의 지도력 유형에 대한 인식 연구**. 이화여자대학교 대학원 석사학위 논문.

김성천(2007). **교사자율연구모임을 통한 교사 전문성 성장 과정**. 성균관대학교 대학원 박사학위 논문.

김성천·양정호(2007). 교사자율연구모임을 통해 본 교직문화의 새로운 가능성: 구성배경과 참여동기를 중심으로. **한국교육, 34**(3), 51-74.

김지영(2010). **수업 개선을 위한 교사학습공동체에서의 교사학습 행위에 대한 사례 연구**. 서울대학교 대학원 석사학위 논문.

김효정(2006). 자생적 교사 연구모임의 사회연결망 분석: 초등학급경영연구회를 중심으로. **교육행정학연구, 24**(2), 173-200.

박순용·장희원·조민아(2010). 자문화기술지: 방법론적 특징을 통해 본 교육인류학적 가치의 탐색. **교육인류학연구, 13**(2), 55-79.

박인서(2009). **한 교사의 실천적 체육교사모임 운영에 대한 내러티브**. 강원대학교 대학원 박사학위 논문.

박인서·김승재(2009). '체육교사모임' 운영 교사의 내러티브 탐구. **한국스포츠교육학회지, 16**(2), 135-154.

서경수(2003). 서울 초중등교과교육연구회 현황 및 역할. **초등신규임용예정교사 직무연수 자료집**, 101-111.

서경혜(2008). 학교 밖 교사학습공동체에 대한 사례연구. **한국교원교육연구, 25**(2), 53-80.

서경혜(2009). 교사 전문성 개발을 위한 대안적 접근으로서 교사학습공동체의 가능성과 한계. **한국교원교육연구, 26**(2), 243-276.

송광용·김도기(2005). 초등 교과교육연구회 운영의 활성화 방안 연구. **한국교원교육연구, 22**(2), 227-252.

안선영(1994). **현장 연구 조건으로서 교사 연구공동체의 필요성**. 이화여자대학교 대학원 석사학위 논문.

이동성(2010). 초등학교 기초학습부진학생 지도경험에 대한 자문화기술지. **교육인류학연구, 13**(3), 141-168.

이동성(2011a). 한 교사 연구자의 변환적인 역할과 관점에 대한 자문화기술지. **교육인류학연구, 14**(2), 61-90.

이동성(2011b). 자문화기술지를 통한 초등학교 운동부 지도경험 분석. **초등교육연구,**

24(2), 341-363.

이병덕(2003). **초등교원의 전문성 신장을 위한 교과교육연구회 운영에 관한 연구**. 한국교원
    대학교 교육대학원 석사학위 논문.

이선숙(2005). **교과별 교사모임을 통한 교사의 전문성 개발에 관한 연구**. 서울대학교 대학원
    석사학위 논문.

장현칠(1996). **초등 교과교육 연구회 운영에 관한 연구**. 한국교원대학교 대학원 석사학위 논
    문.

전화영(2009). **과학 교사 학습 공동체의 현황과 참여 교사의 수업 전문성**. 서울대학교 대학원
    박사학위 논문.

조부경 · 고영미(2006). 유치원 교사의 학습공동체 참여양상. **유아교육연구, 26**(1), 69-
    100.

조재완(2003). 교과교육연구 활동 지원 활성화를 위한 방안 탐색: 우리 교육의 미래를 지
    원하는 교과교육연구회를 위하여. **한국교육학술정보원 2003년도 전국 단위 교과교
    육연구회 합동 워크숍 자료집**, 48-58.

주영주 · 조은아(2006). 교사 학습공동체 내 지식창출 활동의 성격 및 촉진요인에 대한 사
    례 연구. **교과교육학연구, 10**(1), 37-54.

최진영 · 송경오(2006). 교사학습공동체 수준에 따른 사회과 교수-학습활동에 대한 연구.
    초등교육연구, 19(2), 217-239.

한양수 · 김영화(2008). 초등교사의 교과교육 학습공동체 참여지속 계획에 영향을 미치는
    요인 분석. **평생교육학연구, 14**(4), 133-154.

해바라기교실수업개선연구회(2009). 수업대화 모형 개발 · 적용을 통한 교실수업 개선.
    2009. 교과교육연구회 보고서.

해바라기교실수업개선연구회(2010). 교실 담화분석을 통한 질적 수업분석의 모형개발 및
    적용: 교사와 학생들의 교실담화를 중심으로. **2010. 교과교육연구회 보고서**.

佐藤 學(1998). 敎師の實踐的思考の中の心理學. 佐伯 胖 外(篇). **心理學と敎育實踐の間**で.
    東京大學出版會.

Anderson, L. (2006). Analytic autoethnography. *Journal of contemporary ethnography*,
    35(4), 373-395.

Blase, J. (Ed.)(1991). *The politics of life in schools: Power, Conflict, and Cooperation*.
    Newbury Park, CA: Sage.

Chang, H. (2008). *Autoethnography as method*. Left Coast Press, Inc.

Clark, C. M. (2001). *Talking shop: Authentic conversation and teacher learning*. New
    York: Teachers College Press.

Duncan, M. (2004). *Autoethnograpy: Critical appreciation of an emerging art*. http://cre-
    ativecommons.org/licenses/by/2.0.

Ellis, C. (2004). *The ethnographic I: A methodological novel about autoethnography*.

Walnut Creek, CA: AltaMira Press.

Frost, J. H. et al. (2010). Planning teacher professional development: The struggles and successes of an inter-organizational collaboration. *Professional Development in Education, 36*(4), 581-595.

Furman, G. (Ed.)(2002). *School as community: From promise to practice*. Albany: State University of New York Press.

Hargreaves, A. (1991). Contrived collegiality: The micro-politics of teacher collaboration. In Blase, J. (Ed.), *The politics of life in schools: Power, conflict, and cooperation* (pp. 46-72). New York: Sage.

Hoban, G. F. (1997). Opportunities for knowledge building in professional development models. In King, R. J. & Retallick, J. A. (Eds.), *Exploring professional development in Education* (pp. 1-20). Wentworth Falls, NSW: Social Science Press.

Huang, Yi-Ching. (2007). How teachers develop their professional knowledge in English study group in Taiwan. *Educational Research and Review, 2*(3), 36-45.

Jaipal, K. & Figg, C. (2011). Collaborative action research approaches promoting professional development for elementary school teachers. *Educational Action Research, 19*(1), 59-72.

Masuda, A. M. (2010). The teacher study group as a space for agency in an era of accountability and compliance. *Teacher Development, 4*(4), 467-481.

Reed-Danahay, D. E. (Ed.)(1997). *Auto/ethnography: Rewriting the self and the social*. Oxford, UK: Berg.

Scribner, J. P. et al. (2002). The paradox of professional community: Tales from two high schools. *Educational Administration Quarterly, 38*(1), 45-76.

Sergiovanni, T. J. (1994). Organization or communities? Changing the metaphor changes the theory. *Educational Administration Quarterly, 30*(2), 214-226.

Stanley, A. M. (2011). Professional development within collaborative teacher study groups: Pitfalls and promises. *Arts Education Policy Review, 112*(2), 71-78.

Wenger, E. (1998). *Communities of practice: Learning meaning*. London: Cambridge. 손민호 · 배을규(역)(2007). **실천공동체 COP: 지식창출의 사회생태학**. 서울: 학지사.

Westheimer, J. (1999). Communities and consequences: An inquiry into ideology and practice in teachers' professional work. *Educational Administration Quarterly, 35*(1), 71-105.

Zeichner, K. M. (2002). Teacher research as professional development for P-12 educators in the USA. *Educational Action Research, 11*(2), 301-326.

http://research.edunet.net.schoolinfo_list.do(교육과학기술부교과교육연구회, 2011. 05. 17. 출력)

제8장

초등학교 운동부 지도 경험

I. 들어가며

대부분의 한국인들은 국가대표 경기 결과에 일희일비하지만 그러한 엘리트 운동 선수들이 어떠한 방식으로 양성되며, 어떠한 교육적 체험과 성장을 하는가에 대해 서는 별다른 관심을 기울이지 않는다. 더군다나 초등학교 운동부 학생들과 지도교 사의 교육적 삶의 경우에는 더욱 그러하다. 나의 관점에서 볼 때, 초등학교 운동부 에 대한 낮은 관심과 인식은 학교운동부의 구성원들이 전체 학교교육에서 특수한 영역의 소수자들이기 때문이다. 또한, 학교운동부를 둘러싼 연구 주제들은 주로 중등 체육교육 분야에서 탐구됨으로써 초등교육연구의 탐구 주제로는 각별한 조 명을 받지 못하였다. 따라서 나는 일반교육학의 관점에서 그동안 간과되어 온 운 동부 구성원들의 삶과 교육의 목소리를 자문화기술지를 통해 이야기하고자 한다.

학교운동부에 대한 국내의 선행연구들은 교육정책 및 제도개선에 대한 연구, 초등학교 운동부의 운영 및 관리 실태에 대한 양적 연구, 운동부 학생들과 지도교 사의 삶과 교육에 대한 질적 연구로 구분되었다. 교육정책 및 제도개선에 대한 연 구들(류태호, 2003; 문화관광부, 2004; 교육인적자원부, 2005; 안민석, 2006; 김홍 식, 2007; 허현미·김선희·정상익, 2007)은 대규모 정책연구를 통하여 학교체육 의 비전, 체육특기자 선발제도, 전국소년체육대회, 순회(전임) 코치 제도, 체육 특 기지도자 연구제도, 학생선수의 학습권 보장, 구타 및 폭력 해소방안, 학교운동부 의 학교스포츠클럽으로의 전환, 합숙훈련 및 합숙소 등의 개선을 위한 거시적인 교육정책들을 제안하였다.

초등학교 운동부의 운영 및 관리 실태에 대한 양적 연구들(하영주, 2003; 김미란, 2004; 엄태권, 2004; 김재연, 2004; 안병진, 2005; 박인주, 2008)은 운동부 학생들과 지도교사 그리고 학부모를 대상으로 조사연구를 수행하여 선수선발 및 진학지도, 학생들의 운동부 참여 동기, 운동부 예산집행, 운동부 조직, 운동부 학생들의 학교생활, 학교운동부에 대한 학부모들의 인식과 태도 등을 개선할 수 있는 방안을 제안하였다. 한편, 학교운동부 학생들의 삶과 교육에 대한 질적 연구는 운동선수의 인권침해 사례(김정명, 1999), 운동선수의 정체성 형성과정(전민주, 2004), 운동선수의 학교생활과 문화에 대한 연구(류태호 · 이주욱, 2004)가 대표적이었다. 드물게도, 김만의(2001)의 연구는 학교운동부 지도교사의 삶과 교육에 대한 문화적 특징을 질적으로 묘사하였다.

학교운동부를 둘러싼 위의 세 가지 연구동향들은 다음과 같은 한계가 있었다. 첫째, 교육정책 및 제도개선을 위한 대규모 정책연구들은 거시적인 접근방법을 통해 학교운동부를 탐구함으로써 운동부 학생들과 지도교사들의 생생한 삶의 체험들을 그려 내는 데 제한적이었다. 둘째, 초등학교 운동부의 운영 및 관리에 대한 양적 연구들은 학교운동부의 실태조사 차원에 머무름으로써 이론적이고 당위적인 차원에서 학교운동부의 개선방안을 제시하였다. 셋째, 운동부 학생들과 지도교사의 삶과 교육에 대한 질적 연구들은 심층면담과 참여관찰을 통해 학교운동부 구성원들의 생생한 생활세계를 심층적으로 기술하였다. 그러나 이 연구들은 주로 외부자의 관점에서 학교운동부를 바라봄으로써 연구의 과정 및 결과에서 발생한 연구자와 연구 참여자들의 개인적인 목소리와 반영성을 담아내는 데 제한적이었다.

따라서 이 글은 학교운동부의 지도과정에서 현장교사가 직접적으로 경험한 반성적인 체험들을 자문화기술지를 통해 비판적으로 이야기하고자 한다. 그리고 이 같은 시도를 통하여 현행 학교운동부의 지도경험에 대한 교육적 이슈와 딜레마를 제기함으로써 초등학교 운동부의 본질적이고 교육적인 운영을 위한 대안적 관점을 제안하고자 한다. 이러한 연구는 초등학교 운동부의 실제적인 개선을 위한 정책수립의 기초 자료를 제공할 것이며, 주변화된 학교운동부 구성원들의 삶과 교육에 대한 다수자들의 의식전환을 유발하는 데 기여할 것이다.

II. 학교운동부 지도를 둘러싼 교육적 이슈

다음은 2개 학교 3개 종목의 학교운동부를 지도한 삶의 과정에서 저자가 직접적으로 경험한 교육적 이슈와 딜레마를 선수선발 및 관리, 지도방식, 성과관리, 진로지도의 네 가지 측면에서 회고적으로 이야기한 것이다.

1. 선수선발과 관리의 중층적 난제: '첩첩산중'

학교운동부를 지도하면서 무엇보다 해결하기 어려운 점은 선수들을 선발하고 관리하는 문제였다. 특히, 비인기 종목인 육상부와 씨름부의 경우, 선수선발 자체가 한 해 운동부 운영의 성패를 좌우하였다. 나는 두 학교에서 직접 체육교과를 지도하였기 때문에 학생들의 운동능력과 흥미를 파악하기에 유리하였다. 특히, 평소 체육교과 활동을 매개로 한 학생들과의 정신적·신체적 교감(交感)은 선수 발굴 및 확보에 큰 도움이 되었다. 그러나 나는 이러한 선수선발의 과정에서 뜻밖의 가치갈등을 경험하게 되었다. 즉, 운동능력이 저조한 학생들이 학교운동부에 적극적으로 가입하려는 경우와, 운동능력이 탁월함에도 불구하고 학교운동부 가입을 기피하는 경우였다. 아래의 수업 장면은 이러한 상황을 잘 표현해 준다.

> 연구자: 자, 오늘 육상 수업에서 1등한 대원이는 우리 학교 대표선수 선발전에 참가할 자격이 있습니다. 3월 말에 육상부 뽑습니다.
>
> 강민수: 선생님, 달리기 못해도 육상부 하면 안 돼요? 하고 싶은데….
>
> 연구자: 안 돼! 하고 싶다고 모두가 육상부가 될 수 있는 건 아니야!
>
> 김대원: (미안한 표정으로) 선생님, 저 육상부 하기 싫은데요.
>
> 연구자: (당황하며) 그냥 오후에 잠깐 나와서 하면 된다. 그것도 안 되면 대회만 잠깐 나가면 되고. 학교를 위해 그 정도는 할 수 있지?
>
> 김대원: 그냥 민수 시켜 주세요. 저는 학원도 가야 하는데….
>
> 강민수: (반색하며) 체육 쌤, 제가 한다니까요.
>
> 연구자: 민수야, 그냥 가만히 있어라!
>
> (2008. 03. 21. 5학년 체육수업 장면)

이 체육수업 장면에서 확인할 수 있는 것처럼, 나는 정작 운동을 하고 싶어 하는 학생들을 만류하였으며, 반대로 운동을 하기 싫어하는 학생들을 학교운동부에 억지로 가입시켰다. 이러한 판단은 학교운동부의 교육적 가치보다는 효율성의 가치에 더 비중을 두었기 때문이다. 나의 이 같은 교수행위는 분명히 비교육적인 처사라 볼 수 있다. 그러나 학교운동부의 효율적인 선발과 관리를 위해서는 불가피한 선택이었다. 학교운동부를 효율적으로 관리하기 위해서는 최소의 인원으로 최대의 성과를 거두어야만 하였다. 즉, 학교운동부를 효율적으로 유지, 관리하기 위해서는 소수의 체육영재들에게 집중적인 교육투자를 해야 하였기 때문이다. 만일, 운동에 대한 흥미만을 고려하여 학생들을 선발할 경우, 지도교사와 학교는 무능한 지도자 또는 책무성이 결여된 교육기관으로 전락할 수 있기 때문이다.

운동능력이 탁월한 학생들로부터 학교운동부 가입에 대한 동의를 얻어 내었다고 해서 문제가 해결된 것은 아니었다. 초등학생들의 잠정적인 결정과 판단은 최종적으로 보호자의 허락이 있어야만 그 효력이 발생되었다. 즉, 어렵게 학교운동부를 선발하여도 학부모의 동의를 얻어 내지 못하면 만사가 허사인 것이다. 학생의 타고난 운동능력과 흥미에도 불구하고, 학부모가 운동부 가입에 반대하면 어쩔 수 없는 것이다. 문자 그대로 '산 넘어 산'이었다. 대부분의 학부모들은 자녀가 학교운동부에 가입하는 것을 싫어하였다. 왜냐하면 자신들의 자녀가 운동부 학생이 될 경우, 자연스럽게 학습에 대한 흥미가 떨어져 학력이 저하될 것이라는 우려 때문이었다. 또한 학교운동부가 된다는 것은 조기에 인생의 진로를 결정하는 것인데, 공부보다는 운동 쪽이 훨씬 힘들고, 사회적으로 성공할 확률이 낮다는 것이다. 또한 자녀가 훈련과정에서 부상을 당하거나 중도 탈락할 경우 그 기회비용이 크기 때문에 자녀의 운동부 가입에 선뜻 동의하지 않았다.

> **연구자:** 어머니, 철새초등학교 체육부장 이동성입니다. 어제 반별 씨름 대회를 했는데, 원재가 1등을 했습니다. 씨름을 한번 시켜 보면 어떨까요?
>
> **어머니:** 예? 저는 우리 아들 운동 시킬 마음은 없는데요?
>
> **연구자:** 우리 학교의 교기가 씨름인데요, 원재의 재능을 키워 주면 교육적으로 좋지 않을까 해서요.
>
> **어머니:** 요즘 씨름은 인기도 없잖아요. 씨름해서 뭐 합니까? 무식하게 살만 찌지요.

연구자: 아하, 전혀 그렇지 않습니다. 전국대회 입상자들을 보면 얼마나 날렵한데요. 오히려 살이 빠질 겁니다.

어머니: 우리 원재는 몸도 약하고, 학원도 가야 합니다. 걔 아버지도 운동 하다가 실패를 해서 절대 운동은 안 시키려고 해요.

연구자: 학원을 못 가면 제가 보충지도를 하겠습니다.

아버지: (전화를 뺏어 들며) 그냥, 당신이 데려가 키우소! 그렇게 시키고 싶으면 데려가라고요!

(2009. 09. 28. 학부모와의 전화통화 내용)

학생과 학부모로부터 운동부 가입에 대한 동의를 이끌어 내더라도 운동부 관리에는 여전히 또 다른 어려움이 있었다. 특히, 인기 종목이자 단체경기인 축구의 경우 운동부 관리에 상당한 정도의 운영비용이 소요되었다. 교육복지투자우선학교인 왕릉초등학교의 경우, 학교예산만으로 축구부를 운영하기에는 현실적으로 한계가 있었다. 따라서 왕릉초등학교는 축구부 운영경비를 마련하기 위해 '울며 겨자 먹기' 식으로 수익자 부담의 원칙을 고수할 수밖에 없었다. 그러나 왕릉초등학교의 학부모들은 대부분 열악한 경제적 여건에 처해 있었기 때문에 월 20만 원 정도의 회비가 큰 부담이 되었다. 급기야 월 회비를 낼 수 없는 축구부 학생들은 운동을 그만두거나 다른 학생들에게 금전적인 부담을 전가할 수밖에 없었다. 축구뿐만 아니라, 씨름선수들을 지도하는 스포츠강사(씨름부 코치)의 지도수당과 출장경비도 학교운동부의 재정적 부담으로 작용하였다.

축구부를 운영하려면 1년에 적어도 수천만 원이 듭니다. 물론 축구부 학부모들 중에는 찢어지게 가난한 사람들이 많지요. 하지만 학부모의 경제적인 지원 없이는 코치 생활을 하기 힘들어요. (중략) 돈이 없어서 운동을 그만두는 아이들을 보면 저도 안타깝습니다. 그런 아이들이 한두 명이면 어떻게 해 보겠지만…. 해가 갈수록 축구부 인원이 줄고 있습니다. 올해는 그나마 18명인데, 내년에는 어떻게 될지 모르겠어요. 인원이 줄수록 학부모들의 경제적 부담도 높아 갑니다. 이제 축구부를 정리해야 할 시점이 온 것 같아요.

(2010. 08. 21. 왕릉초등학교 축구부 코치의 내러티브)

실력이 늘지 않는 학생들을 보면 저도 안타깝습니다. 씨름이 단순해 보여
도 결코 쉬운 운동이 아니거든요. 무엇보다, 실력이 뛰어난 상대와 자주
붙어 봐야 합니다. 그리고 다양한 유형의 기술을 구사하는 학생들과 실전
경험을 많이 쌓아야 하고요. 우리 학교 10명만이 열심히 훈련하는 방식
은 한계가 있습니다. 하지만 매주 아이들이랑 다른 초등학교에 출장을 가
기도 어렵습니다. 애들 귀가시키고 나면 금방 저녁입니다. 내가 뭐 하는
짓인가 싶습니다. 출장비는 고사하고 자동차 기름값도 안 나오니까요.

(2009. 05. 12. 철새초등학교 씨름부 코치의 내러티브)

2. 지도방식을 둘러싼 유혹과 딜레마: '학생선수 vs 운동선수'

선수선발과 관리의 어려움에도 불구하고 초등학교가 학교운동부를 운영하는 이
유는 엘리트 체육을 강조하는 사회문화적 · 제도적 · 정책적 요구 때문이다. 한국
이라는 작은 나라가 세계의 스포츠 강국으로 군림할 수 있었던 것도 초등학교 단
계부터 엘리트 중심의 학교운동부를 육성해 왔기 때문이다. 그러나 근래에는 소수
의 체육 엘리트만을 위한 학교운동부 운영에 대한 비판이 일어나기 시작하였다.
학교운동부 운영의 개선을 위한 방안들 중 하나는 '학생선수' 개념을 새롭게 정립
하는 것이었다(류태호 · 이주욱, 2004). 기존의 '운동선수' 개념은 학생들의 학습권
을 박탈함으로써 학생들의 전인적 성장을 저해하였다. 따라서 운동부 학생들이 학
업을 주축으로 운동을 병행할 수 있는 '학생선수' 개념은 대단히 교육적인 운동부
학생상으로 볼 수 있다. 그러나 실제적인 학교운동부 지도과정에서 이러한 학생상
을 실현하기는 그렇게 쉽지 않았다.

'학생선수'로서 운동부 학생들을 지도하는 방식이 실현 불가능하지는 않았다.
육상부의 경우, 학생들의 학습권을 보장하기 위해 굵직한 대회(전국소년체전 선
발전, 교육장기 육상대회, 교육감기 육상대회)를 앞둔 시점에서 단기간 집중훈련
을 하거나, 아침자습 시간이나 점심시간을 할애하여 지도하였다. 이러한 지도방식
은 학생이나 학부모의 만족은 높았지만 대회성적의 관리 측면에는 한계가 있었다.
학업을 중심으로 하여 지도할 경우, 학교운동부는 마치 학교스포츠클럽처럼 운영
되었다. 따라서 내가 맡은 육상부는 전국소년체전 선발전에서 저조한 성적(4년 연
속 출전권 미확보)을 나타내었다. 나는 전국소년체전 대표 선발전에서 고배를 마

실 때마다 다른 초등학교의 지도자들이 과연 '학생선수'로서 지도하는지 의문이 들었다. 결국 나는 승진이나 전보 가산점을 위한 개인적 목적과 학교 및 도교육청의 기대에 부응하기 위해 '운동선수'를 기르고 싶은 유혹에 빠져들었다.

그러나 나의 내면적 갈등은 지역교육지원청이나 도교육청 그리고 해당 운동 종목 연맹의 업무협조로 인하여 때로는 불필요한 것이었다. 좀 더 냉소적으로 표현하면, '학생선수'를 기르기 위한 나의 교육적 고민은 애초부터 냉혹한 교육현실을 무시한 순진한 생각이었다. 상급 교육기관들은 학교운동부의 교육적 운영을 위한 지침들을 하달하면서도, 동시에 우수한 성과를 거두기 위한 합숙훈련이나 동·하계 강화훈련을 강조하는 모순된 역할을 하였다. 예를 들어, 대표자회의에서 중요한 주제는 타시 또는 타도와의 상대적인 순위경쟁에서 이기는 것이었다. 나는 타시나 타도와의 경쟁에서 앞서면서도 운동부 학생들의 학습권도 보장해야만 하는 모순적 상황에 빠져들었다. 결국 이 같은 상부 교육기관들의 모순적인 요구는 '학생선수'의 개념을 암묵적으로 유보하는 것과 다름 아니었다.

추운 날씨에 고생이 많습니다. 저도 교사시절에 체육지도를 해 봐서 선생님들의 고충을 누구보다 잘 알고 있습니다. 학생들이나 학부모들이 육상을 싫어해서 지도하기가 쉽지 않을 겁니다. 하지만 우리 교육청은 지난 교육감기 육상대회에서 수구 도시의 위상에 걸맞지 않은 성적을 거두었습니다. 또한 전국소년체전 성적도 좋지 않아서 지역 언론들로부터 뭇매를 맞았습니다. 여러 가지 여건들이 좋지는 않지만 더욱 힘을 내어 주십시오. 물론 좋은 성적을 거두는 학교와 지도교사에게는 인센티브도 고려 중입니다.

(2009. 12. 09. 개나리시 지역교육청장의 인사말 중)

연구자: 오후에 합동훈련을 하면, 오후수업은 어떻게 합니까?

장학사: 한 달 동안만 학교에서 협조를 해 주셔야 합니다.

연구자: 학부모들이 오후 수업 빼먹고 육상훈련 하는 거 싫어합니다.

장학사: 그럼 다른 학교 학생들은 어떻게 합동훈련 하러 나옵니까? 왕릉 초등학교가 협조를 해 주지 않으면 400미터 계주연습은 어떻게 합니까? 이런 식이면 작년처럼 개나리시 교육청에 또 밀리고 맙

니다. 특히나 교육장님이 교육감기 육상대회에 거는 기대가 큽니다. 육상훈련도 학습의 연장이 아닙니까? 학부모들을 설득해 주세요.

(2010. 10. 11. 거북이시 지역교육청 장학사와의 대화 장면)

　직접적으로 지도를 할 수 없는 씨름부나 축구부의 경우, 학생선수로서 운동부 학생들을 지도하는 것은 더욱 힘들었다. 씨름이나 축구와 같은 운동종목은 전문지도자의 도움 없이는 훈련이 힘들었다. 따라서 축구부의 실질적인 지도는 축구선수 출신 코치가 담당하였으며, 씨름부의 실제적 지도는 씨름선수 출신의 스포츠강사가 지도하였다. 따라서 나는 감독이라는 보직을 통해 학교운동부 학생들과 전문코치들을 행정적으로 지원하고 보조하는 역할에 머무를 수밖에 없었다. 나의 역할이 이처럼 주변적이다 보니 전문 코치들의 지도방식에 특별한 개입을 할 수 없었다. 두 코치들은 과거 엘리트 체육을 통해 직업적 성장을 이룬 지도자들이었다. 그들은 학교운동부에게 강인한 훈련이 필요하다고 주장하였고, 학생선수보다는 운동선수가 어쩔 수 없는 선택이라고 말하였다.

연구자: 아이들이 아직 어린데 너무 심하게 훈련시키는 거 아닌가요? 옆에서 보고 있으니까 짠하네. 웨이트 트레이닝도 좋지만 덤벨(dumbbell)이 너무 무겁지 않나?

강 코치: 상대방을 밀치거나 들어 올리려면 절대적으로 근력이 필요합니다. 물론 근육을 키우는 것이 무리라는 것을 알고 있습니다. 하지만 이런 차이가 전국대회의 성적을 결정합니다. 힘이 모라자면 기술이 무슨 소용이 있습니까? 우리 애들은 키도 작아서 힘이 없으면 끝장입니다. 다른 학교들은 (중학교 진학을) 유예해서라도 소체 1등을 하려고 난리입니다.

연구자: 조금 있으면 전국소년체전 선발전인데, 체중관리는 잘 되나요?

강 코치: 안 그래도 걱정입니다. 한 녀석은 주말에 2킬로나 오버되었어요. 그렇게 소식(小食)하라고 그랬는데…. 오늘 점심은 굶기고 운동장을 돌려야죠. 오후에는 같이 사우나에 갈 거예요.

(2009. 03. 17. 철새초등학교 스포츠강사와의 대화 장면)

연구자: 축구부 학생들과 학부모들은 저보다 코치의 말을 더 귀담아 듣
      는 것 같아요. 명색이 저도 감독인데, 제게 인사도 하지 않는 학
      부모들도 있습니다. 아이들도 코치를 감독으로 부르고요.

학교장: 많이 서운하지요? 올해 처음으로 감독을 맡다 보니 더 그럴 거
      야. 하지만 생각을 해 보게. 학부모에게 중요한 사람은 우리가 아
      니라네. 중학교 축구부로 진학을 하려면 코치의 역할이 중요하
      니깐. 그렇다고 우리가 예산지원을 충분히 해 줄 수도 없잖나?
      결국 학부모 주머니로 운영하다 보니 어쩔 수 없는 거야.

(2010. 04. 17. 대한축구협회 주관 유소년 축구대회 중 대화 장면)

이처럼, 운동부 코치들은 여전히 과거의 인습에 사로잡혀 있다고 볼 수 있다. 그들은 학습과 운동을 병행해야만 하는 이유를 누구보다 잘 알고 있으면서도, 절름발이식 지도방식의 굴레로부터 벗어나지 못하고 있기 때문이다. 그들은 학창시절 전국대회에서 우승을 경험하거나 1위를 차지한 최고의 선수들이었음에도 불구하고 현재는 비정규직 교사로 머물러 있었다. 그들은 특례입학으로 대학을 진학하였지만 결국 프로선수가 되거나 천하장사가 될 수는 없었다. 그렇다고 다시 학업을 시작하여 임용고사에 합격할 수도 없는 노릇이었다. 최고의 운동선수가 되기 위해 달려온 치열한 삶은 결국 그들을 속인 셈이었다. 이처럼 학업과 운동의 균형적인 지도가 절실함을 몸소 느낀 그들이 왜 과거의 운동부 지도방식을 고집하는 것일까?

나는 두 명의 전문 코치들과 동고동락을 하면서 그들의 입장을 점차적으로 이해하게 되었다. 역설적으로, 두 코치들은 학생선수 개념이 절대적으로 타당한 것임을 인정하였다. 그러나 한국의 교육현실을 고려해 볼 때, 이 개념의 실현은 자칫 위험한 선택이 될 수 있다고 주장하였다. 즉, 모든 학교운동부가 학교스포츠클럽으로 전환되지 않는 이상, 그리고 전국소년체전이나 전국체전이 사라지지 않는 이상 온전한 학생선수의 실현은 힘들다는 것이다. 외국의 경우처럼 학업과 운동을 병행하여 지도할 경우, 학교운동부 지도자와 학생 그리고 학부모가 결과에 대한 책임을 져야 한다. 학업을 병행하다가 대회성적이 저조할 경우, 전문 코치나 감독교사는 무능한 지도자로 인식될 것이고, 학생들은 상급학교의 운동부로 진학할 수 없을 것이며, 학부모들은 자신들의 결정을 후회하게 된다.

사범대학에 가서 후회를 많이 했죠. 프로선수의 길이 막히고 나니 갑갑
했습니다. 체육선생이 되기 위해 1년간 임용공부도 해 봤습니다. 하지
만 소용없었습니다. 운동만을 해 온 제가 시험에 합격할 리가 없죠. 그래
서 공부와 운동을 병행하는 것은 필요하다고 봅니다. 그렇지만, 학교운
동부는 왜 합니까? 운동 분야에서 최고가 되려면 모든 것을 걸어도 될까
말까입니다. 결국 운동도 공부처럼 만만치 않은 거죠. 어중간한 운동선
수가 될 바에야 그냥 취미로 운동하는 것이 낫다고 봐요. 운동부에 입문
한 이상 모든 것을 걸어야 됩니다.

(2009. 05. 28. 철새초등학교 스포츠강사의 내러티브)

요즘은 예전과 많이 다른 것 같아요. 선수들에게도 공부를 강조하니까
요. 하지만 뭔가 앞뒤가 맞지 않습니다. 운동 성적이 좋지 않으면 진학에
많은 어려움이 있습니다. 초등학교 때의 실력에 따라서 축구인생이 바
뀔 수도 있으니까요. 그리고 성적이 나쁘면 저도 언제 잘릴지 모릅니다.
대회성적이 좋지 않아 코치직에서 물러나는 선후배가 한두 명이 아닙니
다. 제가 학부모라도 실력이 없는 학교운동부에 아이를 맡기지는 않을
것 같아요. 어중간히 운동하다가는 이도 저도 안 되는 거죠. 한국에서 학
교운동부가 완전히 없어지면 몰라도….

(2010. 10. 20. 왕릉초등학교 축구부 코치의 내러티브)

3. 냉정한 성과관리의 한계: '2등은 기억하지 않는 더러운 세상'

스포츠는 자체의 본질적인 속성이 경쟁적이기 때문에 경기 결과에 대한 성과관리
는 불가피하다. 운동경기에서 모두가 승자가 되는 것은 불가능한 일이기 때문에
1위는 값질 수밖에 없다. 그러나 나는 4년 동안 학교운동부를 지도하면서 지역교
육지원청과 교육과학기술부 그리고 대한체육회 등과 같은 상급기관들의 냉정한
성과관리 방식에 대하여 차츰 회의를 품게 되었다. 이 상급기관들은 인센티브를
통해 학교운동부들 간의 무한경쟁을 유도함으로써 국가 및 지역 수준의 경기력을
유지, 향상시키려 하였다. 그러나 전국소년체전으로 대표되는 상급기관들의 이러
한 성과관리 방식은 일면 학교운동부 운영의 효율성을 높여 주었지만, 동시에 기

존 학교운동부의 비교육적인 운영논리를 강화, 재생산하였다.

　　학교운동부 지도교사로서 살아온 나의 교육적 삶을 되돌아보면, 나는 상급기관들의 냉정한 성과관리 방식을 비판할 자격이 전혀 없는 교사일지도 모른다. 왜냐하면, 나는 상급기관들의 냉정한 성과관리 방식을 비판하면서도 개인적인 전보점수나 승진점수를 얻기 위한 도구로서 학교운동부를 바라본 측면이 있기 때문이다. 나의 개인적인 이익을 실현하기 위한 수단으로서 학교운동부를 바라보는 순간 운동부 학생들은 전인적인 인격체라기보다는 하나의 상품으로 전락하였다. 지난해 왕릉초등학교 육상부의 한 학생이 던진 말은 비수가 되어 내 가슴에 꽂히고 말았다.

> 연구자: 이번 교육장기 육상대회에서 1등을 한 4명만 교육감기 육상대회에 나갑니다.
> 하민용: 선생님, 2등 한 사람은 절대 못 나가나요? 계속하고 싶어요.
> 연구자: 2등은 못 나갑니다. 대회가 끝났으니까, 이제는 공부를 열심히 해야지. 그지?
> 하민용: 그럼, 저는 이제 '버리는 카드'인가요? 에이, '2등은 기억하지 않는 더러운 세상!'
> 연구자: (육상부 학생들이 배꼽을 잡고 웃음) 야, 하민용!
> 　　　　　　　　　　(2010. 10. 04. 왕릉초등학교 육상부 훈련 중 대화 장면)

> 류진석: 교육장기에서 1등 했으니까 합동훈련 안 가면 안 돼요?
> 연구자: 아니지, 1등 했으니까 네가 대표선수로 꼭 나가야지? 너는 개나리시에서 가장 높이 뛸 수 있는 학생이란 사실이 자랑스럽지 않니?
> 류진석: 종합운동장에 나가면 아는 애들도 없어서 썰렁해요. 체육 선생님이랑 학교에서 훈련할 때는 그나마 재밌지만…. 모르는 선생님들하고는 운동하기 싫단 말이에요. 어제는 운동장 돌다가 죽는 줄 알았어요. 힘들어서요. 선생님, 제발 훈련 좀 빼 주세요. 제발요!
> 　　　　　　　　　(2009. 10. 21. 교육감기 육상대회에 참가할 학생과의 대화 장면)

위의 대화 장면에서 확인할 수 있는 것처럼, 대회규모가 커지고 경쟁이 치열할수록 육상부 학생들의 소외현상은 심화되었다. 1등을 못 해 더 이상 큰 대회에 나갈 수 없는 일부 학생들은 의기소침해하였다. 그리고 동고동락한 동료들을 뒤로한 채 낯선 환경에서 운동을 해야 하는 소수의 학생들도 운동에 집중하지 못하였다. 그러나 육상부 학생들이 소외를 경험하는 진짜 이유는 대회성적에 따라서 차별적인 반응을 보이는 나의 교수행위 때문이었다. 나는 비중 있는 대회에서 좋은 성적을 거두기 위해서 소수의 아이들에게 집중지도를 해야만 하였다. 그래서 대회에서 중도 이탈한 학생들은 나의 교육적 관심으로부터 점점 멀어져 갔다. 학교와 지역교육지원청도 소수의 육상부 학생들에게 재정적인 지원을 아끼지 않았다. 그러나 나의 얄팍한 상술(商術)은 학생들의 여린 마음을 후벼 팠는지도 모른다.

냉정한 성과관리로 인한 학생들의 소외현상은 씨름부와 축구부에서 더욱 심각하였다. 육상부는 4년 동안 단 한 명의 선수도 전국소년체전에 출전하지 못하였기 때문에 상황이 그나마 나은 편이었다. 그러나 씨름부의 경우는 달랐다. 최초 10명으로 구성된 철새초등학교의 씨름부는 결국 3명까지 줄어들었다. 왜냐하면, 혹독한 동계합숙훈련을 참지 못한 7명의 씨름선수들이 운동선수로서의 삶을 포기하였기 때문이다. 동계합숙훈련을 끝까지 소화한 3명의 학생들은 2009년 봄을 맞이하면서 도 대표 1차 선발전을 치르게 되었다. 그러나 안타깝게도 단 한 명을 제외한 나머지 두 선수들은 대표 선발전에서 탈락하고 말았다. 2명의 씨름부 학생들은 독기를 품고 2차, 3차 선발전을 대비하였지만 그 결과는 바뀌지 않았다. 그리고 최종 선발전에서 탈락한 2명의 씨름부 학생들은 끝내 선수등록을 포기하고 말았다.

한편, 씨름부 코치와 나는 1차 대표 선발전을 통과한 한 학생을 집중적으로 지도하였다. 그동안 교기 운영비에 인색하였던 지역교육지원청도 전국소년체전을 앞두고 몇 차례에 걸쳐 훈련비를 지급해 주었다. 최종 선발전을 통과한 학생과 나 그리고 코치가 훈련하는 모습은 마치 태릉선수촌을 방불케 하였다. 전국소년체전이 가까워 올수록 훈련의 강도는 날로 높아졌다. 나는 초등학교의 체육 전담교사라기보다는 운동부의 '완전한' 감독에 가까웠다. 학교 체육수업에 관심이 적어지고, 일반 학생들도 그저 의미 없는 존재로만 느껴졌다. 중도 탈락한 씨름부 학생들과 대회가 없는 육상부 학생들도 성가신 존재에 불과하였다. 전국대회에서 금메달을 딸지도 모른다는 어리석은 기대는 나의 이성을 마비시키고 말았던 것이다. 하지만 전국소년체전에서 1회전 탈락을 맛보는 순간에 비로소 제정신이 돌아왔다. 그리고 그간 주변화되고 타자화되었던 씨름선수들과 일반 학생들이 내 눈에 들어오기 시작하였다. 아래의 반성적 저널은 나의 뼈저린 반성을 적절히 표현해 주고 있다.

> 소년체전에서 1회전 탈락을 하고 복귀하는 동안 나는 단 한마디의 말도 하지 않았다. 그저 쓰라린 기억들만 주마등처럼 지나갔을 뿐이었다. 대회 직전에는 1등을 할 수 있을 것만 같았다. 남들처럼 승진 가산점도 따고, 벽지학교로 갈 수 있는 로또에 당첨될 것만 같았다. 하지만 이러한 나의 욕심은 신기루였다. 갑자기 나처럼 고배를 마신 두 명의 씨름부 아이들이 생각났다. 그리고 육상부 아이들도 생각났다. 그들도 아마 지금의 나처럼 많이 아팠을 것이다. 그들은 마음속으로 얼마나 나를 원망하였을까? 그들은 나를 통해 과연 무엇을 배운 것일까?
>
> (2009. 06. 01. 전국소년체전 1회전 탈락 후의 반성적 저널)

축구부는 씨름부보다 더욱 냉정한 성과관리 방식을 채택하였다. 내가 축구부 감독을 맡고 나서 놀란 점은 학생들의 축구실력이었다. 왕릉초등학교의 축구선수들은 내가 알고 있는 초등학생들이 아니었다. 더욱 놀라운 점은, 이러한 축구부가 전국에 몇백 개나 있으며, 우리 학교의 실력이 전국 최하위권이라는 사실이었다. 축구부들은 이미 단위학교별로 실력에 따라서 층화가 되어 있었다. 즉, 기량이 뛰어난 축구선수들은 실력과 전통이 있는 명문 초등학교 축구부에 가입하였으며, 상대적으로 실력이 모자란 학생들은 왕릉초등학교와 같은 학교운동부에서 축구를 하였다. 선수층이 두터운 명문 축구부는 각종 대회에서 우수한 성과를 거두었으며, 대회성과 관리를 통해 좋은 축구선수들을 새롭게 영입할 수 있었다. 이러한 선순환 구조는 축구부의 재정적인 후원을 강화함으로써 다시금 대회성과를 관리할 수 있는 기제가 되었다. 그러나 왕릉초등학교의 축구부는 도리어 악순환 구조를 나타내었다. 즉, 저조한 대회성과는 선수수급의 불균형을 불러왔고, 축구부 학생들의 운동의욕을 저하시켰으며, 학부모들의 경제적인 부담을 가중시켰다.

한편, 단위학교 운동부 내에서도 운동능력에 따라서 학생들의 위치가 위계적으로 층화되었다. 즉, 학년이 높더라도 실력이 뛰어나지 못한 축구선수들은 후보

명단에 이름을 올리거나, 정식 경기에 제대로 출전하지도 못하였다. 단위학교 운동부가 이처럼 냉정한 성과관리를 하는 것은 축구부의 존폐 여부가 오로지 대회성적에 달려 있기 때문이었다. 축구부 코치가 아무리 유능하더라도 가시적인 대회성과를 올리지 못하면 학교 측과 학부모로부터 비난을 받기 쉽다. 따라서 축구부 코치는 자신의 직업적 생존과 축구부의 선순환 구조를 만들기 위해 어쩔 수 없는 선택을 하였다. 그러나 이러한 약육강식의 축구판에서 최대의 희생양은 감독이나 코치 그리고 학부모가 아니라 바로 초등학생들이었다. 왕릉초등학교에서 실력이 모자란 2명의 축구선수들은 끝내 축구부를 그만두고 말았다.

> 어렸을 때부터 축구를 너무 좋아해서 시켰어요. 처음에는 그냥 재미 삼아 운동을 한 거죠. 우리 집 형편에 매달 20만 원이라는 돈이 부담스럽기는 했지만, 그냥 태권도 학원을 보낸다고 생각하고 뒷바라지를 했어요. 아주 가끔씩 정식시합에서 경기를 하면 기분이 너무 좋아요. 하지만 금방 교체되기가 일쑤죠. 많이 뛸 수 있도록 코치님께 부탁을 해 보지만 소용이 없어요. 팀이 매번 지는 데다가, 내가 봐도 실력이 별로거든요. 단체경기다 보니 내 아이 때문에 졌다는 소리를 듣기도 싫고요. 몇 년을 해도 축구 실력이 늘지 않네요. 요즘은 지도 지친 것 같아요. 저학년 때부터 축구를 해서 공부도 꽝입니다. 괜히 운동을 시킨 것 같아요. 끝까지 말렸어야 했는데….

(2010. 08. 06. 화랑대기 전국초등학교 축구대회, 학부모의 내러티브)

4. 진로지도에 대한 막연함과 두려움: '잘해도 걱정, 못해도 걱정'

학교운동부의 1년 농사는 당해 12월에 중학교 진학을 위한 입학원서를 작성함으로써 갈무리되었다. 나는 운동부 학생들의 진로지도를 위해 학생과 학부모 그리고 담임교사들과 몇 차례 대화를 나누었다. 그러나 학교운동부의 진로지도는 선수선발과 선수관리보다 더욱 어려운 문제였다. 나의 지도조언에 따라서 한 학생의 인생이 달라질 수도 있기 때문이다. 그러나 초등교사로서의 나는 상급학교의 운동부에 대한 사전지식이 전혀 없었다. 그래서 인생의 갈림길에 놓인 학생들에게 진로지도를 하는 것이 막연하고 두려웠다.

　내 마음을 편하게 해 주는 학생들은 과감히 학교운동부를 그만두는 쪽이었다. 나는 혹독한 운동부 생활을 하고도 어떠한 혜택도 누리지 못하는 학생들에게 죄책감이 들었다. 어찌 되었든, 나로 인하여 힘든 운동부 생활을 하였으니 말이다. 특히, 내가 직접적으로 지도한 육상부의 경우에는 더욱 그러하였다. 하지만 공부를 잘하지도 못하면서, 재능이 있는 운동 분야를 포기하는 학생들을 보면 안타까웠다. 내가 그 아이의 부모라면 억지를 부려서라도 운동을 시키고 싶은 학생들도 있었다. 그러나 나는 그들의 어려운 선택을 존중해 주었다. 내가 그들의 삶을 대신 살아 줄 수도 없고, 그들의 결정에 대하여 어떠한 책임도 질 수 없기 때문이다.

　운동부 진학을 포기하는 학생들도 문제였지만, 재능이 없어 보이는 학생들이 중학교 운동부로 진학하는 것은 더 큰 문제였다. 학력이 형편없는 학생들의 경우에는 그나마 부담이 덜하였지만, 공부를 그럭저럭 하면서도 중학교 운동부로 진학을 고집하는 경우에는 더욱 그러하였다. 과연 이 학생이 운동을 해서 밥을 먹고 살 수는 있을까? 나로 인한 판단착오로, 나중에 자신의 인생을 후회하는 것은 아닐까? 혹시 중학교에 진학해서 운동을 중도 포기하는 것은 아닐까? 이러한 잡다한 고민들이 나의 뇌리를 떠나지 않았다. 한마디로 운동을 잘해도 걱정, 못해도 걱정, 운동부로 진학을 해도 걱정, 안 해도 걱정을 하는 노파(老婆)의 심정이었다. 하지만 실패한 인생을 살고 있는 것처럼 보였던 두 운동부 코치들은 진학지도에 대하여 조금은 다른 생각을 하고 있었다.

　초창기 코치 생활을 할 때는 부장님처럼 걱정을 많이 했습니다. 하지만 시간이 흐르면서 깨닫게 되었죠. 솔직하게 말해서, 한 학생이 성공할지 실패할지는 아무도 모릅니다. 소체 1등이 천하장사가 되는 것도 아니고, 재능이 없는 아이가 천하장사가 되는 경우도 봤습니다. 중요한 것은, 자신이 앞으로 어떻게 하는가에 달려 있는 거지요. 공부를 끝까지 한다고 해서 모두가 성공하는 것은 아니잖습니까? 운동도 마찬가지입니다. 설사 운동을 실패한다고 해서 인생이 끝난 것도 아닙니다. 운동생활을 발판 삼아 사업을 할 수도 있지요. 나랑 같이 씨름하던 동기들 중에서 사회적으로 성공한 경우도 많습니다.

(2010. 01. 28. 동계합동훈련, 씨름부 코치의 내러티브)

고등학교와 대학교에서 중장거리 달리기를 했습니다. 나름 열심히 노력해서 국가대표 상비군까지 올라갔지만, 그만 부상을 당하고 말았죠. 그때는 세상이 끝나는 줄만 알았습니다. 하지만 그게 끝은 아니었습니다. 요즘 부모들은 육상 하면 모두들 굶어 죽는 줄 아는데, 실상은 그렇지 않습니다. 지자체의 육상부 코치나 감독만 되면 연봉이 생각보다 많습니다. 다른 종목들도 비슷합니다. 선생님이 판단해서 재능이 있어 보이는 학생들은 계속 운동을 시켜도 됩니다. 비인기 종목은 자체 경쟁이 치열하지 않아서 성공하기 좋고, 인기 종목은 실패해도 운동으로 먹고 살 수 있는 길이 있으니까요.

(2010. 10. 29. 교육감기 대비 합동훈련, 육상부 코치의 내러티브)

3개 종목의 학교운동부를 4년간 지도하는 동안 결국 여러 명의 학생들이 중학교의 운동부로 진학하였다. 철새초등학교의 육상부 2명은 인근 중학교의 카누부 특기생으로 진학하였으며, 왕릉초등학교의 육상부 1명은 하키부 특기생으로 진학하였다. 그리고 축구부는 2명을 제외한 모든 6학년들이 전국의 각 중학교로 진학하였다. 이 와중에 나의 노파심이 현실로 드러난 경우도 있었고, 나의 진로지도가 한 학생의 인생에 나침반이 된 경우도 있었다. 불행히도, 카누부로 진학한 2명의 육상선수들은 입학 5개월 만에 운동부를 그만두었다. 그러나 씨름부로 진학한 학생은 신체조건과 실력이 급성장하여 부모로부터 감사의 전화를 받기도 하였다. 한편, 운동능력이 탁월함에도 불구하고 체육특기생으로 진학을 포기하였던 한 학생은 2년이 지난 후에야 야구를 하고 싶다며 나를 찾아온 경우도 있었다.

저 형두 엄마입니다. 철새초등학교에 전화를 했더니 다른 곳으로 전근을 가셨네요. 체육부장님이 고마워서 불쑥 전화를 했어요. 형두가 초등학교 다닐 때는 문제가 많았잖아요. 공부도 못하고 친한 친구도 없었지요. 하지만 씨름을 하고 나서부터 아이가 완전히 달라졌어요. 이제는 웃는 얼굴로 자신감 있는 생활을 합니다. 중학교 친구들과 잘 어울리며 생활하고 있어요. 씨름실력도 쑥쑥 늘어서 기분이 너무 좋아요. 다 선생님 덕분입니다.

(2010. 05. 15. 중학교 씨름선수로 진학한 학생 어머니의 내러티브)

배석준: 쌤, 오늘 아빠한테 허락을 받아 냈어요! 야구부 입단 테스트에
　　　　합격만 하면 야구를 해도 좋대요.

연구자: 무슨 소리니? 중학교 2학년에 무슨 야구를 시작해? 초등학교 고
　　　　학년 때 야구를 해도 늦다고 그러는데. 그냥 운동 포기하고 하던
　　　　공부를 계속하는 것이 낫지 않을까?

배석준: 공부를 열심히 하려 했죠. 하지만 공부를 해도 성적이 오르지도
　　　　않고, 재미도 없었어요. 계속 야구 생각이 나서 몸이 근질근질했
　　　　어요. 아빠도 제 성적표를 보고 결국 포기를 하신 것 같아요. 공
　　　　부를 해서는 가망이 없다고 판단을 하신 거죠. 쌤이 알고 있는 중
　　　　학교 야구감독님이 있으면 소개 좀 시켜 주세요.

(2009. 06. 23. 학교운동부 진학을 포기하였던 중학생과의 대화)

위의 사례들처럼, 해가 거듭되고 운동종목이 바뀌어도 진학지도의 뒷맛은 언
제나 개운치 않다. 요즘 인기 있는 드라마의 명대사처럼 "이게 최선입니까? 확실
합니까?"라는 물음에 명확한 답을 찾을 수가 없다. 단지 후회하는 운동부 학생과
학부모가 단 한 명이라도 줄어들기를 소망할 뿐이다. 그래서 나는 중학교 운동부
에 진학하는 학생들에게 입버릇처럼 하는 말과 행동이 있다. "이 다음에 만날 때는
반드시 TV에서 보자!" 그리고 운동부 학생들의 친필 사인(sign)을 교단일지에 받
아 둔다. 이 말과 행동은 유명한 운동선수가 되라는 의미이다. 이렇게 운동부 학생
들을 중학교로 올려 보내고 나면, 나는 또다시 새로운 학교운동부 학생들을 선발
하고 관리해야 하는 업보(業報)를 치른다. 솔직히 나는 아직도 운동부 지도교사로
서 삶에 대한 확신이 없다. 또한 어떠한 방식으로 학교운동부를 이끌어 가야 할지
혼란스럽다. 다만, 나는 이제 운동부 학생들을 목적달성을 위한 수단이 아닌 전인
적인 인격체로 바라볼 수 있는 삶의 여유를 되찾게 되었다. 이러한 내 마음이 변하
지 않기를 간절히 바랄 뿐이다.

III. 나가며

이야기에서 살펴본 것처럼, 초등학교 운동부의 지도 경험을 둘러싼 교육적 이슈와

딜레마들은 학교 체육교육의 정책적 맥락과 맞물려 있었다. 그러나 시야를 좀 더 확장해 보면, 학교 체육교육의 정책적 기조 또한 더욱 거시적인 한국의 사회문화적·역사적 맥락에 기초하고 있다. 첫째, 한국은 급속한 근대화의 과정 속에서 압축적인 성장을 추구하였고, 경제뿐만 아니라 스포츠 영역에서도 그러하였다. 따라서 단기간에 최상의 실적을 거두기 위해서 스포츠의 내재적 가치보다는 외재적 가치가 중시되었다. 둘째, 일제로부터 독립한 근대국가로서의 한국은 국민들의 사기 진작과 결속력을 강화하기 위한 수단으로서 스포츠를 바라보았다. 따라서 절대 다수의 희생을 감수하더라도, 소수 엘리트에 대한 집중투자 논리가 사회적인 정당성을 얻을 수 있었다. 셋째, 한국은 급속한 발전과정에서 개인 및 집단 간의 경쟁이 가속화되고 성공과 실패라는 이분법적 담론이 지배하게 되었다. 그래서 경쟁에서 밀린 자들의 책임은 각 개인에게 환원되었고, 패자들의 삶과 목소리는 주류 사회로부터 점차적으로 주변화되었다.

이러한 맥락에서 볼 때, 초등학교 운동부의 바람직한 운영방안을 모색하기 위해서는 학교체육에 대한 우리의 의식과 문화를 과감하게 변화시킬 필요성이 있다. 따라서 나는 본론에서 이야기한 네 가지 이슈와 딜레마를 중심으로 초등학교 운동부의 본질적인 운영을 위한 대안적인 관점과 접근을 제언하고자 한다.

첫째, 선수선발과 관리는 학교운동부의 성과관리와 직결된 민감한 문제였다. 따라서 선수선발 시 학생들의 운동에 대한 흥미보다는 운동능력을 중시하였고, 소수의 엘리트 선수들을 중심으로 운동부를 관리하였다. 또한, 학부모들의 운동에 대한 부정적 인식과 수익자 부담의 금전적 문제는 학교운동부 관리에 큰 걸림돌이 되었다. 이 문제들에 대한 대안적 관점은 다음과 같다. ① 학교운동부에 대한 학부모의 부정적인 선입견을 개선하기 위한 학부모교육이 절실하다. 즉, 구타 및 가혹행위 등의 학교폭력을 근절하고, 운동과 학업을 병행하는 현 학교운동부의 개선방향을 학부모에게 상세히 안내해야 한다. ② 학교운동부의 정상적인 운영을 위해서는 단위학교와 학부모의 재원만으로는 한계가 있다. 따라서 지자체와 상급 교육기관 그리고 대한체육회 산하 기관들은 초등 무상교육의 취지에 맞게 더욱 현실성 있는 학교운동부 육성비를 지원해야 할 것이다.

둘째, 학교운동부에 대한 지도방식의 딜레마는 외적 보상기제를 통해 하급 교육기관의 교육결과를 관리하고 평가하는 국가 수준의 체육교육정책에서 비롯되었다. 물론 한국이 세계 속의 스포츠 강국으로 자리매김하기 위해서는 이러한 교육정책이 불가피할 수도 있다. 하지만 학교체육의 내실화와 정상화를 위해서는 스포츠를 통해 국가의 위상을 제고하는 과거의 관행으로부터 과감히 벗어날 필요가 있다. 따라서 상부 교육기관들은 지역별 상대 비교를 통한 제로섬 게임과 단기적인 성과주의로부터 과감히 벗어나야 한다. 이를 실현하기 위한 대안적 관점은 다음과 같다. ① 인기 있는 운동종목을 중심으로 초등학교의 운동부를 학교스포츠클럽으로 전환해야 한다. 기존 학교운동부를 점차적으로 축소하여 학교스포츠클럽이 체육영재의 산실(産室)로 거듭날 수 있도록 해야 한다. ② 지도교사들은 상부 교육기관의 모순적인 교육정책을 비판하기보다 '내 자식'을 키운다는 심정으로 학생선수를 육성하기 위한 자기성찰과 교육실천을 경주해야 할 것이다.

셋째, 학교운동부의 냉정한 성과관리 방식은 성과주의에 기초한 거시적인 체육정책에서 비롯되었다. 한국의 엘리트 체육이 세계에서 맹위를 떨칠 수 있는 것은 바로 수많은 운동부 학생들의 피와 눈물이 뒷받침된 덕분이다. 그러나 학교체육은 학교운동부의 선택과 집중을 통한 대회실적보다는 일반 체육수업을 통해서 평가되어야 한다. 또한 학교체육은 교육의 결과보다는 교육의 과정을, 교육적 성숙보다는 교육적 성장을, 최고보다는 최선을, 소수보다는 다수의 일반 학생들의 교육적 성장을 지향해야 한다.

따라서 학교운동부의 냉정한 성과관리 방식의 문제점을 보완하기 위해서는 학교 바깥의 정책변화가 필요하다. 첫째, 현행 전국소년체전의 대회운영 및 성과관리 방식을 변화시킬 필요가 있다. 즉, 전국소년체전에서 초등학생들의 대회 참가를 최소화하여 학교스포츠클럽의 활성화를 유도하고, 학교스포츠클럽 대회 참가 학생들과 지도교사에 대한 인센티브를 확대, 강화할 필요가 있다. 둘째, 부상 등으로 인한 중도 탈락선수와 상위권 입상에 실패한 학생들에 대한 세심한 정책적 배려가 필요하다. 예들 들면, 이 같은 학생들이 스포츠 관련 대학진학 시, 학교운동부 경험에 대하여 소정의 가산점을 부여하는 방안을 고려해 볼 수 있을 것이다.

넷째, 초등학교의 운동부 지도교사는 진로지도에 대한 경험과 전문성이 부족한 실정이다. 왜냐하면, 초등교사는 중등교사와 달리 매년 학교운동부를 지도하지 않기 때문이다. 즉, 학교의 상황에 따라 체육 전담교사가 아닌 담임교사가 될 수도 있으며, 완전히 다른 학교업무를 맡기도 한다. 이러한 이유 때문에 다수의 운동부 학생들은 관련 종목 코치나 학교운동부 선배의 조언 그리고 학부모의 자의적인 판단에 따라서 상급학교로 진학한다. 학교운동부 학생들의 진로지도에 대한 이 같은 어려움은 중학교 운동부의 선수선발 문제와도 직결되기 때문에 중요한 교육적 이슈로 볼 수 있다.

효과적인 진로지도를 위해서는 초등교사 한 개인의 노력만으로는 분명히 한계가 있다. 왜냐하면, 학생의 진학문제는 학교운동부를 둘러싼 여러 교육 당사자들의 상이한 목적과 첨예한 이익들이 상호 교차하기 때문이다. 따라서 초등학교 운동부 학생들의 진로지도에 대한 난제를 해결하기 위해서는 더 근본적인 문제의 진단과 처방이 필요해 보인다. 초등학교 수준에서 진학지도가 어려운 근본적인 이유는 상급 학교들이 실제로 운동과 학업의 병행지도에 다소 소홀하기 때문이다. 이러한 맥락에서 진학지도의 난제를 해결하기 위한 대안적 접근은 다음과 같다.

첫째, 상급학교의 운동부 학생들에게 일정한 수준의 학력(學力)을 요구하는 교육정책을 더욱 일관되고 강력하게 추진해야 한다. 이러한 교육정책은 지금까지 학업을 등한시한 초등학교 운동부의 지도자들과 학생들에게 근본적인 의식의 전환을 불러일으킬 것이다. 둘째, 체계적인 진로지도를 위해서는 초등, 중등, 고등 교육기관의 연계지도를 더욱 강화해야 한다. 따라서 각급 학교운동부 지도자들은 진학지도를 위한 정보들을 서로 공유할 수 있는 네트워크를 구축해야 할 것이다.

참고문헌

교육인적자원부(2005). **학교체육 혁신 방안: 학교체육업무 전담조직 신설에 따른**. 교육인적자원부 교육복지심의관실.

김만의(2001). 초등학교 운동부 지도교사의 삶과 문화. **대구교육대학교 초등교육연구논총**, **17**(2), 439–476.

김미란(2004). **초등학교 운동부 운영실태 및 개선 방안**. 서울교육대학교 교육대학원 석사학위 논문.

김재연(2004). **초등학교 아동의 운동부 참여 동기에 관한 연구**. 청주교육대학교 교육대학원 석사학위 논문.

김정명(1999). 청소년 인권의 사각지대: 체육특기생. **청소년학연구**, **6**(2), 21–40.

김홍식(2007). **한국 스포츠영재 개념 정립 및 판별 방법 연구**. 인적자원개발 정책연구 2007–32. 교육인적자원부.

류태호(2003). **학교체육 정책에 관한 제도개선 연구**. 교육정책연구 2003–지정–08. 교육인적자원부.

류태호 · 이주욱(2004). 운동선수의 학교생활과 문화. **한국체육학회지**, **43**(4), 271–282.

문화관광부(2004). **창의한국: 21세기 새로운 문화의 비전**. 문화관광부.

박순용 · 장희원 · 조민아(2010). 자문화기술지: 방법론적 특징을 통해 본 교육인류학적 가치의 탐색. **교육인류학연구**, **13**(2), 55–79.

박인주(2008). **초등학교 학생들의 운동부 참여에 관한 연구**. 한국교원대학교 교육대학원 석사학위 논문.

안민석(2006). **학생선수도 공부하고 싶다: 학교운동부 실태에 대한 최초의 종합 보고서**. 2006 국정감사 정책자료집.

안병진(2005). **초등학교 학부모의 학교 체육에 대한 태도**. 한국교원대학교 교육대학원 석사학위 논문.

엄태권(2004). **초등학교 학부모들의 운동부 육성에 대한 인식도 조사 연구**. 청주교육대학교 교육대학원 석사학위 논문.

이동성(2010). 초등학교 기초학습부진학생 지도경험에 대한 자문화기술지. **교육인류학연구**, **13**(3), 141–168.

전민주(2004). **씨름선수의 정체성 형성에 관한 생애사적 연구**. 강원대학교 교육대학원 석사학위 논문.

하영주(2003). **초등학교 운동부의 운영 및 관리실태**. 한국교원대학교 교육대학원 석사학위 논문.

허현미 · 김선희 · 정상익(2007). **학교스포츠클럽 운영의 발전방안에 관한 연구**. 정책연구개발사업 2007–지정–1008928. 교육인적자원부.

Berry, K. (2006). *Implicated audience member seeks understanding: Reexamining the*

"Gift" of autoethnography. http://creativecommons.org/licenses/by/2.0.

Chang, H. (2008). *Autoethnography as method.* Walnut Creek, CA: Left Coast Press, Inc.

Duncan, M. (2004). *Autoethnography: Critical appreciation of an emerging art.* http://creativecommons.org/licenses/by/2.0.

Ellis, C. (1995). *Final negotiations.* Philadelphia: Temple University Press.

Ellis, C. (2004). *The ethnographic I: A methodological novel about autoethnography.* Walnut Creek: Altamira Press.

Ellis, C. & Bochner, A. P. (2000). Autoethnography, personal narrative, and personal reflectivity. In N. K. Denzin & Y. S. Lincoln (Eds.), *Handbook of Qualitative Research* (2nd ed.)(pp. 733–768). Thousand Oaks, CA: Sage.

Guba, E. & Lincoln, Y. (1989). *Fourth generation evaluation.* Beverly Hills, CA: Sage.

Jones, S. H. (2005). Autoethnography: Making the personal political. In N. K. Denzin & Y. S. Lincoln (Eds.), *Handbook of Qualitative Research* (3rd ed.)(pp. 763–791). Thousand Oaks, CA: Sage.

Nash, R. J. (2004). *Liberating scholarly writing: The power of personal narrative.* New York: Teachers College.

Richardson, L. (2000). New writing practices in qualitative research. *Sociology of Sport Journal, 17,* 5–20.

Wall, S. (2006). *An autoethnography on learning about autoethnography.* http://creativecommons.org/licenses/by/2.0.

Wall, S. (2008). *Easier said than done: Writing an autoethnography.* http://creativecommons.org/licenses/by/2.0.

제9장
초등학교 부진학생 지도경험

I. 들어가며

최근 국가 수준의 학업성취도 평가결과가 언론에 보도됨에 따라 시도 단위의 교육청과 각급 학교들은 학생들의 학력을 신장시키기 위해 사활을 건 노력을 하고 있다. 특히, 학력 미달 학생들의 숫자를 기준으로 각 시도교육청과 각급 학교의 교육력을 평가함으로써, 부진학생들의 구제는 학교현장의 가장 절실한 문제로 수면 위에 떠오르고 있다.

이러한 부진학생들의 지도문제는 현 정부의 교육개혁안에서부터 출발하였다. 현 정부의 대통령직인수위원회는「이명박 정부의 국정과제 보고」를 통해 수요자 중심의 교육 경쟁력 강화를 천명하고, 그 핵심적 과제로서 기초학력을 강조하였다(김경자, 2008). 학교가 한 명의 학생도 포기하지 않는 현 정부의 교육정책은 종전부터 관행적으로 실시해 오던 학교 단위의 기초학습부진학생 지도에 대한 전면적인 재검토로 이어졌다. 따라서 시도 단위 교육청과 교육 관련 연구기관들은 기초학습부진학생들을 체계적으로 선별하고 지도하기 위한 각종 프로그램을 개발하고, 그들의 보충학습을 위한 보정지도 자료를 제작, 보급하고 있다. 또한 학교교육에 대한 책무성 요구의 일환으로 학교평가와 교사평가가 강화됨에 따라 일선 초등학교장들도 교사들에게 기초학습부진학생들의 구제를 강조하고 있다.

기초학습부진학생 지도에 대한 교육적 당위성과 국가적인 요구와 압력 때문에 초등학교의 일부 교사들은 자신들의 불만을 뒤로한 채 기초학습부진학생들을 가르치고 있다. 초등학교의 교사들이 정부의 기초학습부진학생 지도 정책에 못마땅해하는 이유는, 교육개혁의 대상으로 교사들이 지목되기 때문이다. 지난 10년간 국민의 정부와 참여정부는 21세기 지식 기반 사회를 대비하기 위해 창의적인 인간을 기르도록 교사들에게 요구하였다. 따라서 과거의 경직된 학력 개념은 급속도로 해체되었으며, 학생들의 적성과 소질에 부합한 열린 교육과 창의성 교육이 강조되었다. 그러나 정부가 교체되면서 창의성 교육으로 대변되던 과거의 학력 개념은 역사의 뒤안길로 사라지고, 다시금 과거의 경직된 학력주의가 학교에서 대두되었다. 이러한 과정에서 기초학습부진 현상의 원인과 책임을 무책임해 보이는 학교와 교사들에게 다시금 되묻게 되었다. Palmer(1998)의 지적처럼, '교사 때리기'가 대중스포츠가 되어 버린 교육현실에서 교사들은 갑작스런 현 정부의 부진학생 지도 정책에 대하여 더 이상 침묵할 수밖에 없다. 결국 기초학습부진학생의 구제에 대한 책임은 국가에서 시도교육청으로, 시도교육청에서 지역교육청과 학교로, 그리고 지역교육청과 학교에서 교사나 학생 개인으로 전가되었다.

현 정부가 기초학습부진학생에 대한 지도를 강조하기 이전까지 부진학생지도 업무는 학교의 특정 교사가 도맡아서 하였다. 그러나 기초학습부진학생의 구제가 초미의 관심사가 됨으로써, 이 업무는 모든 교사들의 중요한 업무로 대두되었다. 나는 이러한 과정에서 수많은 물음들과 조우하게 되었다. 즉, 기초학습부진학생을 선별하는 기준은 무엇이며, 그것은 교육적으로 타당한 것인가? 학생들에게 기초학습부진 현상이 발생하게 된 심층적 원인은 무엇인가? 기초학습부진학생들을 효과적으로 가르치기 위해서는 누가, 어떻게 가르치는 편이 좋을까? 기초학습부진학생들을 구제하기 위한 프로그램과 각종 보정자료들은 실제적으로 교육적 효과는 있는 것일까? 만일 학교와 교사의 노력으로 기초학습부진학생들을 구제할 수 없다면, 그 책임을 누구에게 물어야 할까? 기초학습부진학생들의 숫자(기초학력 미달 학생 수)를 통해 학교와 교사의 교육력을 가늠하는 국가의 교육평가관은 적절한 것인가? 이러한 교육적 물음들에 봉착하게 된 나는 기초학습부진 현상과 관련된 선행연구들을 검토하게 되었다.

기초학습부진 현상과 관련된 선행연구들은 크게 처방적이고 과학적인 접근과 질적 접근으로 구분해 볼 수 있었다. 첫째, 기초학습부진 현상에 대한 처방적이고 과학적인 접근들은 기초학력에 영향을 미치는 변인의 고찰(김소영·홍수진, 2009), 특정한 교육 프로그램을 통한 기초학습부진학생의 지도방안(김화용,

2005), 기초학력 진단평가의 개념과 평가 그리고 활용방법(양명희, 2004), 학업성취에 대한 가족해체의 영향(김경근, 2006), 학습부진학생들의 학업 자아개념 결정요인 및 학습부진 지도수업의 조절효과를 검증하는 연구(백병부·김정숙, 2009)들이 있었다. 둘째, 기초학습부진 현상과 관련된 질적 접근으로는 학력부진 아동의 특징 및 발생원인에 대한 면담연구(김경근 외, 2007)와 초등학교 학습부진아 지도에 관한 문화기술지적 연구(정종진, 2006), 그리고 자녀교육 지원활동에 나타난 학부모 문화 연구(이두휴, 2008)가 대표적이었다.

　　위의 선행연구들은 기초학습부진학생의 지도와 관련된 과학적이고 체계적인 지식과 방법을 제공하고, 기초학습부진 현상을 교사와 학생 그리고 학부모의 입장에서 질적으로 연구한 측면을 높이 평가할 수 있었다. 그러나 정종진(2006)의 연구를 제외한 나머지 교육연구들은 최근 우리나라의 초등학교에서 전개되고 있는 기초학습부진학생 지도의 문제 현상들을 내부자의 위치에서 경험적으로 제시하는 데 다소 제한적이었다. 따라서 나는 기초학습부진학생들을 직접으로 가르친 교사의 눈으로 기초학습부진학생들의 지도를 둘러싼 개인적인 경험과 사회적 문제 현상들을 자문화기술지를 통해 조명하고자 한다. 이러한 나의 시도는, 교육 당사자들이 기초학습부진과 관련된 교육적 현상을 색다른 관점에서 이해할 수 있도록 할 것이다. 또한 이 글은 현행 기초학습부진학생 지도와 관련된 접근방식의 문제점과 그 한계를 조명함으로써 기초학습부진학생 지도의 대안적 관점과 접근방법을 모색할 것이다.

II. 부진학생 지도경험과 사회적 문제 현상

나는 기초학습부진학생 지도에 대한 개인적인 경험과 사회적 문제 현상들을 심층적으로 조명하기 위해 기본적인 네 가지 물음에 주목하였다. 첫째, 누가 그들을 가르쳐야 할까? 둘째, 무엇이 그들을 부진학생으로 만든 것일까? 셋째, 교사는 그들을 어떻게 가르쳐야 할까? 넷째, 단기간의 집중적인 지도는 과연 효과적인가? 나는 기초학습부진학생 지도경험과 사회적 문제 현상들을 균형 있게 조명하고 연결시키기 위해 네 가지의 이야기 주제들을 사건발생의 순서에 따라 제시하였다.

1. 누가 부진학생을 가르쳐야 하는가?: '어색한 재회'

3월의 끝자락인 어느 날, 연구부장 선생님이 무거운 얼굴로 전담실에 들어왔다. 나는 체육수업을 마치고 난 뒤라 온몸이 피곤하여 별다른 생각 없이 그의 말을 듣고 있었다. 그러나 그의 무거운 이야기는 축 처진 나의 몸을 바짝 움츠리게 하기에 충분하였다.

> **연구부장:** 이 선생, 피곤하지? 부탁 좀 하자. 이 선생도 알다시피, 올해 기초학습부진학생 지도가 초미의 관심사잖아? 오늘 도교육청에서 전화가 왔어. 기초학습부진학생의 지도방안을 학력향상정책연구학교의 연구과제로 설정하면 좋겠다고….
>
> **연구자:** (난감한 표정을 지으며) 우리 학교 연구 주제와 맞지 않은 것 같은데요. 그리고 기초학습부진학생들의 지도는 담임들과 업무 담당 교사의 몫이잖아요. 저는 체육 전담인데….
>
> **연구부장:** 그렇긴 하지. 하지만 어렵고 무거운 연구 주제로 정책연구학교를 운영하다 보니 담임들이 무척 바빠. 담임들은 교과학습부진학생들을 지도해야 하기도 하고…. 교과학습부진학생들이 반마다 꽤 되잖아.
>
> **연구자:** (뚱한 얼굴로) 다른 전담 선생님들에게도 말해 볼게요. 그래도 이건 아닌 것 같은데…
>
> (2009. 03. 24. 교과 전담실에서 연구부장과의 대화, 개인적 기억자료)

연구부장 선생님의 결연한 표정과 학교의 전체적인 정황을 고려해 볼 때, 딱 잘라서 못 하겠다고 말을 하기가 힘들었다. 대부분의 교과전담교사들은 잠시 불만을 토로하기는 하였지만, 그들도 결국 나처럼 학교 측의 결정을 따르게 되었다. 나는 이렇게 '울며 겨자 먹기 식'으로 기초학습부진학생들을 떠맡게 되었다. 그러나 전담교사들 중에서 기초학습부진학생 지도업무를 담당해 본 교사가 아무도 없었다. 설상가상으로, 지난해에 부진학생 지도업무를 맡은 교사가 타교로 전출을 갔기 때문에 어려움은 더욱 가중되었다.

연구자: (짜증 난 목소리로) 기초학습부진학생들은 언제 어떻게 뽑는 거
　　　　야?

박 교사: 지금 4학년들은 작년 가을에 시험을 쳐서, 기초학습부진학생 판
　　　　별을 한 걸로 알아요. 맞아요!

연구자: 그럼, 5학년, 6학년은?

박 교사: 올해 봄에 진단평가를 치고 나서 뽑는 거 아닌가요? 아니다. 생
　　　　각해 보니 학교마다 뽑는 방법이 조금씩 다르기도 한 것 같네.

조 교사: 아닌데… 5~6학년은 도교육청에서 정해 준 문제지를 풀어서
　　　　판별하는 거 아닌가요?

배 교사: 아니지. 5~6학년 모두가 시험을 치는 것은 아니고, 작년 기초
　　　　학습부진학생들 중에서 재시험을 칠걸요?

연구자: 그럼, 기초학습부진학생으로 판별된 애들은 누군데?

배 교사: 저도 모르죠. 업무 담당자인 정 교사에게 물어보면 되겠죠.

연구자: 큰일 났다! 얼굴도 이름도 모르는 애들을 어떻게 가르치지?

(2009. 03. 26. 교과전담교사들과의 대화, 개인적 기억자료)

마침내 각종 교육자료를 검색하고, 선배 교사들의 조언을 통해서 기초학습부진학생들의 선별기준과 개념을 알게 되었다. 이러한 과정에서 당황스러웠던 점은 시도교육청이나 국가 단위 교육 관련 기관들(한국교육과정평가원, 한국교육개발원)조차도 기초학습부진학생에 대한 선별기준과 개념정의가 상이하였다는 점이다. 상황이 이러하다 보니 내가 혼란스러웠던 것은 어쩌면 당연한 일이었다. 그러나 기초학습부진학생의 실질적인 구제가 정책연구학교의 연구 주제이다 보니 부담은 날로 더해 갔다. 부담이 더해 갈수록, 나는 자신을 되돌아보기보다는 타자들과 정부의 교육정책을 원망하기 시작하였다. "도무지 잘 알지도 못하는 아이들을 왜 가르쳐야 한단 말인가?" "담임교사들은 왜 이렇게 무책임한 걸까?" "부진학생의 부모들은 도대체 뭐 하는 사람들인가?" "우파적인 정부는 왜 갑자기 학력과 기초학습부진학생의 지도를 강조하기 시작하는가?" 이러한 불만들을 뒤로한 채, 나는 마침내 기초학습부진학생을 판별하는 시험(한국교육과정평가원의 2005학년도 초3 기초학력진단 평가문항)을 준비하게 되었다. 그러나 나는 부진학생 판별시험을 치러 온 학생들을 보면서 크나큰 충격에 휩싸이고 말았다.

연구자: 모두 자리에 앉아라! 어, 준명아, 너 여기에 왜 왔어?

안준명: (반가운 목소리로) 선생님, 안녕하세요?

연구자: (믿기지 않는 표정으로) 설마 아직도 글을 모르냐? 어라! 우현이
　　　　도 있네. 환장하겠네.

아이들: (모두 어색한 웃음을 지으며 고개를 숙임)

조 교사: 부장님, 얘들을 어떻게 그리 잘 알아요?

연구자: 얘들… 내가 맡았던 애들이야. 4년 전에 1학년 3반….

조 교사: (은근히 재미있어 하며) 뭐, 자업자득이네.

연구자: (난감해하며) 야, 조 선생!

　　　　　(2009. 03. 30. 국가 수준 기초학력 판별시험 중, 자기관찰적 글쓰기 자료)

　　4년 전의 아이들을 재회한 기쁨은 잠시, 아이들의 축 늘어진 어깨와 부끄러워
하는 눈동자를 보면서 갑자기 숨이 막혀 왔다. "설마 나 때문인가?" "아니야, 4년
이 지나도록 글을 못 읽고, 셈을 할 수 없는 건 결코 나 때문이 아닐 거야!" "도대체
2~4학년 담임들은 이 지경이 될 때까지 뭘 했단 말인가?" "아니지, 도대체 얘들의
정체는 뭐야? 4~5년씩이나 학교를 다니면서 글을 모르다니. 이건 나 때문이 아니
라 자기들이 문제인 거야…." 순간 이러한 변명들이 나의 뇌리를 스쳐 지나갔다.
그러나 아무리 스스로를 정당화하고 타이르려 해도 소용이 없었다. 그들의 일부
는 4년 전 나의 무책임한 가르침에서 비롯되었기에. 순간 죄책감이라는 화살이 교
육적 양심을 관통하고 있음을 느낄 수 있었다. 기초학습부진학생들을 누가 가르칠
것인가에 대한 물음은 여기에서 얼어붙고 말았다.

　　기초학습부진학생들은 자신들의 능력 부족이나 부모들의 교육적 무관심보다
는 나의 무책임한 가르침에서 비롯되었는지도 모른다. 나는 과거에 1학년들의 기
초학력이 그다지 중요하지 않다고 생각하였다. 따라서 글을 읽고 쓰거나 셈하기
에 서툰 극소수의 아이들에게 특별한 교수적인 처치를 하지 않았다. 왜냐하면, 그
아이들은 학년이 올라가면서 자연스럽게 기초적인 학습능력(3R)을 획득할 것으로
예상하였기 때문이다. 그러나 이러한 나의 판단착오와 안일함은 그 학생들에게 아
마도 학습결손을 유발하였을 것이다. 따라서 일부 기초학습부진학생들은 타자들
(여러 담임교사)의 무관심과 가정배경보다는 나의 느슨한 가르침에서 비롯되었기
에, 내가 다시 책임을 져야 하는 아이들이었다.

2. 무엇이 부진학생을 만들어 내는가?: '알 수 없는 수수께끼'

우여곡절 끝에 학력초등학교의 기초학습부진학생들이 최종적으로 판별되었다. 선정된 학생들은 모두 15명(4학년 7명, 5학년 6명, 6학년 3명)이었다. 나는 5학년의 국어과 읽기 영역을 맡게 되었는데, 모두 6명의 학생들을 배정받았다. 그리고 매주 월요일 오후 방과 후 시간(14:10~15:10)을 이용하여 1주일에 한 번씩 특별보충교육을 하였다. 먼저, 각 학급의 담임선생님들과 연계하여 학생들의 가정환경을 조사하였다. 그리고 부진학생 판별시험 결과와 학습전략검사(MLST)를 통해 개인별 학습부진 영역과 요인들을 분석하였다. 그리고 이러한 분석에 기초하여 월간, 연간 단계별 지도 계획을 수립하였다. 지도계획서에는 지도목표와 날짜, 시간, 지도내용 등이 포함되었다. 지도과정이 끝난 후에 지도내용을 대략적으로 메모할 수 있는 기록부를 작성하였으며, 학습활동 학습지와 상담결과를 개인별 파일에 정리하였다.

그러나 나는 이토록 체계적인 지도계획서에 따라 지도하였지만 불안하고 허전한 마음을 끝내 지울 수 없었다. 왜냐하면, 지도가 거듭되어도 학생들의 학력은 향상되는 것처럼 느껴지지 않았기 때문이다. 그때 선뜻 이러한 물음이 떠올랐다. "얘들은 진짜로 뭐가 문제일까?" "얘들은 어떤 집에서 어떤 부모들과 살고 있을까?" "학습부진의 원인을 제대로 알 수 있는 방법은 정말로 없는 것일까?" "나는 학습부진의 원인에 대한 정확한 진단도 없이 문제풀이만 반복하고 있는 것은 아닐까?" 그러나 학습부진의 원인을 밝히기 위한 이러한 물음들은 알 수 없는 수수께끼로 남아 버렸다. 다음의 대화는 당시 이러한 나의 상황을 잘 표현해 주고 있다.

> 연구자: 주 선생, 도교육청에서 배부한 영역, 요인분석표를 써 보니까 어때?
>
> 주 교사: 도교육청에서 참 좋은 자료를 만든 것 같아. 하지만 뭔가 2%가 부족하다고 생각해.
>
> 연구자: 왜? 좋다며? 꽤나 체계적이잖아?
>
> 주 교사: 이런 분석표를 통해 실제적인 부진요인을 파악할 수 있을까?
>
> 연구자: 그럼 이 분석표 말고, 다른 방법을 사용해 볼까?
>
> 주 교사: 구체적인 방법은 잘 모르겠지만, 학습부진의 진짜 원인들을 파

악해야 할 것 같아.

연구자: 학습부진의 원인에 대한 개인별 카드와 파일도 만들었잖아.

주 교사: 그건 그렇지. 하지만 장님 코끼리 만지는 기분이라 할까?

연구자: 솔직히 나도 그래. 할 수만 있음 걔네들 머리와 마음속에 들어가고 싶어. 그럼 우리가 학교 다닐 때처럼 IQ 검사도 하고 가정방문도 해 볼까?

주 교사: 둘 다 소용없어. IQ가 낮다면 아이의 능력을 탓할 것이고, 가정환경이 나쁘다고 해서 어찌하지도 못 하잖아.

연구자: 그럼 어떻게 하지?

주 교사: 그냥 교육청에서 안내해 준 방법으로 해 보자. 혹여 장학지도 나오면 대처하기도 좋잖아.

(2009. 04 .13. 교과전담실에서 주 교사와의 대화, 내러티브 전사본)

3. 부진학생을 어떻게 가르쳐야 하는가?: '우등생과 열등생'

나는 6명의 기초학습부진학생들을 가르치면서 때로는 뿌듯함을 느끼기도 하였지만, 대부분 실패와 좌절감을 맛보기가 일쑤였다. 학생들의 각기 다른 학습 수준에 적절히 대응하기가 말처럼 쉽지 않았기 때문이다. 비록 모두가 기초학습부진학생들이었지만, 이들 중에도 나름 잘하는 아이들이 있는가 하면, 구제불능같이 보이는 아이들도 있었다. 6명 정도라면 극소수의 인원이고, 동질집단이기 때문에 가르치기가 쉬울 것이라는 나의 예상은 완전히 빗나갔다. 아래의 수업 장면은 학생들의 다양한 수준차로 인해 고민하는 지도교사의 모습을 잘 표현해 주고 있다.

조 교사: (도교육청에서 배부한 읽기 영역 보정자료를 펴며) 자, 28쪽을 보세요. 관계 있는 것끼리 연결하는 문제입니다. 줄을 그어서 그림과 단어를 알맞게 연결해 보세요.

박상원: (무엇을 하는지 모르는 표정으로) 선생님, 지금 뭐 해요?

조 교사: 응, 단어와 그림을 연결하세요. 서로 관계 있는 것들 말이야. 예를 들면, '시냇물'이라는 단어를 읽고 '시냇물 그림'과 연결하는 거지. 알겠지요?

박상원: (이제 알았다는 듯이 고개를 끄덕거림) 예.

조 교사: (3분의 시간이 경과) 이제 그만. 어? 상원이, 은성이, 우현이는 아무것도 안 했네? 니들은 지금까지 뭐 했니?

배우현: (나머지 두 명은 고개를 숙이고 있음) 잘 모르겠어요.

신규동: (자신의 책을 세 명에게 보여 주며) 야! 니들은 그것도 모르나. 그림하고 글자를 이렇게 하라고. 이렇게! 바보들 아이가!

조 교사: 야, 규동이! 조용히 안 해!

안준명: (의기양양한 표정으로) 저는 29쪽까지 다 풀었어요. 잘했지요?

장훈종: (끙끙거리며) 선생님, 시간 더 주세요. 아직 못 풀었어요.

조 교사: (당황한 표정으로) 규동이는 잠시 기다리세요. 준명아, 선생님이 미리 풀지 말라고 했잖아! 안 되겠다. 규동아, 너도 그냥 29쪽까지 풀어라. 훈종이는 2분 더 줄 테니까 계속하세요. 나머지 사람은 선생님 옆으로 오세요. 선생님이랑 같이 풀어 보자.

〔여름방학 중(2009. 08. 18.) 배움 다지기 캠프, 조 교사의 읽기수업 전사본〕

위의 수업 장면에서 확인할 수 있는 것처럼, 6명의 기초학습부진학생들은 읽기 과제의 해결과정에서 상당한 수준차를 나타내고 있다. 상원이를 포함한 2명의 아이들은 기초적 수준의 문제해결 방법을 전혀 모르고 있다. 반면 규동이와 준명이(이른바 우등생들)는 읽기 과제가 너무나 쉽기 때문에 친구들을 놀리거나, 지도교사가 제시하지도 않은 과제까지도 미리 해결한다. 한편, 읽기 과제를 한참 해결 중인 훈종이는 조 교사에게 추가적인 시간부여를 바라고 있다. 조 교사의 읽기 수업에서 나타난 이러한 현상은 일반적인 교실수업의 장면과 크게 다르지 않다. 이른바 학생들은 교사의 즉시적인 능력별 집단분류를 통해 차별적인 학습을 하고 있는 것이다. 그러나 문제는 각 기초학습부진학생들의 학력차가 일반교실 학생들의 학력차보다 훨씬 깊고 심각하다는 점이다.

위의 사례처럼, 매주 월요일 한 시간 동안 각기 다른 수준의 학생들에게 적절히 대응하는 것은 애초부터 해결이 불가능한 난제(aporia)에 가까웠다. 한 학생이나 집단을 가르치고 있으면, 나머지 아이들은 장난을 치거나 멍하니 앉아 있기가 일쑤였다. 나를 더욱 깊은 고민에 빠져들게 만드는 학생들은 기초학습부진학생 중의 '열등생들'(김은성, 박상원, 배우현)이었다. 나는 기초학습부진학생들 가운데

3명의 열등생들을 가르치면서 지도교사로서의 한계를 느꼈다. "나는 정말로 교사로서 자질이 있는 사람인가?" "얘들은 아무리 열심히 공부해도 학습이 불가능한 아이들일까?" "얘들을 포기하고, 구제가 가능한 아이들만 집중적으로 가르칠까?" "성과 보고회장에서 가르쳐도 안 된다는 말을 남들에게 어떻게 할까?" "혹시 얘들은 특수반으로 가야 하는 아이들은 아닐까?" 이러한 복잡한 생각들이 나를 짓눌렀다. 아래의 시와 수업 장면은 이러한 나의 고통을 잘 표현해 주고 있다.

> 늪에 발을 담그고 그곳이 늪인 줄도 모르고 한 발 한 발 내딛는
> 아이들이 있다.
> 또 그 장면을 물끄러미 바라보고 있는 사람들이 있다.
> 그러는 사이 아이들은 늪 속으로 조금씩, 조금씩 빨려 들어가고 있다.
> 그때서야 멀찌감치에서 이쪽으로 나오라며 손짓을 한다.
> 몸이 이미 절반 이상 늪 속에 잠기자 밧줄을 던져 보지만, 몸은 애써
> 바둥거릴 뿐 더 이상 헤어 나오질 못하고 만다.
> 〔김영천 외(2009: 130에서 인용)〕

연구자: (받아쓰기를 위해 불러 줌) "나는 점심을 먹고 공원에 갔습니다."

김은성: (공책에 받아 적은 문장) "나는 전심을 머꼬 공원에 같습니다."

연구자: 은성아, 점심이란 낱말을 몇 번이나 연습을 했잖아!

김은성: (주눅이 든 표정으로 아무 말을 하지 않음)

연구자: 공책에 다시 두 번 써라!

김은성: (연구자의 지시에 따라 다시 또박또박 문장을 적기 시작함)

연구자: (같은 문장을 불러 줌) 자, 같은 문장으로 다시 받아쓰기 합니다.

김은성: (몇 번의 연습에도 불구하고 다시 '전심'이란 글자를 씀)

연구자: 아이고, 미치겠다! 정신 안 차릴래?

〔여름방학 중(2009. 08. 19.) 배움 다지기 캠프, 연구자의 읽기수업 전사본〕

이 같은 수업 장면은 매주 발생하였다. 아무리 가르쳐도 배우지 못하는 상황을 맞이하면서 나와 세 아이들(김은성, 박상원, 배우현)은 서서히 지쳐 갔다. 밑 빠

진 독에 아무리 물을 쏟아부어도 끝내 채워지지 않았던 것이다. "학력 수준이 다양한 아이들이 서로 배우면서 함께 성장할 수 있는 교실수업은 어떤 모습일까?" "아무리 가르쳐도 이해하지 못하는 아이들을 어떻게 가르칠 수 있을까?" 이러한 물음들은 기초학습부진학생들의 앎과 삶의 방식을 새롭게 바라볼 수 있는 계기를 마련해 주었다. 그러던 어느 날 저녁, 나는 6학년의 한 담임교사와 이야기를 나누다가 새로운 통찰을 얻게 되었다.

> 연구자: 선생님, 부진학생들을 진짜 이해할 수 없어요.
>
> 조 교사: 힘들지요? 뭐가 문제인가요?
>
> 연구자: 계란으로 바위를 치는 기분이에요. 도대체 걔들을 이해할 수 없어요. 도저히 가르쳐도 안 되는 애들을 국가는 왜 끝까지 가르치라고만 할까요?
>
> 조 교사: 선생님은 정말로 최선을 다했다고 생각해요? 제 경험으로는 아이들의 수준까지 내려가니깐 구제가 되던걸요.
>
> 연구자: 아이들의 수준이 취학 전 수준인데요?
>
> 조 교사: 그럼, 유치원 수준까지 내려가면 되지요.
>
> 연구자: 그럼, 걔네들 구제는 언제 어떻게 해요?
>
> 조 교사: 그래도 초심으로! 제 경험으로 그게 가장 빠른 방법 같아요. 포기하지 않고 끝까지 그리고 천천히 아이들을 기다려 주는 것!
>
> (2009. 09. 11. 6학년 교사와의 대화, 내러티브 전사본)

한참이 지나서야 깨달은 바는, 수준이 각기 다른 아이들에게 제대로 대응하려면 그 아이의 사고 수준으로 최대한 가까이 다가가야 한다는 점이다. 나로서는 최대한 가까이 다가갔다고 생각하였지만, 그 아이들은 언제나 훨씬 낮은 곳에 머물러 있었던 것 같다. 그날 밤 그 선생님의 뼈아픈 충고는 나에게 큰 가르침으로 다가왔다. 나는 그때서야 나의 가르치는 방식을 다시 되돌아보게 되었다. 나는 언제나 조급하게 아이들을 끌어올렸지만, 그들은 아직 위로 올라갈 준비가 되지 않았던 것이다. 순간 '줄탁동시(啐啄同時)'라는 벽암록의 선문답이 떠올랐다. 이렇게 한 학기가 훌쩍 지나갔고, 학교 단위의 구제확인 재평가(2009. 06. 17.)에서 단 한 명만(안준명 학생)이 구제되었다.

4. 단기간의 집중적 지도는 과연 효과적인가?: '미안해, 애들아!'

여름방학 동안 '배움 다지기 캠프(방학 중 3주 동안의 특별보충과정)'를 운영하는 것은 한마디로 현실과의 투쟁이었다. 일부 기초학습부진학생들이나 학부모들은 배움 다지기 캠프에 참여하는 것 자체를 반기지 않았다. 또한 학력초등학교의 학생들은 원거리 통학생들이 대부분이었기 때문에 방학 기간 중에 등교하는 것 자체가 어려운 일이었다. 그래서 학교는 안내장을 보내어 학부모들을 설득하면서 학생들의 캠프 참여를 독려하였다. 그러나 여름방학 중에 학생들을 학교로 데리고 오는 것은 심각한 문제였다. 여러 가지 대안들이 제기되었지만, 결국 지도교사들이 직접 학생 수송 차량을 운행하기로 결정하였다. 일부 교사들은 교통안전의 책임소재 때문에 반대하기도 하였지만 뾰족한 대안이 없었다. 그래서 결국 나는 생전 처음으로 약 3주 동안 학교 미니버스의 운전기사가 되어야만 하였다. 아침 일찍 일어나 학생 수송을 끝내면 곧장 특별보충수업을 하였고, 수업을 마치자마자 다시 아이들을 학원이나 집으로 데려다주었다.

한편, 여름방학 캠프 중에는 기존의 보충학습교재(열려라 국어나라, 열려라 수학나라, 도교육청에서 배부한 보정지도 자료)가 아닌 새로운 교재를 선정하여 가르쳤다. 3주 동안 매일 집중적으로 가르칠 수 있었기 때문에 학기 중 지도보다는 더 효과적이었다. 그러나 배움 다지기 캠프 동안에 가장 인상 깊었던 일은 교과지도의 경험이 아니라, 체험학습(영화관람, 놀이공원에서의 현장학습)의 학생인솔과 학교 미니버스 기사로서의 생경한 체험이었다.

역설적이지만, 나는 학교와 교실을 벗어남으로써 비로소 그 아이들을 조금씩 이해할 수 있었던 것 같다. 버스기사가 되어 아이들의 집과 부모 그리고 조부모를

[그림 4] 기초학습부진학생들과의 영화관람 장면

만나면서 아이들을 입체적으로 파악할 수 있었다. 그리고 영화관이나 놀이공원에서 만난 아이들은 내가 교실에서 만났던 무기력한 아이들이 아니었다. 좀 더 엄밀히 말하면, 내가 아이들의 삶을 온전히 이해하게 된 것은 결코 아니었다. 아이들은 학교와 교실 그리고 교사로서의 나를 벗어남으로써, 단지 평소와는 다른 삶의 모습을 보였을 뿐이다. 아래의 장면들은 이러한 나의 체험을 잘 표현하고 있다.

연구자: (찌푸린 얼굴로) 야! 지금 8시 40분인데, 왜 이렇게 늦었어? 다른 애들이 기다리고 있잖아? 학교에 들렀다가 성무리까지 가야 하는데!

배우현: 엄마가 밥을 안 줘요.

연구자: (황당한 표정으로) 뭐?

배우현: 엄마가 안 일어나요. 밤에 일하고 늦게 왔나 봐요.

연구자: 엄마는 뭐 하시는 분이냐?

배우현: (퉁명한 목소리로) 몰라요.

연구자: 아버지는?

배우현: 집에 안 와요.

연구자: (일부러 씩씩한 목소리로) 알았다. 출발!

〔여름방학 중(2009. 08. 18.) 성무리 마을 주차장, 개인적 기억자료〕

연구자: 촌놈들! 시내 나오니까 좋지?

아이들: (모두들 신이 나서) 예~.

연구자: (놀란 표정으로) 어? 우현이도 말을 할 때가 다 있네?

안준명: (의기양양한 목소리로) 우현이요, 학교 말고는 말하는데요.

연구자: 그래? 우현아, 영화 뭐 볼래?

배우현: (자신감 있는 목소리로) 업(UP, 어린이용 애니메이션)이요.

연구자: 와! 영어도 읽을 줄 아나?

배우현: (싱글벙글한 얼굴로) 예, 읽을 수 있어요.

〔여름방학 중(2009. 08. 07.) 시내의 영화극장, 개인적 기억자료〕

나는 기초학습부진학생들과 같이 여름방학을 반납한 채 때로는 학생들을 수

송하는 미니버스의 운전기사가 되어야 하였고, 성적을 올려 주는 학습지 선생님이나 학원 선생님이 되기도 하였다. 결국 나는 이처럼 가혹한 희생을 치르는 과정에서 기초학습부진학생들의 총체적인 삶의 모습들을 조금이나마 이해할 수 있었다.

III. 되돌아보기: '정말로 잘 가르친 걸까?'

여기에서는 기초학습부진학생들의 실제적인 지도과정에서 연구자가 경험한 개인적 체험과 문제 현상들이 좀 더 거시적인 학교의 제도적 맥락 및 교사문화와 어떠한 관계가 있는가를 종합적으로 조망한 후, 실제적인 쟁점들을 짚어 보고자 한다.

첫째, 나를 포함한 지도교사들은 학기 초기에 기초학습부진학생들을 책임지고 지도하는 것을 회피하려 하였다. 초등학교의 현장교사들이 기초학습부진학생 지도를 부담스러워하는 현상은 단지 교사들의 직업적 태만함에서 비롯된 것만이 아니다. 이동성(2009)의 지적처럼, 교사들이 기초학습부진학생 지도를 회피하는 이유는 외부의 압력과 책무성 요구에 대한 교사들의 '방어적인 교수문화'에서 비롯되었다. 만일 한 교사가 기초학습부진학생 구제에 실패할 경우, 학교장과 학부모 그리고 국가는 단편적으로 지도교사에게만 그 책임을 전가할 가능성이 있다. 이러한 이유 때문에 단위학교의 기초학습부진학생 수는 매년 학기 초에는 증가하다가 학기 말에는 모두 사라지기도 한다. 따라서 학교장과 학부모 그리고 국가는 기초학습부진학생 구제의 모든 책임을 지도교사에게 전가하는 방식을 재고해야 한다.

둘째, 학력초등학교의 지도교사들은 도교육청에서 배부한 지도 매뉴얼에 따라서 과학적인 방식으로 기초학습부진학생을 지도하였다. 그러나 나를 포함한 지도교사들은 이토록 과학적인 지도 매뉴얼에 대하여 만족하기보다는 의문을 제기하였다. 초등학교의 현장교사들이 상부 교육기관이 배부한 지도 매뉴얼에 의문을 제기하는 이유는 실제적인 교수학습의 장면에서 그러한 방식이 전적으로 효과적이지는 못하기 때문이다. 즉, 이 방식은 상위 집단의 학생들에게는 유효하지만 하위 집단의 학생들에게는 그다지 효과적인 방법이 되지 못하기도 하였다. 나의 시각에서 볼 때, 국가 단위 교육 관련 연구기관과 지역교육청은 '과학적 방법주의'를 통해 지나치게 과학적인 지도방식만을 현장교사들에게 요구하고 있다. 그러나 교육현상과 교육실천은 객관적인 과학의 영역임과 동시에 해석적인 실천의 세계이기도 하다. 따라서 교과부와 교육 관련 상부기관들은 과학적인 지도방식뿐만 아니라, 현장교사들의 경험과 노하우를 살린 대안적 지도방식도 아울러 연구, 개발할 필요가 있다.

셋째, 나를 포함한 학력초등학교의 지도교사들은 기초학습부진학생들을 대상으로 영역별(읽기, 쓰기, 셈하기) 맞춤형 교육을 실시하였다. 도교육청과 현장교사들의 이러한 학생 분류와 학습지도 방식은 현재 '수준별 학습의 위력'에 그 정당성을 두고 있다. 오늘날 한국 교육 당사자들의 대부분은 수준별 학습의 교육적 효과에 대하여 거의 의심하지 않는다. 왜냐하면, 학생들의 각기 다른 수준과 특성에 따른 맞춤형 교육은 논리적으로 봤을 때 가장 이상적이기 때문이다. 그러나 연구자가 실제로 경험한 수준별 학습의 실상은 논리적인 이상과는 다소 달랐다. 극소수의 기초학습부진학생들은 학력 수준이 비슷한 동질집단이 아니라, 이질적인 집단이었기 때문이다. 나는 기초학습부진학생들을 가르치기 위해서 그들을 다시 여러 집단(상, 중, 하)으로 분류해야만 하였다. 결국 기초학습부진학생들을 일반학급에서 분리하여 수준별로 가르치는 현행 교수방식이 가장 효율적이라고 주장하기는 힘들다. 佐藤 學(2000b)와 Keddie(1971)의 주장처럼, 수준별 학습은 교육의 민주성과 공공성을 훼손하고, 학교와 교실에서 불평등한 사회구조를 재생산하는 메커니즘으로 작동할 수 있기 때문이다.

넷째, 나와 동료 교사들은 학교 측의 결정에 따라서 여름방학 중에 단기간의 집중적인 보충지도를 하였다. 단위학교의 관리자와 교사들이 현실적인 여러 어려움을 감수하고 이러한 결정을 하게 된 직접적인 계기는 국가 수준의 학업성취도 평가에 적절히 대응해야 하기 때문이다. 이명박 정부는 학교현장의 동의 없이 갑자기 기초학력 미달학생 수에 따라서 지역교육청과 단위학교를 평가하는 교육정책을 내놓았다. 따라서 학교의 구성원들은 국가 수준의 외부평가에 대처하기 위해 단기간의 집중적인 특별보충 프로그램을 운영할 수밖에 없는 것이다. 나의 시각에서 볼 때, 이러한 국가 수준의 교육정책과 단위학교의 대처방식은 한국사회의 '단기적 실적주의'라는 조직문화를 대변하고 있다. 즉, Hofstede의 지적처럼 불명확성을 잘 견디지 못하는 한국 사람들은 객관적으로 수량화된 자료를 통해서 특정 대상과 현상의 질을 분석하고 평가하는 조직문화를 가지고 있다(이동성, 2006). 이러한 조직문화는 지역교육청과 단위학교 및 교사의 질을 평가할 때에도 영향을 미친 것으로 판단된다. 그러나 교육대상과 교육현상의 질은 단기간의 수량적인 실적보다는, 오히려 장기적인 안목과 교육의 불명확성을 인내하는 과정을 통해서 심층적으로 파악될 수도 있다.

이 글은 이상과 같은 논의에 터하여 기초학습부진학생들의 지도를 둘러싼 실제적인 쟁점들을 짚어 보고자 한다. 첫째, 학교구성원들 가운데 누가 책임을 지고 기초학습부진학생들을 가르쳐야 하는가의 문제이다. 학교구성원들 가운데 기초학습부진학생들을 가르칠 수 있는 이들은 담임교사, 교과전담교사, 학교 및 동학년 단위 부진학생 지도업무 담당교사이다. 이들 가운데 기초학습부진학생 지도의 최적임자는 담임교사로 볼 수 있다. 담임교사는 학생의 교실생활과 학교생활 그리고 가정배경을 누구보다 잘 알고 있으며, 학생과 학부모들에게 가장 큰 영향력을 발휘할 수 있다. 그러나 한국의 대규모 초등학교 다인수 학급의 교사가 이들을 효과적으로 지도하기에는 현실적인 어려움이 있다. 왜냐하면, 담임교사는 수업 중에 기초학습부진학생들뿐만 아니라 교과학습부진학생들이나 중간 수준 학생 또는 영재학생들에게도 동시에 대응해야 하기 때문이다. 또한 담임교사들은 방과 후에도 학교 단위의 업무나 학생들의 학원학습 및 귀가문제(교통) 등으로 인해 별도의 지도시간을 확보하기가 쉽지 않다.

다음은 교과전담교사나 업무담당교사가 기초학습부진학생들을 책임지고 가르치는 방안이다. 전담교사나 업무담당교사는 부진학생 지도와 관련된 업무파악과 업무추진이 수월하고, 상대적인 시간적 여유가 있기 때문에 나름 체계적인 지도가 가능하다. 그러나 소규모 초등학교에는 교과전담교사나 업무담당교사가 거의 없다. 또한 이들은 학생들의 교실생활과 가정배경을 파악하기 힘들기 때문에 학생과 학부모들에게 실질적인 영향력을 발휘하기가 힘들다. 실제로 대부분의 기초학습부진학생들과 부모들은 친밀하지 않은 교과전담교사나 업무담당교사에게 큰 기대를 하지 않았으며, 교사들 또한 학생들을 책임지고 가르치려는 의지가 담임교사들보다 강하지 않았다. 결국 기초학습부진학생들의 책임지도 문제는 학교와 교사 그리고 학생들의 복합적인 상황에 따라 가변적이라 볼 수 있다.

둘째, 기초학습부진 현상의 실제적인 원인이 무엇인가에 대한 물음이다. 현장교사들은 학생들의 가정환경 기초조사서를 통해 그들의 가정배경을 조사하며, 공인된 교육기관의 각종 테스트를 통해 학생들의 학습부진 원인을 밝히려 한다. 이러한 처방적인 원인분석방법은 학습부진의 영역과 요소를 밝혀냄으로써 맞춤형 보충교육을 할 수 있다는 강점이 있다. 그러나 일부의 현장교사들은 이러한 과학적인 접근방식의 타당성과 엄밀함에 대하여 의문을 던지고 있다. 각종 심리검사를 통해 기초학습부진, 학습장애, 과잉행동장애(ADHD), 경도 지적 장애 등으로 분류된 학생들이 실제적인 교실수업에서는 천차만별의 학습참여 형태를 나타내기 때문이다. 이는 한 개인의 학습부진 현상의 원인이 처방적인 방법만으로 규명될 수 없음을 경험적으로 반증한다. 더욱 심각한 문제는 각종 심리검사를 통해 학생 분류가 제대로 되었다고 가정하더라도, 현장교사들이 이러한 학생들에게 차별적으로 대응하는 교수방법을 잘 모른다는 점이다. 대부분의 현장교사들은 기초학습부진 학생, 학습장애 학생, 과잉행동장애 학생, 경도 지적 장애 학생들을 모두 '기초학습부진학생'으로 분류하면서, 보정자료를 통한 '문제풀이식' 특별보충교육을 하고 있다. 그러나 기존의 교실수업방식에 적응하지 못한 기초학습부진학생들은 특별보충반에서도 배움에 실패할 가능성이 높다.

셋째, 수준차가 극심한 기초학습부진학생들을 어떠한 방식으로 가르쳐야 하는가에 대한 물음이다. 기초학습부진학생들은 국가가 제시한 학업성취도 수준(초등학교 3학년 수준)에 미치지 못한 점에서는 동질집단이지만, 개인 간 학력의 격차는 심하다. 한 명의 지도교사가 여러 명의 기초학습부진학생들을 지도하는 일은 다인수 일반학급의 교실수업보다 더욱 난해하다. 따라서 지도교사는 다인수 일반학급의 교실수업과 마찬가지로 도저히 구제가 불가능한 아이들의 손을 놓을 가능성이 크다.

넷째, 방학 중 단기간의 집중적인 특별보충지도는 실제적으로 효과가 있는가에 대한 물음이다. 방학 중의 단기적인 집중적 지도가 학기 중의 간헐적인 지도보다 더욱 효과적이기는 하다. 왜냐하면, 방학 기간의 연속적이고 집중적인 프로그램의 운영은 지속적인 가르침과 배움의 시간과 장소를 제공해 주기 때문이다. 그러나 방학 중 단기간의 집중적인 특별보충지도는 또한 고비용 저효율의 운영방식이다. 기초부진학생들은 기다려 왔던 방학을 반납해야 하며, 공부를 잘하지 못한다는 타자들의 냉소적인 시선을 감내해야만 한다. 기초학습부진학생들을 둔 부모나 보호자들도 자녀가 부진학생이라는 사회적 낙인을 공식화해 버리는 특별보충지도에 대하여 부담을 느낄 가능성이 크다.

IV. 나가며

지금까지 논의한 반성과 실제적인 쟁점에 기초하여 기초학습부진학생 지도와 관련된 대안적 관점과 접근방법을 제시하면 다음과 같다.

첫째, 기초학습부진학생 지도의 일차적인 책임자는 분명 담임교사나 지도교사이다. 따라서 담임교사나 지도교사는 더욱 강한 책임의식을 바탕으로 기초학습부진학생들을 지도해야 한다. 그러나 학교의 한 교사에게 기초학습부진학생 지도의 책임을 전가하는 것은 일면 적절치 않다. 왜냐하면, 학습부진 현상은 학생, 교사, 학부모, 학교 그리고 지역교육청 및 지역사회와 국가 교육정책의 복잡한 관계 속에서 비롯되었기 때문이다. 따라서 국가와 교과부는 기초학습부진의 책임을 단위학교나 교사들에게 전가하고 부진학생들의 구제 정도와 여부에 따라 학교와 교사들을 평가하는 방식을 재고해야 한다. 위와 같은 논리로, 학교와 지도교사들이 학습부진의 원인을 학부모와 학생 개인에게 전가하는 방식 또한 바람직하지 않다. 따라서 학교의 교사들은 학생의 능력이나 가정배경 그리고 학부모의 교육적 무관심을 탓하기보다, 기초학습부진학생들에게 실질적인 도움을 줄 수 있는 방안을 모색해야 한다. 나는 그 대안으로 학교 단위 '1교사 1학생' 결연을 통한 범교과적이고 장기적인 책임지도를 제안한다.

둘째, 학습부진의 실제적인 원인을 규명하는 일은 문서상의 가정환경 기초조사나 각종 심리검사를 통한 처방적인 방식만으로는 한계가 있다. 또한 공인된 교육기관의 심리검사를 통한 학생 분류만으로는 학습부진의 원인을 밝히기가 힘들다. 따라서 국가 산하의 교육기관들은 학습부진의 원인을 면밀히 파악할 수 있는 타당성 높은 연구방법을 강구해야 한다. 또한 기초학습부진학생들을 지도하는 현장교사들은 기존의 '문제풀이식' 지도방식에서 과감히 벗어나야 한다. 그리고 지도교사들은 각종 심리검사를 통한 학생 분류 결과에만 의존하기보다는, 자신의 교육적 경험과 통찰 그리고 학생 및 학부모와의 심층적인 면담을 통해 생애사적이고 총체적인 접근을 함으로써 학생들의 역사적인 삶의 과정을 심층적으로 이해해야 한다.

셋째, 기초학습부진학생들로 이루어진 집단은 일반학급보다 더욱 이질적인 집단이다. 따라서 수준별 지도를 해야 하는 현장교사는 무기력해질 수밖에 없다. 이러한 맥락에서 지도교사들은 기존의 수준별 지도와는 다른 방식의 대응과 가르침이 필요하다. 나는 이에 대한 하나의 대안으로 佐藤 學(1998, 2000a)의 '협동적 배움'에 주목하고자 한다. 학생들은 교사의 가르침을 통해 홀로 학습하기보다는, 서로의 말을 들어 주는 관계 형성을 통해 비로소 타자와 사물 그리고 지식에 공감할 수 있다. 佐伯 胖(2007)의 지적처럼, 이러한 대화적 관계에 기초한 공감(共感)은 기초학습부진학생들이 자신들과는 다른 타자와 세계를 이해할 수 있는 출구이다. 따라서 지도교사는 학생들의 낮고 다양한 사고 수준까지 내려가서, 서로 다른 앎과 삶의 세계를 연결하는 존재로 거듭나야 한다.

　　마지막으로, 방학 중 특별보충 프로그램의 운영방식에 대한 발상의 전환이 필요하다. 방학을 이용한 집중적인 지도는 기초학습부진학생들의 학력을 신장하는 데 도움을 주지만, 또한 고비용 저효율의 문제점이 있다. 박동섭(2009)과 허창수·이주욱(2008)의 주장처럼, 현행 구제방식은 기초학습부진학생들을 결핍과 결함의 메타포로만 바라봄으로써, 그들을 교실과 학교제도로부터 소외시키는 일상 속의 폭력으로도 볼 수 있다. 따라서 나는 이러한 현실적 문제를 해결하는 방안으로 기초학습부진학생들의 장점과 특기를 살린 체험과 활동 중심의 교수학습 방안을 제안한다. 방학 기간을 활용한 체험과 활동 중심의 교수학습 활동은 학생들의 상실된 학습의욕과 교육적 성취감을 되살릴 수 있는 실천적 방안이 될 수 있다.

참고문헌

김경근(2006). 학업성취에 대한 가족해체의 영향. **교육사회학연구, 16**(1), 27-49.

김경근 외(2007). 학력 부진 아동의 특징 및 발생 원인에 대한 면담 연구. **교육사회학연구, 17**(3), 27-52.

김경자(2008). 이명박 정부의 초등교육정책에 대한 비판적 고찰: 교육변화의 관점에서. **초등교육연구, 21**(3), 359-381.

김소영 · 홍수진(2009). 초등학교 3학년 학생의 기초학력에 영향을 미치는 변인 고찰. **초등교육연구, 22**(2), 233-256.

김영천 외(2009). **한 여름 밤의 꿈: 제7차 교육과정 환상과 추락의 내러티브.** 서울: 아카데미프레스.

김화용(2005). 기초학습부진학생의 지도방안에 관한 연구: 전인교육의 적용을 중심으로. 미출간 석사학위 논문, 단국대학교 사회복지학과.

박동섭(2009). 학습부진의 사회 · 문화 · 역사적 접근(pp. 103-132). **부산대학교 대학원 교육학과 BK21사업단 제4회 국제학술대회 자료집**(2009. 11. 14. 부산대학교).

백병부 · 김정숙(2009). 학습부진학생들의 학업 자아개념 결정요인 및 학습부진 지도수업의 조절효과 검증. **교육사회학연구, 19**(1), 125-149.

정종진(2006). 초등학교 학습부진아 지도에 관한 문화기술적 연구. 미출간 석사학위 논문, 부산교육대학교 교육학과.

양명희(2004). 초등학교 3학년 기초학력 진단평가에 대한 몇 가지 고찰: 개념, 평가 및 활용방법을 중심으로. **초등교육연구, 17**(2), 253-267.

이동성(2006). 조직문화 접근을 통한 한국과 OECD 5개국의 교장임용제도 비교분석. **비교교육연구, 16**(4), 237-263.

이동성(2009). 초등학교 교실수업의 문화적 특징과 전개형태에 대한 해석적 연구. 미출간 박사학위 논문, 부산대학교 교육학과.

이두휴(2008). 자녀교육지원활동에 나타난 학부모 문화 연구. **교육사회학연구, 18**(3), 135-165.

학력초등학교(2009). 2009 **경상남도교육청 지정 학력향상 정책연구학교 운영보고서.**

허창수 · 이주욱(2008). 일상 속 숨겨진, 당연시 여기는 폭력들. **교육인류학연구, 11**(2), 173-205.

佐藤 學(1998). 教師の實踐的思考の中の心理學. 佐伯 胖 外(篇). **心理學と敎育實踐の間で.** 東京大學出版會.

佐藤 學(2000a). 授業を変える學校が変わる. 손우정(역)(2006). **수업이 바뀌면 학교가 바뀐다.** 서울: 에듀케어.

佐藤 學(2000b). まなびから逃走する子どもたち. 손우정(역)(2003). **배움으로부터 도주하는 아이들.** 서울: 북코리아.

佐伯 胖(編)(2007). 共感: 育ち合う保育のなかで. ミネルヴァ書房.

Alheit, P. (1982). *The narrative interview*. Arbeitspapier No. 8. Bremen University.

Chang, H. (2008). *Autoethnography as method*. Left Coast Press, Inc.

Ellis, C. & Bochner, A. P. (2000). Autoethnography, personal narrative, and personal reflectivity. In Denzin, N. K. & Lincoln, Y. S. (Eds.), *Handbook of qualitative research* (2nd ed.)(pp.733–768). Thousand Oaks, CA: Sage.

Ellis, C. (2004). *The ethnographic I: A methodological novel about autoethnography*. Walnut Creek, CA: AltaMira Press.

Keddie, N. (1971). *Classroom knowledge*. 이인효 외(역)(1991). **교육과 사회** (pp.120–160). 서울: 교육과학사.

Nash, R. J. (2004). *Liberating scholarly writing: The power of personal narrative*. New York: Teachers College.

Palmer, P. J. (1998). *The courage to teach: Exploring the inner landscape of a teacher's life*. 이종인(역)(2004). **가르칠 수 있는 용기**. 서울: 한문화.

Reed-Danahay, D. E. (Ed.)(1997). *Auto/ethnography: Rewriting the self and the social*. Oxford, UK: Berg.

Riessman, C. K. (1993). *Narrative analysis*. 대한질적연구간호학회(역)(2005). **내러티브 분석**. 서울: 군자출판사.

제 10장

초등학교 체육 전담교사의 교수경험

I. 들어가며

체육교육은 동서고금을 막론하고 사회의 전인적인 인재들을 양성하기 위한 교육 과정의 일부로서 그 가치를 인정을 받아 왔다. 즉, 체육교육의 중요성은 동서양의 고대 교육에서 현대의 학교교육에 이르기까지 두말할 나위가 없었다. 초등 체육교 육은 이러한 역사적인 맥락에 걸맞게 학교의 교육과정에서 상당한 비중(주당 3시 간)을 차지하고 있다. 그러나 초등학교 체육 전담교사로서의 나는 이 같은 체육교 육의 당위성과 필요성을 마주할 때마다 고개를 갸웃거린다. 과연 오늘날 한국인들 은 진정으로 학교체육의 교육적 의미와 가치를 인정하는가? 초등 체육 전담교사 로서의 내 대답은 부정에 가깝다. 나는 교외(校外)의 사람들을 만날 때마다 초등학 교의 체육 전담교사라는 사실을 좀처럼 밝히지 않는 편이다. 왜냐하면, 사람들은 곧장 내가 운동을 잘하거나 좋아하는지를 묻기 때문이다. 유감스럽게도 나는 예비 교사 시절에 체육교육을 부전공으로 선택하지도 않았고, 운동을 잘하지도 않았고 좋아하지도 않았다. 이러한 사실을 확인한 십중팔구의 사람들은 애써 실망스런 표 정을 감추려고 한다. 그들은 초등학교의 담임교사로서 뭔가 문제가 있어 체육 전 담을 맡고 있는 것은 아닌지 의심하는 것이다.

초등학교 체육 전담교사로서 불편한 내 입장은 교내에서도 마찬가지이다. 초 등학교 교사들은 대체적으로 체육 전담교사가 되기를 망설인다. 다수의 교사들 이 여성인 탓도 있지만, 체육과목은 학교교육에서 다소 주변적인 교과로 간주되기 때문이다. 또한, 체육은 운동기능이나 신체능력이 뛰어난 교사들이 잘 가르칠 수 있다는 기능주의적 이데올로기가 압도적이라서, 교사들은 체육 전담을 부담스러워한다(최의창, 2004). 따라서 체육 전담은 간혹 젊은 남교사들을 중심으로 채워지기도 한다. 그러나 남교사들은 스스로를 학교의 '마당쇠'로 간주하고(이동성, 2009), 최대한 빨리 체육 전담에서 벗어나려고 한다. 설상가상으로, 소수의 학부모들은 다소 무식해 보이는 체육 전담교사가 담임교사가 되는 것을 우려하거나 기피하기도 한다. 이처럼 초등학교 체육 전담교사의 교수적인 삶과 체육교육의 의미와 가치는 타자들에게 왜곡되어 있거나 주변화되어 있다.

체육 전담교사와 체육교육을 둘러싼 이러한 상황이 최근에 불거진 이슈는 아니다. 1992년 교육법시행령 제37조 2항에 근거한 체육 전담교과제도는 고학년 교사들의 수업부담을 경감하고, 체육수업의 질을 향상함으로써 정상적인 교육과정을 운영하는 데 그 목적이 있다(신종순, 1997; 임미경 외, 2003; 김지헌·김승재, 2008). 하지만 체육 전담제도는 시행 초기에 비하여 제도적인 정착을 이루었을지라도, 체육 전담교사의 교수적인 삶과 체육수업의 의미와 가치에 대한 교육연구는 부족한 편이었다. 체육 전담교사의 삶과 교육에 대한 선행연구들은 주로 스포츠교육학의 관점에서 논의되었는데(임현주·김승재, 2009), 다음의 세 가지 동향으로 구분할 수 있었다.

첫째, 체육 전담교사에 대한 국내의 선행연구들(신종순, 1997; 김효진, 2007)은 체육 전담교사제도를 둘러싼 운영실태를 보고함으로써 체육 전담교사제도의 교육적 필요성과 당위성 그리고 개선 방안을 제안하였다. 둘째, 양적 연구방법에 기초한 국내의 선행연구들(성기훈, 1996; 김종욱·이헌수·양갑렬, 1998; 박재정, 2004; 허정훈·박동수, 2004; 이안수·송지근, 2009)은 체육 전담교사의 직업적 삶을 측정 가능한 분석 단위로 전환하여 특정 변인에 대한 교수 효과성을 분석하였다. 이와 같은 과학적 패러다임의 연구동향은 체육 전담교사의 교수 효과성을 계량적으로 검증하고, 효과적인 교수를 위한 방법적인 지식과 기술을 제공하였다. 셋째, 문화기술지와 사례연구 그리고 내러티브 탐구로 대표되는 질적 연구들(조순묵, 2000; 이재용, 2001; 이충원·류태호, 2004; 김지헌·김승재, 2008)은 인터뷰와 참여관찰을 중심으로 초등학교 체육 전담교사의 일상적인 교직생활을 심층적으로 묘사하였다. 그러나 이 글은 위의 연구 결과에서 한 걸음 더 나아가 다음과 같은 교육연구를 수행하고자 한다.

첫째, 이 글은 한 체육 전담교사의 체육수업에서 비롯된 교수경험을 체육교육보다는 일반교육학의 관점에서 조명할 것이다. 둘째, 이 글은 3인칭 시점보다 1인칭 주인공 시점을 통하여 한 교사 연구자의 반영성과 자기성찰을 직접적으로 담아내고자 한다. 그리고 문화기술지와 자서전의 결합인 자문화기술지를 통하여 개인적인 교수경험을 거시적인 사회문화적 주제와 연결시킬 것이다. 셋째, 이 글은 체육 전담교사의 총체적인 삶에 주목하기보다는 체육수업과 직결된 교수경험을 집중적으로 조명하고자 한다. 넷째, 일부 선행연구들은 억압적인 사회구조와 맥락 속에서 수동적으로 살아가는 체육 관련 행위자들의 고통스러운 삶의 목소리에 주목하였다(민병석, 2010; 임용석 · 류태호 · 이규일, 2010; 이동성, 2011b). 그러나 이 글은 거시적인 사회문화적 구조와 맥락에 능동적으로 대처하면서 교수실천을 개선해 나가는 한 현장교사의 주체적이고 해방적인 삶의 모습을 이야기할 것이다.

위와 같은 연구의 필요성에 터하여, 이 글은 초등학교 한 체육 전담교사의 개인적인 교수경험을 자문화기술지를 통하여 이야기함으로써 초등학교의 체육교육을 심층적으로 이해하고 개선하기 위한 대안적인 관점과 접근을 모색하고자 한다. 앞서 말한 교수경험이란 한 체육 전담교사가 학생, 교과내용, 그리고 물리적인 시공간에 대처하면서 형성한 반성적인 체험을 의미한다. 연구목적을 달성하기 위한 구체적인 연구 문제는 다음과 같다. 첫째, 체육 전담교사로서의 교사 연구자는 학생들과의 상호작용을 통해서 어떠한 체험을 하였는가? 둘째, 교사 연구자는 교과내용과 관련하여 어떠한 체험을 하였는가? 셋째, 교사 연구자는 체육수업의 시공간적 맥락에 어떠한 방식으로 대처하였는가? 넷째, 체육 전담교사로서의 교사 연구자가 체험한 체육수업의 본질적인 가치와 의미는 무엇인가?

'좋은 체육수업'은 이론적으로 규정되기보다는 교육현장의 생태학적 맥락에 터한 체육교사들의 삶에 따라 끊임없이 생성되고 변화한다. 따라서 교육현장과 공감하는 교육이론과 교육과정을 개발하기 위해서는 학교현장에서 실천되고 있는 체육수업의 모습들을 온전히 반영할 필요가 있다(류태호 · 이규일, 2009: 48-50). 즉, 현장교사들의 개별적인 수업 이야기에 대하여 이론적으로 비평하는 일은 한국의 교육현장에 적합한 교육이론을 개발하고, 국가 수준 교육과정의 실천성을 강화하며, 교육이론과 교육실천의 간극을 좁히는 데 기여할 것이다(류태호 · 이규일, 2009: 66). 이러한 맥락에서 이 글은 토착적인 '좋은 체육수업'의 규명과 현장 밀착형의 교육이론과 교육과정을 개발하는 데 하나의 예시자료가 될 수 있을 것이다.

II. 기억 속으로 입장하기

여기에서는 학생과 교과내용 그리고 물리적인 시공간적 맥락에 대처하면서 형성된 교사 연구자의 교수경험을 이야기하였다. 그리고 이러한 교수경험에서 비롯된 초등학교 체육수업의 가치와 의미를 논의하였다.

1. 학생관의 점진적 변화: '못 넘으면 그만이지, 뭐가 겁나?'

초등학교 체육 전담교사로서의 나는 체육수업을 하면서 학생을 바라보는 관점(학생관)이 점차적으로 변화되는 것을 체험하였다. 일상적인 체육수업에서 신체능력이나 운동기능이 탁월한 학생들은 교사와 급우들로부터 인정과 주목을 받기가 쉽다. 왜냐하면, 보건 영역을 제외한 대부분의 단원들(체조 활동, 육상 활동, 게임 활동, 표현 활동, 체력 활동)이 주로 신체활동을 매개로 하여 실행되기 때문이다. 체육 전담을 맡은 첫해에는 이른바 '체육인'을 기르고자 하는 학생관에 조금의 변화도 없었다. 그래서 운동기능이나 신체능력이 탁월한 소수의 학생들은 첫해 체육수업에서 언제나 주인공이 되었다. 그들은 나를 대신하여 급우들에게 시범을 보여주었고, 나의 교수능력을 검증해 주는 고마운 존재들이었다.

벚꽃이 만발한 이듬해(2008년) 4월의 어느 날, 한 학생의 어머니로부터 전화가 걸려 왔다. 아이의 건강문제로 지난달처럼 체육수업을 빼 달라는 부탁이었다. 체육 전담교사로서 부끄러운 얘기지만, 이틀 동안에 200명이 넘는 학생들을 대하다 보니 누가, 왜 체육수업에 나오지 않았는지를 확인하기가 쉽지 않았다. 학생들의 출석 여부와 건강상태를 세밀히 파악하는 일은 체육 전담교사로서 가장 기본적인 역할과 책무였다. 그러나 30명 남짓의 학생 수와 40분이라는 제한적인 시간은 심리적으로 나를 초조하게 만들었다. 출석과 건강상태의 확인 그리고 준비운동을 하고 나면, 본 차시의 물리적인 수업시간이 부족하였기 때문이다.

하지만 이 사건이 발생한 이후, 나는 특별한 경우를 제외하고는 학생들의 출석 여부와 건강상태를 꼼꼼히 확인하게 되었다. 뒤늦게 안 사실이지만, 극소수의 학생들은 체육수업에 자주 나오지 않거나, 몸이 불편하다는 이유로 체육수업에 소극적으로 참여하였다. 나는 이러한 현상을 대수롭지 않게 여겨서 학생들의 부탁을 대부분 수용하였다. 그러나 안미진(2010)의 연구처럼, 그들 대부분은 자신들을 비

만아로 여겼으며, 운동능력과 신체기능이 낮다고 판단하여 체육수업을 부담스러
워하였다. 그들은 진짜로 뚱뚱하고, 배가 아프고, 머리가 아픈 아이들이 아니었던
것이다. 순간 내 학창시절의 두렵고 고통스러웠던 체육수업 장면이 떠올랐다. 나
는 과거에 내가 그토록 싫어하던 체육수업의 방식을 답습하고 있었던 것이다. 나
는 이러한 수업 성찰 이후 '체육인'으로서 학생들을 바라보기보다는 있는 그대로의
모습으로 학생들을 바라볼 수 있게 되었다.

　　운명의 장난인지 몰라도, 나는 때로 역설적이고 모순적인 삶을 살아야 하였
다. ROTC 시절에 유독 총검술을 못해서 혼이 났지만, 임관 이후 신병교육대의 총
검술 교관이 되었다. 모순적으로 들릴 수도 있겠지만, 예비 장교 시절의 실패한 학
습경험은 나를 유능한 총검술 교관으로 만들어 주었다. 그 이유는 총검술을 못하
는 신병들의 문제점을 누구보다도 잘 이해하였기 때문이었다. 이러한 역설적인 학
습경험은 체육 전담교사로서의 삶에서도 마찬가지였다. 나는 운동에 자신이 없는
학생들을 대할 때마다 내 유년시절의 고통스런 학습경험을 들려주었다. 내 이야기
를 들은 학생들은 더 이상 체육수업을 두려워하지 않았다. 그들은 교사의 뛰어난
운동능력이나 화려한 시범보다는 육체적인 연약함을 드러내고 그것을 극복하기
위한 나의 솔직한 이야기에 안도하였던 것이다.

> 체육 선생님은 어렸을 때 운동을 아주 싫어하는 아이였습니다. 운동을
> 싫어하다 보니 살이 찌고, 살이 찌다 보니 체육시간이 무서웠습니다. 철
> 봉을 오를 때나 뜀틀을 뛰어넘을 때 성공한 적이 단 한 번도 없었어요.
> 친구들은 언제나 나를 놀렸어요. 그래서 체육시간이 되면 비가 오기만
> 을 기도했죠. 그리고 중학교나 고등학교 때도 오래달리기를 하면 언제
> 나 꼴등이었어요. 그래서 나는 원래 운동을 못하는 뚱보라고 생각했죠.
> 하지만 군대에 가서 완전히 다른 사람이 되었어요. 체력이 뛰어난 군인
> 아저씨가 된 거지요. 군대에서는 어쩔 수 없이 규칙적인 운동을 해야 하
> 니깐. 체육 선생님도 그때 깜짝 놀랐어요. 매일 운동을 하니깐 살이 빠지
> 고 체력이 늘었어요. 군인이 되고서야 나도 할 수 있다는 사실을 깨달았
> 지요. 하지만 여러분들은 끝까지 운동을 못한다고 해도 실망할 필요는
> 없어요. 누구나 하나쯤은 잘하는 것이 있으니깐. 운동은 못하지만 공부
> 나 노래를 잘하는 친구들도 있잖아요? 선생님은 모든 것을 잘하는 아이

가 오히려 더 이상하다고 생각해요.

(2010. 03. 19. 왕릉초등학교 6학년 3반 체육수업 장면)

연구자: (6학년 여학생들을 가리키며) 너희들은 왜 도전을 하지 않지?

배연수: 쌤, 무서워서 도저히 못 하겠어요. 우리는 그냥 빼 주세요.

김한수: (낄낄거리며) 쟤들은 엉덩이가 무거워서 못 넘어요.

연구자: 선생님도 높이 뛰지 못해. 너희들 그거 몰랐구나? 한 번 봐봐. (일부러 엉거주춤한 동작으로 도움닫기를 하여 매트 위에 쓰러짐)

김한수: 우와! 체육 쌤, 진짜로 잘 못하네?

연구자: 야, 못 넘으면 그만이지, 뭐가 겁나? 그냥 침대라고 생각해!

배연수: (한참을 망설이다 높이뛰기 매트를 향해 달려감) 에라, 모르겠다!

(2010. 05. 26. 왕릉초등학교 6학년 2반 높이뛰기 수업 장면)

한편, 체육 전담교사로서의 나는 특정한 학생에 대하여 담임교사들과 상이한 '학생 정의'를 한다는 점을 발견하게 되었다. 과거의 내가 '체육인'으로서 학생들을 바라보았던 것처럼, 교실의 담임교사들도 '교실인'으로서 학생들을 바라보았다. 결국, 초등학생들은 가르치는 교사와 수업 장면에 따라서 '체육인' 또는 '교실인'으로 살아가야 하는 제도적 존재들이었다. 한 가지 재미있는 점은 성공적인 '교실인'이 실패한 '체육인'으로 인식되는 것은 큰 문제가 아니었다. 그러나 담임교사들과 일부 학생들은 실패한 '교실인'이 성공적인 '체육인'으로 변모하는 것을 좀처럼 인정치 않으려고 하였다. 이는 교실수업에서의 학생 정의가 체육수업에서의 학생 정의보다 강력한 것임을 입증하였다.

배 교사: 철수 때문에 미치겠어요. 우리 반 평균을 다 까먹어요.

연구자: 신기한 일이네. 운동장에서는 정말 똑똑한 아이인데….

배 교사: 무슨 말씀을 하세요? 우리 반에서 제일 사고뭉치예요.

연구자: 그리고 보니, 철수가 운동을 잘해도 애들이 인정을 하지 않는 것 같아요. 내가 봤을 때는 4반에서 최고인데. 교실과 운동장에서의

모습이 이렇게 다를 수 있나?

배 교사: 안 그래도, 얘는 만날 체육수업만 기다리고 있어요. 저하고는 궁
합이 안 맞나 봐요. 운동장에서는 정말로 잘해요?

(2009. 04. 16. 5학년 동학년 연구실, 담임교사와의 대화 장면)

위의 대화 장면처럼, 나는 철수의 진짜 모습이 무엇인지를 알 수 없었다. 다
만, 동일한 학생이 교실수업과 체육수업에서 상이한 제도적 정체성을 나타내었다
는 것은 분명하다. 지금 와서 돌이켜 보면, 나와 동료 교사는 있는 그대로의 모습
으로 아이를 바라보기보다는 '체육인' 또는 '교실인'이라는 제한적인 관점에서 학
생을 정의하였던 것이다. 나는 이러한 교수경험을 통해서 교사의 학생관에 대한
중요성을 자각하게 되었다. 즉, 교사의 변화된 학생관은 학생들의 잠재력을 이끌
어 내었으며, 동시에 교수적인 유연함과 여유를 선사해 주었다.

2. 교과내용에 대한 교수법과 평가방식의 변화: '쌤, 왜 체육 안 해요?'

초등학교 교사는 국가가 고시한 교육과정을 매개로 하여 학생들과 교육적인 상호
작용을 해야 한다. 하지만 나는 국가 수준의 교육과정에서 명시하고 있는 교육목
표와 성취기준보다는, 교사용 지도서와 교과서의 내용을 중심으로 학생들을 가르
쳤다. 현장교사의 입장에서 볼 때, 국가 수준의 교육목표와 성취기준은 문서적인
수준에 머무르는 추상적 진술에 가까웠기 때문이다. 따라서 교육과정을 준거로 가
르쳐야 하는 이론적 타당성에도 불구하고, 교사용 지도서와 체육 교과서는 실제적
인 교수 지침서가 되었다. 즉, 교사용 지도서와 교과서에 제시된 내용이 학생들의
학습경험을 결정하는 준거가 되었던 것이다.

체육 전담을 맡은 첫해에는 위와 같은 교수 관행으로부터 자유롭지 못하였다.
교수전문성을 갖춘 체육 전담교사가 되려면 최소한 교과서의 모든 내용을 제대로
가르쳐야 한다는 것이 나의 교육적 신념이었다. 하지만 교사용 지도서와 교과서를
펼치는 순간 한숨이 터져 나오기가 일쑤였다. 게임 활동의 계절 활동(예를 들면,
수영이나 스키)은 학교의 여건상 실행마저 힘들었고, 표현 활동의 창작 표현이나
민속춤은 실내 체육관의 미비로 제대로 된 체육수업을 실행할 수 없었다. 특히, 상

당수의 학생들은 보건 영역의 이론적 설명이나 게임 활동의 규칙 만들기 학습 장면에서 지겨움을 참지 못하였다. 초등학생들이 생각하는 '좋은 체육수업'은 축구나 피구를 마음껏 즐기는 것이었다.

> 이원재: 쌤, 왜 체육 안 해요?
> 연구자: 그게 무슨 말이니? 지금 체육수업을 하고 있잖아. 이론은 체육수업이 아니냐? 꼭 운동장에 나가야 수업이니?
> 이원재: 다른 반은 어제 축구했다고 하던데…. 우리도 축구하면 안 돼요?
> 연구자: 이 비를 맞고 축구를 하자고? 안 돼! 너는 다른 과목을 공부할 때도 하고 싶은 것만 배우니? 어라, 그러고 보니 체육 책도 없네. 빨리 교과서 펴라. 어서!
> 이원재: (한참을 머뭇거리다) 집에 놔두고 왔는데요.
> 연구자: (반 전체를 노려보며) 이야, 미치겠네. 너희들은 만날 축구 아니면 피구만 하고 싶지? 그럼 나도 이제부터 '아나공' 선생님이 되어야겠네. 근데 그런 수업은 지나가는 아줌마 아저씨도 할 수 있다. 너희들은 그런 체육수업을 받고 싶은 거지. 그지?
>
> (2007. 06. 27. 철새초등학교 5학년 1반 체육수업 장면)

앞의 수업 장면처럼, 교과서에 제시된 내용을 따라가는 수업은 학생들뿐만 아니라 나에게도 불만족스러운 경험이었다. 실제적인 체육수업 장면은 교사용 지도서나 교과서의 삽화처럼 '아름다운 수업'이 아니었다. 더군다나 지겨운 교과내용을 여섯 번이나 일곱 번을 반복해서 가르쳐야 하는 체육수업은 고역에 가까웠다. 이런 체육수업을 계속하다가는 곧 매너리즘에 빠지고, 학생들에게 무의미한 교사로 전락할 것 같은 위기감이 몰려왔다. 물론, 동일한 교과내용을 반복해서 가르치다 보면 자연스럽게 교수법이 체계화되고 명료화될 수도 있다(이정선·최영순, 2009: 129). 그러나 최의창(2004)의 지적처럼, 체육 전담교사의 수업 전문성은 자연스럽게 체득되는 것이 아니라, 자신의 수업을 체계적으로 분석하여 문제점을 발견하고, 그것을 해결하기 위한 반성적이고 실천적인 노력이 필요하였다.

교과내용을 제대로 가르치기 위해서는 교육과정에 대한 기본적인 지식뿐만 아니라 체육수업을 둘러싼 여러 수업맥락들에 임시적으로 대처하는 실천적인 지혜가 필요하였다. 즉, 학교의 물리적 환경과 학습자의 다양한 흥미와 능력에 따라서 교과내용을 어떻게 조직하고 재현하며 적용할 것인가에 대한 세심한 이해가 필요하였다. 따라서 나는 교과서와 교사용 지도서가 체육수업을 위한 유일한 지침서가 아니라, 교수적인 지혜를 얻기 위한 하나의 예시에 가깝다는 사실을 깨닫게 되었다. 이러한 나의 교수적인 성찰은 Shulman(1999)이 주창하였던 내용교수지식(pedagogical content knowledge)과 유사한 것이었다. 체육 전담교사로서의 나는 위와 같은 실천적인 지혜를 획득함으로써 더 이상 교과서에 집착하지 않으면서 교과내용을 가르칠 수 있는 용기를 얻게 되었다.

한편, 교과내용을 어떻게 가르칠 것인가에 대한 교수학적 이슈는 자연스럽게 체육교과의 평가방식과 직결되었다. 왜냐하면, 교수내용에 따라 평가방식이 결정되기도 하지만, 반대로 교과평가 방식이 교사의 교수법에 영향을 미치기도 하기 때문이다(이동성, 2009). 최근 교육과정 분야에서 주목을 받고 있는 백워드 모형(backward model)도 성취기준과 직결된 수행과제와 수행평가를 중심으로 수업을 설계하고 실행하는 것을 강조한다(김영천, 2009). 나는 수행 중심 교과인 체육과의 특성을 최대한 고려하여 수행평가를 중심으로 교과평가를 하였다. 그러나 체육 전담교사로서의 나는 초창기에 학생들의 수행평가 결과에 늘 불만족스러웠다.

다수의 학생들은 운동장에서의 체육수업을 선호하였다. 체육수업을 위해 달려오는 학생들은 마치 교실이라는 감옥을 탈출하여 해방을 맞이한 탈옥수들처럼 즐거워 보였으니까. 그들은 체육 전담교사로의 나를 좋아하였는지, 아니면 운동장과 체육 자체를 좋아하였는지는 모르지만, 아무튼 체육수업에 즐겁게 참여하였다. 하지만 나는 학생들의 낮은 수행평가 결과 때문에 고민하였다. 그래서 울며 겨자 먹기로 일부 학생들에게는 재시험의 기회를 주기도 하였다. 그러나 재시험에 도전하는 학생들도 그다지 많지 않았고, 재시험자의 수행평가 결과도 과거와 별반 다르지 않았다. 체육 전담교사로서 열심히 가르쳤고, 학생들도 즐거운 마음으로 배웠는데도 평가의 결과는 시원찮았던 것이다.

던지기만큼은 정말로 잘 가르칠 자신이 있었다. 그동안 열심히 가르쳤고, 아이들도 팔이 빠져라 열심히 던져 주었다. 그런데 이게 어찌 된 일인가? 5학년 여학생들은 1주일이 지났는데도 여전히 자기 발 앞에다 테니스공을 던진다. 참으로 갑갑하다. 자세를 교정해 줄수록 공의 비거리

는 오히려 줄어든다. 체육 전담교사로서 참으로 무능하다는 생각이 든
다. 하지만 자기 발 앞에다 공을 던져 놓고도 깔깔거리는 아이들을 어떻
게 이해해야 할까? 그것도 수행평가라고 누누이 강조를 했음에도 불구
하고. 내가 가르치는 아이들은 교과서에서 등장하는 뛰어난 운동선수들
이 아닌 것은 분명하다. 물론, 나 또한 체육 교과서가 가정하는 유능한
체육선생은 아니다.

(2008. 05. 21. 5학년 던지기 수업 후, 연구자의 반성적 저널)

　나는 4년 동안의 교수경험을 통해서 체육 전담교사로서의 높은 기대와 조급
증이 오히려 수업을 망가뜨릴 수 있음을 자각하게 되었다. 아이들은 콩 시루의 콩
나물처럼 갑작스럽게 자라는 존재가 아니라, 장독대에 소리 없이 쌓이는 눈과 같
이 서서히 성장하는 존재들이었다. 그리고 류태호 · 이규일(2009)의 지적처럼, 체
육교사로서의 내가 생각하는 잘함의 기준과 학생의 잘함의 기준은 서로 상이하였
다. 나는 수행평가 방식과 관련된 이러한 수업성찰을 통하여 능력 지향 평가보다
는 성장 지향 평가에 주목하게 되었다. 왜냐하면, 냉정하고 공정한 교과평가만큼
이나 신체조건이 불리하고 운동능력이 낮은 학생들의 교육적 성장도 중요하다고
판단하였기 때문이다.

　성장 지향 평가는 객관적인 능력 기준의 도달보다는 학습의 과정을 통한 학습
자의 교육적 성장에 주목하는 평가방식이다(김석우, 2009: 126-127). 나는 성장 지
향 평가를 위하여 학생들에게 체육 교육과정이 요구하는 최소한의 성취기준을 미
리 알려 주었다. 그리고 운동능력이 뛰어난 학생들이 상대적인 박탈감과 상실감을
느끼지 않도록 세심하게 설득하고 배려하였다. 이러한 성장 지향 평가방식은 남
학생과 여학생의 운동능력 차이에서 발생하는 교수적인 딜레마를 해결해 주었다.
또한, 이러한 평가방식은 몸이 굼뜨거나 체력이 약한 학생들도 성취감을 맛보면서
체육수업에 참여할 수 있는 기회를 제공하였다.

3. 시공간의 암묵적인 구속력: '보이지 않는 손'

초등학교의 수업현상은 독특한 시간 사용 문화를 통하여 구체화된다(이동성,
2009). 그러나 수업현상의 물리적 시간은 교사와 학생들의 제도적인 삶을 암묵적

으로 규율하거나 제약할 수도 있다(Woods, 1983; 이동성, 2009). 또한, 초등학교의 수업현상은 독특한 공간사용의 문화를 나타낸다. 하지만 수업현상의 물리적 공간은 교사와 학생들의 미시적인 상호작용에 암묵적인 영향력을 발휘하면서 특정한 메시지를 전달할 수도 있다(Woods, 1983; Neill, 1991; 이동성, 2009). 나의 교수경험에서 볼 때, 물리적인 시공간적 제한은 체육수업을 암묵적으로 제약하는 '보이지 않는 손'과 같았다. 따라서 지금부터는 시간과 공간이라는 물리적인 수업맥락에 대처하였던 4년 동안의 교수경험을 이야기하려 한다.

나는 체육수업의 물리적인 시간단위(하루, 학기, 계절)에 따라서 차별적인 교수경험을 하였다. 토요 휴업일이 생겨나면서부터 나는 매일 4, 5차시의 체육수업을 해야만 하였다. 체육수업은 일반적인 교실수업과는 달리 정신적인 긴장뿐만 아니라 육체적인 피로감이 수반되었다. 1차시에서 3차시에 이르는 체육수업은 육체적인 피로감이 덜하기 때문에 의욕적으로 수업을 할 수 있었다. 그러나 저학년들의 점심시간과 겹치는 4교시와 중식 이후의 5교시 체육수업은 급증하는 외부 소음과 육체적 피로감 때문에 집중도가 낮았다. 결국, 하루를 기준으로 비슷한 체육수업을 해도 4, 5교시의 수업만족도는 대체적으로 낮은 편이었다. 따라서 기계적으로 배정된 각 차시들은 동일한 시간적 의미를 가지기보다는, 나의 몸과 마음에 결합하여 차별적인 사용가치를 드러내었다.

초등학교의 수업은 계절의 흐름에 따라서 두 개의 학기로 양분된다. 체육 전담교사로서의 나는 학기를 기준으로 독특한 경향성을 발견하였다. 즉, 학기 초에는 교사 중심의 상황정의가 우세하였다면, 학기 말에는 학생 중심의 상황정의가 우세하였다. 또한, 학기의 초반부에는 교수학습으로서의 체육수업이 강조되었다면, 학기 말에는 놀이로서의 체육수업이 강조되었다. 이러한 수업현상이 발생하게 된 원인은 물리적 시간과 교과내용의 결합인 진도(조절)에서 비롯되었다. 나는 학기의 초반부에 체육수업에서 필요한 학습규칙을 학생들에게 강조하고, 교육계획서에 따라서 교수학습으로서의 체육수업을 강조하였다. 그러나 매 학기 말이 되면 학생들에 의해 이러한 상황정의가 역전되었다. 이른바 진도를 빼고 나면, 학생들은 나와의 끊임없는 협상을 통해서 느슨한 수업통제와 놀이로서의 체육수업을 요구하였다. 더군다나 1학기 말과 2학기 말은 계절적으로 혹서기나 혹한기였기 때문에 교수의욕이 급격하게 저하되는 시기이기도 하였다. 1학기 말의 경우, 인조잔디와 우레탄에서 올라오는 열기는 섭씨 70도에 달하기 때문에 운동장에 한 시간

동안 서 있는 것조차 힘들었다. 더위로 인한 육체적 고갈은 식욕을 떨어뜨려서, 찬물에 밥을 말아 먹기가 일쑤였다. 또한 혹한기의 경우, 손발이 에일 듯한 추위와 바람은 교수의욕을 좌절시키기에 충분하였다. 나는 체육 전담교사로서 열정을 유지하고, 소진에 맞서 싸웠지만 계절의 소리 없는 위력으로부터 자유롭지는 못하였다. 학기 말의 학생들은 이러한 나의 약점을 귀신같이 파고들었다.

> **연구자:** 날씨가 너무 추워 체육실에서 1교시를 하게 되었어요. 오늘은 외국의 민속춤 중에서 마임을 배워 보겠습니다.
>
> **이원철:** 체육 쌤, 하나도 안 추운데요? 제 얼굴에 땀 좀 보세요. 밖에 나가 놀아요. 마임은 지난 시간에 배웠잖아요.
>
> **학생들:** (모두 박수를 치며, 애타게 나를 쳐다봄)
>
> **연구자:** 체육 선생님이 불쌍하지도 않니? 너희들은 한 시간 운동장에 있으면 그만이지만, 선생님은 하루 종일 서 있단 말이야! 그리고 체육시간이 무슨 노는 시간이냐? 만날 게임 타령이야! 어서 책 펴!
>
> **이원철:** 쌤, 체육 책 보세요. 안 배운 게 하나도 없잖아요.
>
> **연구자:** (애써 못 이기는 척하며) 환장하겠네. 모두 운동화로 갈아 신고 운동장에 나오너라. 그래, 오늘 간이 배구 하자.
>
> (2010. 12. 22. 왕릉초등학교 6학년 4반 체육수업 장면)

한편, 전용진·손천택(2010)은 인간의 존재방식과 공간사용의 비분리성을 강조하면서, 학교의 운동장을 통해서 학생들의 정체성을 이해할 수 있다고 보았다. 그들은 체육수업 시간에서의 운동장은 학생들의 신체능력, 젠더, 학년의 차이와 관계없이 동일한 사용가치가 있다고 주장하였다. 그러나 나의 교수경험에 터해 볼 때, 체육수업의 물리적인 공간사용 가치에 대한 그들의 주장은 좀 더 정교화될 필요가 있었다. 즉, 초등학교 체육수업에서의 운동장은 학습기회의 허용과 보장이라는 차원에서 동일한 사용가치를 나타내었다. 왜냐하면, 체육 전담교사로서의 나는 모든 학생들에게 동등한 수업참여 기회를 보장하였기 때문이다. 그러나 학생들의 자율성이 주어진 체육활동을 참여관찰해 본 결과, 그들은 젠더와 운동능력의 차이에 따라서 차별적인 운동장의 사용 문화를 나타내었다.

남학생들과 여학생들은 표현활동(창작 표현 활동, 민속춤)을 제외한 내용 영역에서 차별적인 공간사용 문화를 나타내었다. 대부분의 남학생들은 여학생들에 비하여 운동능력이 높다는 이유로 운동장 사용의 주도권을 잡아 나갔다. 그래서 나는 단성보다는 혼성 게임 방식을 통해 남녀가 균등하게 체육수업에 참여하도록 유도하였다. 그러나 운동장 사용에 대한 남학생들의 주도권은 혼성경기의 경우에도 마찬가지였다. 교사가 특별한 개입을 하지 않을 경우, 여학생들은 '하는 체육수업'보다는 '보는 체육수업'을 오히려 선호하였다. 또한, 남학생들의 경우에도 강한 승부욕 때문에 운동능력이 뛰어난 일부 남학생들이 운동장 사용의 주도권을 쥐었다. 따라서 학생들의 자율성이 부여된 체육활동의 경우, 학생의 운동능력이 운동장 사용에서의 중요한 기준이 된다고 볼 수 있었다.

한편, 상징적 상호작용론에 따르면, 인간은 공식적인 무대(전면 영역)에서 타자들의 평가적인 시선으로부터 자유로울 수 없기 때문에 지속적으로 자신의 인상을 관리해야만 한다(Woods, 1983). 교육사회학을 전공한 체육 전담교사로서의 나는 상징적 상호작용론의 이론적 주장을 몸소 체험하였다. 대부분의 체육수업은 학교의 모든 구성원들이 언제나 바라볼 수 있는 운동장에서 이루어졌다. 따라서 운동장에서의 체육수업은 말 그대로 '항시 수업공개'였다. 운동장을 둘러싼 몇백 개의 교실창문들은 Foucault가 언급한 원형 감시탑(panopticon)과 유사한 역할을 하였다. 나는 동료 교사들이 자신들의 폐쇄적인 교실공간에서 어떤 교실수업을 하는지 알 수가 없었다. 그러나 그들은 마음만 먹으면 언제든지 나의 체육수업을 내려다볼 수 있는 위치에 있었다.

체육 전담교사를 처음 할 때, 나는 타자들의 평가적인 시선에서 한순간도 벗어날 수 없는 죄수와도 비슷한 처지라고 생각하였다. 때로는 극도의 육체적인 피로감이 밀려올 때조차도 나무 그늘이나 의자에 앉아 쉴 수도 없었다. 담임교사보다 편한 교과전담을 하면서도 저렇게 놀고 있다는 타자들의 불평을 듣기 싫어서였다. 하지만 타자들의 평가적인 시선으로부터 자유로울 수 없는 운동장의 공간적 특성은 체육 전담교사의 헌신과 사명감을 형성하는 외부적인 요소로 작용하였다. 그러나 4년 동안의 시간적 흐름 속에서, 나는 타자들의 눈을 의식하는 체육수업에서 벗어나 내면의 눈을 두려워하는 반성적인 교사로 성장해 나갔다.

사람들은 무더운 여름철에 운동장에서 수업을 하고 있는 내가 힘들어 보였나 보다. 오늘은 동학년의 한 교사가 냉커피를 손에 들고 운동장으로 나왔다. 교장 선생님도 운동장을 지나가다가 음료수를 찔러 주셨다. 내가 봐도, 요즘 내 얼굴은 동남아를 지나 아프리카 사람에 가깝다. 하지만 나는 내 얼굴색이 싫지만은 않다. 최소한 게으른 체육수업을 하지 않았다는 증거니깐. 오늘 두 사람이 건네준 음료수는 진한 행복감을 선사한다.

(2010. 07. 20. 연구자의 반성적 저널)

4. 체육교육의 의미와 가치의 재발견: '전인적 성장을 위한 체육수업'

초등학교 제7차 체육교육과정의 목표는 '몸과 마음이 균형 있게 자랄 수 있는 다양한 신체활동을 경험'하는 것으로 명시되어 있다. 즉, 초등학교 체육교육의 목적은 기본적인 신체활동을 통해서 체지덕의 요소를 겸비한 전인적인 인간을 가르는 데 있다(임미경 외, 2003: 16). 그러나 위와 같은 체육교육의 목표는 전담교사인 나에게 공염불이나 수사쯤으로 들렸다. 왜냐하면, 이러한 추상적인 교육목표는 교육과정을 개발하는 학자들이나 교과서 집필자들에게만 중요하다고 여겼기 때문이다. 그러나 나는 교수경험을 통해서 학생의 전인적인 성장을 위한 체육수업의 의미와 가치를 재발견하게 되었다. 체육수업에 대한 이러한 깨달음은 바로 체육교육과정의 상위목표와 다름 아니었다.

나는 개나리시 철새초등학교에서 3년 연속(2007~2009년)으로 체육 전담교사를 하였다. 첫해에는 여러 가지 시행착오를 겪기도 하였지만, 체육 전담교사로서 학교체육에 일정 부분 기여하기도 하였다. 예를 들면, 학교운동장에 인조잔디와 우레탄을 설치하기 위해 노력하였고, 시도 단위 각종 체육대회에서 우수한 성과를 거두기도 하였다. 그리고 이러한 노력들은 철새초등학교가 도교육청 지정 육상종목 시범학교나 학교스포츠클럽 연구학교가 되는 발판이 되었다. 나는 철새초등학교에서의 교수경험을 통해서 자타가 인정하는 체육교육 전문가가 되었던 것이다. 하지만 2010년에 거북이시 왕릉초등학교로 전근하게 됨으로써 체육 전담교사로서의 삶에 큰 변화가 일어나게 되었다.

나는 학술활동을 지속하고 싶은 개인적 욕구와 왕릉초등학교의 상황 때문에 다시금 체육 전담교사를 맡았다. 하지만 왕릉초등학교의 교육환경은 지난번 초등학교와 비교가 되지 않을 정도로 낙후되어 있었다. 왕릉초등학교는 도시공동화가 심화된 지역의 소규모 교육복지투자우선지역 학교였는데, 학생들의 상당수가 기초생활 수급자의 자녀들이었다. 왕릉초등학교의 학생들은 학력이 낮고 성품이 거칠다는 이유로 관내의 교사들이 근무하기를 기피하는 최악의 학교였다. 인사발령 통지서를 받아들고 눈앞이 캄캄하였다. 나는 하는 수 없이 한두 해만 버티다가 다시 '좋은 학교'로 옮기기로 결심하였다.

불행히도 우려는 현실이 되고 말았다. 3월의 첫 체육시간, 이론수업을 위해 교실에 들어섰는데 학생들은 블록놀이를 하거나 바둑을 두고 있었다. 체육수업을 시작한다고 말해도 대부분의 학생들은 내 말에 아랑곳하지 않았다. 3월의 첫 시간부터 '이건 아니다' 싶었다. 분노가 머리끝까지 치밀어 오른 나머지 한 학생의 바둑판을 교실바닥에 내던지고 말았다. 바둑알들이 교실의 허공을 가르고 나서야 학생들은 멀뚱히 나를 쳐다보았다. 분노에 휩싸인 나는 아이들을 이끌고 운동장으로 내려갔다. 가벼운 스트레칭을 한 후 운동장을 돌았는데, 학생들은 채 한두 바퀴를 돌기도 전에 땅바닥에 주저앉았다. 생면부지의 폭군이 노려봄에도 불구하고, 학생들은 운동장을 뛸 체력마저 없었던 것이다.

> 연구자: 아까 수업시간에 바둑, 장기 둔 놈들은 뭐야? 체육수업이 무슨 자유시간이니? 그렇다고, 너희들은 밖에서 수업할 체력도 없잖아!
> 학생들: 5학년 때는 체육시간에 바둑, 장기 같은 거 했는데….
> 연구자: 무슨 소리야? 체육시간에 바둑, 장기를 왜 해?
> 김용희: 작년 체육 쌤은 수업시간에 아무것도 안 했어요. 교실에서 체육하면 그냥 자유시간이에요. 밖에 나가도 운동장은 안 돌았고…. 놀 사람은 놀고, 체육 할 사람만 체육 했어요.
> 연구자: (순간 당황하며) 설마 그럴 리가….
>
> (2010. 03. 04. 왕릉초등학교 6학년 1반 첫 체육수업 장면)

왕릉초등학교에서의 첫 체육수업 이후 어디에서 무엇을 시작해야 할지 막막하였다. 사실 학생들이 두려워서 당장이라도 도망치고 싶었다. 하지만 체육수업 시간에 전담교사가 아무것도 하지 않았다는 한 아이의 말은 의미심장하게 다가왔다. 거짓말이 아닌 것 같았다. 체육창고를 가 보니 교육과정에 필요한 기자재나 교구가 턱없이 부족하였다. 아이들에게만 문제가 있는 것이 아니라, 아이들을 가르친 교사에게 더 큰 문제가 있음을 깨닫게 되었다. 바로 지금의 내 모습처럼, 일부 교사들은 한두 해를 버티다가 다른 학교로 전근을 가 버렸던 것이다. 학생들에게 좋은 선생까지는 아니더라도 과거와는 다른 체육 선생님이 되고 싶었다. 이러한 나의 다짐은 결국 무모한 도전으로 나아가게 되었다.

> 연구자: 너희들을 대한민국에서 가장 운동을 잘하고, 운동을 좋아하는 아이들로 만들어 줄게. 체육 선생님을 한번 믿어 봐.
>
> 박원태: (히죽거리며) 뻥치지 마세요! 학원을 가면 우리보고 별로래요. 공부든, 운동이든.
>
> 연구자: 지난해 교육장기 육상대회에서 우리 학교는 몇 등을 했는데?
>
> 위승희: 아, 시내 운동장에서 학교들끼리 달리기 시합하는 거요? 작년에 6학년 오빠 한 명이 2등 했어요. 교장 선생님이 엄청 좋아하셨어요.
>
> 연구자: 음~ 그래. 그럼, 올해 우리 학교 목표는 종합우승이다.
>
> 박원태: (믿을 수 없다는 표정으로) 예? 1등요?
>
> (2010. 03. 05. 왕릉초등학교 5학년 3반 체육수업 장면)

나는 왕릉초등학교의 학생들을 가르치면서 두 가지 사실에 놀랐다. 첫째, 다수의 학생들은 열악한 가정환경과 낮은 자존감으로 인하여 성공적인 학습경험을 하지 못하였다. 둘째, 이 학교의 학생들은 교사의 작은 배려와 가르침에도 큰 감명을 받고 배우는 스펀지와도 같은 존재들이었다. 내가 만난 아이들은 교사에게 두려운 존재들이 아니라, 교사로부터 관심과 정(情)을 갈구하는 보통의 학생들이었던 것이다. 나는 체육수업을 위한 교구나 기자재를 마련하고, 체육예산을 절감하기 위해 다른 학교에서 폐품에 가까운 교구들을 수집하여 정비하였다. 특히, 왕릉초등학교의 교장 선생님은 낙후된 학교를 개혁하려는 의지가 강하였기 때문에 의욕적인 나를 물심양면으로 지지해 주셨다.

소규모 초등학교의 체육수업은 대규모 초등학교에서의 수업과 사뭇 달랐다. 가르치는 대상 학년이 두 개로 늘다 보니 자연스레 교수적인 부담감도 가중되었다. 하지만 왕릉초등학교 아이들은 보조교사의 역할을 기꺼이 해 주었다. 예를 들어, 내가 6학년의 뜀틀 운동을 가르치고 있으면, 5학년 학생들은 어느새 평균대와 매트를 설치해 주었다. 매주 세 번씩 꾸준하게 운동을 하자, 학생들의 체력이 몰라보게 향상되었다. 처음에 운동장 한 바퀴를 돌기 힘들었던 학생들이 여름방학을 맞이할 즈음에는 다섯 바퀴 이상을 거뜬히 뛸 수 있게 되었다. 하지만 신체적인 운동능력과 체력보다 더 많이 자라난 것은 아이들의 마음이었다.

> 요즘은 진짜 선생이 된 기분이다. 운동장으로 출근을 하면, 아이들은 마치 아이돌 스타를 만난 것처럼 반갑게 달려든다. 뭐가 그렇게 좋은지. 어제는 한 학생이 목 베개를 선물해 주었다. 체육수업 중에 목뼈가 아프다고 엄살을 부렸는데, 엄마를 졸라서 담임 선생님 몰래 내 선물을 사 온 것이다. 턱없이 부족한 살림살이에도 불구하고 선물을 준비해 주신 어머니를 생각하면 콧잔등이 시큰해진다. 병든 남편과 특수아를 둔 어머니라서 마음이 더 아프다. 이 학교 사람들은 어떻게 이토록 감동을 주는 것일까? 나는 그저 평범한 체육 선생일 뿐인데….
>
> (2010. 05. 28. 연구자의 반성적 저널)

1학기가 끝나 갈 즈음, 학생들과 약속한 그 날이 다가오고 있었다. 2학기 개학과 동시에 교육장기 육상대회 일정이 잡힌 것이다. 학기 초 학생들에게 내뱉은 말을 거두고 싶은 마음이 굴뚝같았다. 한 학기의 체육수업만으로는 50여 개가 넘는 초등학교들을 뛰어넘기가 말처럼 쉽지 않았기 때문이다. 더군다나 운동을 잘하는 일부 학생들은 대한축구협회에 등록된 유소년 축구선수들이라서 육상대회에 참가할 자격조차 없었다. 상황이 이러하자, 나는 여름방학 때 1주일 동안 희망자를 대상으로 육상캠프를 열기로 결심하였다. 이러한 계획을 발표하고 나니, 대다수의 학생들이 육상캠프에 나오겠다고 말하였다. 그러나 나는 내심 아이들의 진정성을 믿지 않았다. 왜냐하면, 방학 때 육상캠프에 참여하겠다던 대부분의 아이들은 부모들의 저항에 못 이겨 캠프에 나오지 못하기 때문이다. 하지만 나는 속는 셈 치고 20여 명의 아이들과 약속을 하였다.

어느 날 한 여학생이 나에게 전화를 하였다. 아이들이 학교에서 나를 기다리고 있다는 전화였다. 지금 출장 중이라는 거짓말을 둘러대고 학교로 허겁지겁 달려갔다. 아니, 이게 어찌 된 일인가? 20여 명의 아이들이 전깃줄의 참새 모양으로 그 잘난 체육 선생을 기다리고 있었던 것이다. 그것도 교구를 모두 준비해 놓은 상태로. 학생들을 끝까지 믿지 못한 내 자신이 너무나 부끄러웠다. 그리고 이참에 뭔가 일을 낼 수도 있겠다는 생각이 들었다. 이 사건 이후로 나와 아이들은 육상 활동을 매개로 하여 혼연일체가 되었다. 아이들은 따가운 뙤약볕을 마다하지 않았고, 운동장을 돌고 또 돌았다. 아이들은 맨땅에 미끄러져 무릎과 팔꿈치에 피가 흘러도 아프다는 내색조차 하지 않았다. 그들은 자신들이 출전할 육상종목의 규칙과 동작을 스스로 탐구하였고, 나에게 끊임없는 질문을 쏟아 내었다. 우리는 개학 이후 추석연휴를 반납하며 뛰고 또 뛰었다.

지성이면 감천이라 하였던가, 우리는 끝내 꿈을 이루고 말았다. 우수한 성적 (금메달 11개, 은메달 4개, 동메달 4개)으로 교육장기 육상대회에서 종합우승을 차지하였다. 평범한 아이들이 우승을 할 수 있었던 것은 강인한 체력과 운동기능이 아니었다. 그것은 바로 자신들을 믿어 준 교사에게 보답하고 싶은 간절한 소망과 노력 때문이었다. 어찌 보면, 시 단위의 육상대회 우승은 그리 자랑할 만한 일이 아니다. 왜냐하면, 체육교육은 학력신장을 강조하는 현재의 학교교육에서 그다지 큰 비중을 차지하지 않기 때문이다. 많은 학교들이 육상대회에 비중을 두지 않았기에 종합우승을 하였는지도 모른다. 하지만 나는 왕릉초등학교에서의 교수경험을 통해서 체육교육의 의미와 가치를 다시금 되돌아보게 되었다.

오늘날 체육교육은 타 교과영역에 비하여 주변화되어 있다. 그리고 체육교육에 대한 평가는 학생건강 체력의 향상, 운동기능의 숙달, 비만예방 등으로 제한되어 있다. 그러나 위의 평가준거들은 체육교육의 본질적인 목표라기보다는 체육교육에서 파생되는 부수적인 기능에 가깝다. 체육수업은 우선적으로 학생들의 신체적인 활동에서 비롯되지만 동시에 인지적 활동과 정의적 활동이 수반되는 전인적인 교육활동이었다. 따라서 체육 전담교사는 학생들의 건강 체력을 증진시키고 운동기능을 전수하는 기술자가 아니라, 자신의 지식과 정체성 그리고 의식을 투영하여 학생들의 전인적인 성장을 촉진하는 교육적 존재로 볼 수 있었다.

III. 나가며

이 글은 초등학교 한 체육 전담교사의 개인적인 교수경험을 자문화기술지를 통하여 이야기함으로써 초등학교의 체육교육을 심층적으로 이해하고 개선하기 위한 대안적인 관점과 접근을 모색하고자 하였다. 이를 위하여 학생과 교과내용 그리고 물리적인 시공간적 맥락에 대처하면서 형성된 저자의 교수경험을 분석적으로 이 야기하고, 반성적인 교수경험에 비롯된 체육교육의 의미와 가치를 논의하였다. 구체적인 연구 결과를 요약하면 다음과 같다.

첫째, 연구자는 교수경험을 통하여 학생관에 대한 변화와 그 중요성을 자각하게 되었다. 교사의 변화된 학생관은 학생들의 잠재력을 이끌어 내었으며, 교수적인 유연함과 여유를 제공하였다. 둘째, 교사는 교과내용에 대한 기본적인 지식뿐만 아니라 체육수업을 둘러싼 여러 수업맥락에 대처하는 실천적인 지혜를 형성하였다. 셋째, 체육수업에서의 물리적인 시공간은 암묵적으로 체육수업을 제한하였다. 그리고 운동장의 개방성은 교사의 헌신과 사명감을 형성하는 외부 요인이 되었다. 그러나 연구자는 타자들의 시선보다는 내면의 눈을 의식하는 교사로 성장하였다. 넷째, 체육교육은 신체적인 활동에서 비롯되었지만 동시에 인지적 활동과 정의적 활동이 수반되는 전인적인 교육활동이었다. 따라서 체육 전담교사는 자신의 지식과 정체성 그리고 의식을 투영하여 학생들의 전인적인 성장을 촉진하는 존재였다. 위와 같은 연구 결과에 터하여, 결론에서는 초등학교의 체육교육을 이해하고 개선하기 위한 이론적 및 실제적인 관점과 접근들을 제안하고자 한다.

먼저, 초등학교의 체육교육을 개선하기 위한 이론적 관점과 접근은 다음과 같다. 첫째, 특정한 아동에 대한 인식은 체육교사의 학생관과 체육교과의 특징 그리고 교수 장면의 차이에 따라서 상이할 수 있다. 즉, 한 아동은 체육수업이라는 제도적 환경에 따라서 유능하거나 그렇지 못한 학생으로 정의될 수 있다. 따라서 초등학교의 체육교사는 특정 학생에 대한 선입견과 부정적인 고정관념을 경계해야 한다. 즉, 교사는 체육수업에서의 상호작용과 세심한 관찰 및 대화를 통하여 입체적으로 학생을 이해해야 하며, 그들의 개별적인 특성에 기초하여 단점을 최소화하고 장점을 극대화하는 교수적인 노력을 해야 한다. 체육교사의 초등학생에 대한 심층적인 이해는 학생들이 체육수업에서 자아실현을 도모할 수 있는 교육적 기회를 제공할 것이다. 그리고 체육교사는 입체적인 학생 이해를 통하여 그들의 생활세계를 파악함으로써 학생들과 소통할 수 있는 융통성과 여유를 가질 것이다.

둘째, 체육교사의 교수법과 평가방식을 개선하기 위해서는 예비교사들을 대상으로 한 직전교육이나 현장교사의 현직연수를 강화해야 한다. 그러나 체육교사의 교수전문성 개발은 외부 교육기관이나 교육전문가만으로는 한계가 있다. 왜냐하면, 이 같은 접근은 교육현장의 실제적인 교수맥락을 온전히 반영하기가 어렵기 때문이다. 따라서 체육교사는 자신의 교수실천에 대한 자기반성과 성찰을 통하여 체육수업의 문제점을 발견하고, 그것을 개선하기 위한 실천적인 노력을 해야 한다. 그리고 이러한 시도는 개인적인 차원보다는, 동료 교사들과의 협력과 대화를 통해서 공유되고 확산되어야 할 것이다. 이러한 맥락에서 자문화기술지는 초등 체육교사들의 수업개선을 위한 유용한 방법론적 도구가 될 수 있을 것이다.

셋째, 체육수업을 둘러싸고 있는 시공간적 수업맥락은 우리나라의 교육연구에서 주요한 연구 주제로 다루어지지 않았다. 그러나 체육수업에서의 시공간은 교사와 학생들 그리고 교수방식에 암묵적인 영향력을 발휘한다. 한 체육교사의 입장에서 학교의 물리적인 환경을 대폭적으로 개선하는 것은 한계가 있을 수 있다. 그러나 체육교사들은 시공간의 암묵적인 영향력을 세밀히 파악하여 최적의 수업환경을 조성해야 한다. 또한, 학교장과 상부 교육기관도 효과적인 체육수업 환경을 조성하기 위한 재정적 및 행정적인 지원을 더욱 강화해야 할 것이다.

넷째, 한국사회는 학교체육의 이론적인 정당성을 인정하면서도 실제적으로는 여전히 체육교육을 주변화하고 있다. 또한, 학교체육에 대한 사회문화적 정당성은 학생들의 건강 체력 향상 및 비만예방이라는 부수적이고 기능적인 차원에 머물고 있는 실정이다. 물론, 위에서 언급한 사회문화적 정당성은 학교체육의 핵심적인 역할과 기능임에는 틀림없다. 그러나 학생 건강 체력의 향상과 비만예방과 같은 교육적 기능과 역할은 체육교육의 본질적인 가치와 의미일 수는 없다. 본론에서 밝힌 것처럼, 체육수업은 교사와 학생들이 신체활동을 매개로 하여 정신적으로 교감하고 인격적으로 감동하는 대화적인 교육활동이기 때문이다. 즉, 학교의 체육교육은 교사와 학생들의 몸과 정신과 마음이 혼연일체가 되어 성장하는 전인교육의 일환인 것이다. 이러한 이유에서 그동안 주변화되고 왜곡된 학교체육의 본질적인 가치와 의미를 복원해야 한다.

한편, 초등학교의 체육교육을 개선하기 위한 실제적인 관점과 접근들을 교과내용과 교수법 그리고 교육평가의 측면에서 제언하면 다음과 같다. 첫째, 초등학교의 체육교사들은 대체적으로 교사용 지도서와 교과서를 중심으로 교과내용을 가르친다. 물론, 교사용 지도서와 교과서는 체육교사들에게 최적의 교수 텍스트인 것은 분명하다. 그러나 체육 교과서에서 제시된 교과내용은 상위 수준의 체육교육과정 목표와 성취기준에 도달하기 위한 예시적인 텍스트이다. 따라서 초등학교 체육교사들은 주어진 교과내용을 그대로 가르치기보다는 학교와 교실의 실정에 부합하게 교수내용을 적정화해야 할 것이다.

교수내용의 적정화를 위한 교육과정의 재구성 작업은 체육교사들에게 교수적인 부담감과 불안감을 유발할 것이다. 이러한 체육교사들의 교수적인 부담감과 불안함을 해소하기 위해서는 기존 교사용 지도서의 구성방식을 새롭게 변화시킬 필요가 있다. 즉, 교과목표에 따른 단원(활동)의 개관과 교수요목의 제시와 더불어 단원별 성취기준도 명확하게 제시해야 한다. 왜냐하면, 교사용 지도서에서 명기된 성취기준은 체육교사들이 자신의 교수내용을 최적화하고 적정화하기 위한 방향타의 역할을 할 수 있기 때문이다. 따라서 교과부와 시도교육청은 제7차 개정 체육과교육과정의 영역들(건강 활동, 도전 활동, 경쟁 활동, 표현 활동, 여가 활동)에 대한 성취기준을 명세화하고, 그것의 제시방식을 재고해야 한다.

둘째, 현장 밀착형 교육이론과 교육과정의 개발은 체육교사들의 반성적인 교수실천에서 비롯된다. 따라서 현장교사들의 교수법은 새로운 교육이론과 교육과정을 개발하기 위한 토대를 제공할 수 있다. 하지만 초등 체육교사들의 수업방법은 여전히 외부 전문가들의 교수이론이나 수업모형에 의존하는 경향이 없지 않다. 따라서 체육교사들은 탈맥락적 교육이론에 의존하거나, 거시적인 사회문화적 구조에 함몰되기보다는 주체적이고 해방적인 체육교사로서의 삶을 추구해야 한다. 따라서 체육교사들은 개정된 제7차 체육과교육과정의 특성을 면밀히 파악하여 자신만의 교수방식을 새롭게 개발할 필요가 있다. 즉, 초등 체육교사들은 개정 체육과교육과정이 밝히고 있는 성격의 명료화, 목표의 구조화, 내용의 적정화, 평가방식의 구체화를 심층적으로 이해하고, 그것을 실현할 수 있는 새로운 교수법을 창조해야 한다.

셋째, 초등학교의 체육교육에 대한 평가방식은 학습경험의 선정과 조직에 강력한 영향력을 발휘한다. 즉, 체육교과의 평가방식은 체육교사의 실제적인 교수내용과 교수방법을 변화시킬 수도 있다. 이러한 맥락에서 현행 체육교육의 평가방식에 대한 발상의 전환이 필요하다. 초등학교의 체육교육은 이론적인 수준에서 체지덕의 조화를 주장하지만, 실제적인 평가 장면에서는 여전히 신체활동을 중심으로 한 운동능력에 주목하고 있다. 이러한 현상은 단위학교의 교육력을 평가하는 정량화지표에서 여실히 드러난다. 즉, 상급교육기관은 단위학교 학생들의 대회참가 실적, 건강체력 급수 비율, 비만도 비율, 학교스포츠클럽 가입현황을 통해서 학교체육을 평가한다. 그러나 이러한 평가방식은 비가시적인 인지적·정의적 영역의 교육적 가치들을 심각하게 훼손할 수도 있다. 따라서 교과부와 시도교육청은 체지덕의 조화로운 가치들을 종합적으로 가늠할 수 있는 대안적 평가방식을 개발해야 할 것이다.

참고문헌

김석우(2009). **교육평가의 이해**. 서울: 학지사.

김영천(2009). **교육과정 I: CURRICULUM DEVELOPMENT**. 서울: 아카데미프레스.

김종욱 · 이헌수 · 양갑렬(1998). 초등학교 체육 전담교사의 직무가치관, 역할갈등 및 직무 만족도의 관계연구. **한국스포츠교육학회지, 5**(1), 45-53.

김지헌 · 김승재(2008). 초등학교 체육 전담교사의 일상적 학교생활에 대한 문화기술적 사례연구. **한국스포츠교육학회지, 15**(3), 123-137.

김효진(2007). **초등학교 체육교과와 체육교과전담교사가 학생들에게 미치는 사회적 영향과 교과전담제도의 개선방안**. 성균관대학교 교육대학원 석사학위 논문.

류태호 · 이규일(2009). 좋은 체육수업을 지향하는 세 교사의 수업실천에 관한 내러티브 탐구. **교육인류학연구, 12**(2), 45-69.

민병석(2010). 태권도 선수의 스포츠 체험에 대한 교육적 해석. **교육인류학연구, 13**(3), 169-191.

박순용 · 장희원 · 조민아(2010). 자문화기술지: 방법론적 특징을 통해 본 교육인류학적 가치의 탐색. **교육인류학연구, 13**(2), 55-79.

박재정(2004). 전담교사의 체육수업에 대한 학생의 인식. **한국스포츠교육학회지, 11**(3), 195-208.

성기훈(1996). 초등학교 체육 전담교사와 학급담임교사의 체육수업 분석. **한국스포츠교육학회지, 3**(1), 77-91.

신종순(1997). 초등학교 체육 전담제도의 운영실태와 개선방향. **한국스포츠교육학회지, 4**(1), 32-39.

안미진(2010). "뚱뚱하니까": 비만 아동의 상심에 관한 연구. **교육인류학연구, 13**(3), 193-226.

이동성(2009). **초등학교 교실수업의 문화적 특징과 전개형태에 대한 해석적 연구**. 부산대학교 대학원 박사학위 논문.

이동성(2010). 초등학교 기초학습부진학생 지도경험에 대한 자문화기술지. **교육인류학연구, 13**(3), 141-168.

이동성(2011a). 한 교사 연구자의 변환적인 역할과 관점에 대한 자문화기술지. **교육인류학연구, 14**(2), 61-90.

이동성(2011b). 자문화기술지를 통한 초등학교 운동부 지도경험 분석. **초등교육연구, 24**(2), 341-363.

이충원 · 류태호(2004). 학교 일에 대한 체육교사의 대응방식. **한국스포츠교육학회지, 11**(1), 17-30.

이안수 · 송지근(2009). 초등학교 체육 전담교사의 자기효능감과 탈진의 관계. **한국스포츠교육학회지, 16**(3), 47-64.

이재용(2001). 교과 전문성과 초등체육 전담교사 경험이 가지는 의미. **한국스포츠교육학회지, 8**(2), 65-83.

이정선 · 최영순(2009). 초등학교 교과전담교사제 운영과 교과전담교사의 학교경험 연구. **교육인류학연구, 12**(1), 105-143.

임미경 외(2003). **교과교육 전담교사 양성 프로그램 개발**. 교육인적자원부.

임용석 · 류태호 · 이규일(2010). 중도 탈락 학생운동선수들의 상실 과정. **교육인류학연구, 13**(3), 37-69.

임현주 · 김승재(2009). 초등학교 체육 전담 교사의 실행연구에 관한 경험과 인식. **한국스포츠교육학회지, 16**(1), 103-118.

전용진 · 손천택(2010). 체육수업 공간인 운동장에 관한 문화기술적 연구. **교육인류학연구, 13**(2), 29-54.

조순묵(2000). 초등학교 체육 전담교사의 수업능력향상 방안에 관한 연구. **한국스포츠교육학회지, 7**(1), 33-47.

최의창(2004). 가장 바람직한 체육교사는 누구인가?: 체육교사교육 논의의 최근 동향과 과제. **한국스포츠교육학회지, 11**(2), 25-49.

허정훈 · 박동수(2004). 체육교사의 전문성과 아동의 교사 만족도와의 관계. **한국스포츠교육학회지, 11**(1), 67-77.

Chang, H. (2008). *Autoethnography as method*. Walnut Creek, CA: Left Coast Press, Inc.

Kincheloe, J. L. (2005). Autobiography and critical ontology: Being a teacher, developing a reflective persona. In Roth, W. M. (Ed.), *Auto/biography and auto/ethnography: Praxis of research method*. Rotterdam: Sense Publishers.

Neill, S. (1991). *Classroom nonverbal communication*. London & New York: Routledge.

Reed-Danahay, D. (Ed.)(1997). *Auto/ethnography: Rewriting the self and the social*. New York: Berg.

Richardson, L. (2000). New writing practices in qualitative research. *Sociology of Sport Journal, 17*, 5-20.

Russell, C. (1999). *Experimental ethnography: The work of film in the age of video*. Durham: Duke University Press.

Shulman, L. S. (1999). Knowledge and teaching: Foundations of the New Reform. In Leach, J. & Moon, B. (Eds.), *Learners and pedagogy*. The Open University.

Tinning, R. (2002). Toward a "modest pedagogy": Reflections on the problematics of critical pedagogy. *Quest, 54*, 224-241.

Woods, P. (1983). *Sociology and the school: An interactionist viewpoint*. London: Routledge & Kegan Paul.

제4부

자문화기술지 적용 사례 III: 삶의 일상성과 교육의 편재성

제11장
한 아버지의 사교육 경험과 자문화기술지

제12장
텃밭 가꾸기의 교육적 의미와 자문화기술지

제4부에서는 삶의 일상성과 교육의 편재성을 주제로 하여 자문화기술지의 적용 사례를 제시할 것이다. 제4부의 자문화기술지 적용 사례 Ⅲ는 제2부와 제3부에서의 자문화기술지 적용 사례보다 이론적 무게감은 덜할 것이다. 그러나 제4부에서 제시된 두 가지 연구 사례는 자문화기술지의 가독성과 접근성 차원에서 나름의 학술적 가치가 있다고 볼 수 있다.

11장은 한 아버지(저자)의 자녀 사교육 경험을 자문화기술지로 재현한 연구 사례이다. 그 내용을 간략하게 살펴보면 다음과 같다. 첫째, 아버지로서의 나는 아들이 유치원과 초등학교 학생일 때, 선택의 여지가 없이 아들을 학원으로 보내야만 하였다. 아들이 다녔던 여러 가지 사설학원들은 내 가정과 마을을 대신하여 보육과 돌봄의 역할을 수행하였기 때문이다. 둘째, 비판적 교육학자이자 교사교육자였던 나는 자본주의 사회에서의 교육 불평등을 야기하는 학원교육을 강력하게 부정하였다. 그러나 한 아버지의 이러한 사교육에 대한 일방적인 부정과 혐오는 아들의 학구적 자신감과 자존감에 상처를 주었으며, 아들에게서 최고의 영재교육 기회를 박탈하였다. 셋째, 아버지로서의 나는 아들의 사교육을 부정적으로 수용하기보다는, 개인적 요구와 필요에 따라 자유롭게 선택할 수 있는 대안적인 학습자원으로 간주하게 되었다. 또한, 공교육의 기능적 그림자로 볼 수 있는 사교육은 공교육이 극복해야 할 대상이 아니라, 개인의 다양성, 수월성, 개별성을 실현하는 보완재였다. 비로소 아버지로서의 나는 사교육을 둘러싼 효과와 기능, 그리고 양가성을 인정하게 되었다.

12장은 저자의 텃밭 가꾸기 경험을 둘러싼 교육적 의미와 가치를 자문화기술지로 풀어 낸 연구 사례이다. 그 내용을 요약하면 다음과 같다. 첫째, 연구자로서의 나는 여러 식물들의 다양성과 개별성을 점차적으로 인정함으로써 유능한 농부가 될 수 있었다. 둘째, 텃밭을 가꾸는 나는 식물의 성장과 발달을 위한 최적의 시간을 터득함으로써 유능한 농부로 거듭날 수 있었다. 즉, 유능한 농부는 식물을 잘 기르기 위해 때를 알고 기다리는 존재였다. 셋째, 텃밭을 가꾸는 초보 농사꾼이자 연구자로서의 나는 다양한 식물의 성장과 발달을 촉진하는 조력자로서의 역할을 수행하였다. 텃밭 가꾸기를 성공적으로 수행하기 위해서는 다양한 식물의 성장과 발달을 촉진할 수 있는 농부로서의 정체성과 역할을 지속적으로 재구성할 필요가 있었다. 이 글은 교수학의 관점에서 텃밭 가꾸기 활동의 교육학적 의미와 가치를 조명함으로써 일상생활에서의 교육적 편재성을 이해하는 데 기여할 것이다.

제11장

한 아버지의 사교육 경험과 자문화기술지

I. 들어가며

근대 국가가 출현하면서부터 공교육의 개념이 등장하였고, 초중등 학교교육은 국가의 체제로 포섭되어 일종의 공공재가 되었다. 이러한 공공재로서의 학교교육은 근대 산업사회에 양질의 노동력을 공급하고, 근대의 계몽정신을 강조하였으며, 민족주의를 중심으로 한 국가의 독립과 발전에 기여하였다. 또한, 국가가 운영하는 공교육은 사회와 선발의 기능을 통하여 시민들을 적재적소에 배치하고, 능력에 따른 지위 배분의 기능을 수행하였다. 그러나 이러한 공공재로서의 공교육은 최근에 사교육의 심대한 도전을 받고 있다. 일부 시민들은 학교교육의 불평등성과 경직성을 비판하고 있으며, 학교교육을 통한 사회적 지위 배분의 정당성에 대하여 의문을 제기하고 있다. 특히, 한국의 학부모들은 사회경제적 지위와 학력 자본을 바탕으로 국가와 학교교육에 권력을 발휘할 뿐만 아니라(윤선진, 2010), 사교육을 소비하고 있다.

한편, 한국의 일부 정치인들이나 교육 관련 지도자들은 자녀의 명문대 진학을 위해 사교육을 적극적으로 소비하면서도, 공식적으로나 표면적으로는 사교육에 대하여 부정적인 입장을 취한다. 또한, 그들이 교육개혁을 위한 교육정책을 수립하거나 시행할 때, 사교육은 갑자기 억제와 근절의 대상이 되기도 한다. 지도자들이 시민들로부터 정치적 지지와 표심을 얻기 위해서는 어쩔 수 없이 사교육에 대한 모순적이고 이중적인 태도가 필요한 것이다. 국가의 지도자들뿐만 아니라, 대부분의 한국인들은 학교교육과 사교육의 관계와 관련하여 모순적인 입장을 취하거나, 부정적인 감정을 드러내기도 한다. 그리고 사교육에 대한 이러한 모순적 및 부정적 감정은 진학과 입시를 앞둔 학부모의 입장에서 최고조에 이른다.

　우리나라 학부모의 사교육에 대한 참여경험은 양적 및 질적 연구로 구분해 볼 수 있다. 우선, 학부모의 사교육에 대한 국내의 양적 연구들(김경근·황여정, 2009; 임천순·우명숙·채재은, 2008; 조영진·권순형·김도기·문영빛, 2015; 한기순·박유진, 2013)은 학부모의 사교육 선택을 둘러싼 결정 요인을 분석하였다. 이 연구들은 학부모의 사교육 선택이 지역, 성별, 부의 정도, 사교육 동기, 비용 등과 연동되어 있음을 밝혀 주었으며(조영진·권순형·김도기·문영빛, 2015), 학부모의 학교교육 만족도가 사교육의 선택과 어떠한 관련성이 있는지를 분석하였다(박철성, 2011). 반면, 학부모의 사교육 지원에 대한 국내의 질적 연구들(김혜숙·한대동·남현숙, 2012; 김혜숙·한대동·김희복, 2017; 이두휴, 2008; 한송이, 2012; 황성희, 2014, 2015)은 학부모들의 사회경제적 배경 및 교육관에 따른 사교육의 참여 형태와 문화를 분석하였다. 이러한 국내의 질적 연구들은 학부모의 사회경제적 지위(SES)가 자녀의 사교육 지원 양상 및 교육 불평등과 연동되어 있음을 밝혀 주었다(김혜숙·한대동·김희복, 2017).

　국내 연구동향에서 한 가지 흥미로운 사실은, 대부분의 연구들이 학부모의 사교육 가운데 어머니의 경험을 중심으로 연구를 수행하였다는 점이다. 이러한 연구동향은 학부모들의 사교육에 대한 지원 및 참여 문화가 '엄마 주도성'을 드러내는 것과 그 맥을 같이한다(이두휴, 2008). 한편, 최근의 연구동향은 공교육과 사교육의 적대적 관계를 넘어서 사교육의 교육적 가치를 일정 부분 인정하고, 사교육과 공교육의 관계를 새롭게 재정립하는 연구들이 점증하고 있다(김영화, 2003, 2004). 즉, 이러한 국내 연구들은 사교육과 공교육의 대립적 관계를 넘어서, 공교육에 대한 사교육의 보완적이고 대체적 기능을 인정하는 편이다(강인원·전성일, 2003; 김영천, 2008; 김영천·김필성, 2012, 2015).

　이러한 맥락에서, 이 연구의 목적은 한 아버지의 사교육 경험을 종단적으로 이야기함으로써 한국의 사회문화적 맥락에 따른 사교육의 교육적 의미를 재탐색하는 데 있다. 여기에서 말한 아버지의 '사교육 경험'이란 아버지의 직접적인 사교육 참여가 아니라, 자녀의 사교육 경험에 대한 아버지로서의 참여와 지원, 그리고 관심의 변화 정도를 의미한다. 이러한 연구 목적을 달성하기 위한 구체적인 연구 질문은 다음과 같다. "아버지로서의 나는 내 아들의 사교육 참여를 어떠한 방식으로 수용하였는가?" 이 연구의 결과는 사교육의 기능과 역할을 재해석함으로써 한국의 공교육과 사교육의 관계 정립에 대한 새로운 관점을 제공할 수 있을 것이다.

II. 연구방법

1. 연구의 배경: '연구대상으로서 나'

이 연구의 저자이자 한 학생의 아버지인 나를 간략하게 소개하면 다음과 같다. 연구자로서의 나는 1970년대 중반 한 어촌마을의 가정에서 태어났다. 가난한 섬마을에서 자라난 나는 초중고 시절을 통틀어서 개인 과외나 사설학원을 다녀 본 기억이 없기에, 사교육은 딴 세상에서나 존재하는 일이었다. 대학생이 된 나는 처음으로 운전면허 학원을 다녔는데, 스스로 운전연습을 할 수 있었다면 학원을 다니지 않았을 것이다. 나는 2003년에 국가고시를 보기 위해 3주 동안 영어 학원을 다니기도 하였다. 불행히도, 나는 갑작스러운 개인사로 인해 학원을 그만두고 말았다. 당시 1주 동안 영어 학원을 다니면서 느낀 바가 있었는데, 전문가의 도움으로 이렇게 공부를 지속하면, 서울대라도 입학할 수 있을 것만 같았다. 한편, 대학원 박사과정 학생이자 초등학교 교사였던 나는 2006년에 6개월 동안 일본어 개인 과외를 받게 되었다. 박사논문을 쓰기 위해서는 영어뿐만 아니라, 일본어도 필요하였기 때문이다. 나는 일본어 개인 과외를 받으면서, 개인 과외가 학원교육보다 훨씬 효과적임을 알 수 있었다. 그러나 이유는 알 수 없지만, 일본어 실력이 중급으로 향하자 과외 선생과의 연락은 두절되고 말았다. 이렇듯, 내 인생에서 사교육은 나와 잘 어울리지 않는 존재였다.

2. 자료의 수집 및 분석

이 연구는 질적 자료를 수집하기 위해, 아들이 태어난 2002년부터 2017년까지의 사교육과 관련된 개인적인 기억자료, 반성적 저널, 메모, 사진, 달력 등을 수집하였다. 그리고 Saldaña(2009)의 종단적 코딩과 개연적 삼단논법(abduction)에 따라 최종적으로 세 가지 범주(보육과 돌봄을 위한 사교육, 사교육에 대한 부정과 혐오,

사교육의 효과와 기능에 대한 관점의 변화)를 추출하였다. 그리고 감성적이고 호소적인 글쓰기를 통하여 연구 결과를 재현하였다.

3. 연구윤리 및 타당도 검증

이 글이 연구자의 개인적인 기억자료를 주축으로 하는 자문화기술지일지라도, 참여자들인 아들과 아내의 동의도 중요하였다. 따라서 연구자로서의 나는 계획단계에서 연구 동의 및 승낙을 받았으며, 최종적인 연구 결과에 대한 타당도를 확보하기 위하여 구성원 검증(member checking)을 하였다. 또한, 연구 결과에서 파생될 수 있는 윤리적 문제를 해결하기 위해, 여러 교육기관의 이름을 가명으로 처리하였다.

III. 한 아버지의 자녀 사교육 경험

1. 보육과 돌봄을 위한 사교육: '학원, 가정과 마을의 대체기관'

아버지로서의 나는 아들이 유치원과 초등학교 학생일 때, 선택의 여지 없이 아들을 학원으로 보내야만 하였다. 왜냐하면, 아들이 다녔던 여러 가지 사설학원들은 내 가정과 마을을 대신하여 보육과 돌봄의 역할을 수행하였기 때문이다.

나는 2000년 겨울에 같은 학교에서 근무하던 지금의 아내와 결혼하였고, 2002년에는 한 아이의 아빠가 되었다. 한 아이의 아버지가 된 나는 한 번도 경험해 보지 못한 아버지로서의 새로운 정체성을 갖게 되었다. 우리 부부는 양가의 부모님들이 연로하신 탓에 가족이나 친지들의 도움 없이 아들을 양육해야만 하였다. 그러나 당시 부부 교사였던 나와 아내는 맞벌이를 하였기 때문에 유치원 및 초등학교의 수업을 마친 아들을 양육하거나 돌볼 수 없는 상황이었다. 나의 유년기 및 소년기 시절을 되돌아보면, 집안일을 하시는 어머니와 할머니는 나를 따스하게 보살펴 주었고, 때로는 두 명의 형들과 세 명의 누나들이 그 역할을 대신해 주기도 하였다. 또한, 집을 벗어나기만 하면 마을 주변에는 나를 돌봐 주는 이웃사촌들뿐만 아니라 형과 누나들이 친구가 되어 주었다. 지금 와서 돌이켜 보면, 1970년대 및 1980년대에는 온 집안 식구들과 마을 사람들이 한 아이를 키웠는지도 모를 일이다. 그러나 2000년대에 아버지가 된 나에게는 내 아들을 돌봐 줄 수 있는 부모나 형제자매가 없었으며, 신도시 지역 아파트 주민들은 아들을 양육하는 데 아무런 소용이 없는 타자들일 뿐만 아니라, 오히려 아들의 안전을 위협하는 위험 요소로 작용하였다.

> 아빠가 된다는 것은 무엇과도 바꿀 수 없는 소중한 경험이다. 아이가 없었을 때랑 비교를 해 보면, 삶의 고통은 두 배로 늘어났지만 행복은 네 배로 불어났다. 매일 아침 아내는 엄마 품을 떠나기 싫어하는 아들을 사설 놀이방에 맡기고 출근을 한다. 아내와 아들이 매일같이 생이별을 하는 모습을 보면, 경제적으로 넉넉하지 못해 육아휴직을 내지 못하는 아내에게 미안한 마음이 든다. 옛날 사람들은 어떻게 그 많은 자식들을 키워 냈을까? 우리 엄마와 아버지도 이러한 고통을 겪었단 말인가? (중략) 내가 살고 있는 아파트 1층의 놀이방은 어떤 세상일까? 아이는 오후 6시까지 아내와 나를 기다리면서 무슨 생각을 했을까? 확실한 사실은 내 아이를 돌보는 것은 놀이방이며, 놀이방의 선생님들이 내 아들을 보육하고 있다. 좀 더 솔직하게 말하면, 돈이 내 아들을 양육하고 있는 셈이다.
>
> (2006. 10. 연구자의 메모)

위의 내러티브에서 확인할 수 있는 것처럼, 이미 가족과 마을의 돌봄 기능을 상실한 현대의 핵가족 제도와 도시지역에서 아이를 키우는 것은 매우 도전적인 일이었다. 맞벌이를 하는 부부에게서 사교육 기관인 학원에 아들을 맡기는 것은 일종의 선택이 아니라, 피할 수 없는 생존전략이었다.

아버지로서의 나는 초등학생이 된 아들을 또다시 사설학원에 보내야만 하였다. 초등학교 수업을 마친 아들은 방과 후에 아주 짧은 기간 동안 집(아파트)에 머물기도 하였다. 아내는 학원 보내기를 너무 싫어하는 나의 고집에 굴복당하였다. 그러나 나는 채 며칠이 지나지 않아 아들을 학원에 보내야만 하였다. 왜냐하면, 아들이 수업을 마치고 집에 돌아와도 반겨 주는 가족이 아무도 없었기 때문이었다. 물론 아파트 주변 공원에는 놀이터가 있었지만, 그곳에서 재미있게 놀고 있는 아이들은 그다지 많지 않았다. 그 시간에 다른 집 아이들의 대부분은 학원을 다니고 있었기 때문이다. 내 아들은 공부를 차치하고서라도 친구랑 놀기 위해 학원을 다녀야만 하였다. 학원교육을 한 번도 경험해 보지 못한 나에게 생경한 상황이었지만, 어쩔 수 없는 노릇이었다. 초등학생이 된 아들은 아파트 주변에 있는 피아노 학원, 태권도 학원, 영어 학원, 미술 학원 등을 열심히 다녔다. 그러나 나는 아버지로서 그러한 학원교육이 아들에게 어떠한 교육적 의미가 있는지를 스스로에게 묻거나 따지지는 않았다. 왜냐하면, 아들이 다녔던 여러 학원들의 목적은 진지한 배움을 추구하기보다는, 부모와 마을을 대신하여 보육과 돌봄의 공백을 메워 주는 대체기관이었기 때문이다.

> 아들은 오늘 저녁에 태권도 학원을 그만두고 싶다고 제 엄마에게 징징거린다. 며칠 전에는 영어 학원을 그만두겠다고 해서, 얼씨구나 하며 그만두라고 했다. 아들은 영어 학원 선생님이 과도한 과제를 부과하거나, 태권도 관장이 승급심사를 위해 강도 높은 훈련을 시키면 도망가고 싶어 한다. 어려운 고비를 앞두고 늘 도망가려는 아들이 내심 못마땅하기는 하지만, 아들의 불만이 그렇게 싫지도 않았다. 왜냐하면, 나는 아들이 이런저런 학원에 끌려다니는 것이 싫었기 때문이다. 초등학교 고학년이면 혼자 집에 있을 수 있는 나이도 되었고, 동생도 돌볼 수 있으며, 학원비도 아낄 수 있으니 일석삼조이지 않은가? 하지만 그래도 아들에게 태권도 학원을 끝까지 다니라고 설득했다. 그래도 빈 집보다 학원이 아들을 돌보는 데 유리하기 때문이다.
>
> (2012. 11. 연구자의 메모)

한편, 사교육 기관으로서의 학원은 아이의 부모와 마을을 대신하여 보육과 돌봄의 기능을 수행할 뿐만 아니라, 가정교육이나 학교교육이 충당할 수 없는 다양한 특기 적성 교육을 실현함으로써 문화적 자본(cultural capital)을 획득하는 데 유용하였다. 바닷가 마을에서 자라난 나는 수렵과 채집 활동에는 능하였지만, 오늘날의 학교교육이 요구하는 다양한 기술 및 기능에는 한없이 취약한 학생이었다. 이러한 문화적 한계는 예비교사 시절에 예체능 실기과목을 이수하는 데 상당한 걸림돌이 되었다. 학교교육만을 받은 나에게 음악이나 미술 교과는 어색하기가 그지없었던 것이다. 하지만 초등학교 시절부터 예체능 학원을 다녔던 내 아들은 태권도를 능숙하게 할 수 있는 유품(2품)자가 되었고, 악보를 보며 피아노를 연주할 수 있게 되었으며, 영어로 일기를 쓸 수 있는 존재가 되었다. 그리고 이러한 여러 가지 능력은 중학교와 고등학교에 진학하여 별다른 어려움 없이 여러 교과목을 이수할 수 있는 밑바탕이 되었다. 그러나 이러한 학원교육의 교육적 순기능(문화자본 획득)에도 불구하고, 아버지인 나에게 아들의 학원교육이란 그저 '필요악'인 부정적 대상이었다.

2. 사교육에 대한 부정과 혐오: '사적 욕망을 위한 학원교육'

비판적 교육학자이자 교사교육자였던 나는 자본주의 사회에서의 교육 불평등을 야기하는 학원교육을 강력하게 부정하였다. 그러나 한 아버지의 이러한 사교육에 대한 일방적인 부정과 혐오는 아들의 학구적 자신감과 자존감에 상처를 주었으며, 아들의 더 나은 영재교육의 기회를 박탈하였다.

비판적 관점을 지지하는 교육학자인 나에게서 학원교육이란 자본주의의 모순과 병폐를 상징하는 부정과 혐오의 제도적 산물이었으며, 사회의 불평등을 심화시키는 원흉이었다. 왜냐하면, 당시의 관점에서 볼 때, 학원은 부모의 사회경제적 지위, 경제력을 바탕으로 사적인 욕망을 추구하는 이기적인 교육기관이었으며, 공교육의 민주성과 공공성을 위협하는 사회적 욕망 장치였기 때문이다. 따라서 학원교육은 학교교육을 망가뜨리는 사적 욕망의 소굴이었기에, 반드시 끊어 내고 부러뜨려야 하는 '근절'의 대상으로 내 머릿속에 각인되어 있었다.

아내와 아들은 2013년에 나의 갑작스러운 이직으로 인해 시도 간 경계를 넘어 타 시도로 이주하게 되었다. 놀랍게도, 이듬해(2014년 1월경)에 중학교 입학을 앞둔 아들과 나는 학원교육과 관련하여 새로운 전환점을 맞이하게 되었다. 여기에서 말한 '새로운 전환점'이란 예전(초등학교)에 해 왔던 사교육과는 완전히 다른 목적과 방식으로 학원교육을 수용하고 소비하는 변화를 의미한다. 즉, 아버지로서의 나는 보육과 돌봄의 공백을 충당하거나, 특기 및 적성을 계발하기 위해 아들을 학원에 보내는 것이 아니라, 교수로서의 사회경제적 지위(SES)에서 비롯된 경제자본을 바탕으로 양질의 학원교육을 선택하고 소비하여 자녀의 학력 및 학벌 자본을 선점하는 방식이다. 학원교육에 대하여 그토록 심각한 거부반응을 나타내었던 내가 새로운 전환점을 맞이한 이유는 다음과 같은 이유에서였다.

사교육에 두드러기가 있었던 나는 아들이 시내의 한 중학교에 입학하자마자 농어촌 지역의 전원마을로 이주하였다. 중학생이 있는 한 가정이 도시에서 농어촌 지역으로 이사를 간다는 것은 학원 등과 같은 사교육과 결별하겠다는 결연한 의지를 의미하기에, 직장 동료들과 친지들은 찬사와 동시에 우려를 표하였다. 우리 부부는 아들이 장차 어른이 되어 우리의 이러한 무모한 선택을 비난할지라도 충분히 감내할 수 있다고 생각하였다. 왜냐하면, 이사를 간 전원마을은 너무나 쾌적하고 아름다웠으며, 자녀의 행복한 삶을 위해서는 행복한 부부의 삶이 전제되어야 한다고 믿었기 때문이다. 또한, 남들과는 달리 기존의 학력주의에서 과감하게 탈피하여 자연과 함께 하는 자유로운 삶이 얼마나 멋진지를 아들에게 보여 주고 싶었다. 그러나 채 며칠이 지나지 않아 이러한 나의 꿈은 산산조각이 나고 말았다. 불행히도, 아내와 아들은 안락한 아파트와 시내의 여러 가지 편의시설을 그리워하였으며, 매일 시골버스를 타고 등교를 하는 아들은 원망스러운 눈빛으로 나를 응시하곤 하였다. 그토록 아름다운 풀벌레 소리와 예쁜 꽃은 내 눈과 귀에만 들어왔다.

> 나는 당신만큼 이 마을이나 집이 좋지는 않아요. 솔직하게 말하면, 예전의 아파트가 얼마나 그리운지 몰라. 개량 한옥인 우리 집은 너무 좁고, 춥고, 불편해요. 당신이 이 집을 너무 좋아하니까 우리 식구들이 참고 있다는 걸 알아줬으면 해요. 당신은 아들이 꽃과 나무의 아름다움을 느끼지 못한다고 나무랐지만, 나도 당신이 느끼는 만큼 꽃과 나무가 아름답지는 않아요. 집 안에서 기어 나오는 벌레들도 징그럽고, 매일같이 집밖을 오가는 사람들도 불편할 뿐이에요. 그니까 아들이 집 밖에 나오지 않는다고 나무라지는 마요. 사람마다 좋아하는 게 다를 수 있잖아요?
>
> (2014. 03. 아내의 내러티브, 기억자료)

아들은 며칠간 버스를 타며 등교를 하다가, 운 좋게 마을에 같은 반 친구가 살고 있는 것을 알게 되었다. 아들은 그 친구 어머니의 도움으로 자가용을 타고 등교할 수 있게 되었다. 이렇게 우리 가족의 일상적인 삶에서 사교육은 저만치 멀어져 있었다. 그러나 아들이 첫 중간고사를 치르고 난 다음에는 상황이 극적으로 반전되고 말았다. 부부의 예상과는 달리, 아들은 매우 우수한 성적을 나타내었고, 우리 부부에게는 내 아들이 혹시 천재가 아닐까 하는 '망상'이 생겨나기 시작하였다. 사실 아들은 초등학교 고(5, 6)학년 시절부터 시 단위 수학영재로 선발되어 차별적인 영재교육을 받아 왔던 아이였고, 교과 학습능력이 남다른 측면이 있기는 하였다. 아버지로서의 나는 이러한 아들이 내심 기특하기는 하였지만, 그렇다고 사교육을 시킬 마음은 없었다. 그러나 내 아내의 생각은 달랐다. 초등학교 교사이자 영재교육 강사였던 아내는 한국의 영재교육이 국가가 인정한 수월성 교육의 다른 이름이라는 것을 일찌감치 간파하고 있었다. 또한, 영재교육에서의 영재성은 개별 학생이 지니고 있는 선천적이고 생득적인 능력일 뿐만 아니라, 조기교육과 외부의 교육훈련을 통해 만들어질 수 있음을 알고 있었다. 드디어 아내와 아들은 용하다는 시내의 수학학원을 수소문하였고, 들어가기 어렵다는 수학학원 영재반 테스트에 합격한 후 나를 설득하였다. 나는 아내의 집요한 설득과 아들의 눈빛을 보며 끝내 백기를 들고 말았다.

> 비밀이 있는데 한번 들어 봐요. 당신이 싫어할까 봐 지금까지 말을 안 했는데, 영재고나 과학고 진학을 전문으로 하는 수학학원이 시내에 있어요. 서울 사람들도 알고 있을 정도로 유명한 학원인가 봐요. 그 학원 영재반 출신들이 영재고에 합격하거나, 과학고에 들어가서 상위권을 차지하나 봐. 그 학원을 들어가기 위해 다른 학원을 다닌다고 하니 정말로 대단하지 않아요? 사실 우리 아들은 어느 정도 실력일까 궁금해서, 당신 몰래 테스트를 해 봤는데, 학원 선생님이 영재반에 바로 등록을 하라는 거예요. 지금부터 열심히 준비하면, 내년쯤 영재고에 입학할 수 있다고 하네요. 우리 아이도 그 학원을 다니고 싶나 봐. 당신 생각은 어때요? 학원비가 한 달에 30만 원 정도 하니까 괜찮지 않을까? 우리가 뭐 남들처럼 고액과외를 시키는 것도 아닌데. 한 달 정도만이라도 보내 보는 것은 어떨까요? 다니다가 아니다 싶으면 그만두면 되니까. 우리 아이가 잘하는 애들 보면 자극도 받을 테고. 한번 보내 봐요. 당신이 정 싫으면 말고요.
>
> (2014. 06. 아내의 내러티브, 기억자료)

위와 같은 아내의 집요한 설득은 마치 '악마의 속삭임'처럼 들렸다. 왜냐하면, 대학교수인 나는 학부모를 대상으로 하는 진로교육 강의에서 학원교육의 효과는 미미하며, 학부모의 불안한 심리에서 비롯된 사교육 열풍은 자녀의 자기주도성과 진로를 가로막는 장애물이라고 주장해 왔기 때문이다. 즉, 학원을 다니지 않으면,

비록 학원을 다닌 학생들보다 좋은 대학교에 진학할 수는 없을지라도, 장차 대학교나 대학원에서 자기주도적인 학습을 함으로써 미래에 더욱 성공적인 삶을 영위할 수 있다고 생각하였다. 그러나 이러한 학자로서의 소신은 아버지로서의 현실적인 불안과 기대 앞에서 조금씩 무너져 내리기 시작하였다. 무엇보다 나를 혼란스럽게 만든 것은 사교육에 대한 학자로서의 개인적인 소신을 생각이 완전히 다른 아내와 아들에게 강요할 수 있는지에 대한 윤리적 문제였다. 안타깝게도, 스스로 공부해도 좋은 대학에 갈 수 있고, 설사 좋은 대학에 진학하지 못해도 얼마든지 행복하게 살 수 있다는 내 주장은 학원의 영재교육을 받으면 영재고를 갈 수 있다는 학원 강사의 목소리보다 설득력이 없었다. 매우 어색하고 불편하였지만, 아버지로서의 나는 아내와 학원 강사의 말을 믿어 보기로 하였다. 좀 더 솔직히 말하면, 장차 아들의 원망을 듣고 싶지 않았다.

> 아내의 말을 듣고 보니 시중에 떠도는 우스갯소리가 참말인 듯하다. 자녀를 좋은 대학에 보내려면, 할아버지의 재산과 어머니의 정보력, 그리고 아버지의 교육적 무관심이 필요하다는 말이다. 나는 여전히 아들을 학원에 보내고 싶지 않다. 내 아들도 예전의 나처럼 학원에 가지 않고 혼자서 공부했으면 좋겠다. 솔직히 말하면, 학원을 가지 않고서도 나보다 훨씬 공부를 잘 했으면 좋겠다. 내 아들은 나보다 훨씬 똑똑하기에 그것이 가능해 보인다. 그런데 아내는 세상이 이미 변했다고 강변한다. 이제는 혼자 공부해서는 힘들다고 한다. 나는 정말로 호랑이 담배 피우던 시절의 이야기를 아들에게 강요하는 것일까? 사실 우리 집 가정형편이 어려운 것도 아닌데, 이러한 나의 교육적 소신을 아들에게 강요할 권리는 있는 것일까? 나는 내 아들과 아내조차도 설득하지 못하면서, 남들에게 개인과외나 학원을 보낼 필요가 없다고 말할 자격은 있는 것일까?
>
> (2014. 06. 연구자의 반성적 저널)

중학교 1학년인 아들이 시내에 있는 수학학원을 다니기 시작하면서, 나와 아내 그리고 아들은 불안과 고통의 입구에 들어서게 되었다. 내 아들이 1년 동안 다녔던 수학학원은 문자 그대로 '명불허전(名不虛傳)'이었다. 도내 여러 중학교의 수학 수재들이 한 자리에 모여 자웅을 다투었는데, 학원에서 쏟아지는 과제의 양과 질은 상상을 초월하였다. 아들은 학교 공부보다 수학학원에서 내어 준 과제를 해결하기 위해 평일 밤에도, 주말에도 수학공부를 해야만 하였다. 여기에서 한 가지 흥미로운 사실은 이 수학학원의 강사는 내가 그동안 상상하던 교육 장사치나 학원가의 나부랭이가 아니었다. 그는 수학에 대한 남다른 철학을 갖고 있었으며, 참신한 교수법과 고도의 교과 전문성을 갖고 있었으며, 무엇보다 중학생들의 복잡한 마음을 휘어잡을 수 있는 심리적 강건함과 카리스마를 지닌 인물이었다. 아버지라는 정체성뿐만 아니라 교육학자의 입장에서 볼 때, 그는 나에게 만만치 않은 인물이었다.

　내 아들은 수학학원의 엄격한 교육방식에 적응하기 시작하였고, 채 몇 달이 지나지 않아 학원 동기들 가운데 상위 그룹까지 올라갔다. 아들은 머지않아 영재고에 입학할 것만 같았다. 중학교 1학년 아들이 이처럼 잔인한 한 학기를 보내는 동안, 아버지로서의 나는 아들을 지원하기 위해 이른바 '강남 아줌마'의 역할을 흉내 내기 시작하였다. 그러나 교수로서의 직업적 삶에 집중하면서도, 잠시 동안 아들의 뒷바라지를 하는 일은 생소할 뿐만 아니라, 신나는 일도 아니었다. 한마디로, '강남 아줌마'는 아무나 하는 것이 아니었다. 1학기 동안 이틀에 한 번씩 아들의 운전기사가 되어야만 하였던 나는 당시 한 학기가 마치 6년처럼 길게 느껴졌다. 설상가상으로, 아버지로서의 내가 고통스러운 운전기사 노릇을 하였음에도, 아들은 언제나 고맙다는 말 한마디는커녕 휴대전화만 만지작거렸다. 한 학기가 끝나 갈 즈음에 알게 된 사실이지만, 내 아들은 기대와는 달리 하늘에서 내려온 천재도 아니었고, 그렇다고 성실한 '공부벌레'도 아니었다. 아들은 2학기에 접어들자 학원이라는 그물망에서 허우적거리기 시작하였고, 아버지인 나도 지쳐만 갔다. 그리고 나는 2학기가 시작되자마자 운전기사 노릇을 포기하겠노라고 아내와 아들에게 말하였다.

　오늘은 아들을 수학학원에 올려 보내 놓고, 커피숍에서 논문을 쓰고 있다. 교수연구실이 아니라 커피숍에서 논문 작업을 하고 있는 내가 우습기까지 하다. 강남지역의 부잣집 아줌마들도 나처럼 살고 있을까? 오늘따라 내 옆자리의 여자 손님들은 줄담배를 피워 가며 큰소리로 떠들고 있다. 의식하지 않고 논문을 쓰려고 하지만, 예쁜 입술에서 흘러나오는 쌍욕들이 자꾸만 내 귓가를 거슬린다. 내 제자들도 이렇게 살고 있는 것은 아닌지 별별 생각이 다 든다. 저녁 늦게 아들을 태우고 집으로 들어가려니 짜증이 밀려온다. 아들은 마치 나를 위해 공부하는 것처럼 오만 인상을 쓸 테니까. "오늘 수학학원은 어땠냐?" 하고 물어볼까 생각도 해 보지만 그만하련다. 보나마나 건성으로 대답할 것이기 때문이다. 도저히 안 되겠다. 아내와 아들에게 더 이상은 운전기사를 못 하겠다고 선언을 해야겠다.

(2014. 06. 연구자의 반성적 저널)

아들은 나의 운전기사 포기선언을 듣고도 별다른 충격을 받지 않았다. 그도 이미 어느 정도 눈치를 챘기 때문이었다. 아들은 2학기가 되자 혼자 시내버스를 타고 수학학원을 다니기 시작하였다. 방과 후에 학원을 가는 것은 큰 문제가 아니었으나, 늦은 저녁이 문제였다. 아들은 학원을 마치고 시내버스를 환승하며 집으로 귀가하였는데, 그 길은 매우 배고프고, 멀고, 무섭고, 힘들었을 것이다. 급기야 왕복 100킬로미터 거리에 있는 학교를 출퇴근하던 아내가 나의 배턴을 이어받았다. 아내에게 미안한 생각이 들었지만, 나는 끝내 모른 척하였다. 왜냐하면, 이 모든 고통을 아내와 아들이 자초하였기 때문이다. 그러나 아내의 체력은 한 학기 만에 바닥이 났다. 아들도 1년 가까이 학원을 다니면서 매너리즘에 빠지기 시작하였고, 수학학원 강사의 불만도 동시에 늘어났다. 수학학원 강사의 말에 따르면, 내 아들은 학원에서 최고의 잠재력을 가진 존재였으나, 게을러서 나머지 학생들을 하향 평준화시키는 존재였다. 학원 강사는 아들이 분발할 수 있도록 혼을 내었으나, 기대와는 달리 역효과만 발생할 뿐이었다. 이러한 상황이 지속되자, 아들은 드디어 학원에 가기 싫다고 말하였다. 나는 기다렸다는 듯이 그의 제안을 받아들였다. 역시 학원은 다니는 것이 아니었다.

선생님, 저 영재(가명) 아빠입니다. 오늘 영재가 수학학원을 그만두고 싶다고 이야기를 하네요. 아이 엄마와 함께 고민을 해 봤는데, 역시 다니지 않는 것이 좋을 듯합니다. 집이 시골이라 너무 멀기도 하고, 아이도 지친 기색이 역력합니다. 한 해 동안 열심히 가르쳐 주셔서 감사했고요, 선생님의 기대에 미치지 못해 아쉽기는 합니다. (중략) 저희 아들 때문에 고생이 많으셨습니다.

(2015. 09. 연구자의 통화 내역, 기억자료)

　　수학학원 강사는 후회할지도 모른다며, 나의 과감한 선택을 못내 아쉬워하였다. 그러나 나는 그의 제안을 과감하게 뿌리쳤다. 당시 나의 판단으로, 온 가족이 즐겁지도 않은 사교육은 더 이상 필요하지 않았다. 아들은 수학학원을 그만두고 나서 잠시 동안 자유를 되찾은 듯하였다. 우리 가족은 모처럼 예전의 일상과 평화를 되찾을 수 있었다. 저녁시간이 되면 같은 자리에 모여앉아 저녁식사를 할 수 있었고, 공부는 하고 싶을 때 언제든지 하면 되었다. 한동안 사교육과의 이별은 대성공인 것처럼 느껴졌다. 아들은 학원을 그만두고 난 후 부모의 조언에 따라 자기주도적으로 사이버 학습을 시작하였다. 어느새 중학교 2학년이 된 아들은 어느 수학 경시대회에서 입상을 하기도 하였는데, 놀랍게도 수학학원을 지속적으로 다녔던 학생들보다 시험성적이 높았다. 이때까지만 해도 아버지로서의 내 판단은 틀리지 않았다. 그러나 이러한 착각은 그리 오래가지 못하였다.

　　나는 자기주도적으로 학습을 지속하고 있는 아들이 영재고에 입학할 것으로 기대하였다. 나는 또다시 아들이 천재일 수도 있다는 착각에 빠져들었고, 매일같이 컴퓨터 모니터 앞에 앉아 공부하는 아들을 보며 자신감이 생겼다. 사실, 그가 당시에 컴퓨터로 무엇을 (공부)하였는지는 지금도 알 길이 없다. 그러나 한 광역시의 시험장에서 만난 학생들과 학부모, 그리고 학원 강사들은 이러한 나의 착각을 산산조각 내고 말았다. 고급 승용차에서 내린 다수의 학생들은 비장하였으며, 학부모들은 간절해 보였고, 학원 강사들이 선전하는 유인물은 내 아들이 공부하던 내용 및 수준과는 차원이 달랐다. 유인물에 적혀 있는 학원의 교육과정은 충격 그 자체였는데, 수도권 대다수의 중학생들은 고등학교의 수학과 과학(물리, 화학, 생물, 지구과학) 교육과정을 어느 정도 이수한 것처럼 보였다. 나는 중 2 아들이 영재고 시험에 낙방하고 나서야 교육부가 실현 불가능한 말을 하고 있음을 알게 되었다. 영재교육과 관련하여, 나는 서울 강남의 아줌마들보다도 정보력과 전문성이 낮은 사이비 교육학자였다. 영재고는 별도의 선행학습이나 심화학습 없이, 중학교 수준의 일반적인 교육과정이나 개인의 노력만으로는 쉽게 진입할 수 없는 '유리천장'과 같은 곳이었다.

　　수학문제를 보니까 조금은 풀 수가 있더라고요. 예전에 수학학원에서 배운 내용도 나오고, 인터넷에서 혼자 공부한 내용도 있어서 그럭저럭 했어요. 그런데 과학은 도대체 무슨 말을 하는지 모르겠어요. 문제 파악이 안 되니, 어찌할 수가 없었어요. 과학도 수학처럼 심화학습을 했어야 했는데….

(2015. 05. 영재고 시험 직후 아들의 내러티브, 기억자료)

위의 내러티브에서 확인할 수 있는 것처럼, 나는 영재고 학생선발 시험장에서 한국 영재교육의 민낯을 온몸으로 느꼈다. 아버지로서의 내가 아들이 영재고에 입학하기를 진심으로 원하였다면, 최소한 언제, 무엇을, 어떻게 준비해야 하는지를 알아보아야 하였다. 그러나 나는 아들이 영재고에 입학하기를 원하면서도, 수학학원에 보내는 것조차 힘들고 불만스러워 그만두고 말았다. 지금 와서 돌이켜 보면, 아들이 수학학원을 그만둔 것은 수학학원이 지겨워서가 아니라, 추가적으로 과학학원을 보내 주지 않는 아버지의 완고함과 무식함 때문이었다. 아들은 중 1 때 시내에 있는 수학학원을 다니면서, 물리, 화학, 생물, 지구과학, 정보 등의 과목에 대한 심화 및 선행학습을 해야만 영재고에 진학할 수 있다는 사실을 알았을 것이다. 그러나 이 과목들을 다른 학원에서 수강하기 위해서는 심야까지 수업을 들어야 하였다. 면 지역에 살고 있는 아들의 입장에서 볼 때, 이것은 아니다 싶었을 것이다. 어차피 영재고는 시내에 거주하면서 방과 후에 몇 개의 학원을 다닐 수 있는 아이들의 몫이었던 것이다.

영재고 조기진학에 실패한 우리 가족은 크게 실망하지 않았다. 왜냐하면, 내년에도 영재고를 재도전할 기회가 있으며, 무엇보다 내년도 시험을 위한 출제경향과 난이도를 파악하였기 때문이다. 다소 충격을 받은 나는 아내와 아들이 원하던 과학학원을 보내 주기로 하였다. 그래서 아들은 중 2가 되어서야 수학학원이 아닌 과학학원을 다닐 수 있었다. 그러나 이 과학학원은 시내의 중심부에 위치한 영재고 대비 전문학원이 아니라, 근교에 위치해 있는 내신 및 수능 대비 과학학원이었다. 어느새 중 3이 된 아들은 수학을 꾸준히 자습하였고, 지척에 있는 과학학원을 다니면서 영재고 입학 준비를 하였다. 과학학원 강사는 기대 이상으로 열심히 가르쳐 주었으나, 아들이 시내 과학학원을 추가로 다닐 것을 조언하였다. 그러나 아버지로서의 나는 아들의 능력을 믿기로 하였다. 좀 더 솔직히 말하면, 아들의 능력을 믿었던 것이 아니라 자기주도적 학습과 동네에 있는 학원을 다니고서도 영재고에 입학할 수도 있다는 내 신념을 실험하고 싶었다. 그때까지 나는 여전히 학원을 부정하고 혐오하였던 것이다.

2016년 중 3이 된 아들은 어느 광역시에 있는 한 영재고에 재도전하였다. 이 번에는 수학뿐만 아니라 과학도 준비하였기 때문에 아버지로서의 나는 나름 기대 와 자신감을 갖고 있었다. 그러나 안타깝게도, 시험을 치고 난 아들의 표정은 그다 지 밝지 않았으며, 시험 결과도 역시 불합격이었다. 아버지로서의 나는 영재고 입 학을 위해 2년 남짓 고생한 아들에게 위로의 말을 던지기도 민망하였다. 왜냐하 면, 1학년 때 수학학원을 같이 다녔던 아들의 친구들은 다른 광역시의 영재고에 당 당히 합격하였기 때문이다. 심지어 아들보다 낮은 실력의 아이들이 영재고에 입학 하는 상황에 직면하면서 아버지로서 미안한 마음이 들었다. 아내는 수학학원을 다 니지 못하게 한 나를 살짝 원망하였으나, 아들은 나에게 아무런 말도 하지 않았다. 사교육을 혐오하였던 한 아버지의 황소고집은 아들에게 쓰라린 실패의 경험을 선 사하였고, 아들의 자기주도적인 학습은 실패한 실험으로 끝나고 말았다. 어느새 심기일전한 아내와 아들은 층화된 고등학교의 '제2부 리그'로 볼 수 있는 과학고를 또다시 겨냥하였다. 아버지로서의 나는 일반고 진학을 희망하였으나, 이번에는 아 내와 아들의 말을 듣기로 하였다.

낙방한 아들은 금방 마음을 다잡은 모양새다. 어찌 보면, 아들에게 영재 고는 처음부터 너무나 멀어 보였는지도 모를 일이다. 놀랍게도, 아들은 과학고에 가기 위해 예전의 수학학원을 다시 가겠다고 한다. 나 같으면 자존심이 상해서 절대로 가기 싫을 텐데, 그래도 녀석은 그 학원을 가고 싶다고 한다. 이미 영재고에 합격한 친구들과 수업을 들으면, 어떤 기분 이 들까? 아들은 이러한 수치심보다, 과학고라도 합격하고 싶은 절박함 이 먼저인 듯하다. 도대체 이렇게 공부해서 뭐가 되겠다는 것인가? 아들 은 진짜로 과학자가 되고 싶은 것일까? 아니면, 공부 잘하는 학생이라는 것을 보여 주려는 '인정투쟁'인 걸까? 한국의 영재교육은 어디로 가고 있는 것일까?

(2016. 07. 연구자의 반성적 저널)

위의 내러티브에서 확인할 수 있는 것처럼, 아들은 중 3 2학기를 맞이하면서 다시 수학학원을 다니기 시작하였다. 당시 수학학원을 다녔던 아들은 예전의 아들이 아니었다. 그는 예전처럼 우울한 표정으로 학원을 다니지 않았으며, 부모가 학원으로 데리러 가지 못하는 날에도 불평하거나 불만을 갖지 않았다. 이미 절박한 아들은 학원교육의 효과성을 온몸으로 느끼고 있었고, 수학학원 강사의 꾸지람 정도는 얼마든지 감수할 수 있었던 모양이다. 교육학자로서의 나는 아들이 왜 꼭 영재고나 과학고에 가야 하는지에 대해서는 동의할 수는 없었지만, 그곳에 가야 한다면, 그곳에 가서 명문대에 가고 싶다면, 학원의 효과는 분명히 존재하였다. 즉, 아들이 학원교육을 자발적으로 원하고, 그곳에서 실제적으로 열심히 공부를 한다면, 학원교육은 나름의 교육적 존재 가치가 있다고 볼 수 있었다. 아들은 6개월 동안 수학학원을 다녔고, 과학고에도 합격하였으며, 전교 1등으로 중학교를 졸업하였다.

3. 사교육의 효과와 기능에 대한 관점의 변화: '사교육의 양가성'

아버지로서의 나는 아들의 사교육을 부정적으로 수용하기보다는, 개인적 요구와 필요에 따라 자유롭게 선택할 수 있는 하나의 대안적인 학습자원으로 간주하게 되었다. 또한, 공교육의 기능적 그림자로 볼 수 있는 사교육은 공교육이 극복해야 할 대상이 아니라, 개인의 다양성, 수월성, 개별성을 실현하는 보완재로서 기능하였다. 이러한 맥락에서 한 아들의 아버지이자 교육학자로서의 나는 자본주의 국가에서의 사교육을 둘러싼 효과와 기능, 그리고 양가성을 점차적으로 인정하게 되었다. 좀 더 구체적인 이야기는 다음과 같다.

내 아들은 2017년 3월에 그토록 가고 싶어 하던 과학고에 입학하였다. 비록 내 아들은 원하던 영재고에 입학하지는 못하였으나, 그래도 남들이 부러워하는 학교에 입학하였기에 아버지로서 나는 일면 뿌듯하기도 하였다. 다수의 동료 교수들은 아들의 과학고 입학을 축하해 주었지만, 일부는 사교육에 얼마나 많은 투자하였기에 그런 학교를 보냈냐며 비아냥거리기도 하였다. 비아냥거리는 일부 교수들을 보고 할 말은 있었으나, 어쨌든 사교육의 덕을 보았기에 반박할 수는 없었다. 아버지로서의 나는 아들과 함께 입학 안내 오리엔테이션에 참가하면서 또 다른 세상을 만나게 되었다. 나는 입학 설명회를 듣고 나서 대한민국의 많은 학부모들이 그토록 과학고를 보내려고 하는 이유를 알게 되었다. 2016년 12월에 있었던 과학고의 입학 설명회는 예비 과학도를 위한 학교생활의 안내가 아니라, 대입 준비 설명회였다. 과학고의 교원들은 학생들이 입학 전에 열심히 공부할 것을 신신당부하였다. 충격적이게도, 그 공부의 목적은 훌륭한 과학자가 되기 위한 준비가 아니라, 유수의 명문대(서울대, KAIST, POSTECH 등)에 입학하는 것이었다. 과학고는 예비과학자의 양성보다는 명문대를 보내기 위한 일종의 전진기지였다. 그 과학고의 기능은 광역시에 생겨난 영재고나 다른 과학고만큼 명문대에 많은 학생들을 입학시키는 일이었다.

아버지로서의 나는 한 과학고의 입학 설명회를 듣고 난 후 한편으로는 안심이 되기도 하였다. 나는 아들이 정말로 과학자가 되기 위한 진로에 접어든 줄 알았기 때문이다. 고등학교에서 기숙사 생활을 하는 아들은 매주 귀가하여 휴식을 취하였다. 나는 이제 아들이 더 이상 사교육을 받지 않아도 되는 줄 알았다. 국가가 운영하는 영재교육기관에 사교육이 비집고 들어갈 틈은 없을 것이라 생각하였다. 그러나 채 한 달이 지나지 않아 우리 가족은 또다시 학원교육을 선택하게 되었다. 과학고의 학생들은 단위학교 내에서 상대적인 경쟁을 해야만 하였고, 상위 20%의 학생들만이 2학년 때 조기졸업을 할 수 있었다. 대부분의 과학고 학생들은 상대평가에서 살아남기 위해 주말을 이용하여 사교육을 적극적으로 소비하였다. 내 아들은 현재 화학 과목에 한하여 학원을 다니고 있는데, 전교에서 학원을 가장 적게 가는 편에 속한다고 한다. 아버지로서의 나는 아들에게 지금 다니는 화학학원을 그만두어도 좋고, 다른 과목의 학원을 추가적으로 다녀도 좋다고 말하였다. 왜냐하면, 나에게서 아들의 사교육 참여는 더 이상 거부와 혐오의 대상이 아니며, 아들이 원하기만 하면 언제든지 그만두거나 추가로 선택할 수 있는 것이었다. 예를 들면, 내 아들은 유일하게 다녔던 화학학원을 그만두었다가, 최근에는 성적이 중위권으로 하락하여 다시 화학학원을 다니기 시작하였다. 그에게서 학원은 순간적인 필요에 의해 선택할 수 있는 사적 선택지일 뿐이다.

아들은 현재 나의 기대만큼 공부를 잘하는 편은 아니다. 내심 전교에서 1등을 할 줄 알았는데, 내가 봐도 난 구제불능이다. 1, 2학기에 전교 10등을 기준으로 간당거리는 아들에게 더 분발하라고 말하고 싶지만, 이제는 그러한 말을 어느 정도 참을 수 있다. 나는 과학고의 다른 부모들처럼, 성적 향상을 위해 아이를 학원에 돌릴 마음이 없다. 조기졸업이나 명문대 진학이 인생의 목표는 아니기 때문이다. 기특하게도, 내 아들은 여전히 자신의 필요에 따라 학원을 다니고 있고, 학원에서 공부뿐만 아니라 선생님과 정서적인 교감을 나누는 것 같다. 아버지인 나에게 학원은 더 이상 억제와 근절의 대상이 아니다. 또한, 사교육은 학교교육의 극복대상도 아니다. 이러한 의미에서 나에게 사교육은 아들의 선택에 따라 때로는 불필요하고, 때로는 필수불가결한 양가성을 지니고 있다.

(2017. 10. 연구자의 반성적 저널)

지금까지의 사교육 이야기에서 확인할 수 있는 것처럼, 한 아이의 아버지이자 연구자로서 나는 사교육 또는 학원교육의 기능과 의미에 대한 관점의 변화를 경험하였다. 나는 이러한 아들의 사교육 경험에 기초하여, 한국의 사회문화적 맥락에 터한 사교육의 교육적 의미를 공교육에 관련지어 몇 가지 의문을 제기하고자 한다. 우선, 사교육은 학교교육이 극복해야 할 대상이며, 시도교육청은 교육정책을 통하여 사교육을 억제하고 근절할 수 있는가? 그리고 만일, 공교육이 사교육을 극복하는 시절이 온다면, 한국에서 사교육은 영원히 사라질 것인가?

최소한 나의 경험에서 비추어 볼 때, 학교교육은 학원교육을 극복해야 할 이유가 없어 보인다. 왜냐하면, 국가가 운영하는 학교교육의 주된 기능은 공교육의 공공성, 민주성, 보편성을 실현하는 데 있다. 반면, 사교육은 공교육의 기능적 그림자로 볼 수 있는 다양성, 수월성, 개별성을 보완하는 대체재의 성격이 강하다. 이러한 대체재로서의 사교육은 공교육의 비정상화나 부실화에서 비롯된 것이 아니라, 사교육 본연의 기능적 특성이라 볼 수 있다. 실례로, 나는 학교교육에 대한 불만이나 학교 교사들의 능력이 부족하여 아들을 학원에 보낸 것이 아니었다. 단지, 내가 가진 경제적 자본으로 전교 1등을 넘어 최고로 좋은 고등학교와 대학교에 아들을 입학시키려는 사적 욕망을 채우려 하였을 뿐이다. 이러한 이유에서 시도교육청이 교육정책으로 공교육을 정상화한다고 해도, 사교육의 팽창과 변이를 막을 수는 없을 것이다. 궁극적으로, 학교교육은 개인의 다양성, 수월성, 개별성 측면에서 사교육을 능가할 수가 없다. 왜냐하면, 사교육은 공교육이 건재함으로써 생겨날 수 있는 그림자와 같은 존재이기 때문이다. 만일, 학교라는 교육기관의 피사체가 사라지고 나면, 학원은 존재할 수 없을 것이다. 그리고 공교육의 존재방식에 따라 사교육은 지속적으로 진화할 것이다. 나는 아들의 사교육 경험을 통해 비로소 사교육의 양가성을 인정하는 '위험한' 교육학자가 되었다.

IV. 나가며

여기에서는 지금까지의 연구 결과에 기초하여 우리나라의 사회문화적 조건과 맥락에 따른 사교육의 교육적 의미를 논의하고자 한다.

　첫째, 본론에서 살펴본 바와 같이, 오늘날 한국의 많은 사설학원들은 가정에서의 부모, 마을과 지역사회의 기능을 대체하여 학생의 성장과 발달을 위한 보육과 돌봄의 역할을 수행하고 있다. 또한, 한국의 초중고 학생들은 사교육을 통하여 개인에게 최적화된 특기 및 적성을 계발할 수 있다. 한국 사회에서 이러한 사교육의 대체적인 기능은 교육을 둘러싼 생태계가 급격하게 변화되었음을 의미한다. 예를 들어, 우리나라의 대다수 초등학생들은 가정과 학교의 연장선에서 학원교육을 소비하고 있다. 초등학생들에게 학원은 추가적인 학습공간이자 놀이공간이며, 가정과 학교를 연결하는 완충지대로 기여하고 있다. 이러한 맥락에서 영유아기 및 소년기의 자녀를 둔 학부모들의 사교육 소비는 억제와 비난의 대상이라기보다는, 어쩔 수 없는 차선의 선택이라 볼 수 있다. 다만, 부모의 사회경제적 지위와 경제적 수준에 따라 사교육의 질이 불평등한 것은 여전한 논쟁거리이다. 사회계층에 따른 사교육의 양과 질은 사회 불평등을 고착하는 원인이 될 수도 있기 때문이다. 이 논쟁은 자유민주주의와 자본주의 이데올로기를 지향하는 한국인들의 시대의식과 정치적 선택에 따라 가변적일 것이다.

　둘째, 앞서 이야기한 바와 같이, 국가가 운영하는 학교교육은 교육의 공공성과 민주성을 실현하기 위한 공공재로서 기여한다. 즉, 학교교육은 근본적으로 개인의 다양한 요구와 욕망을 실현하는 데 한계가 있는 국가기관의 성격이 강하며, 학생 개인의 다양한 소질과 적성을 고려한 개별화 교육을 실현할 수 있는 제도적 맥락과 조건을 구비하고 있지 않다. 이러한 이유에서, 학교가 개인 과외나 사설학원 등 사교육의 기능과 역할을 대체하려 한다면, 학교교육은 장차 더 이상 존립해야 할 이유가 없을지도 모른다. 물론, 미래의 학교교육은 사교육의 운영 원리와 기능으로부터 교훈을 얻어서 경직화된 교수학습 방식을 제고할 수는 있을 것이다. 특히, 농어촌 지역 및 원도심 소규모 학교나 소인수 교실에서는 더욱 그러하다. 그러나 초중고 학생들을 대상으로 하는 공교육의 본질은 민주성, 공공성, 보편성을 실현하는 데 있기 때문에, 학교는 사교육을 극복하거나 따라잡을 필요가 없다. 한 마디로, 공교육과 사교육은 '게임의 규칙'이 다른 것이다. 만일, 다수의 한국인들이 공교육의 이러한 게임의 규칙에 동의하지 않는다면, 학교교육을 전면적으로 재구조화하거나 학교를 폐지하면 된다. 그러나 이러한 선택은 교육 불평등과 더불어 사회 불평등을 가속화할 것이다.

셋째, 한국인들은 대통령이나 교육감을 선출할 때, 후보자들의 사교육 정책에 주목하는 편이다. 역대 대통령이나 교육감들은 유권자들로부터 표심을 얻기 위해 사교육을 억제와 근절의 대상으로 설정한다. 이른바 학교교육을 정상화하면, 학교가 학원교육을 대체할 수 있고, 그러면 학부모들의 사교육비가 자연스럽게 경감될 수 있다는 논리이다(여영기·엄문영, 2015; 최형석, 2014). 이러한 논리는 한국사회에서 과연 실효성이 있는가? 도대체 역대 선출직 공무원들과 언론인들은 어떤 근거로 기존의 학교교육이 비정상적이라고 전제하는가? 그들이 말하는 정상적인 학교란 과연 어떤 모습인가? 국가가 운영하는 학교가 공교육의 그림자로 존재하는 사교육의 모든 대체적 기능을 흡수한 학교가 정상적인 학교란 말인가? 한국의 학교 교원들이 아무리 헌신하고 봉사할지라도, 이러한 정상적인 학교는 상상 속에만 존재할 것이다. 왜냐하면, 학교가 이러한 사교육의 기능을 흡수할지라도, 사교육은 또 다른 그림자를 만들어 낼 것이기 때문이다. 이러한 맥락에서, 우리 한국인들은 이제 사교육의 효과와 기능을 솔직하게 인정하고, 직시해야 할 때를 맞이하였는지도 모른다. 즉, 우리는 사교육을 더 이상 억제와 근절의 대상이 아니라, 학교교육과 병립하는 대안적인 평생교육체제로 인정하는 관점의 전환이 필요한 시점이다. 물론, 사교육과 공교육의 상이한 기능과 효과를 모두 인정하는 양가성, 그리고 이러한 양가성의 인정이 교육평등의 차원에서 합당한 것인지에 대한 논쟁의 여지는 남아 있다.

넷째, 사교육을 둘러싼 학부모, 학교 교사, 학원 강사, 언론인, 정치인 등의 이해 당사자들은 자신들의 입장과 이익을 극대화하기 위해 공교육과 사교육을 근거 없이 비난하는 태도를 경계해야 한다. 우선, 학부모들은 학교에 대한 비난과 불만이 공공성과 민주성을 강조하는 공교육의 본질적 기능을 뒤로한 채, 자기 자녀의 성공과 이익에 초점을 두고 있는 것은 아닌지에 대한 성찰이 필요하다. 학교와 학교의 교사는 모든 학생들을 1등으로 만들 수 없는 존재이며, 개별 학생보다는 모든 학생들을 배려해야 하는 위치에 있다. 한편, 학교 교사들은 학원 강사들이 교과 전문성이 낮아 기계적인 문제풀이만을 반복하며, 학생의 교육적 성장보다 영업이익에 관심이 많고, 학생들의 인격적 성장에 관심이 낮다는 편견에서 벗어날 필요가 있다. 즉, 학원 강사들 중에는 교사를 능가하는 교과 전문성을 지니고 있으며, 개인별 및 수준별 학습지도뿐만 아니라, 인성지도에 심혈을 기울이는 교육자가 얼마든지 있다. 이러한 주장은 한국의 초중고 학생들이 스승의 날에 누구를 찾아가는지를 보면 알 수 있다. 상당수의 학생들은 학교의 교사뿐만 아니라, 학원의 일부 강사들을 스승으로 간주한다. 한편, 언론인이나 정치인들은 경제적 이득이나 표심을 얻기 위해 공교육과 사교육의 대립적 관계를 확대 및 재생산하는 것은 아닌지에 대한 성찰이 필요하다. 즉, 언론인과 정치인은 공교육과 사교육의 관계를 냉철하게 분석하고, 공교육과 사교육의 상호보완적인 관계를 재정립함으로써 교육에 대한 시민들의 의식을 고양해야 할 것이다.

끝으로, 이 연구의 결과는 한국의 학부모들이 경험할 수 있는 사교육의 실체를 개념화할 뿐만 아니라, 한국의 사회문화적 토양에서 지속적으로 변이하고 있는 사교육의 가능성과 한계를 포착하는 데 기여할 것이다. 또한, 이 연구의 결과는 국가의 공교육과 민간의 사교육 사이의 갈등과 대립을 중화할 수 있는 대안적 관점이 될 수도 있을 것이다.

참고문헌

강인원 · 전성일(2003). 학벌주의가 학부모들의 인식수준과 사교육 의도에 미치는 영향. **소비자학연구, 14**(1), 141-157.

김경근 · 황여정(2009). 중학생의 사교육 수요 결정요인 분석. **한국교육학연구, 15**(1), 77-105.

김영천(2008). **차라리 학원에 보내라.** 서울: 브렌즈.

김영천 · 김필성(2012). **아빠는 죽어도 학원은 죽지 않는다.** 파주: 아카데미프레스.

김영천 · 김필성(2015). **한국 최고의 학원.** 파주: 아카데미프레스.

김영화(2003). 사교육의 가능성과 한계. **교육사회학연구, 13**(3), 109-132.

김영화(2004). 사교육 선호 경향 및 선호 요인 분석 연구. **교육학연구, 42**(2), 335-365.

김혜숙 · 한대동 · 김희복(2017). 학부모의 사교육 지원 현상에 관한 근거이론적 분석. **열린부모교육연구, 9**(1), 65-91.

김혜숙 · 한대동 · 남현숙(2012). 중학생의 사교육 참여에 영향을 미치는 요인에 대한 질적 연구. **청소년학연구, 19**(1), 251-278.

박철성(2011). 학부모의 학교 교육에 대한 만족도와 사교육 수요의 결정 요인에 관한 연구. **한국경제의 분석, 17**(1), 73-119.

여영기 · 엄문영(2015). 사교육 진화의 양상과 원인을 통해 본 공교육 정상화의 방향. **교육종합연구, 13**(4), 157-183.

윤선진(2010). 학부모 이해: 소비자권력이 된 학부모. **교육학논총, 31**(1), 19-43.

이두휴(2008). 자녀교육지원활동에 나타난 학부모 문화 연구. **교육사회학연구, 18**(3), 135-165.

임천순 · 우명숙 · 채재은(2008). 사교육 수요 분석: 학습보충론과 미래투자론. **교육재정경제연구, 17**(2), 1-27.

조영진 · 권순형 · 김도기 · 문영빛(2015). 학부모의 자녀에 대한 사교육 결정 요인 분석. **교육행정학연구, 33**(1), 287-308.

최형석(2014). 사교육의 문제점 및 경감 대책 분석에 관한 연구. **미래교육연구, 4**(3), 1-14.

한기순 · 박유진(2013). 영재들은 왜 사교육을 받을까?: 초등 영재의 사교육 실태 및 참여 결정요인 분석. **영재교육연구, 23**(4), 505-521.

한송이(2012). 음악 사교육 프로그램에 대한 학부모의 지원활동 및 특성 분석. **교육과정연구, 30**(3), 377-401.

황성희(2014). 중소도시 중산층 학부모의 자녀 사교육 지원 문화에 관한 연구. **교육사회학연구, 24**(2), 277-303.

황성희(2015). 중산층 학부모의 학교교육 인식과 사교육 선택. **학부모연구, 2**(1), 93-117.

Saldaña, J. (2009). *The coding manual for qualitative researchers.* London: Sage.

제 12 장

텃밭 가꾸기의 교육적 의미와 자문화기술지

I. 들어가며

근대화 이전 한국의 농경사회에서 '농사를 짓는 일은 세상의 근본이 되는 일(農者天下大本)'이었다. 오랫동안 농경사회에서 살았던 우리 선조들은 자식을 키워 내는 일을 농사일에 비유하였고, 이를 '자식농사'로 불렀다. 그러나 한국은 전후(戰後) 근대화의 과정에서 공업입국(工業立國)을 시도하였고, 농사를 짓는 일은 많은 사람들에게 생경한 일이 되었다. 또한, 오늘날 현대인들은 생계를 유지하기 위한 업(業)으로 농사를 짓는 것이 아니라, 학교교육이나 취미생활의 일환으로 농사를 짓기도 한다. 우리는 후자의 경우를 '텃밭 가꾸기(gardening)'로 칭한다.

우리 선조들이 자녀의 교육이나 양육 활동을 농사일로 비유하는 데는 두 활동에서 가족(교육) 유사성이 있어서일 것이다. 또한, 유아교육 및 초등교육 분야에서 텃밭 가꾸기를 지속하는 이유는 그러한 활동에 나름의 교육학적 의미가 있기 때문일 것이다. 이 글은 개인적인 경작 활동 속에도 교육학적 의미와 가치가 배태될 수 있다는 교육적 상상력에서 비롯되었다.

근대국가와 함께 출범한 학교라는 제도는 교육의 범속성과 편재성을 특수성과 전문성으로 대체하였다. 즉, 한 국가의 시민들은 교육을 전담하는 학교라는 제도적 기관에서 교과 전문성을 지닌 교사를 통해 교과(목) 중심의 특수한 지식을 배우고 익히게 되었다. 따라서 교육은 특수한 장소와 사람들로 제한되었고, 인간이 배워야 할 지식, 기능, 가치, 태도 등은 여러 교과목으로 구분되어 분할되었다. 따라서 경작 활동이나 텃밭 가꾸기 활동은 실과나 농업 교과로 전환되었으며, 경작이나 텃밭 가꾸기 활동은 교과의 단원으로 자리를 잡게 되었다. 이 글은 바로 텃밭 가꾸기 활동에서의 교육적 범속성과 편재성에 주목하고자 한다.

텃밭 가꾸기의 교육학적 의미에 대한 국내 연구(강영식, 2014; 김영옥 · 윤경선 · 정상녀 · 이나영, 2007; 김영자 · 신현기, 2010; 서주형 · 이수경, 2017; 성정민 · 박용한, 2016; 송미정 · 유영의, 2018; 오숙현, 2014; 안지성 · 김정신 · 조희숙, 2011; 이지영 · 조부경, 2017)는 주로 양적 연구방법을 중심으로, 유아교육 분야에서 텃밭 가꾸기 활동의 교육적 효과성에 주목하였다. 국내 선행연구 결과에 따르면, 텃밭 가꾸기 활동은 유아의 인성, 행복감, 식생활 태도, 자연 친화적인 태도, 과학적 탐구능력, 사회성, 정서지능, 감성지능, 자기효능감, 표현 언어, 경제 개념 등에 긍정적인 영향을 미쳤다(강영식, 2014; 김영옥 · 윤경선 · 정상녀 · 이나영, 2007; 김영자 · 신현기, 2010; 서주형 · 이수경, 2017; 성정민 · 박용한, 2016; 송미정 · 유영의, 2018; 오숙현, 2014; 안지성 · 김정신 · 조희숙, 2011; 이지영 · 조부경, 2017).

위에서 확인할 수 있는 것처럼, 텃밭 가꾸기의 교육학적 의미와 가치에 대한 국내 연구는 다음과 같은 제한점을 갖고 있었다. 첫째, 국내 선행연구는 주로 유치원이나 어린이집 안에서의 학습자(유아) 입장에서 텃밭 가꾸기 활동에 주목하였다. 둘째, 국내 선행연구는 유아들의 텃밭 가꾸기 활동을 중심으로 교육 프로그램의 효과성을 계량적으로 검토함으로써 텃밭 가꾸기의 내적 과정과 의미를 심층적으로 조명하는 데 제한적이었다. 셋째, 텃밭 가꾸기에 대한 일부 질적 연구(안지성 · 김정신 · 조희숙, 2011; 윤준일 · 최기영, 2008; 최미순 · 배지희, 2015)는 텃밭 가꾸기가 유아들의 삶에 긍정적인 영향을 미친다고 보고하였으나, 교육자의 입장에서 학습자들의 삶을 간접적으로 재현하는 데도 한계가 있었다.

따라서 이 글의 목적은 한 교사교육자의 텃밭 가꾸기 경험에서 비롯된 교육학적 의미와 가치를 평생교육의 관점에서 재조명하는 데 있다. 이러한 연구목적을 달성하기 위한 연구 문제는 다음과 같다. "한 교사교육자로서의 나는 가정에서의 텃밭 가꾸기 활동에서 어떠한 교육학적 경험을 하였는가?" 이 연구는 유아교육의 관점에서 한 걸음 더 나아가, 평생교육의 관점에서 학교 밖(가정) 텃밭 가꾸기의 교육학적 의미와 가치를 조명하는 데 기여할 것이다. 또한, 이 연구는 교수학의 관점에서 텃밭 가꾸기 활동의 교육적 의미와 가치를 조명함으로써 일상적 활동에서의 교육학적 편재성을 이해하는 데 기여할 것이다.

II. 국내 선행연구 분석

교육학의 학문적 정체성은 여타 사회과학이 교육현상을 바라보는 관점에 따라 다양하게 구성되는 경향이 있다. 교육학자로서의 나는 여기에서 교육학의 이러한 학문적 연약함을 비판할 마음은 없다. 다만 교육 및 교육학의 편재성을 고려해 볼 때, 여러 인문 · 사회과학뿐만 아니라, 우리의 일상적인 행위와 활동에도 교육학적 의미와 가치가 담겨 있을 수도 있다는 상상력을 발휘해 본다. 즉, 식생활과 여가생활 등을 위한 텃밭 가꾸기 활동에도 교육학적 의미와 가치가 침전되어 있을 수도 있다. 이러한 맥락에서, 지금부터는 국내 선행연구가 텃밭 가꾸기 활동에 대하여 어떠한 교육학적 의미와 가치를 부여하였는지를 살펴보고자 한다.

텃밭 가꾸기의 교육학적 의미와 가치에 대한 국내 선행연구(강영식, 2014; 김영옥 · 윤경선 · 정상녀 · 이나영, 2007; 서주형 · 이수경, 2017; 성정민 · 박용한, 2016; 송미정 · 유영의, 2018; 오숙현, 2014; 윤준일 · 최기영, 2008; 이지영 · 조부경, 2017; 임수진 · 안경숙, 2011; 최미순 · 배지희, 2015)는 유아교육 분야를 중심으로 활발하게 수행되었다. 좀 더 구체적으로, 텃밭 가꾸기에 대한 유아교육 분야의 양적 연구들(강영식, 2014; 김영옥 · 윤경선 · 정상녀 · 이나영, 2007; 김영자 · 신현기, 2010; 서주형 · 이수경, 2017; 성정민 · 박용한, 2016; 송미정 · 유영의, 2018; 오숙현, 2014; 안지성 · 김정신 · 조희숙, 2011; 이지영 · 조부경, 2017)은 텃밭 가꾸기 활동이 유아의 인성, 행복감, 식생활 태도, 자연 친화적인 태도, 과학적 탐구능력, 사회성, 정서지능, 감성지능, 자기효능감, 표현 언어, 경제 개념 등에 긍정적인 영향을 미친다고 보고하였다. 또한, 유아교육 분야의 질적 연구들(안지성 · 김정신 · 조희숙, 2011; 윤준일 · 최기영, 2008; 최미순 · 배지희, 2015)은 가정과 연계한 또는 유치원 안에서의 텃밭 가꾸기 활동이 유아들의 교육적 성장 및 학습과 관련하여 어떠한 의미와 특징이 있는지를 질적으로 조명하였다. 국내의 질적 연구 결과들에 따르면, 유아의 텃밭 가꾸기 활동은 유아들의 탐구심, 바른 식생활습관, 미래를 위한 비전, 자연과 삶에 대한 태도에 긍정적인 변화를 유도한다고 보고하였다(안지성 · 김정신 · 조희숙, 2011; 윤준일 · 최기영, 2008; 최미순 · 배지희, 2015).

지금까지 살펴본 바와 같이, 텃밭 가꾸기의 교육학적 의미와 가치에 대한 선행연구(김영자 · 신현기, 2010; 장용석, 2015 제외)는 주로 유아교육 분야에 한정하여 수행되었으며, 유아들의 학교 안에서의 텃밭 가꾸기 활동에 주목하였다. 그러나 교육학의 편재성을 고려해 볼 때, 텃밭 가꾸기 활동은 유아교육뿐만 아니라, 초등교육, 중등교육, 고등교육, 그리고 평생교육 분야에서도 의미가 있을 수 있다. 또한, 텃밭 가꾸기 활동은 유아 및 청소년들의 학습뿐만 아니라, 교사교육자 또는 성인학습자의 교수방법에 교육학적 통찰을 제공할 수도 있다. 따라서 이 글은 한 성인학습자이자 교사교육자인 나의 텃밭 가꾸기 경험을 자문화기술지로 서술함으로써 텃밭 가꾸기의 교육학적 의미와 가치를 재조명하고자 한다.

III. 연구방법

1. 연구의 대상 및 배경: '연구자로서의 나'

자문화기술지에서 연구의 대상이자 저자인 '나'의 위치성과 상황성을 드러내는 것은 연구에서의 신뢰성과 타당도를 확보하는 데 중요하다(이동성, 2012). 농어촌에서 태어난 나에게 텃밭을 가꾸는 일은 특별함이라고는 눈 씻고도 찾아볼 수 없는 일상 그 자체였다. 고향집의 앞뒤에 있었던 텃밭에는 사시사철 먹거리가 자리 잡고 있었다. 6남매 중 막내아들인 나는 직접 농사를 기획하고 준비하지는 않았지만, 부모님의 농사일을 어깨 너머로 배우고, 파종부터 수확에 이르기까지 텃밭 가꾸기의 모든 활동을 직접 체험할 수 있었다. 초등학교부터 중학교 시절까지는 가정에서 직접 텃밭 가꾸기를 체험하였고, 이러한 경험은 교대에서의 심화과정(실과교육)을 선택할 때 결정적인 요인이 되었다. 교대 실과교육과에서 농업 관련 강좌를 추가적으로 수강하였고, 수경재배를 주제로 학사논문을 쓰기는 하였지만, 텃밭 가꾸기는 나의 삶에서 점차적으로 멀어져 갔다.

한편, 초등학교 교사가 되고 나서 교실환경 꾸미기는 늘 골칫거리였다. 교사로서의 나는 교실환경을 가꾸기 위해 햇빛이 드는 창가에 여러 가지 화초를 키웠으며, 대부분의 학생들에게도 화초를 키울 수 있도록 지도하였다. 하지만 교실에서의 화초 키우기는 생각보다는 성공적이지 않았다. 교사로서의 바쁜 일상과 교실의 척박한 환경은 식물들에게 최악의 상황이었다. 하지만 담임을 맡은 해에는 아이들과 함께 교실에서 식물을 키워 냈다. 비록 머지않아 죽을지라도 말이다. 식물의 성장과 발달이 아이들에게 생명의 경이로움을 선사할 수 있다는 믿음 때문이었다.

　　2012년 8월, 연구자로서의 나는 초등학교 교사 13년차에 한 교원 양성기관의 교사교육자가 되었다. 대학의 교수가 되면서 삶의 변화가 일어나기 시작하였다. 무엇보다, 삶의 속도가 느려지고, 여유가 생겨났다. 좀 더 솔직하게 말해, 교사교육자로서의 삶은 교사 연구자로서의 삶보다 편안하였다. 대학교수가 된 지 6개월 후에 내 연구실의 화분을 보고, 새로운 결심을 하게 되었다. 가을에 선물로 받은 모든 난초들이 서서히 말라죽어 가고 있었다. 그때서야 나는 교사 시절의 교실에서처럼 식물을 키워 내고 있음을 알게 되었다. 내 연구실에 있는 화초는 그 자체가 성장하고 발달하는 개체가 아니라, 하나의 장식물에 불과하였던 것이다. 나는 그해(2013년) 내가 살고 있는 아파트 주변의 주말농장에서 직접 농사를 짓기로 결심하였다. 가족들과 함께 땅을 분양받고, 씨를 뿌리며, 잡초를 제거하고, 수확을 하며, 직접 수확한 채소로 식단을 꾸리는 일은 놀라움 그 자체였다. 새싹이 올라오고, 열매가 맺힐 때마다 나는 마치 그러한 식물들의 창조자가 된 기분이었다. 나를 '사람'으로 알고, 잘 자라 주는 식물들이 너무나 고마웠고 신기하였다. 교사나 부모로서 자녀나 학생을 키워 내는 일에 비해 텃밭을 가꾸는 일은 훨씬 가시적이고 즉시적이었다.

　　2013년에 주말농장을 체험하면서, 나는 그동안의 도시생활(특히, 아파트 거주)을 접기로 결심하였다. 그래서 근무지에서 가까운 농어촌 지역(면 지역)에 땅을 구입하여 집을 짓고, 집의 사방에 텃밭을 꾸몄다. 주변 사람들이 과도하게 넓은 텃밭을 보고 걱정하였으나, 나는 '텃밭 조경'의 개념을 강조하면서 6년째 농사를 지어 오고 있다. 이 연구의 기간은 텃밭을 직접적으로 경작한 2013년 3월부터

[그림 5] 주택에 위치한 텃밭 사진

2018년 12월까지 6년이며, 연구 장소는 연구자의 단독주택 주변 텃밭이다.

2. 자료의 수집 및 분석

연구자로서의 나는 텃밭 가꾸기의 교육학적 의미와 가치를 조명하기 위해 6년 동안 의도적으로 질적 자료를 수집한 것이 아니었다. 다만, 스마트 폰과 농사일지를 통해 텃밭 작물들의 생육과정을 그림과 글로 기록하다가, 이 연구의 필요성과 목적을 구체화하게 되었다. 최종적으로 수집된 질적 자료는 텃밭 가꾸기와 관련한 6년 동안의 기억자료와 반성적 저널, 사진, 농사달력 및 일지이다. 이 연구는 텃밭 가꾸기의 교육학적 의미와 가치를 추출하기 위해 초기 코딩(initial coding)을 시도하였다. 그리고 1차 코딩에서 생성된 코드를 기초로 하여, Saldaña(2009)가 제안한 종단적인(2차) 코딩을 하였다. 이 글은 2차 코딩을 통해 최종적으로 생성된 세 가지 범주들(① 개체의 다양성과 개별성을 인정하기: '있는 그대로 키우기', ② 성장 및 발달을 위한 최적기를 포착하기: '때를 알고 기다리기', ③ 조력자로서의 역할 수행하기: '성장을 위한 촉진자 되기')에 근거하여 감성적이고 고백적인 글쓰기를 하였다.

3. 타당도 검증

이 글은 연구과정과 결과에 대한 타당도를 강화하기 위해 연구자의 배경과 맥락을 상세하게 제시하여 반영성을 확보하였다. 또한, 텃밭 가꾸기 활동의 기억과 경험을 풍부하게 재현하기 위해 개인적인 기억자료뿐만 아니라 반성적 저널, 사진, 농사달력 및 농사일지 등의 보조 자료를 활용하였다.

IV. 텃밭 가꾸기의 교육적 의미와 가치 탐색

1. 개체의 다양성과 개별성을 인정하기: '있는 그대로 키우기'

나는 여러 식물들의 다양성과 개별성을 점차적으로 인정함으로써 유능한 농부가 될 수 있었다. 무엇보다도, 다수의 식물들은 계절의 변화에 따른 온도와 습도에 매우 민감하게 반영하였다. 2013년 봄에 첫 농사를 지을 때, 나는 여러 개체들의 다양성과 개별성을 제대로 이해하지 못하였다. 예를 들면, 봄에 나물로 먹을 수 있는 냉이, 달래, 쪽파, 대파, 봄동, 시금치 등의 농작물은 이른 봄에 파종하는 채소인 줄만 알았다. 그러나 매서운 추위를 좋아하는 월동 작물은 당해 이른 봄(양력 3월)에 파종하는 것이 아니라, 지난해 늦은 여름이나 가을에 이미 파종해야 하는 것이었다. 즉, 제철 채소들은 대부분 제철에 파종하는 것이 아니라, 이미 이전에 파종을 해야 하는 것이었다. 초보 농부인 나는 냉이, 달래, 쪽파, 대파, 봄동, 시금치 등의 월동 작물을 이해하기 힘들었지만, 그들은 혹독하기 그지없는 겨울을 겪어야만 제대로의 본성(맛)을 드러내는 존재들이었다.

> 고향의 엄마가 해 주신 시금치나물이 먹고 싶었다. 그래서 지난 3월 초순에 시금치 씨앗을 파종하였다. 하지만 시금치의 생육이 좋지가 않다. 내가 고향에서 본 시금치는 땅바닥에 딱 붙어 있었고, 매우 통통한 잎을 가졌었다. 그러나 올해 봄에 뿌린 내 시금치는 위로만 자라고, 끓는 물에 데쳐도 단맛이 거의 없다. 차라리 맛없는 맛이라도 있으면 좋으련만, 진짜 아무런 맛이 없다. 그래서 엄마에게 전화를 해서 시금치 맛이 왜 이 모양이냐고 물었더니, 파종 시기가 잘못되었다고 한다. 추운 겨울을 보내지 않으면 시금치 맛이 없다고 하셨다. 무슨 놈의 식물이 한겨울을 좋아한단 말인가? 시금치는 도저히 이해가 가지 않는 식물이다.
>
> (2014. 04. 하순, 연구자의 농사일지)

위의 농사일지에서 확인할 수 있는 것처럼, 집 주변 텃밭의 다양한 식물들은 내가 20년 동안 만난 학생들이나 자식만큼이나 고집이 센 녀석들이었다. 대부분의 식물들은 4월이나 5월에 파종하여 6월이나 8월에 수확하는 것이 일반적이었으나, 그렇지 않은 식물들도 많았다. 그들은 정해진 시간에 파종하지 않으면 절대로 잎과 열매를 내어 주지 않았으며, 자신들의 성향과 특성을 무시하고 재배할수록 초보 농사꾼을 실망으로 몰아넣었다. 특히, 육안으로 볼 때는 매우 유사한 식물들도 다양한 차이를 나타내었다. 예를 들어, 오이와 참외는 생육의 성질이 매우 유사해 보이는 박과 식물들이다. 특히, 모종 단계에서 두 식물을 구분하는 것은 말처럼 쉽지 않았다. 흥미롭게도, 그들의 유사성은 충격적인 경험을 선사하였다.

2018년 5월 초순, 나는 어느새 6년차 농부가 되었기에 식물들의 다양한 특성을 충분히 이해하고 있다고 자만하였다. 오후 6시가 넘어야 퇴근을 할 수 있기에 여러 모종들을 부랴부랴 사서 텃밭에 심었다. 작년에 두 달 동안 맛난 반찬이 되어 주었던 오이와 여름철의 별미인 참외 모종을 구입하여 심었다. 날이 어둡다 보니 마음이 급하였고, 오이와 참외를 구분하여 심기가 쉽지 않았다. 어린이날에 심은 여러 모종들은 용케도 얼어 죽지 않고 잘 살아남았다. 그러나 예년과 달리, 일부 오이들이 참으로 이상한 행동을 보였다. 오이는 무언가를 타고 올라가는 것을 좋아하는 아이들인데, 아무리 지지대를 설치해 주어도 수직 성장을 하지 않는 것이었다. 매일 퇴근을 해서 오이를 볼 때마다 지지대를 거부하는 그들이 참으로 이상해 보였다. 그래서 나는 시간이 날 때마다 오이 가지들을 지지대에 감아 주었다. 그런데 한참 후에야 내가 오이에게 몹쓸 짓을 하였음을 알게 되었다. 그토록 지지대를 거부하던 그들은 오이가 아니라 참외였던 것이다.

노란 꽃이 지고, 오이가 아닌 참외가 열리고 나서야 나는 잘못을 깨닫게 되었다. 지지대를 억지로 감고 하늘로 올라가는 참외는 얼마나 힘이 들었을까? 나는 그것도 모르고, 시간이 날 때마다 땅으로 향하는 참외의 줄기를 나뭇가지에 감기가 일쑤였다. 뒤늦게 이러한 사실을 알고 참외 가지를 땅에 내려 주고 싶었지만, 이미 나뭇가지를 감고 있는 참외를 땅으로 내려보내기는 힘든 일이었다. 참외 가지를 나뭇가지(지지대)에서 분리하자, 잎과 줄기는 모두 부러지고 말았다. [그림 6]에 있는 참외와 오이는 서로 다른 존재였음에도 불구하고, 나의 부주의와 자만으로 인해 어쩔 수 없이 함께 살아야 하는 존재가 되었다.

[그림 6]   지지대에 감긴 참외, 참외를 닮은 오이

참외와 오이를 같이 키우면서, 학습자들의 다양성과 개별성을 있는 그대로 이해하고 존중하는 것이 교육적으로 얼마나 가치 있는 일인지를 체험할 수 있었다. 즉, 나에게 매우 유사하게 보였던 여러 학생들은 상, 중, 하 등으로 분류할 수 있는 무리가 아니라, 고유한 개성과 특성을 지닌 존재들이었던 것이다. 결국, 나는 참외와 오이 이야기를 통하여 학습자의 다양성과 개별성을 이해하게 되었다.

2. 성장 및 발달을 위한 최적기를 포착하기: '때를 알고 기다리기'

6년 동안 텃밭을 가꾸는 나는 식물의 성장과 발달을 위한 최적의 시간을 터득함으로써 조금씩 유능한 농부로 거듭날 수 있었다. 즉, 유능한 농부는 식물을 잘 기르기 위해 때를 알고 기다리는 존재였다.

2013년부터 현재까지 농사를 지으면서 깨달은 바가 있다면, 바로 때를 알고 기다리는 것이다. 농어촌에서 자란 나는 낚시를 오는 외지 사람들이 참으로 한심하다고 생각한 적이 있었다. 왜냐하면, 그들은 아침부터 오후까지 하루 종일 낚시를 해댔기 때문이다. 섬마을 사람들은 물고기가 잘 잡히는 시간이 하루에 두 때라는 것을 알고 있다. 밀물과 썰물이 힘겨루기를 하다 갑자기 해류의 흐름이 바뀔 때, 물고기들은 식사를 시작하는 것이다. 신기하게도, 물고기를 잡는 일과 텃밭에서 채소를 가꾸는 일은 시간을 알고 기다린다는 점에서 유사성이 있었다. 예를 들어, 초여름에 가시오이가 열리기 시작하면 감당하기 힘들 정도로 폭풍 성장을 시작한다. 노란 오이꽃이 피고 일주일이 지나면, 어느새 먹음직한 가시오이가 주렁

[그림 7] 텃밭에서 수확한 가시오이

주렁 열렸다. 대략 한 달 동안 오이를 수확하다 보면, 이렇게 고마운 식물이 또 있을까 싶었다. 그러나 아쉽게도, 가시오이는 무한정으로 열매를 내어 주는 식물이 아니었다.

해마다 다섯 그루 정도의 가시오이를 심었는데, 열매를 다 내어 준 가시오이는 하루 아침에 기력을 잃고 시들어 갔다. 그렇게 열정적으로 자라났던 가시오이가 해마다 시들어 가는 것은 너무나 아쉬운 일이었다. 그래서 욕심이 많은 나는 한 해에 두 번씩 가시오이를 심기도 하였다. 즉, 봄에 심은 가시오이가 한여름에 죽고 나면, 다시 새로운 오이 모종을 심는 것이다. 고맙게도, 새로 심은 가시오이는 때가 급한 줄을 알고 쑥쑥 자라났지만, 8월 중순에 입추를 만나면 제대로 열매를 내어 주기도 전에 냉해를 입기가 일쑤였다. 가시오이가 맛있다고 해서, 한 해에 이모작을 시도한 것은 애초에 무리였던 것이다. 가시오이는 욕심과는 달리, 봄에 뿌리를 내려 여름에 열매를 내어 주는 자신만의 시간을 철저하게 지켰다. 가시오이뿐만 아니라 대부분의 식물들은 자신들의 시간을 알고 있었고, 그 시간에 순응하였다.

초보 농사꾼인 나는 매해 양력 4월이 돌아오면, 심장이 터질 것 같은 환희에 빠지게 되었다. 산수유, 개나리, 매화 등의 나뭇가지에 꽃봉오리가 맺히고, 화단의 화초들이 여기저기서 얼굴을 내밀기 시작하기 때문이다. 특히, 튤립이나 돌단풍이 고개를 내밀기 시작하면, 농사를 짓고 싶은 욕망이 샘솟기 시작하였다. 해마다 이때쯤이면 혹독한 겨울을 이겨 낸 봄동, 마늘, 쪽파, 대파, 양파가 서로를 대견스러워하며 하루가 다르게 성장하였다. 하지만 4월 중순을 지나 하순이 다가오면 그렇게 맛있었던 봄동에서 꽃대가 올라오고, 쪽파의 푸름도 빛을 잃어 가기 시작하였다. 이 시기는 해마다 월동 식물과 당해 여름 식물이 교차하는 시간대였다. 하지만 마음이 급한 나는 봄동의 노란 꽃을 기다리거나, 쪽파의 구근을 만나기가 쉽지 않았다. 왜냐하면, 내 마음은 이미 여름 식물로 향하였기 때문이었다.

2013년부터 2016년까지 봄과 여름이 조우하는 시간대를 참아 내기가 쉽지 않았다. 초보 농사꾼인 나는 월동 식물들이 생명을 다하기도 전에 그들을 강제로 퇴장시켰다. 그리고 모종시장에 달려가 여름에 키울 수박, 호박, 가지, 참외, 고추, 토마토, 옥수수 등을 내다 심었다. 그러나 그들을 옮겨 심고 나면, 저녁 9시 뉴스에 귀를 기울일 수밖에 없었다. 우리나라의 남부와 중부의 중간에 위치한 완주군은 생각보다 추운 곳이었기 때문이다. 정성을 다해 심어 놓은 모종들은 새벽의 찬 공기를 이기지 못하고 죽기가 일쑤였다. 때를 제대로 알지 못하는 초보 농사꾼으로

[그림 8]　가을무를 수확하는 초보 농부

인해 해마다 어린 모종들은 죽고 또 죽어 나갔다. 조금 일찍 심으면, 좀 더 빨리 열매들을 만날 수 있다는 나의 조급함이 해마다 반복되었던 것이다.

　5년차 농부가 된 나는 모든 식물들에게는 나름의 때가 있음을 알게 되었다. 아무리 마음이 급해도, 여름 채소들은 5월 초순에 모종을 옮겨 심는 것이 가장 적절하다. 그리고 아무리 옥수수가 맛이 있어도, 한 번 수확한 옥수수를 한 해에 두 번 심는 것은 무리였다. 양파의 줄기가 꺾어져야 뿌리가 실하고, 옥수수의 수염이 말라야 열매 또한 실하였다. 너무 빨리 수확한 가을무는 단맛보다 매운 맛이 강하였고, 가을무를 너무 늦게 뽑으면 무에 바람이 들어갔다. 수박을 너무 빨리 수확하면 단맛이 없었고, 너무 늦게 수확하면 과육이 농하여 먹을 수가 없었다.

　내 집의 택호는 농사에 제격인 표현이다. '시우당', 제때 내리는 단비를 일컫는 말이다. 몇 년 동안 농사를 짓다 보니, 제때 내리는 비가 단비라는 사실을 알게 되었다. 올해 여름은 지독히도 메마른 나날이었다. 그렇게 싱싱한 옥수수가 타들어 갈 정도니, 더위가 야속하기만 했다. 그러나 놀랍게도, 입추가 다가오자 며칠 동안 폭우가 내렸다. 아무리 생각해도 절기는 신기하기만 하다. 오늘은 광복절(8월 15일)에 심은 가을무를 수확하는 날이다. 초보 농부인 나는 가을무를 뽑는 날을 정하기 위해 며칠을 고민하였다. 얼기 전까지 최대한으로 키워야 맛도 달고, 크기도 크기 때문이다. 농사 경력 6년차, 이제야 가을무 뽑는 시기를 조금은 알 것 같다. (중략) 나는 20년 동안 교육을 하면서 학생들 한 명 한 명의 제때를

[그림 9] 수확 시기를 놓친 옥수수밭

알고서 교육을 한 것일까? 두 아들을 키우면서, 제대로 때를 알고 키운 것일까? 개별 학습자의 성장과 발달을 위한 최적의 시간을 깨달아가는 것이 교육자에게 무엇보다 중요한 덕목인 것 같다.

(2018. 12. 초순. 연구자의 성찰일지)

[그림 9]는 수확 시기를 놓쳐 버린 옥수수밭이다. 해마다 옥수수가 너무나 예쁘고 맛이 있어서, 올해(2018년)는 텃밭의 사방에다 옥수수를 심었다. 그러나 한꺼번에 익어 버리는 옥수수를 먹기에는 한계가 있었고, 결국 대부분의 옥수수는 너무나 딱딱하게 굳어서 먹기에 불편한 것이 되고 말았다. 부드럽고 달콤한 옥수수는 채 며칠이 가지 않았다. 이처럼 농사를 짓는 일은 여러 농작물의 때를 아는 활동이었으며, 때를 기다리는 것이었다. 여러 농작물은 성장과 발달을 위한 자신만의 시간대를 갖고 있었다. 또한, 농작물의 종류가 비슷하더라도, 각 개체들의 성장과 발달 시기는 모두 상이하였다. 20년 동안 학교에서 만났던 학생들은 내가 키워 왔던 농작물과 다를 바가 없었을 것이다. 생각해 보니, 나는 학생들을 동일한 시간대에 가두고 놓고 교육하였다. 즉, 교사 또는 교사교육자로서의 나는 내가 정한 시간대에 모든 학생들을 구겨 놓고, 일방적으로 가르쳤던 것이다.

3. 조력자로서의 역할 수행하기: '성장을 위한 촉진자 되기'

텃밭을 가꾸는 초보 농사꾼이자 연구자로서의 나는 다양한 식물의 성장과 발달을 촉진하는 조력자로서의 역할을 수행하였다. 즉, 텃밭 가꾸기를 성공적으로 수행하기 위해서는 다양한 식물의 성장과 발달을 촉진할 수 있는 농부로서의 정체성과 역할을 지속적으로 재구성할 필요가 있었다.

　　농사와 관련된 속담에 따르면, "곡식은 농부의 발소리를 듣고 자란다." 이 말은 식물의 성장과 발달에서 전문적인 농업기술과 자연환경뿐만 아니라, 농사를 짓는 이의 정의적 및 정서적 태도와 정체성, 그리고 역할의 중요성을 일컫는 말이다. 초보 농사꾼인 나는 집에서 6년 동안 어설프게 농사를 짓기는 하였지만, 이러한 격언의 의미를 몸소 깨닫게 되었다. 솔직히 말해, 농사를 직접 짓기 전에는 이 속담이 과장법에 가깝다고 생각하였다. 어떻게 식물에게 귀가 있으며, 귀가 있다고 하더라도 내 발소리는 식물이 들을 정도로 크지도 않기 때문이다. 그러나 놀랍게도, 대부분의 식물들은 사람처럼 귀는 없었지만 나의 기(氣)를 느끼었고, 나의 관심과 사랑 정도에 따라서 차별적인 성장과 발달을 하였다.

　　한옥의 울타리 역할을 하고 있는 화살나무들을 보면, 신기하기가 그지 없다. 식구들이 자주 나다니는 입구 쪽의 화살나무들만 유별나게 튼튼하고 싱그럽다. 나는 그쪽 아이들에게만 특별히 퇴비를 주거나 물을 준 적도 없다. 다만, 식구들이 자주 오가면서, 옷깃이 나뭇가지에 많이 닿았을 뿐이다. (중략) 아내와 아이들은 화살나무의 가지들이 통행에 불편을 준다고 불평하였지만, 나는 끝내 가지치기를 하지 않았다. 오히려 그들을 사랑스럽게 만져 주었다. 그런데 그 화살나무는 나의 사랑과 관심을 받고 해마다 튼튼하게 자라고 있다. 식물은 비록 말을 하거나 움직일 수는 없으나, 인간의 관심과 사랑에 반응하는 것은 분명하다.

(2016. 06. 중순, 연구자의 성찰일지)

오늘 가을무와 배추를 수확했다. 튼실하게 자라 준 녀석들이 대견하기만 하다. 사실 돈으로 환산하면 얼마 되지도 않지만, 마당에 진열되어 있는 무와 배추를 보니 훈장을 보는 것처럼 뿌듯하다. 남들이 부러워할 만하게 키우는 데는 좋은 종자와 제때의 파종, 그리고 계절적 요소뿐만 아니라, 지극한 관심과 사랑도 한몫을 하는 것 같다. 초보 농사꾼인 나는 유기농 무와 배추를 키워 내기 위해 매일 벌레를 잡고, 잡초를 제거하였다. 특히, 밤마다 출몰하는 민달팽이를 잡느라고 너무나 수고스러웠다. 하지만 무와 배추는 나의 발걸음과 손길에 보답을 하였다. 그들은 배추벌레와 민달팽이를 이겨 내고 이처럼 훌륭하게 자라 주었다. 그들은 사람처럼 말을 할 수는 없으나, 나와 교감하는 게 확실하다.

(2017. 12. 초순, 연구자의 농사일지)

한편, 사랑과 관심이 여러 식물들의 성장과 발달에 중요한 요소로 작용하였지만, 지나친 사랑과 관심은 역효과를 초래하기도 하였다. 즉, 식물에 대한 관심과 사랑이 지나쳤을 때, 간섭이나 과잉보호 등의 부작용이 발생하였다. 식물을 키우는 데도 농부의 교육적인 절제와 중용의 미덕이 필요한 것이다. 매년 5월 초순, 차가운 새벽바람을 이겨 낸 고추, 가지, 방울토마토, 오이 등을 보고 있노라면 생명의 경이로움을 느낄 수 있었다. 특히, 봄과 땅의 기운을 받아 폭발적으로 성장을 시도하는 식물들을 보면 내 눈을 비빌 정도였다. 해마다 힘든 농사를 지속하는 이유도 바로 열매를 수확하는 기쁨뿐만 아니라, 이러한 생명의 약동을 느낄 수 있어서였다. 새순과 새잎이 너무나 예뻐서 어쩔 줄을 몰랐고, 그들에게 많은 물과 퇴비를 주었다. 그러나 과유불급(過猶不及)이라 하였던가? 나의 지나친 사랑과 관심은 도리어 그들을 병들게 하고, 지속 가능한 성장을 가로막고 말았다.

해마다 5월 초순에 뿌리를 내렸던 고추는 원줄기의 윗부분뿐만 아니라 뿌리 근처에도 새싹들이 돋아났다. 텃밭 농사를 3년 정도 지을 때까지는 뿌리 부분의 새싹이 아까워서 도저히 순을 자를 수가 없었다. 그러나 순지르기를 하지 않는 고추밭은 이내 엉망진창이 되기가 일쑤였다. 뿌리 근처에 가지가 무성하다 보니 통기성이 불량하고, 수확을 할 때마다 가지가 부러지는 등 여러 문제가 발생하였다. 고추의 새순이 아무리 귀하더라도, 적당하지 않은 곳에 자란 새순은 제거해야 함을 깨닫게 되었다. 또한, 한여름에 진한 보라색을 뽐내며 자라는 가지 잎을 보면, 그렇게 아름다울 수가 없었다. 특히, 사람 얼굴만큼 커다란 잎자루를 보면 농부로서 긍지를 느낄 수 있었다. 그런데 고향에서 아들집을 보러 온 어머니가 그렇게도 예쁜 가지 잎들을 마구 꺾어 버리는 것이 아닌가? 나중에 안 사실이지만, 무성한 가지 잎을 정리해야 튼실한 가지가 많이 열린다.

오이 농사 또한 마찬가지였다. 추위에 약한 오이가 땅의 기운을 받고 성장을 시작하면, 어깨춤이 절로 났다. 내 얼굴 크기보다 커다란 오이 잎이 보이면, 곧 대박이 날 것을 경험으로 알았기 때문이었다. 그러나 문제는 뿌리 근처에도 오이가지가 생겨났고, 그곳에서조차도 노란 오이꽃이 피었다. 특히, 뿌리 근처의 오이꽃은 가장 먼저 피기 때문에 새순을 자르기가 말처럼 쉽지 않았다. 그러나 뿌리 근처에 자라는 오이는 영양분을 제대로 섭취하지 못해 기형적으로 자라났고, 결국 땅바닥에서 나뒹구는 처지가 되고 말았다. 초보 농사꾼인 나는 식물의 성장과 발달에 바람직하지 못한 가지는 아깝고 안타까워도 제거해야 함을 알게 되었다.

> 텃밭을 보니 기분이 그다지 좋지 않다. 맛난 방울토마토를 더 이상 먹을 수가 없기 때문이다. 초보 농사꾼인 나는 6월에 토마토 순지르기를 할 수가 없었다. 아무리 봐도 예쁘지 않은 가지가 없었기 때문이었다. 그래서 끝내 모든 가지를 살려 주었고, 퇴비도 많이 주었다. 그런데 명백한 실수였다. 너무 웃자란 방울토마토는 폭우에 그만 주저앉고 말았다. 너무나도 많은 열매를 달고 있었던 방울토마토는 제 무게를 이기지 못하고 허무하게 쓰러지고 말았다.
>
> (2015. 07. 중순, 연구자의 농사일지)

초보 농사꾼인 나는 이러한 시행착오의 학습과정을 통해서 과도한 사랑과 관심이 개체의 성장과 발달을 오히려 가로막을 수 있음을 깨닫게 되었다. 특히, 생육의 초기 단계에서 제대로 된 처치를 하지 않으면, 돌이킬 수 없는 상황에 치닫게 될 수 있음을 자각하게 되었다.

한편, 식물의 성장과 발달은 개체 내부의 유전적 형질에 따라 좌우될 수도 있고, 개체의 성장과 발달을 관장하는 외부 존재의 영향력에 의해 결정될 수도 있다. 전자는 개체주의 심리학의 이론적 전제이며, 후자는 행동주의의 주요한 관점이다. 나는 6년 동안 텃밭 가꾸기를 하면서 이 두 가지 학습이론이 일리성은 있지만, 동시에 불완전하다는 사실도 알게 되었다. 개체 내부의 성장과 발달을 강조하는 입장은 씨앗의 생육과정에서 입증되었다. 옛말처럼, 될성부른 나무는 떡잎부터 달랐다. 초보 농사꾼인 내가 제아무리 열심히 농사를 지어도, 애초에 씨앗이 좋지 못하면 모두가 허사였다. 따라서 몇백 원, 몇천 원을 더 주더라도 우수한 씨앗과 모종을 사는 일이 무엇보다 중요하였다. 하지만 모순적으로, 유사한 씨앗들도 내가 그것을 어떻게 키우는지에 따라 매우 다양한 성장과 발달을 보였다. 결국, 훌륭한 농사군이 되기 위해서는 좋은 종자를 선택하고, 좋은 환경을 제공하는 것뿐만 아니라, 적절할 개입과 조치를 통해 성장을 위한 촉진자가 되어야 함을 깨닫게 되었다.

> 고추의 성장과정을 보면, 개체들의 다양한 유전 형질에 놀라게 된다. 농사를 직접 짓기 전에는 고추는 그냥 다 같은 고추라고 생각했다. 그러나 고추의 종류는 생각보다 훨씬 다양했다. 청양고추, 일반고추, 당조고추, 꽈리고추 등 서로 엇비슷한 것처럼 보여도 성질은 전혀 딴판이다. 고추의 종자가 어떤 것인지에 따라 상이한 성장과 발달을 하는 것을 보면, 역시 씨는 속일 수가 없는 것이다. 내가 여태까지 만난 학생들도 모두 비슷해 보였지만, 고추 종자보다 훨씬 다양한 개체들일지도 모른다는 생각이 들었다. 그렇다면, 교육자로서의 나는 고추를 키우는 것처럼, 학생들의 다양성과 차이를 인정하면서 교육을 하였을까? 몇 해 동안 고추 농사를 지으면서 나의 학생관을 다시금 되돌아보게 된다.
>
> (2016. 07. 중순, 연구자의 반성적 저널)

> 농부의 기술이 종자의 한계를 뛰어넘을 수 있을까? 종자가 중요한 것은 분명했다. 그러나 종자가 제아무리 훌륭해도, 농부의 적절한 개입이나 조치가 없다면, 식물은 제대로 성장하지 못하는 것 같다. 올해 학교일에 몰입하면서 텃밭을 가꿀 시간이 충분하지 않았다. 그래서 옥수수밭을 정리하지도 못했고, 거름도 하지 않은 채 가을무와 배추를 심었다. 그러나 좋은 모종과 씨앗을 구매했음에도 불구하고, 그들의 생육이 기대만큼 좋지 않았다. 결국 종자가 중요할지라도, 농부의 적절한 개입이 없으면 안 되는 것이었다. 교육 또한 마찬가지가 아닐까?
>
> (2018. 12. 하순, 연구자의 반성적 저널)

V. 나가며

여기에서는 지금까지의 연구 결과(① 개체의 다양성과 개별성을 인정하기: '있는 그대로 키우기', ② 성장 및 발달을 위한 최적기를 포착하기: '때를 알고 기다리기',

③ 조력자로서의 역할 수행하기: '성장을 위한 촉진자 되기')에 기초하여 텃밭 가꾸기의 교육학적 의미를 평생교육 및 교수학의 관점에서 논의하고자 한다.

첫째, 초보 농사꾼이자 교사양성기관 교사교육자로서의 나는 6년 동안의 텃밭 가꾸기 경험을 통하여 학생의 다양성과 개별성을 새로운 관점에서 이해하게 되었다. 4차 산업혁명 시대에 조응하는 학교교육의 특성 가운데 하나는 여러 학생들의 다양성과 개별성을 최대한으로 고려하여 맞춤형 교육을 전개하는 것이다. 하지만 교사교육자로서의 나는 예비교사들을 가르칠 때, 그들의 다양성과 개별성을 인정하기보다는 내가 원하는 학생상을 강요하였다. 내 머릿속에는 이미 예비교사로서의 전형적인 모범이 존재하였던 것이다. 그래서 교사교육자로서의 나는 예비교사들이 내가 원하는 생각과 행동을 하지 않았을 때, 화를 내거나 실망을 하였다.

나는 6년 동안의 텃밭 가꾸기 경험을 통하여, 예비교사들은 내가 신봉하는 교육적 규범이나 가치를 따라야 하는 교육적 대상이 아님을 깨닫게 되었다. 오히려 교사교육자로서의 나는 예비교사들의 다양한 교육적 관심과 흥미를 고려한 교수법을 실현해야만 하였다. 연구 결과에서 확인할 수 있는 것처럼, 텃밭에서 자라났던 식물들은 생각보다 고집이 강하였고, 결국 여러 식물들은 고유의 특성대로 성장과 발달을 거듭하였다. 식물의 경우처럼, 교원 양성기관의 교사교육자들이 여러 학생들의 다양성과 차이를 고려하지 않고서는 도덕성이나 창의성을 갖춘 유능한 교육인재를 기르기는 쉽지가 않을 것이다. 또한, 교원 양성기관의 교사교육자들이 예비교사들의 다양성과 개별성을 고려하지 않는다면, 기대만큼 예비교사들의 교육적 가소성이 크지 않을 수도 있을 것이다. 이러한 맥락에서, 학교교육을 실현하는 교수자는 학습자들의 다양한 흥미와 관심을 이해하기 위한 노력을 경주해야 할 것이다.

둘째, 텃밭 가꾸기를 하면서 가장 강렬하게 경험한 교육적 통찰은 바로 시간의 중요성이었다. 텃밭에서 자라났던 식물들의 대다수는 성장과 발달을 위한 자신들만의 시간을 갖고 있었다. 이러한 측면에서, 대파가 가장 훌륭한 식물이었는지도 모른다. 비록 하절기와 동절기에 자라는 대파의 품종이 다르기는 하지만, 어쨌든 대파는 연중 시간을 가리지 않는 '순한' 식물이었다. 그러나 교사 또는 교사교육자의 입장에서 볼 때, 내가 만났던 학생들은 대파와도 같은 존재가 아니었는지도 모른다. 학교교육은 그동안 학생들의 고유한 성장 시기를 인정하지 못하였다. 오히려 국가 제도로서의 학교는 학제라는 시간적 구획을 통해 학생들의 교육적 가능성과 역량을 재단하고, 그것의 결과에 따라 학생을 솎아 내었는지도 모른다.

과연 고등학교 3학년 시기의 학습능력이 평생 동안의 교육적 성장과 가능성을 가늠하는 데 절대적일 수 있는가? 불행하게도, 근대의 학교교육은 한 개인이 20년 동안의 학교교육을 통해 나머지 기간의 삶을 결정지을 수 있는 사회적 정당성이나 토대를 제공하였다. 인간의 교육적 성장과 발달을 식물에 비유해 본다면, 봄에 성장하는 식물들이 텃밭의 지배자가 되는 형국이다. 그러나 식물의 다양한 성장기처럼, 어떤 인간은 20대에서 40대까지 전성기를 맞이할 수도 있고, 40대부터 60대까지가 전성기일 수도 있다. 이러한 맥락에서, 10대 후반에서 20대 초반에 집중적인 학벌 경쟁을 시도하는 우리의 자화상을 되돌아볼 필요가 있다.

매서운 추위를 이겨 내고 봄에 피는 꽃은 분명히 아름답다. 그러나 무더운 여름이나 차가운 가을밤에 피는 꽃도 나름의 멋과 존재 가치가 있다. 그래서 초보 농사꾼인 나는 무더운 여름철에 100일 동안이나 피어 있는 배롱나무가 아름답고, 10월 밤에 아름다운 향기를 선사하는 목서가 고맙기만 하다. 우리의 학교교육은 그동안 봄에 피는 화려한 꽃들에만 관심을 쏟은 것은 아닐까? 따라서 미래의 학교교육은, 그리고 교사와 교사교육자는 한여름이나 가을에도 피어날 인재들을 알아보고, 훗날 제때가 왔을 때 그들이 자신만의 아름다운 꽃을 피우고 튼실한 열매를 맺을 수 있도록 아낌없는 지원과 후원을 해야 할 것이다. 이러한 맥락에서, 학부모와 시민들, 그리고 교육정책 입안자는 평생이라는 시간적 차원에서 학교교육을 새롭게 조망하였으면 한다.

셋째, 초보 농사꾼이자 연구자로서의 나는 다양한 식물의 성장과 발달을 도모하는 과정에서 조력자로서의 정체성과 역할을 지속적으로 재구성하였다. 이러한 연구 결과는 다양한 학생들의 교육적 성장과 발달을 촉진하는 데도 교수자의 절제와 중용의 미덕이 필요함을 의미한다. 농사꾼의 지나친 관심과 사랑이 '조장(助長)'이 되어 버리듯이, 학생에 대한 교수자의 지나친 개입과 간섭은 학습자의 자기주도적인 성장과 발달을 가로막는 장애물이 될 수도 있다. 결국, 농사꾼이 식물의 성장을 대신할 수 없는 것처럼, 교수자도 학습자의 교육적 성장과 발달을 대신할 수는 없는 것이다. 개체의 성장과 발달을 촉진하지만, 동시에 자발적이고 주도적인 교육적 성장을 지켜보는 것이 교수자의 역할인 것이다.

한편, 텃밭의 식물들은 씨앗이 지닌 유전적 형질에 따라 고유한 성장과 발달을 시도하였지만, 동시에 통제할 수 없는 외부 환경과 경작자의 처치에 따라 차별적인 성장을 하였다. 이러한 텃밭 가꾸기 경험에서의 교훈은 학생들을 교육하는 교수자의 정체성과 역할을 재구성하는 데 의미하는 바가 있다. 행동주의를 신봉하는 교육자들은 개체의 고유성과 차이를 존중하기보다는, 교수자의 전문적인 처지와 명료한 교육 프로그램을 강조하는 입장을 취한다. 이러한 교육원리는 상당히 매력적이지만, 동시에 교육적 함정을 내포하고 있다. 즉, 교수자의 전문적이고 직접적인 중재를 강조하는 행동주의는 학습자들의 주체성과 자율성을 간과하고, 교육 만능론에 빠질 수도 있기 때문이다. 반대로, 개체 내부의 성장과 발달을 강조하는 개체주의 심리학은 외부 환경과 교수자의 역할을 과소평가할 우려가 있다.

　연구자의 텃밭 가꾸기 경험을 통해서 미루어 짐작해 볼 때, 학습자의 교육적 성장과 발달은 개체 내부의 유전적 특성뿐만 아니라 외부 환경, 그리고 교수자의 교수적인 처치가 교차하는 지점에서 촉발된다. 이는 개인의 성장과 발달이 개체 내부의 고유한 유전적 형질뿐만 아니라, 외부 환경과 개체의 지속적인 상호작용을 통해 촉발된다는 Vygotsky의 사상과 맥을 같이한다. 즉, 한 개인의 성장과 발달은 개인 내부에 전적으로 의존하는 것이 아니며, 동시에 외부 환경이나 교수자에 따라 좌우되는 것도 아니다. 따라서 교수자는 이와 같은 교육적 통찰에 기초하여, 학습자의 교육적 성장과 발달을 촉진하기 위한 조력자 또는 촉매자로서의 역할과 기능을 수행해야 할 것이다.

참고문헌

강영식(2014). 텃밭 가꾸기 체험활동이 유아의 탐구능력과 식생활 태도에 미치는 영향. **한국산학기술학회논문지**, **15**(6), 3460-3468.

김영옥 · 윤경선 · 정상녀 · 이나영(2007). 텃밭 가꾸기 중심 통합교육활동이 유아의 경제 개념 형성에 미치는 영향. **한국영유아보육학**, **49**, 209-229.

김영자 · 신현기(2010). 텃밭 가꾸기를 활용한 진로인식 교육이 정신지체 초등학생의 진로태도 및 진로 자기효능감에 미치는 효과. **통합교육연구**, **5**(1), 85-108.

서주형 · 이수경(2017). 텃밭 가꾸기를 활용한 자연명상놀이가 만 3세 유아의 감성지능과 자기효능감에 미치는 영향. **불교상담학연구**, **9**, 49-82.

성정민 · 박용한(2016). 텃밭 가꾸기 활동이 유아의 자연 친화적 태도와 과학적 탐구능력 및 정서지능에 미치는 영향. **아동교육**, **25**(4), 205-225.

송미정 · 유영의(2018). 텃밭 가꾸기 활동이 유아의 행복감과 사회 · 정서능력에 미치는 영향. **학습자중심교과교육연구**, **18**(12), 291-313.

안지성 · 김정신 · 조희숙(2011). 유치원에서 이루어지는 텃밭 가꾸기 활동의 의미. **열린유아교육연구**, **16**(6), 327-361.

오숙현(2014). 소집단 텃밭 가꾸기 활동이 통합학급 발달지체유아의 표현언어에 미치는 효과. **한국청각 · 언어장애교육연구**, **5**(2), 47-65.

윤준일 · 최기영(2008). 산책과 텃밭 가꾸기를 통한 자연 친화활동에 참여한 유아의 자연에 대한 태도. **교원교육**, **24**(4), 179-204.

이동성(2012). **질적 연구와 자문화기술지**. 파주: 아카데미프레스.

이지영 · 조부경(2017). 가정과 연계한 텃밭 가꾸기 활동이 유아의 인성 및 자연 친화적 태도에 미치는 영향. **한국유아교육연구**, **19**(1), 1-26.

임수진 · 안경숙(2011). 텃밭 가꾸기에 기초한 생태교육 프로그램의 개발과 평가. **열린부모교육연구**, **3**(2), 71-85.

장용석(2015). 학교 텃밭(정원)의 교육적 활동을 위한 이론적 고찰 및 미술교육에서 적용 방안. **학습자중심교과교육연구**, **15**(4), 575-598.

최미순 · 배지희(2015). 도심 속 사랑유치원 유아들의 텃밭 가꾸기 활동을 위한 실행연구. **열린유아교육연구**, **20**(2), 143-172.

Saldaña, J. (2009). *The coding manual for qualitative researchers*. London: Sage.

제5부
자문화기술지: 평가와 전망

제13장
자문화기술지 연구동향과 과제

제5부(13장)에서는 자문화기술지에 대한 양적 및 질적 분석을 통하여 국내 자문화기술지의 연구동향을 가늠할 것이다. 국내 자문화기술지의 현주소를 파악함과 동시에 자문화기술지의 방법론적 엄밀성과 충실도를 높이는 데 기여할 수 있는 내용이 될 것이다. 분석 결과를 간략하게 제시하면 다음과 같다.

첫째, 한국의 자문화기술지는 일반교육학과 체육(교육)학을 중심으로 방법론적 확산을 하였으며, 상담심리학과 특수교육학 분야에서도 연구가 점증하고 있었다. 그러나 자문화기술지 방법 자체에 대한 연구가 멈춰 있고, 다양한 교과교육학 분야에서의 자문화기술지 연구가 그다지 활발하지 못한 점은 새로운 도전과제로 볼 수 있었다.

둘째, 국내 자문화기술지는 다섯 가지 질적 평가 영역 및 준거(연구 설계, 연구대상 및 연구배경, 자료 수집 및 관리, 자료 분석 및 해석, 타당도 검증 및 재현방식 영역) 측면에서 전체적으로 낮은 방법론적 엄밀성을 나타내었다. 특히 질적 분석의 결과에 따르면, 연구 결과를 풍부하게 재현하기 위한 자료 제시의 방법과 글쓰기 방식에 대한 새로운 시도가 절대적으로 필요하였다.

제 13 장

자문화기술지 연구동향과 과제

I. 들어가며

근대 이후 비교적 최근에 이르기까지 인간의 기억과 주관성을 강조하는 자기 연구 (self-study)는 엄밀한 사회과학 연구방법론에서 오랫동안 배제되었다. 그러나 최근 질적 연구 분야에서의 뚜렷한 특징 가운데 하나는 '자기 연구'의 부상 및 강세이다. 특히, 포스트모던 철학에 기초한 자문화기술지(autoethnography)는 여러 인문사회 학문분야에서 유용한 질적 방법론으로 각광을 받고 있다. 이제 한 개인의 주관성과 기억은 한낱 오염된 질적 자료가 아니라, 더욱 밀도 높은 의미 자료로서 주목받고 있다. 외국의 경우, 자문화기술지의 방법론적 정당성과 엄밀성에 대한 논쟁은 학술적 주제로 자리를 잡고 있으며, 어느 정도의 이론적 퇴적물이 형성되고 있다. 그러나 우리나라의 경우 자문화기술지에 대한 방법론적 이해와 확산이 초입 단계에 머물러 있으며, 국내의 자문화기술지 연구에 대한 체계적인 분석조차 전무한 실정이다.

이 글의 저자인 나는 2010년부터 현재에 이르기까지 10여 편의 자문화기술지를 작성하였으며, 수십 편의 자문화기술지 연구를 지도하고 심사하였다. 이 과정에서 한 가지 안타까운 점은 대다수의 국내 자문화기술지들이 내 논문과 매우 흡사한 형태를 나타내었으며, 내가 지도하거나 심사한 상당수의 자문화기술지는 아예 학위논문이나 학술지 논문으로 발표되지 못하였다는 사실이다. 우선, 국내 자문화기술지들이 내 논문과 매우 흡사한 형태를 보이는 것은 그다지 기분 나쁜 일이 아닐 수도 있다. 오히려, 나의 자문화기술지가 동료 및 선배 연구자들 그리고 후학들에게 하나의 예시가 되었다는 반증이기에 반색할 일이다. 그러나 나는 국내 자문화기술지의 이러한 연구동향을 그다지 긍정적으로 평가하지 않는다. 왜냐하면, 현재의 나는 내 글의 수준과 글쓰기 방식을 혐오하고 있기 때문이다. 나는 더 이상 고만고만한 수준의 자문화기술지 논문을 쓰기 싫으며, 익명의 세 심사자들에게 길들여지고 정형화된, 아니 변형된 자문화기술지를 쓰고 싶지 않다. 또한, 논문의 주제만 바뀌었을 뿐, 내 논문의 변주에 해당하는 다른 글을 보면 학자로서의 불편함을 느낀다.

사실, 자문화기술지에 대한 이러한 자기혐오는 일종의 학문적 사치일지도 모른다. 왜냐하면, 다수의 자문화기술지는 시도되자마자 사장되기가 일쑤이기 때문이다. 내가 그동안 지도하고 심사한 연구들은 도대체 어디로 갔단 말인가? 아마도 여러 연구자들의 좌절과 함께 특정한 자문화기술지는 사라져 갔을 것이다. 개인적이고 감성적이며 은밀한 이야기를 쏟아 내고 나서 '불합격'이나 '게재불가' 판정을 받았던 연구자들의 마음은 얼마나 괴로웠을까? 꾸준하게 자문화기술지를 써 왔던 나는 그들의 아픈 마음을 어느 정도는 이해할 수 있다. 나도 그랬으니까! 도대체 그들의 글이 학문의 장에서 빛을 보지 못하는 이유는 무엇일까? 그들은 남들처럼 내 논문을 흉내 내지 못한 것일까? 아니면 그들의 학문적 및 방법론적 역량이 부족한 것일까? 그것도 아니라면 자문화기술지를 평가하였던 심사자들의 방법론적 담론 때문인가? 내가 보기에 이러한 물음을 해결하기 위해서는 국내 자문화기술지에 대한 정확한 분석과 평가가 선행되어야 한다. 이 글의 필요성은 바로 여기에 있다.

앞으로 자문화기술지를 수행하거나 평가할 연구자들은 한국의 자문화기술지가 어떠한 길을 걸어왔으며, 방법론적으로 무엇이 문제였는지를 꼼꼼하게 점검할 필요가 있다. 따라서 이 글의 목적은 국내 자문화기술지들에 대한 양적 및 질적 분석을 통하여 자문화기술지의 연구동향을 가늠하는 데 있다. 이러한 연구목적을 달성하기 위한 두 가지 연구 질문은 다음과 같다. 첫째, 국내 자문화기술지는 시간 및 학문 분과에 따라 어떠한 양적 특질을 나타내는가? 둘째, 국내 자문화기술지는 질적 연구의 평가준거와 관련하여 어떠한 질적 특질을 나타내는가? 여기에서 말한 자문화기술지의 '평가준거'란 연구 설계, 연구대상 및 연구배경, 자료 수집 및 관리, 분석 및 해석, 타당도 검증 및 재현방식에서의 엄밀성을 의미한다. 자문화기술지의 연구동향을 분석하는 이 연구는 국내 자문화기술지의 특질과 한계를 조명함으로써 국내 자문화기술지 연구의 방법론적 엄격성을 강화하는 데 기여할 수 있을 것이다. 또한, 이 연구의 결과는 자문화기술지의 질을 가늠하기 위한 평가준거로 기여할 것이다.

II. 연구방법

1. 분석의 대상 및 범위 설정

이 연구는 분석의 대상과 범위를 설정하기 위하여 '자문화기술지'라는 검색어를 선정하여 자료를 수집하였다. 최초 검색한 결과에 따르면, 자기 연구, 자서전적 연구, 자전적 생애사 연구, 자기민족지학 등의 유사한 방법론에 기초한 논문들이 동시에 추출되었다. 그러나 이 연구는 자문화기술지의 방법론적 개념과 특성을 고려하여 다양한 명칭으로 불리고 있는 논문들 가운데 일부를 자문화기술지 논문으로 포함하였다. 국내 자문화기술지는 2010년부터 현재(2016년 상반기 기준)에 이르기까지 62편이 산출되었는데, 일반교육학, 체육(교육)학, 미술(교육)학, 상담심리학, 자문화기술지 방법론, 특수교육학, 기타 학문 분야에서 학술지 및 석·박사 학위논문 형태로 꾸준하게 출판되고 있다.

2. 자료의 분석 방법

이 연구는 국내 자문화기술지의 연구동향을 분석하기 위하여 양적 분석과 질적 분석을 시도하였다. 우선, 양적 분석은 ① 국내 자문화기술지의 연도별 증가 추이, ② 세부 학문 분과별 출판 논문의 증가 추이를 추적하였다. 분석 결과, 자문화기술지 관련 출판 논문의 수가 최근 7년 동안 해를 거듭할수록 증가하고 있었고, 일반교육학과 체육(교육)학 분야를 중심으로 방법론적 확산을 하고 있었다. 또한, 상담심리학과 특수교육학 분야에서 자문화기술지의 방법론적 수용이 활발하였다.

한편, 이 연구는 국내 자문화기술지에 대한 질적 분석을 하기 위하여 서유진·이동성(2013)이 개발한 방법론적 준거를 재구성하였다. 즉, 이 연구는 ① 연구 설계 영역의 평가준거(연구목적과 개념적 맥락, 연구목적과 연구 질문의 관련성, 연구 질문과 연구유형의 적합성) 및 구성요소(연구자의 경험, 선행연구, 관련 이론, 연구목적과 연구 질문, 연구 질문과 방법론적 적합성), ② 연구대상 및 연구 배경 영역의 평가준거(연구대상과 연구배경에 대한 맥락성, 표집의 적절성, 현장 들어가기 전략 및 윤리성) 및 구성요소(연구대상 및 배경, 표집 선정기준 및 표집 방법, 목적 공표/라포르/연구 허락/비밀유지/사례 제공, ③ 자료 수집 및 관리 영역의 평가준거(자료 수집의 적절성, 자료의 다양성, 자료 수집의 의도성, 자료 관리의 투명성) 및 구성요소(자료 수집 기간 및 방법, 인터뷰/참여관찰/문서자료/기타, 대상/시간/장소/방법, 자료의 종류), ④ 분석 및 해석 영역의 평가준거(분석방법의 적합성, 범주화의 명료성) 및 구성요소(적합한 코딩 절차와 기법, 코딩 및 범주화의 일치성, ⑤ 타당도 및 재현방식 영역의 평가준거(신뢰성 및 진실성 확보, 자료 제시 및 글쓰기에 대한 충실도) 및 구성요소(타당도 관련 삼각검증/반영성/구성원 검증/동료자 검증/추적감사/풍부한 서술, 자료 제시 및 글쓰기 방식)를 활용하여 질적 분석을 시도하였다(서유진·이동성, 2013).

III. 국내 자문화기술지의 방법론적 충실도

1. 양적 분석 결과

앞서 말한 바와 같이, 이 연구는 국내 자문화기술지의 연구동향을 분석하기 위하여 총 62편의 자문화기술지를 대상으로 양적 분석을 시도하였다. 좀 더 구체적으로 말하자면, 이 연구는 다음 두 가지의 양적 분석 준거를 바탕으로 국내 자문화기술지의 연구동향을 분석하였다. ① 국내 자문화기술지의 연도별(2010년부터 2016년 9월까지) 증가 추이, ② 세부 학문 분과별〔일반교육학, 체육(교육)학, 미술(교육)학, 상담(교육)심리학, 질적 연구방법, 특수교육, 기타 학문〕 출판 논문의 증가 추이. 두 가지 양적 분석 준거에 기초한 최종적인 연구 결과를 간략하게 제시하면, 〈표 8〉과 같다.

우선, 최근 7년 동안 출판된 국내 자문화기술지를 연도를 기준으로 하여 주요한 특질을 기술하면 다음과 같다. 우리나라에서는 2010년에 새로운 질적 연구방법으로서 자문화기술지가 처음으로 소개되었으며, 총 4편의 논문이 발표되었다.

〈표 8〉 국내 자문화기술지에 대한 양적 분석의 결과

학문 연도	일반 교육학	체육 (교육)학	미술 (교육)학	상담 심리학	자문화 기술지	특수 교육학	기타 학문	합계
2010	1				2		1	4편
2011	5				1	1		7편
2012	2	3			1			6편
2013	1	3			1	1		6편
2014	4	4		1		2		11편
2015	6	2	2	6		1	1	18편
2016 (상반기)	1	6		1		2		10편
합계	20편	18편	2편	8편	5편	7편	2편	62편

박순용·장희원·조민아(2010)는 일반교육학 분야에서 "자문화기술지: 방법론적 특징을 통해 본 교육인류학적 가치의 탐색"(《교육인류학연구》)이라는 글을 통하여 자문화기술지의 방법적 개념과 특징을 교육인류학의 관점에서 소개하였다. 그리고 이동성·김지인·이다해(2010)는 "우리나라 다문화교육현장작업(fieldwork)에서 경험하는 방법론적 딜레마와 이슈들"(《다문화교육연구》)이라는 글을 통해 질적 연구자들의 연구 경험을 내부자의 맥락에서 묘사하였다. 이 두 논문은 자문화기술지 그 자체에 대한 방법론적 특성을 논의하고 있는데, 질적 연구 행위에 대한 성찰을 조명한 측면에서 연구의 가치가 있다. 한편, 2010년에는 자문화기술지에 대한 방법적 소개 수준에서 한 걸음 더 나아가, 토착적인 자문화기술지 연구 사례가 출현하였다. 그 첫 번째 논문은 이동성(2010)의 "초등학교 기초학습부진학생 지도경험에 대한 자문화기술지"(《교육인류학연구》)이고, 두 번째 논문은 주형일(2010)의 "지방대에 대한 타자화 담론의 주관적 수용의 문제"(《미디어, 젠더 & 문화》)이다. 이 두 작품은 한국의 교육적 현실과 사회문화적 맥락에 기초하여 자문화기술지를 서술한 측면에서 연구의 가치가 있다.

　둘째, 2011년에는 일반교육학(5편), 자문화기술지 방법론 그 자체(1편), 그리고 특수교육학(1편) 분야에서 자문화기술지 연구 사례가 축적(총 7편)되었다. 특

히, 우리나라 자문화기술지의 수용과 확산은 일반교육학을 중심으로 전개되었는데, 이동성(2011a)의 "초등 교과교육연구회 참여경험에 대한 자문화기술지"(《초등교육연구》), 이동성(2011b)의 "자문화기술지를 통한 초등학교 운동부 지도경험 분석"(《초등교육연구》), 이동성(2011c)의 "한 교사 연구자의 변환적인 역할과 관점에 대한 자문화기술지"(《교육인류학연구》), 이동성(2011d)의 "한 교사교육자의 교수경험에 대한 자문화기술지"(《교육인류학연구》), 이동성(2011e)의 "초등학교 체육 전담교사의 교수경험에 대한 자문화기술지"(《초등교육연구》)가 여기에 해당한다. 특히, 김영천·이동성(2011)은 "자문화기술지의 이론적 관점과 방법론적 특성에 대한 고찰"(《열린교육연구》)이라는 논문을 통해 자문화기술지의 인식론적·존재론적·수사학적 전제를 명료화하고, 교육학 분야에서 자문화기술지가 어떠한 방법론적 기여를 할 수 있는지를 구체화하였다. 한편, 지종민(2011)의 "행동계약에 의한 초인지 전략 실천 효과성에 관한 연구: ADHD아동을 중심으로"(《특수교육저널: 이론과 실천》)는 특수교육학 분야에서도 자문화기술지가 부분적으로 수용될 수 있음을 보여 주었다.

셋째, 2012년에는 일반교육학(2편), 자문화기술지(방법론 단행본 1편), 그리고 체육교육학(3편) 분야에서 자문화기술지(총 6편)가 출현하였다. 일반교육학 분야에서는 김효선·한진상(2012)이 "다문화대안학교에서의 교사봉사자 경험에 대한 자문화기술지"(《교원교육》)를 서술하였고, 심준석·김진희(2012)는 "수업 비평 경험의 교사 이야기"(《교육연구》)를 발표하였다. 이 두 논문은 자문화기술지의 방법론적 특성에 기초하여 현장교사의 직접적인 교수경험을 내부자의 관점에서 조명하였다. 그리고 이동성(2012)은 『질적 연구와 자문화기술지』라는 방법론 단행본을 출판함으로써 자문화기술지의 확산에 기여하였다. 이 시기에 특기할 만한 사실은 체육(교육)학 분야에서 자문화기술지 연구(학위 및 학술지)가 생성되기 시작하였다는 점이다. 좀 더 구체적으로, 임성철(2012)은 "고교 운동부 감독의 공부하는 학생선수 만들기 실천과정"이란 박사학위 논문을 작성하여 학술지(《한국스포츠사회학회지》)에 발표하였으며, 임성철·이승범(2012)은 "자문화기술지를 통한 고등학교 학교스포츠클럽 운영 경험 분석"(《홀리스틱교육연구》)이란 논문을 발표하였다. 결국 이 시기에는 자문화기술지에 대한 핸드북이 출판되고, 체육(교육)학 분야에서 자문화기술지 연구가 처음으로 시도된 것으로 요약할 수 있다.

넷째, 2013년에는 일반교육학(1편), 자문화기술지(1편), 체육교육학(3편), 그리고 특수교육학(1편) 분야에서 자문화기술지(총 6편)가 출현하였다. 일반교육학 분야에서는 정민수(2013)가 "자문화기술지를 통한 온라인 교사공동체 운영경험 분석"(《열린교육연구》)이라는 논문을 발표하였고, 주형일(2013)은 "자기민속지학의 쟁점과 현황"(《사회과학논집》)이라는 논문을 통하여 자문화기술지 자체의 방법적 이슈를 논의하였다. 2013년에 한 가지 특기할 만한 점은 주형일(2013)의 논문을 끝으로 자문화기술지 연구방법 자체에 대한 심층적인 연구가 수행되지 않았다는 점이다. 이러한 특질은 신생 연구방법에 대한 학술적 논의가 충분히 이루어졌다기보다는, 자문화기술지에 대한 학술적 관심과 시도가 걸음마 단계에 머물렀기 때문이다.

한편, 자문화기술지는 2012년을 기점으로 하여 체육(교육)학 분야에서 꾸준하게 활용되었다. 2013년에도 세 편의 자문화기술지가 발표되었는데, 구체적인 내용은 다음과 같다. 고현정(2013)은 무용 분야에서 "자문화기술지의 학문적 적용과정과 무용 자문화기술지 방법론 연구"(《한국무용교육학회지》)를 발표하였고, 김동현·전용관(2013)은 "청각장애인의 올림픽 출전 경험에 대한 자문화기술지"(《한국체육학회》)라는 논문을 발표하였으며, 임성철(2013)은 "한 체육교사의 학생 주도 고등학교 학교스포츠클럽대회 운영경험에 대한 자문화기술지"(《한국체육교육학회지》)를 발표하였다. 특히, 임성철의 자문화기술지는 체육(교육)학 분야에서의 자문화기술지가 방법론적인 정당성과 타당성을 확보할 수 있음을 입증하였다. 마지막으로, 박계신(2013)은 특수교육 분야에서 "학교 차원 긍정적 행동지원 적용 자문 경험에 대한 자문화기술지"(《정서·행동장애연구》)라는 논문을 발표하였는데, 외국의 경우와 달리 특수교육학 분야에서의 자문화기술지 연구는 여전히 맹아 수준에 머물러 있었다.

다섯째, 한국의 자문화기술지 연구는 2014년을 기점으로 하여 점차적으로 확산 일로를 걷게 되었다. 좀 더 구체적으로, 2014년에는 일반교육학(4편), 체육(교육)학(4편), 상담심리학(1편), 그리고 특수교육학(2편) 분야에서 총 11편의 자문화기술지가 출현하였다. 우선, 일반교육학 분야에서는 심준석(2014)이 "교사의 자기 수업 비평 실천"이라는 박사학위 논문을 발표하였다. 심준석의 논문은 직접적으로 '자문화기술지'라는 방법론을 명명하지는 않았지만, 연구의 방법과 결과가 자문화기술지와 다름이 없었기 때문에 교육학 분야 최초의 자문화기술지 박사논문으로 볼 수 있었다. 한편, 이용학(2014)은 "초등학교 교육실습 지도교사의 가르침에 대한 자문화기술지"(〈교육문화연구〉)라는 논문을 통해 초등학교 교사로서의 전문적인 삶을 서술하였으며, 박영은(2014)은 "자기 연구(self-study)를 통한 초임 교사교육자의 교수경험 성찰"(〈한국교원교육연구〉)을 서술하였고, 정민수·이동성(2014)은 "한 초등학교 교사의 학교폭력과 관련한 역할 갈등에 대한 자문화기술지"(〈교육혁신연구〉)를 발표하였다.

체육(교육)학 분야의 국내 자문화기술지는 2014년을 기점으로 하여 흥미로운 특질을 나타내기 시작하였다. 여기에서 말한 '흥미로운 특질'이란 체육(교육)학 분야의 엘리트 운동선수나 스타(대가)들이 자문화기술지로 석·박사 학위논문이나 학술논문을 작성하는 흐름을 지칭한다. 사실상 체육(교육)학 분야에서의 이러한 국내 연구동향은 외국의 자문화기술지 연구동향과 맥을 같이하고 있다. 자문화기술지가 체육(교육)학 분야에서 이처럼 각광받는 이유는 자문화기술지의 방법론적 친밀성과 유용성이 신체활동을 매개로 하는 분야에 매우 적합하기 때문이다. 구체적으로, 나영철(2014)은 "무명 프로야구 선수의 굴곡진 삶의 여정에 대한 자문화기술지"라는 석사학위 논문을 발표하였으며, 스피드 스케이팅 국가대표 선수였던 이규혁(2014)은 "국가대표 선수의 삶에 대한 자문화기술지"를 발표하였고, 국가대표 럭비선수였던 최재섭(2014)은 "한 은퇴 운동선수의 경력전환에 따른 정체성 변화에 대한 자문화기술지"(〈교육인류학연구〉)라는 주제로 박사학위 논문 및 학술지를 작성하였다. 한편, 주병하(2014)는 체육교육학 분야에서 "체육멘토링 봉사프로그램의 교육적 이슈와 딜레마: 자문화기술지를 중심으로"(〈한국스포츠교육학회지〉)라는 논문을 발표하였다.

2014년에 출판된 자문화기술지들 가운데 정혜인(2014)의 논문은 두 가지 측면에서 특기할 만하였다. 첫째, 정혜인(2014)은 "가족 구성원의 죽음과 극복 과정에 대한 자문화기술지"라는 석사학위 논문을 발표하였는데, 이 논문은 상담심리학(심리치료) 분야 최초의 자문화기술지로 평가할 수 있다. 한국의 교육심리학, 상담심리학, 심리치료학, 상담학 등의 분야가 개체주의(주류) 심리학에 기초한 과학적 패러다임과 양적 연구를 강조하는 학술적 맥락을 고려해 볼 때, 그의 석사학위 논문은 상당히 기념비적이라고 볼 수 있다. 둘째, 정혜인(2004)의 자문화기술지는 기존의 사회과학적 글쓰기를 뛰어넘어서 문학적 및 예술적 글쓰기를 시도하였다. 특히, 다양한 사진과 그림을 활용한 연구 결과의 재현은 상상적 및 창조적 글쓰기의 모범적 사례로 볼 수 있었다. 한편, 특수교육학 분야에서는 이원희·곽승철(2014)이 "발달장애학생 부모의 통합교육 인식과 관점에 대한 자문화기술지"(《특수교육학연구》)를 발표하였으며, 지종민(2014)은 "ADHD 특성을 가진 영재 학생 지도경험에 대한 자문화기술지"(《교육인류학연구》)를 발표하였다. 이 두 논문은 특수교육학 분야에서 자문화기술지가 비로소 방법론적 정당성을 확보하는 연구 사례로 볼 수 있다.

　여섯째, 2015년에는 일반교육학(6편), 체육(교육)학(2편), 미술(교육)학(2편), 상담심리학(6편), 특수교육학(1편), 그리고 기타 학문(1편) 분야에서 총 18편의 자문화기술지가 출현하였다. 2015년의 주요한 특질은 상담심리학 분야에서 자문화기술지가 증가하였고, 미술(교육)학 분야에서도 자문화기술지가 생성되었으며, 도입 초창기(4편)에 비해 약 4배 정도의 양적 성장을 이루었다는 것이다. 우선, 교육학 분야에는 민성은 · 홍영기(2015)의 "초등학교 영어전담교사로서 경험하는 영어 수업 속 식민주의"(《통합교육과정연구》), 신태중(2015)의 "초등학교 동아리 지도 경험에 대한 자문화기술지"(《초등교육학연구》), 안유빈(2015)의 "한 교사의 유아평가에 대한 자문화기술지"(《한국유아교육연구》)", 이윤미 · 정광순(2015)의 "초등교사의 교육과정 실행 경험으로 본 교육과정 실행 관점과 의미"(《교육과정연구》), 최윤미(2015)의 "한 유치원 교사의 학습연구년 특별연수 참여경험에 관한 자문화기술지"(《교육인류학연구》)가 발표되었다. 그리고 강성욱(2015)은 "K의 이야기: L과의 사제관계에 관한 자문화기술지"(석사학위 논문)를 발표하였다. 이처럼 교육학 분야에서의 국내 자문화기술지는 교육과정과 교수법 그리고 교사교육 영역을 중심으로 지속적으로 생성되었다.

　체육(교육)학 분야에서는 고문수(2015)가 "대학 초임교수의 자문화기술지를 통한 체육 교육에 관한 성찰"(《한국체육교육학회지》)이라는 논문을 발표하였고, 장연희 · 이철원 · 조남흥(2015)은 "여성 생활체육 농구동호회 참여제약 경험에 관한 미국 유학 출신 동호회원의 자문화기술지"(《한국체육과학회지》)를 발표하였다. 2015년에 한 가지 주목할 점은 미술(교육)학 분야에서 두 편의 자문화기술지가 출현하였다는 점이다. 구체적으로, 권해일(2015)은 "문화예술중심 학급 운영 경험에 대한 자문화기술지"(《미술과 교육》)를 발표하였고, 서제희(2015)는 "자기 연구(self-study)를 통한 미술교육 연구에서의 적용 및 가능성"(《미술과 교육》)이라는 논문을 발표하였다. 이러한 연구동향은 외국의 자문화기술지가 음악과 미술 등의 예술 장르를 중심으로 활발히 전개되는 것과 맥을 같이한다고 볼 수 있다.

한편, 특수교육학 분야에서는 정연수(2015)의 "장애학생 취업지도를 위한 지역사회 연계과정에서 나타나는 특수교사 인식과 경험에 대한 자문화기술지"(《지적장애연구》)가 발표되었고, 국어교육학 분야에서는 이나리(2015)의 "자문화기술지를 통한 다문화학생 멘토링 지도경험의 반성적 성찰"이란 석사학위 논문이 출판되었다. 특히, 이나리(2015)의 논문은 교과교육학 분야에서 자문화기술지가 처음 적용된 연구 사례로서 의미가 깊다고 볼 수 있다.

2015년에서 주목할 만한 또 다른 특질은 특정한 대학원(인제대학교대학원)의 상담심리학 분야를 중심으로 국내 자문화기술지가 급속도로 증가하였다는 점이다. 우선, 김명찬(2015a, 2015b)은 "상처 입은 아버지와 아들의 회복에 대한 자문화기술지"(《교육인류학연구》)를 발표한 다음, "나는 왜 서울대학교 박사가 되어야 했나?"(《교육인류학연구》)라는 논문을 발표하였다. 이 두 논문은 개체주의 심리학에 기초한 상담심리학 분야의 양적 연구 방식 및 과학적 패러다임에 정면으로 도전하였으며, 기존의 분석적 자문화기술지(analytic autoethnography)를 넘어 감성적이고 호소적인 자문화기술지(evocative autoethnography)의 모범적인 사례를 보여 주었다. 그리고 김명찬은 그의 제자들과 함께 자문화기술지를 활용한 석사학위 논문을 지속적으로 발표하였다. 김옥희(2015)의 "전문상담사의 소진경험에 대한 자문화기술지"(석사학위 논문), 김재순(2015)의 "맏아들을 잃은 어머니의 상실감 및 애도 경험에 대한 자문화기술지"(석사학위 논문), 박미옥(2015)의 "재혼 가정에서 성장한 어머니의 자녀 양육 경험: 두 어머니와 나 그리고 아들"(석사학위 논문), 이은경(2015)의 "어린 시절 부모로부터 상처를 경험한 위기부부의 치유과정에 대한 자문화기술지"가 여기에 해당한다.

일곱째, 2016년 상반기에는 일반교육학(1편), 체육(교육)학(6편), 상담심리학(1편), 특수교육학(2편) 분야에서 총 10편의 자문화기술지가 출현하였다. 2016년의 자료가 상반기에 국한된 자료이기 때문에, 1년을 기준으로 하였을 때 자문화기술지의 연도별 증가율은 지속적으로 상승할 것으로 예상된다. 일반교육학 분야에서는 이동성(2016)이 "한 교육대학원 교사교육자의 교수적 갈등과 딜레마에 대한 자문화기술지"(《질적탐구》)를 발표하였으며, 상담심리학 분야에서는 한지예·김명찬(2016)이 "한 학부생의 상담학과 진학 동기와 성장 경험: 협력적 자문화기술지"(《열린교육연구》)를 발표하였다. 그리고 특수교육학 분에서는 서유진(2016)이 "자문화기술지를 통한 특수아동의이해 수업에서의 예비일반교사 지도경험 분석"(《학습장애연구》)을, 조태곤(2016)은 "초등학교 통합학급 지도경험에 대한 자문화기술지"(《특수교육재활과학연구》)를 발표하였다.

한편, 2016년 상반기에 나타난 특질 가운데 하나는 체육(교육)학 분야에서 자문화기술지가 지속적인 증가세를 보였다는 점이다. 구체적으로, 무용학 분야에는 고현정(2016)이 "무용언어의 기표, 기의 간극의 표현을 위한 연구방법론 고찰(한국무용교육학회지)"을, 유미희(2016)는 "자문화기술지로 통해 본 한 교육대학 교수의 무용교수경험 탐구"(《무용예술학연구》)를 발표하였다. 그리고 임성철 · 김경아(2016)는 "체육교육에서 바라본 교사의 진학지도 경험에 관한 자문화기술지"(《홀리스틱교육연구》)를 발표하였다. 또한, 2016년 상반기 체육(교육)학 분야에서는 자문화기술지에 기초한 두 편의 석사논문과 한 편의 박사학위 논문이 출판되었다. 박범천(2016)은 "태권도 엘리트 선수의 성장과정에 대한 자문화기술지"(석사학위 논문)를, 나주영(2016)은 "초등 여교사의 체육수업에 관한 자문화기술지"(석사학위 논문)를 출판하였다. 특히, 한국의 스포츠(축구) 스타인 홍명보(2016)의 "축구 국가대표팀 감독 경험에 대한 자문화기술지"(박사학위 논문)는 학문 영역뿐만 아니라, 세간의 주목을 받게 되었다.

세부 학문 분과별〔일반교육학, 체육(교육)학, 미술교육학, 상담심리학, 질적연구방법, 특수교육, 기타 학문〕 출판 논문의 수와 그 특질을 살펴보면 다음과 같다. 최근 7년 동안 학문 분과별 누적 논문은 일반교육학(20편), 체육(교육)학(18편), 상담심리학(8편), 특수교육학(7편), 자문화기술지 연구방법(5편), 미술(교육)학(2편) 및 기타(2편) 순이었다. 즉, 우리나라의 자문화기술지는 최근 7년 동안 일반교육학과 체육(교육)학을 중심으로 방법론적 확산을 하였으며, 상담심리학과 특수교육학 분야에서도 자문화기술지 연구가 점증하고 있었다. 특히, 체육(교육)학과 상담심리학 분야에서의 양적 성장은 괄목할 만한 성과로 평가할 수 있었다. 그러나 자문화기술지 방법 자체에 대한 연구가 2013년을 기점으로 멈춰 있고, 다양한 교과교육학 분야에서의 자문화기술지 연구가 활발하지 못하다는 점은 국내 자문화기술지 연구 분야의 도전과 과제로 볼 수 있다.

2. 질적 분석 결과: 방법론적 준거를 중심으로

지금부터는 국내에서 발표된 자문화기술지의 연구동향을 살펴보기 위하여 질적 분석을 시도하고자 한다. 여기에서 말한 '질적 분석'이란 질적 연구물의 질을 평가하기 위한 방법론적 준거를 활용하여 자문화기술지를 해석적으로 분석하는 것을 의미한다. 이 글은 서유진·이동성(2013)이 개발한 방법론적 준거와 이동성(2012)의 자문화기술지 평가준거를 결합하여 질적 분석을 시도하고자 한다. 왜냐하면, 서유진·이동성(2013)이 개발한 방법론적 준거는 자문화기술지를 겨냥하기보다는 다섯 가지 연구 전통(생애사, 근거이론, 사례연구, 문화기술지, 현상학)을 대상으로 하였으며, 이동성(2012)의 자문화기술지 연구방법과 글쓰기 전략은 자문화기술지의 질을 평가하는 데 유용하지만 분석준거로서의 엄밀성이 다소 낮았기 때문이다. 따라서 이 글은 서유진·이동성(2013)의 5개 영역(연구 설계, 연구 대상 및 배경, 자료 수집 및 관리, 분석 및 해석, 타당도 검증과 재현방식)별 평가준거와 구성요소를 자문화기술지에 적합하게 재구성하여 세부 평가준거를 마련하고, 각 영역별로 우수한 국내 연구 사례를 예시적으로 소개하고자 한다. 이러한 영역별 우수사례는 국내 자문화기술지의 질을 평가하고 개선하는 데 기여할 수 있을 것이다.

첫째, 한 편의 자문화기술지가 학술적인 정당성을 확보하기 위해서는 자의식이 충만한 개인적인 내러티브가 필요할 뿐만 아니라, 논리적 일치성과 정교성이 높아야 한다. 그리고 질적 연구로서의 논리적 일치성과 정교성을 강화하기 위해서는 연구의 설계 단계에서부터 연구의 필요성과 목적, 그리고 연구 질문을 유기적으로 연결하고 구체화해야 한다. 자문화기술지가 포스트모던 철학과 유연한 글쓰기 방식을 강조할지라도, 연구의 질문을 던지고 그것을 해결하는 연구의 논리를 벗어나는 것은 아니다. 그리고 연구 설계의 내용과 논리는 서론 부분에서 구체화된다. 자문화기술지 설계 영역에서의 세 가지 평가준거는 연구의 목적과 개념적 맥락의 연결, 연구의 목적과 연구 질문의 관련성, 연구 질문과 자문화기술지의 방법적 적합성이다(서유진·이동성, 2013). 더 구체적인 내용은 〈표 9〉에 제시되어 있다.

우선, 자문화기술자는 서론을 매력적으로 작성하기 위하여 개인적인 경험뿐만 아니라, 개념적 맥락을 통하여 연구의 필요성과 목적을 정당화해야 한다. 여기에서 말한 개념적 맥락이란 주제 관련 선행연구뿐만 아니라, 기저에 깔려 있는 이론적 및 철학적 전제와 관점을 의미한다(서유진·이동성, 2013). 그리고 자문화기술자는 특정한 연구목적을 달성할 수 있는 연구 질문을 구체화해야 한다. 왜냐하

〈표 9〉 연구 설계 영역의 평가준거(서유진·이동성, 2013: 220에서 재구성)

영역	준거	구성요소	세부 평가준거
연구 설계	연구목적과 개념적 맥락	연구자의 경험 선행연구 관련 이론	• 자문화기술자로서의 연구자는 자신의 연구 목적을 개인적인 경험, 선행연구, 사회이론 및 철학에 연결하여 학술적으로 정당화한다.
	연구목적과 연구 질문의 관련성	연구목적 연구 질문	• 자문화기술자로서 연구자는 연구목적을 달성하기 위한 구체적이고 타당한 연구 질문을 구성한다.
	연구 질문과 연구 유형의 적합성	연구 질문 방법론적 적합성	• 연구자는 자문화기술지의 방법론적 특성에 적합한 연구 질문을 구성한다.

면, 연구에서의 질문은 자문화기술지 연구의 방향과 결과를 이끄는 방향타 역할을 하기 때문이다. 또한, 잠정적으로 구성된 연구의 질문은 자문화기술지의 방법론적 특성에 부합한 진술문이어야 한다. 만일, 특정한 연구 질문이 자문화기술지로 해결될 수 없거나 제한적이라면 방법론적 적합성이 낮다고 볼 수 있다. 아래 인용문은 연구 설계 및 서론 부분에서의 좋은 자문화기술지 연구 사례(민성은·홍영기, 2015)로 볼 수 있다.

첫째, 이 글은 한 영어 전담 교사의 영어 수업을 둘러싼 교육적 경험들을 영어 교육학적인 관점보다는 탈식민주의(post colonialism)적 관점에서 논의하고자 한다. 둘째, 이 글은 3인칭 시점보다 1인칭 주인공 시점을 통해 교사 연구자의 삶과 자기성찰의 과정을 직접적으로 담아 독자들과 공명하고자 한다. 셋째, 이 글은 영어 전담 교사의 총체적인 삶과 영어 교수 경험을 결합시켜 영어 교육을 둘러싼 식민주의의 표면 위에서 드러내고자 한다. 영어 전담 교사의 지극히 개인적일 수 있는 삶의 경험들을 통해 영어 교육을 좀 더 심층적이고 해방적인 관점에서 이해하고자 하는 것이다. 이에 연구 목적을 달성하기 위해 세 가지 연구 문제를 설정하였다. 첫째, 교사 자신의 사고 속 영어에 대한 식민성을 분석하였다. (중략) 둘째, 어린 학생들의 사고 속에 식민성이 존재하는지 분석하였다. 학생들은 이미 영어 교사인 나를 통해, 또는 그 전의 다양한 사회문화적 경험을 통해, 영어를 통해 영어를 사용하는 국가에 대한 식민성을 발전시키고 있지 않은지 분석하였다. 셋째, 현재 초등학교 영어과 개정 교육과정과 교과서의 주된 학문적 배경이 되는 의사소통 중심 교수법이 한국의 교육적 풍토에 적절한지 분석하였다.

(민성은 · 홍영기, 2015: 95-96)

둘째, 자문화기술자는 '좋은' 자문화기술지를 작성하기 위하여 연구의 대상과 배경 그리고 연구윤리를 준수해야 한다. 일반적인 질적 연구방법들이 그러하듯이, 자문화기술지도 질적 사례연구의 하나에 해당한다. 질적 사례연구는 연구 결과에 대한 신뢰성과 타당도를 확보하기 위하여 연구의 대상과 시공간적 범위를 제한한다. 따라서 사례연구의 하나인 자문화기술지도 연구의 주요 대상인 자신과 타자들, 그리고 연구의 배경(환경)을 세밀하게 밝힐 필요가 있다. 그리고 자문화기술자는 자신의 자아와 내러티브가 왜 연구의 전경에 부각되는지를 학술적으로 정당화하고, 자신의 이야기에 등장하는 인물과 기관에 대한 윤리적 의무를 다해야 한다. 즉, 자문화기술지가 연구자 자신의 개인적인 내러티브에 주목할지라도, 그 안에 포함될 수 있는 타자들의 인권과 기관 및 조직의 명예도 보호해야 한다. 연구대상 및 연구배경 영역에 대한 평가준거 내용은 〈표 10〉과 같다(서유진 · 이동성, 2013).

다음 인용문은 연구대상 및 연구배경 영역 가운데 연구자 자신의 맥락에 대한 '좋은' 자문화기술지 연구 사례(유미희, 2016)로 볼 수 있다.

본 연구에서 '나'는 2005년도에 수도권 소재의 교육대학에 재직하기 시작하면서 10여 년간 무용 수업을 담당한 여자 교수이다. 나는 5세 때부터 무용을 배우기 시작하여 예술 계열의 중 · 고등학교를 거쳐 서울 모 대학의 무용과로 진학하였고 동 대학에서 석 · 박사 학위과정을 마쳤다. 강의 경력은 박사과정에 진학하면서 시작되어 학위를 마친 후 임용되기까지 총 13년이다. 수도권과 지방 소재의 대학에서 주로 무용이론과 실기과목을 강의하였고 2년간 교육대학에서도 강의를 담당하였다. 그 외에 수도권 소재의 교육청에서 주관하는 중고등학교 교사연수강사로

〈표 10〉 연구대상 및 연구배경 영역 평가준거(서유진 · 이동성, 2013: 221에서 재구성)

영역	준거	구성요소	세부 평가준거
연구 대상 및 연구 배경	연구대상과 연구배경에 대한 맥락성	연구대상 연구배경	• 자문화기술자로서의 연구자는 연구방법 및 본론 부분에서 주요한 연구대상인 자신과 타자들, 그리고 연구의 배경에 대하여 상세한 안내를 제공한다.
	표집의 적절성	선정기준 표집방법	• 자문화기술자는 자신을 연구의 주요한 대상으로 선정하는 이유와 맥락을 학술적으로 정당화한다.
	현장 들어가기 전략의 윤리성	목적 공표 라포르 연구 허락 비밀유지 사례 제공	• 자문화기술자는 연구에 등장하는 타자들과 소속 기관 등에 연구의 목적을 공표하고, 연구 허락을 득한다. • 자문화기술자는 자신의 글에 등장하는 타자들을 대상으로 라포르를 형성하고, 비밀을 유지하며, 연구 참여에 대한 사례를 제공한다.

> 4년간 참여한 경험이 있으며 교육대학에 임용된 이후로는 초등체육과 직무연수강사를 비롯하여 문화관광부 주관하의 교육 관련 사업에서 교육위원과 평가위원으로 활동하였다. (하략)
>
> (유미희, 2016: 110)

셋째, 자문화기술지가 인간의 개인적인 기억자료에 의존하여 이른바 '기억의 예술'로 불릴지라도, 다양한 자료 수집 및 관리의 측면을 소홀히 취급해서는 곤란하다. 자료 수집 및 관리 영역에서의 네 가지 평가준거는 자료 수집의 적절성, 자료의 다양성, 자료 수집의 의도성, 자료 관리의 투명성이다(서유진 · 이동성, 2013). 구체적으로 말하자면, 자문화기술자는 질적 자료 수집의 기간과 방법을 명료화해야 하며, 최대한으로 다양한 질적 자료를 수집해야 한다. 특히, 개인 내부 자료(개인적인 기억자료, 반성적 저널, 자기관찰 자료 등)뿐만 아니라 개인 간 자료(인터뷰, 참여관찰 자료)와 외부 맥락 및 조건(각종 계획서, 사진, 그림, 동영상 등)에 대한 자료도 아울러 수집할 필요가 있다(이동성, 2012). 또한, 자문화기술자는 연구목적을 달성하는 데 유용한 자료를 수집해야 하며, 자료 관리의 투명성을 위해 수집된 자료를 종류별로 분류하여 관리할 필요가 있다. 구체적인 세부 평가 준거는 〈표 11〉과 같다(서유진 · 이동성, 2013).

〈표 11〉 자료 수집 및 관리 영역의 평가준거(서유진 · 이동성, 2013: 221에서 재구성)

영역	준거	구성요소	세부 평가준거
자료 수집 및 자료 관리	자료 수집의 적절성	수집 기간 수집 방법	• 자문화기술자는 논문에서 자료의 수집 기간을 제한하고, 자료 수집의 방법을 명료화한다.
	자료의 다양성	인터뷰 참여관찰 문서자료 기타	• 자문화기술자는 다양한 질적 자료를 수집하기 위하여 인터뷰(자기 인터뷰 포함), 참여관찰(자기관찰 포함), 문서 자료, 기타 인공물 등을 수집 및 관리한다.
	자료 수집의 의도성	대상/시간 장소/방법	• 자문화기술자는 연구목적을 달성하기 위하여 연구의 대상과 시간, 자료 수집의 장소와 방법 등을 의도적으로 결정한다.
	자료 관리의 투명성	시간/장소 자료 종류	• 자문화기술자는 다양하게 수집된 자료들의 시간과 장소를 명기하고, 다양한 자료를 유형별로 분류하여 체계적으로 관리한다.

　　국내 자문화기술지의 상당수는 자료 수집 및 관리 영역에서 낮은 방법론적 엄격성을 나타내었다. 그러나 서유진(2016)의 연구 사례는 자료 수집 및 관리 영역에서의 방법적 엄밀함을 잘 드러내고 있다.

　　본 연구의 자료 수집 과정은 구체적으로 다음과 같다. 첫째, 자문화기술지는 개인적인 기록자료(memory data)를 가장 중시한다(Rusell, 1999). 따라서 연구자는 특수아동의 이해 수업을 담당했던 지난 2010년부터 2015년까지 약 6년간, 11학기의 수업 관련 정보를 앞서 제시한 〈표 1〉과 같이 목록화하면서 연대기적 순서에 따라 경험과 사건들을 나열한 시각표(time line)를 만들어 개인 내적인 기억자료를 체계적으로 수집하고, 그에 따른 자기성찰적(self-reflective), 자기관찰적(self-observational) 자료를 수집하였다. (중략) 또한, 수업 중 학생들의 발표나 활동 수행을 참여관찰하면서 생긴 연구자의 사고와 느낌 등을 기록한 필드 저널(field journal) 자료를 수집하였다.

(서유진, 2016: 132)

넷째, 자문화기술지가 개인적인 내러티브 장르인 수필이나 자서전 등과 유사한 형태를 보일지라도, 반드시 학술적인 엄밀함을 견지하고 있어야 한다. 여기에서 말한 '학술적 엄밀함'이란 연구의 결과가 개인적인 내러티브 차원에 머물기보다는 학술적인 내러티브를 지향하는 것을 의미한다. 그리고 자문화기술자는 원자료에 대한 치밀하고 정교한 분석 및 해석 과정을 통하여 이러한 학술성을 확보할 수 있다. 물론, 모든 질적 연구방법론이 주제 분석을 시도하지 않는 것처럼, 자문화기술지도 주제 분석만을 하는 것은 아니다. 다만, 자문화기술자가 원자료에 대한 주제 분석을 시도할 경우에 정교한 코딩과 범주화 과정을 통하여 논리적 명료성을 강화할 필요가 있다. 또한, 개인적인 이야기에 대한 구조 분석을 시도하거나 담화 분석을 시도할 경우 그러한 연구방법의 학술적 타당성을 정당화해야 한다. 그러나 국내 대다수의 자문화기술지 연구 사례는 주제 분석을 시도하면서도, 자료 분석방법의 적합성과 범주화의 명료성이 매우 낮은 실정이었다.

국내 자문화기술지가 방법론적 정당성을 강화하기 위해서는 분석 및 해석 영역에서의 엄밀성을 강화할 필요가 있다. 특히, 압도적으로 적용되고 있는 주제 분석뿐만 아니라, 이야기의 구조 분석 및 담화 분석을 다양하게 시도할 필요가 있다. 아래의 연구 사례(이동성, 2016)는 주제 분석의 적합성 및 명료성을 나타낸다.

이 연구는 다양하게 수집된 질적 자료로부터 주요한 의미와 주제를 도출하기 위하여 Saldaña(2009)의 자료 분석 및 해석 방법을 활용하였다. 보다 구체적으로, 1차 코딩에서는 기술적 범주(경험의 증가와 누적, 전환점, 감소와 중단, 불변성과 일치, 특이함, 상실)를 중심으로 코드를 생

〈표 12〉 분석 및 해석 영역의 평가준거(서유진 · 이동성, 2013: 222에서 재구성)

영역	준거	구성요소	세부 평가준거
분석 및 해석	자문화기술지와 자료 분석방법의 적합성	자문화기술지에 적합한 코딩 절차와 기법	• 주제 분석의 경우, 정교한 코딩 및 범주화 과정을 통하여 연구 결과를 도출한다. • 구조 분석 및 담화 분석 경우, 연구 질문에 직결된 추상도 높은 주제를 도출한다.
	범주화의 명료성	코딩 및 범주화의 일치성	• 주제 분석의 경우, '주제-범주-하위범주-코드'의 논리적 명료성에 기초하여 분석과 해석을 시도한다.

성하였고, 2차 코딩에서는 질적 자료 요약 매트릭스에 기초한 종단적인 코딩(longitudinal coding)을 통하여 세 가지의 핵심범주(① 학문적 수월성 추구하기 vs 현장 기반 교수 전문성 개발하기, ② 자기주도적 학습 유도하기 vs 교육적 권위로 코칭하기, ③ 교육대학원 유지하기: '학생 충원' vs 교육대학원의 재구조화: '현실 인정')를 생성하였다. 특히, 이 연구에서는 한 교사교육자가 직면했던 교수적 갈등과 딜레마를 포착하기 위해 대립 코딩(versus coding)을 적극적으로 활용하였다.

(이동성, 2016: 11)

마지막으로, 연구자는 특정한 학술지의 편집위원들이나 석·박사 논문 심사위원들을 대상으로 연구의 과정 및 결과에 대한 타당성을 확보해야 한다. 특히, 자문화기술지는 한 개인의 기억자료와 주관적인 내러티브에 주목하기 때문에 저자를 매우 위태로운 상태로 내몰기가 쉽다(서유진·이동성, 2013). 따라서 연구자는 이러한 방법론적 난제를 해결하기 위해 일반적인 질적 연구에서의 타당도 확보 전략을 적극적으로 구사할 필요가 있다. 여기에서 언급하고 있는 '타당도 확보 전략'이란 삼각검증, 연구자의 반영성, 구성원 검증, 추적감사, 풍부한 서술 등을 의미한다(서유진·이동성, 2013).

〈표 13〉에 나타난 자문화기술지의 타당도 영역의 구성요소 및 평가준거를 간략하게 제시하면 다음과 같다(서유진·이동성, 2013). 첫째, 자문화기술자는 다양한 질적 자료에 기초한 분석 및 해석, 연구의 과정과 결과에 대한 여러 연구자들의 교차 검토, 다양한 이론의 적용을 통하여 삼각검증을 할 수 있다. 둘째, 자문화기술자는 연구의 주요 대상이자 도구인 자아의 위치성과 상황성을 솔직담백하게 고백하고, 연구의 과정과 결과 해석에 대한 자의식을 표출함으로써 반영성(reflexivity)을 확보할 수 있다. 셋째, 자문화기술자는 자신의 연구에 등장하는 타자들을 대상으로 구성원 검증을 받을 수 있으며, 동료 연구자로부터 연구의 계획과 과정 그리고 결과에 대한 자문을 받음으로써 타당도를 확보할 수 있다. 넷째, 자문화기술자는 연구과정의 전반을 추적감사함으로써 특별히 누락되거나 두드러진 특징을 발견할 수도 있으며, 풍부한 서술을 통해 개인적 이야기의 맥락성을 강화할 수도 있다. 아래 인용문은 타당도 영역의 좋은 연구 사례(정민수, 2013)에 해당한다.

〈표 13〉 타당도, 재현방식 영역 평가준거(서유진 · 이동성, 2013: 223에서 재구성)

영역	준거	구성요소	세부 평가준거
타당도 검증	연구의 과정과 결과에 대한 신뢰성 및 진실성 확보	삼각검증 반영성 구성원 검증 동료검증 추적감사 풍부한 서술	• 연구자는 타당도를 확보하기 위해, 삼각검증, 연구자의 반영성, 구성원 검증, 동료자 검증, 추적감사, 풍부한 서술 등의 다양한 타당도 확보 전략을 구사한다.
재현 방식	자료 제시 방법과 글쓰기에 대한 충실도	자료 제시 방법 글쓰기 방식	• 연구자는 특정한 자문화기술지의 주제와 유형에 적합한 글쓰기 스타일을 채택할 수 있으며, 특히, 연구 결과의 재현을 위한 문학적 및 예술적 글쓰기를 시도할 수 있다.

Richardson(2000)과 Duncan(2004)의 평가준거들을 재구성하여 활용하였다. 구체적인 타당도 작업은 다음과 같다. 첫째, 독자들로부터 연구 결과에 대한 진정성(authenticity)을 확보하기 위해 온라인 교사공동체를 둘러싼 교육 당사자들로부터 검증(member checking)을 받았다. 최종적인 검증에 일곱 명의 서브 운영자들과 여덟 명의 참여교사들이 참여하였다. 둘째, 자문화기술지를 종전의 문학적 장르와 경계 짓는 연구의 반영성(reflectivity)과 연구자가 연구에 있어서 자신의 역할을 반성적으로 인식하는 정신적 활동, 즉 자기성찰을 강조하였다. (하략)

(정민수, 2013: 30)

한편, 질적 연구에서 글쓰기 작업은 단순한 언어적 재현이 아니라, 그 자체가 하나의 방법론에 해당한다(이동성, 2012). 즉, 질적 연구자가 어떠한 스타일의 글쓰기를 시도할 것인지는 연구의 계획과 방법, 그리고 연구 결과에 영향을 미칠 수 있다. 포스트모던 철학에 기초한 자문화기술지는 기존의 사회과학적 글쓰기뿐만 아니라 예술적이고 창조적인 글쓰기 방식까지도 포괄한다(이동성, 2012). 하지만 국내 대다수의 자문화기술지 연구들은 연구방법 부분에서 글쓰기 방식에 대한 언급 자체를 하지 않으며, 기술적 글쓰기(descriptive writing)나 분석적 및 해석적 글쓰기 방식에 머물러 있는 실정이다. 다만, 정혜인(2014)의 석사학위 논문은 예술적이고 창조적인 글쓰기 방식의 모범에 가깝다. 아래 두 인용문(서유진, 2016; 정혜인, 2014)은 자문화기술지 논문에서 자료 제시 및 글쓰기를 어떻게 해야 하는지를 보여 준다.

> 최종적으로 도출된 중심범주를 기초로 하여 본 연구의 결과를 분석적-해석적인(analytic-interpretive) 글쓰기 방법을 통해 기술하였다. 특히 연구 결과를 사회문화적 맥락에서 분석하고 해석하여 기술함으로써 개인적인 이야기에서만 머무를 수 있는 위험을 최소화하고자 했다. 한편, 연구자의 개인적인 생각과 경험에 대한 고백적-감성적(confessional-emotive) 글쓰기 방법을 포함시켜 연구자의 성찰(reflexivity)을 확보하고자 했고, 동시에 자문화기술지가 가진 친밀감과 투명성이라는 특성을 활용하여 수업현장 그대로의 모습과 분위기를 전하며, 독자들의 이해를 높이고자 했다.
>
> (서유진, 2016: 133-134)

> 논문을 쓰는 동안 그녀의 그림을 보고 또 보고, 또 봤다. 뭔가 답답하고

[그림 10] 김점선(1987)의《새를 안은 여인》, 정혜인(2014)에서 인용

막힌다는 느낌이 들 때 그녀의 그림들을 보고 있으면 마음이 붕붕 가벼
워졌다. 그러다 우연히 책이나 인터넷에서도 잘 보지 못했던 작품을 하
나 발견했다. 그려진 시기를 보니 그녀가 국내에서 한창 왕성하게 활동
을 하던 때였다. 거의 비슷한 구도를 가지고 목탄과 콩테로 작업한《새
와 여인》이라는 작품도 있다. 그 작품은 훨씬 밝은 분위기여서 마치 아
예 다른 그림을 감상하는 듯하다. 논문(죽음)을 안고 한 걸음 한 걸음 나
아가는 나.

(정혜인, 2014: 43)

IV. 나가며

여기에서는 지금까지의 연구 결과에 기초하여 한국의 자문화기술지 연구를 활성
화하기 위한 두 가지 아이디어를 제시하고자 한다.

첫째, 우리나라의 자문화기술지 연구는 학문적 영토를 더욱 적극적으로 확장
할 필요가 있다. 본론에서 검토한 것처럼, 우리나라 자문화기술지의 방법론적 확
산은 일반교육학과 체육(교육)학을 중심으로 전개되었다. 또한, 국내 상담심리학
분야와 특수교육학 분야에서의 자문화기술지 연구는 초입 단계에 가깝다. 한 개인
의 학문적인 이야기에 주목하는 자문화기술지는 일부 사회과학 영역의 방법론적
전유물이 아니다. 자문화기술지는 개인의 정체성과 역할이 투영되는 모든 학문 영
역과 분야에서 적용 가능하며, 심지어 인문·사회과학뿐만 아니라 자연과학 영역
에서조차도 유용한 방법론이 될 수 있다. 왜냐하면, 투명하고 객관적인 과학적 행
위와 과학적 지식조차도 결국 연구자와 분리될 수 없기 때문이다. 따라서 국내 여
러 학문 영역의 연구자들은 새로운 연구방법론으로서의 자문화기술지에 대한 방
법론적 가능성에 주목할 필요가 있다.

특히, 개인의 삶과 경험에 침전되어 있는 '국지적 이론'은 계량적인 연구방법
으로 포착되거나 공유될 수 없다. 이러한 맥락에서 응용학문 분야의 사회과학 연
구자들은 자문화기술지 관련 단행본 및 논문 출판, 세미나 및 워크숍 등을 적극적
으로 시도해야 한다. 각종 응용학문 분야에서 자문화기술지가 지니고 있는 방법론
적 가능성은 무궁무진하다. 왜냐하면, 특정한 응용학문 분야에서의 지식 산출은

한 학자 또는 실천가의 구체적인 이야기와 경험에서 유래하기 때문이다. 예를 들어, 심리치료학, 예술치료학, 상담학 분야에서의 자문화기술지는 연구 목적에 유용할 뿐만 아니라 실제적인 치료 목적을 달성하는 데도 유용할 수 있다. 이러한 자문화기술지의 방법론적 가능성 및 유용성은 기타 교과교육학 분야에서도 마찬가지이다. 만일, 다양한 교과교육학 분야에서 자문화기술지가 적용될 수 있다면, 특정한 교과를 가르치고 배우기 위한 이론적 · 실천적 지식을 확장할 수 있을 것이다.

둘째, 자문화기술지에 대한 이해와 공유의 확산은 방법론적 유용성을 강조하는 것만으로는 한계가 있다. 즉, 우리나라에서 자문화기술지가 정당한 연구방법론으로 인정받기 위해서는 자문화기술지 그 자체에 대한 연구가 심화되고 누적되어야 한다. 그러나 안타깝게도, 2013년 이후 우리나라에서 자문화기술지 방법론 그 자체에 대한 연구는 거의 수행되지 않고 있다. 이러한 현상은 자문화기술지가 외국으로부터 유입 및 전파되었기 때문에 일어난다. 이러한 '방법론적 식민화' 문제를 해결하기 위해서는 한국의 정신과 철학을 적극적으로 반영한 자문화기술지를 새롭게 개발할 필요가 있다. 예를 들어, 불교 철학과 유학 사상은 한국형 자문화기술지를 생성하기 위한 새로운 인식론적 및 존재론적 기틀이 될 수 있다. 따라서 국내의 철학자와 사회학자, 그리고 질적 방법론자들은 토착적인 자문화기술지의 이론적 · 방법론적 토대를 구축하기 위하여 학술적인 노력을 경주해야 할 것이다.

참고문헌

강성욱(2015). K의 이야기: L과의 사제관계에 관한 자문화기술지. 미출간 석사학위 논문, 연세대학교 대학원 교육학과.

고문수(2015). 대학 초임교수의 자문화 기술지를 통한 체육 교육에 관한 성찰. **한국체육교육학회지, 20**(3), 65-83.

고현정(2013). 자문화기술지의 학문적 적용과정과 무용 자문화기술지 방법론 연구. **한국무용교육학회지, 24**(1), 35-53.

고현정(2016). 무용언어의 기표, 기의 간극의 표현을 위한 연구방법론 고찰. **한국무용교육학회지, 27**(1), 111-129.

권해일(2015). 문화예술 중심 학급 운영 경험에 대한 자문화기술지. **미술과 교육, 16**(3), 39-66.

김동현 · 전용관(2013). 청각장애인의 올림픽 출전 경험에 대한 자문화기술지. **한국체육학회지, 52**(5), 783-791.

김명찬(2015a). '상처 입은 아버지와 아들'의 회복에 대한 자문화기술지. **교육인류학연구, 19**(4), 85-120.

김명찬(2015b). 나는 왜 서울대학교 박사가 되어야 했나? **교육인류학연구, 18**(2), 163-195.

김영천 · 이동성(2011). 자문화기술지의 이론적 관점과 방법론적 특성에 대한 고찰. **열린교육연구, 19**(4), 1-27.

김옥희(2015). 전문상담사의 소진경험에 대한 자문화기술지. 미출간 석사학위 논문, 인제대학교 교육대학원 상담심리학과.

김재순(2015). 맏아들을 잃은 어머니의 상실감 및 애도 경험에 대한 자문화기술지. 미출간 석사학위 논문, 인제대학교 교육대학원 상담심리학과.

김효선 · 한진상(2012). 다문화대안학교에서의 교사봉사자 경험에 대한 자문화기술지. **교원교육, 28**(3), 67-89.

나영철(2014). 무명 프로야구 선수의 굴곡진 삶의 여정에 대한 자문화기술지. 미출간 석사학위 논문, 단국대학교 스포츠과학대학원 레저스포츠학과.

나주영(2016). 초등 여교사의 체육수업에 관한 자문화기술지. 미출간 석사학위 논문, 경인교육대학교교육대학원 초등체육교육과.

민성은 · 홍영기(2015). 초등학교 영어전담교사로서 경험하는 영어 수업 속 식민주의. **통합교육과정연구, 9**(2), 93-123.

박계신(2013). 학교 차원 긍정적 행동지원 적용 자문 경험에 대한 자문화기술지. **정서 · 행동장애연구, 29**(4), 361-397.

박미옥(2015). 재혼 가정에서 성장한 어머니의 자녀 양육 경험: 두 어머니와 나 그리고 아들. 미출간 석사학위 논문, 인제대학교 교육대학원 상담심리학과.

박범천(2016). 태권도 엘리트 선수의 성장과정에 대한 자문화기술지. 미출간 석사학위 논
　　문, 용인대학교 교육대학원 교육학과.

박순용 · 장희원 · 조민아(2010). 자문화기술지: 방법론적 특징을 통해 본 교육인류학적
　　가치의 탐색. **교육인류학연구, 13**(2), 55-79.

박영은(2014). 자기 연구(Self-Study)를 통한 초임 교사교육자의 교수 경험 성찰. **한국교
　　원교육연구, 31**(3), 221-243.

서유진(2016). 자문화기술지를 통한 특수아동의이해 수업에서의 예비일반교사 지도경험
　　분석. **학습장애연구, 13**(1), 127-150.

서유진 · 이동성(2013). 장애학생 담당 교사를 대상으로 한 질적연구 분석: 질적연구의 방
　　법론적 준거에 기초하여. **특수아동교육연구, 15**(2), 215-243.

서제희(2015). "자기 연구(self-study)"를 통한 미술교육 연구에서의 적용 및 가능성. **미술
　　과 교육, 16**(1), 89-106.

신태중(2015). 초등학교 동아리 지도 경험에 대한 자문화기술지. **초등교육학연구, 22**(2),
　　21-42.

심준석(2014). 교사의 자기 수업 비평 실천. 미출간 박사학위 논문, 안동대학교 대학원 체
　　육학과.

심준석 · 김진희(2012). 수업 비평 경험의 교사 이야기. **교육연구, 54**, 105-134.

안유빈(2015). 한 교사의 유아평가에 대한 자문화기술지. **한국유아교육연구, 17**(1), 77-
　　100.

유미희(2016). 자문화기술지로 통해 본 한 교육대학 교수의 무용교수경험 탐구. **무용예술
　　학연구, 60**, 109-122.

이규혁(2014). 국가대표 선수의 삶에 대한 자문화기술지. 미출간 석사학위 논문, 고려대학
　　교 교육대학원 체육학과.

이나리(2015). 자문화기술지를 통한 다문화학생 멘토링 지도 경험의 반성적 성찰. 미출간
　　석사학위 논문, 진주교육대학교 교육대학원 한국어교육과.

이동성(2010). 초등학교 기초학습부진학생 지도 경험에 대한 자문화기술지. **교육인류학연
　　구, 13**(3), 141-168.

이동성(2011a). 초등 교과교육연구회 참여경험에 대한 자문화기술지. **초등교육연구,
　　24**(3), 1-26.

이동성(2011b). 자문화기술지를 통한 초등학교 운동부 지도 경험 분석. **초등교육연구,
　　24**(2), 341-364.

이동성(2011c). 한 교사 연구자의 변환적인 역할과 관점에 대한 자문화기술지. **교육인류학
　　연구, 14**(2), 61-90.

이동성(2011d). 한 교사교육자의 교수경험에 대한 자문화기술지. **교육인류학연구, 14**(3),
　　31-67.

이동성(2011e). 초등학교 체육 전담교사의 교수경험에 대한 자문화기술지. **초등교육연구,**

24(4), 45-70.

이동성(2012). **질적 연구와 자문화기술지**. 파주: 아카데미프레스.

이동성(2016). 한 교육대학원 교사교육자의 교수적 갈등과 딜레마에 대한 자문화기술지. **질적탐구**, **2**(1), 1-31.

이동성·김지인·이다해(2010). 우리나라 다문화교육현장작업(fieldwork)에서 경험하는 방법론적 딜레마와 이슈들. **다문화교육연구**, **3**(1), 5-27.

이용학(2014). 초등학교 교육실습 지도교사의 가르침에 대한 자문화기술지. **교육문화연구**, **20**(1), 79-114.

이원희·곽승철(2014). 발달장애학생 부모의 통합교육 인식과 관점에 대한 자문화기술지. **특수교육학연구**, **49**(3), 89-119.

이윤미·정광순(2015). 초등교사의 교육과정 실행 경험으로 본 교육과정 실행 관점과 의미. **교육과정연구**, **33**(4), 65-89.

이은경(2015). 어린 시절 부모로부터 상처를 경험한 위기부부의 치유과정에 대한 자문화기술지. 미출간 석사학위 논문, 인제대학교 교육대학원 상담심리학과.

임성철(2012). 고교 운동부 감독의 공부하는 학생선수 만들기 실천과정. 미출간 박사학위 논문, 연세대학교 스포츠레저학과.

임성철(2013). 한 체육교사의 학생 주도 고등학교 학교스포츠클럽대회 운영경험에 대한 자문화기술지. **한국체육교육학회지**, **18**(1), 53-64.

임성철·김경아(2016). 체육교육에서 바라본 교사의 진학지도 경험에 관한 자문화기술지. **홀리스틱교육연구**, **20**(1), 99-115.

임성철·원영신(2012). 체육교사 운동부 감독의 공부하는 학생선수 만들기 실천과정. **한국스포츠사회학회지**, **25**(3), 115-135.

임성철·이승범(2012). 자문화기술지를 통한 고등학교 학교스포츠클럽 운영 경험 분석. **홀리스틱교육연구**, **16**(1), 41-62.

장연희·이철원·조남흥(2015). 여성 생활체육 농구동호회 참여제약 경험에 관한 미국 유학 출신 동호회원의 자문화기술지. **한국체육과학회지**, **24**(4), 359-370.

정민수(2013). 자문화기술지를 통한 온라인 교사공동체 운영경험 분석. **열린교육연구**, **21**(4), 23-46.

정민수·이동성(2014). 한 초등학교 교사의 학교폭력과 관련한 역할 갈등에 대한 자문화기술지. **교육혁신연구**, **24**(2), 141-162.

정연수(2015). 장애학생 취업지도를 위한 지역사회 연계과정에서 나타나는 특수교사 인식과 경험에 대한 자문화기술지. **지적장애연구**, **17**(1), 219-246.

정혜인(2014). 가족 구성원의 죽음과 극복 과정에 대한 자문화기술지. 미출간 석사학위 논문, 제주대학교 사회교육대학원 심리치료학과.

조태곤(2016). 초등학교 통합학급 지도 경험에 대한 자문화기술지. **특수교육재활과학연구**, **55**(1), 105-129.

주병하(2014). 체육멘토링 봉사프로그램의 교육적 이슈와 딜레마: 자문화기술지를 중심으로. **한국스포츠교육학회지**, **21**(1), 117-137.

주형일(2010). 지방대에 대한 타자화 담론의 주관적 수용의 문제. **미디어, 젠더 & 문화**, **13**(1), 75-113.

주형일(2013). 자기민속지학의 쟁점과 현황. **사회과학논집**, **44**(1), 47-66.

지종민(2011). 행동계약에 의한 초인지 전략 실천 효과성에 관한 연구: ADHD아동을 중심으로. **특수교육저널: 이론과 실천**, **12**(1), 403-433.

지종민(2014). ADHD 특성을 가진 영재 학생 지도 경험에 대한 자문화기술지. **교육인류학연구**, **17**(3), 133-179.

최재섭(2014). 한 은퇴 운동선수의 경력전환에 따른 정체성 변화에 대한 자문화기술지. **교육인류학연구**, **17**(1), 63-102.

최윤미(2015). 한 유치원 교사의 학습연구년 특별연수 참여경험에 관한 자문화기술지. **교육인류학연구**, **18**(1), 191-224.

한지예 · 김명찬(2016). 한 학부생의 상담학과 진학 동기와 성장 경험: 협력적 자문화기술지. **열린교육연구**, **24**(2), 285-306.

홍명보(2016). 축구 국가대표팀 감독 경험에 대한 자문화기술지. 미출간 박사학위 논문, 고려대학교 대학원 체육학과.

에필로그

인생을 살다 보면 이따금 선택의 기로에 놓이게 된다. 자문화기술지는 나에게 뜻밖의 행운이었다. Frost(1915)의 시로 이 책의 에필로그를 대신한다.

The Road Not Taken

Robert Frost(1915)

Two roads diverged in a yellow wood,
And sorry I could not travel both
And be one traveler, long I stood
And looked down one as far as I could
To where it bent in the undergrowth;

Then took the other, as just as fair,
And having perhaps the better claim
Because it was grassy and wanted wear;
Though as for that the passing there
Had worn them really about the same,

And both that morning equally lay
In leaves no step had trodden black.
Oh, I kept the first for another day!
Yet knowing how way leads on to way,
I doubted if I should ever come back.

I shall be telling this with a sigh
Somewhere ages and ages hence:
Two roads diverged in a wood, and I—
I took the one less traveled by,
And that has made all the difference

출처: http://en.wikipedia.org/wiki/The_Road_Not_Taken_(poem)

찾아보기

[ㅇ]

[ㅈ]

[ㅊ]

[ㅋ]

[ㅌ]

[ㅍ]

저자 약력

이동성(李東成)

한국질적탐구학회 학술위원장(전) 및 부회장(현)

국가교육회의 유초중등분과 전문위원(전)

한국교육사회학회, 한국교원교육학회, 한국질적탐구학회, 한국교육과정학회 편집위원(현)

한국초등교육학회 및 한국교육인류학회 이사(현)

전주교육대학교 초등교육과 교수(현)

♣ 대표 저서

이동성(2018). (편) 작은 학교가 희망이다. 고창: 도서출판 기역. (세종도서 선정)

이동성(2018). (편) 작은 학교 큰 도전. 고창: 도서출판 기역.

이동성(2015). 생애사 연구. 파주: 아카데미프레스. (세종도서 선정)

질적 연구와 자문화기술지, 제2판

발 행 일 | 2020년 7월 30일 초판 1쇄 발행
저　　자 | 이동성
발 행 인 | 구본하
발 행 처 | **(주)아카데미프레스**
주　　소 | 서울시 마포구 월드컵북로5길 33 동아빌딩 2층
전　　화 | (02)3144-3765
팩　　스 | (02)3142-3766
웹사이트 | www.academypress.co.kr
이 메 일 | info@academypress.co.kr
등록번호 | 제2018-000184호
I S B N | 979-11-968103-4-4

정가 23,000원